파고다 HSK

해설서

4급
실전모의고사

PAGODA Books

파고다 HSK 4급 해설서

초판 1쇄 인쇄 2016년 7월 13일
초판 1쇄 발행 2016년 7월 13일
초판 3쇄 발행 2025년 7월 1일

지 은 이 | 파고다교육그룹 언어교육연구소
펴 낸 이 | 박경실
펴 낸 곳 | PAGODA Books 파고다북스
출판등록 | 2005년 5월 27일 제 300-2005-90호
주　　소 | 06614 서울특별시 서초구 강남대로 419, 19층(서초동, 파고다타워)
전　　화 | (02) 6940-4070
팩　　스 | (02) 536-0660
홈페이지 | www.pagodabook.com

저작권자 | ⓒ 2016 파고다 아카데미

이 책의 저작권은 출판사에 있습니다. 서면에 의한 저작권자와 출판사의 허락 없이
내용의 일부 혹은 전부를 인용 및 복제하거나 발췌하는 것을 금합니다.

Copyright ⓒ 2016 by Pagoda Academy

All rights reserved. No part of this publication may be reproduced, stored
in a retrieval system, or transmitted, in any form, or by any means, electronic,
mechanical, photocopying, recording or otherwise, without the prior written
permission of the copyright holder and the publisher.

ISBN 978-89-6281-727-0(13720)

파고다북스　　www.pagodabook.com
파고다 어학원　www.pagoda21.com
파고다 인강　　www.pagodastar.com
테스트 클리닉　www.testclinic.com

▎낙장 및 파본은 구매처에서 교환해 드립니다.

머리말

중국어 능력을 평가하는 HSK(한어수평고시)는 한국을 비롯해 세계 각국에서 중국어 학습자에 대한 절대적인 평가 도구로 활용되고 있습니다.

중국이 세계 경제 대국으로 부상하면서 미국과 더불어 국제 사회에서 가장 영향력 있는 국가로 부각되고 있는 가운데, 국내 주요 기업들도 채용 시 중국 전문가를 선호할 수밖에 없어 갈수록 중국어 학습이나 중국 유학, 한국 대학 어학 특기자 전형 진학 방면의 학습자 역시 증가하고 있습니다. 그리하여 중국어능력평가 시험인 HSK 응시자 수 역시 해마다 증가하고 있습니다.

이처럼 중국어 시험의 중요성이 점점 더 크게 부각되면서 학생들은 빠른 시간 안에 목표 급수를 획득해야 한다는 부담이 더 커지고 있습니다. 특히나 혼자 시험을 준비하는 학생들에게 어떤 것을 공부하고, 어떤 것을 하지 말아야 하는지는 가장 큰 고민거리가 될 것입니다. 시험 출제 경향은 해마다 달라지고 있고, 다양한 어휘와 표현들이 매년 새롭게 쏟아지고 있습니다. 이런 변화를 예전 실전서들은 따라잡을 수 없습니다. 시간이 오래된 책은 여전히 과거의 출제 경향에 머물러 있을 뿐입니다.

본 연구진들은 최근 1~2년간 출제된 기출 문제들을 면밀히 분석해 최신 출제 경향을 완벽히 반영하였으며, 실제 시험과 유사한 문제들로 구성해 응시생들이 짧은 시간 동안 효율적으로 공부할 수 있도록 집필하였습니다. 뿐만 아니라 파고다언어교육연구소가 수년간 축적해 온 HSK DB를 바탕으로 4급 합격을 위해 반드시 풀어 봐야 하는 듣기, 독해, 쓰기 영역의 모든 문제들을 상세한 해설서와 함께 제공하고 있습니다.

끝으로 본서가 나올 수 있도록 물심양면으로 도와주신 파고다교육그룹의 박경실 회장님께 깊은 감사의 말씀을 전하며, 아울러 어려운 집필 과정 중에 끊임없이 함께 연구하고 고민해 주신 파고다 중국어 강사들과 중국어 콘텐츠 기획실에도 감사의 말씀을 전합니다.

2016. 07
파고다교육그룹 언어교육연구소 저자진 일동

파고다 HSK 4급
그것이 알고 싶다!

Q. 4급의 구성과 시험 시간은 어떻게 되나요?

A. HSK 4급은 총 100문항으로 듣기, 독해, 쓰기 3부분으로 나뉘며, 100문항을 약 100분 동안 풀게 됩니다. 듣기 시험을 마치고 나면 5분의 답안 작성 시간이 주어집니다.

시험 구성		문항 수		배점	시험 시간
개인 정보 작성 시간					5분
듣기	제 1부분	10	45 문항	100점	약 30분
	제 2부분	15			
	제 3부분	20			
듣기 답안지 작성 시간					5분
독해	제 1부분	10	40문항	100점	40분
	제 2부분	10			
	제 3부분	20			
쓰기	제 1부분	10	15문항	100점	25분
	제 2부분	5			
총계		100문항		300점	약 105분

Q. 몇 점이면 합격인가요?

A. 총 300점 만점에 180점 이상이면 합격입니다. 영역별 과락 없이 총점만 180점을 넘으면 급수를 획득할 수가 있지만, 성적표에는 영역별 성적이 모두 표기되기 때문에 어느 한 영역만 점수가 현저히 낮게 나오지 않도록 합니다.

Q. 영역별 배점은 어떻게 하나요?

A. 영역별 배점은 아래와 같습니다. 쓰기 제 2부분은 어법 오류나 틀린 글자가 있으면 감점이 됩니다. 너무 길게 쓰려고 하는 것보다 자신이 알고 있는 문장을 정확하게 쓰는 것이 좋습니다.

영역별		문항 수	총점	
듣기		45문항	100점	
독해		40문항	100점	
쓰기	제 1부분	10문항	60점	100점
	제 2부분	5문항	40점	

Q 얼마나 공부하면 4급을 받을 수 있나요?

A 사람마다 실력이나 투자할 수 있는 시간이 다르기 때문에 정해진 답은 없습니다. 하지만 이 책을 보고 '아! 그렇구나, 나도 도전할 수 있겠다!'라는 생각이 드는 수준이라면, 이 책으로 20일간 집중 학습하고 다시 한 달 동안 모의고사 문제집을 풀면서 복습하는 방식으로 마스터해 보세요. 그렇게 하면 4급을 충분히 받을 수 있을 거예요.

Q 기출문제가 중요하나요?

A 기출문제가 시험에 다시 나오든 나오지 않든, 기출문제는 실제 시험 문제의 유형과 난이도를 직접 체험할 수 있는 최적의 문제입니다. 이 책은 최근 1~2년 사이 시험에 출제되었던 기출문제를 토대로 실제 시험 문제와 가장 유사하게 만든 100% 기출 활용 문제들로 구성했기 때문에 실전 감각을 충분히 익힐 수 있을 거예요.

Q 4급 시험 난이도는 어떤가요?

A HSK 시험이 출제 경향이나 난이도 면에서 조금씩 변화하고 있습니다. 최근의 4급 시험이 난이도가 많이 어려워졌습니다. 특히, 쓰기 문제가 과거 시험에 나온 문제들보다는 많이 어려워졌다는 평도 있지만, HSK 시험이 중국어의 세계적인 보급을 목적으로 하기 때문에 난이도를 계속적으로 상향 조정은 할 수 없을 것입니다. 하지만, 최근 출제 경향이 한동안은 그대로 유지될 가능성이 높기 때문에 최신 기출문제를 많이 풀어 보고 접해 보는 것이 가장 좋습니다.

Q 정기 시험 일자는 어떻게 되나요?

A HSK 시험은 매달 1번씩, 12회가 실시되며, 실시 지역과 시행하는 단체가 조금씩 다르므로, HSK 한국사무국 홈페이지(www.hsk.or.kr)에서 확인하는 것이 좋습니다.

목차 4급

- 머리말
- 파고다 HSK 4급 그것이 알고 싶다!
- HSK 시험 소개
- HSK 4급 영역별 공략법
- 이 책의 구성 및 특징

모의고사

실전모의고사 ① 회 · 3
실전모의고사 ② 회 · 21
실전모의고사 ③ 회 · 39
실전모의고사 ④ 회 · 57
실전모의고사 ⑤ 회 · 75

해설서

실전모의고사 ① 회 해설서 · 17
실전모의고사 ② 회 해설서 · 79
실전모의고사 ③ 회 해설서 · 143
실전모의고사 ④ 회 해설서 · 205
실전모의고사 ⑤ 회 해설서 · 267

HSK 시험 소개

HSK란 무엇인가?

汉语水平考试(중국어능력시험)의 한어 병음인 Hànyǔ Shuǐpíng Kǎoshì의 앞 글자를 딴 것으로, 중국어가 제1언어가 아닌 사람의 중국어 능력을 측정하기 위해 만든 표준화 시험이다.

HSK 용도

- 중국·한국 대학(원) 입학·졸업 시 평가 기준
- 한국 특목고 입학·졸업 시 평가 기준
- 각급 업체 및 기관의 채용·승진을 위한 평가 기준
- 중국 정부 장학생 선발 기준
- 교양 중국어 학력 평가 기준

HSK 각 급수 구성

HSK는 필기시험(HSK 1급 ~ 6급)과 회화시험(HSKK 초급·중급·고급)으로 나뉘며, 필기시험과 회화시험은 각각 독립적으로 실시하고 있다. 필기시험은 급수별로, 회화시험은 등급별로 각각 응시할 수 있다.

등급	어휘량	수준
HSK 6급	5,000개 이상	중국어 정보를 듣거나 읽을 때 쉽게 이해할 수 있고, 구두 또는 서면상 자신의 견해를 유창하고 적절하게 전달할 수 있다.
HSK 5급	2,500 이상	중국어 신문과 잡지를 읽을 수 있고, 영화 또는 TV 프로그램을 감상할 수 있다. 중국어로 비교적 완전한 연설을 할 수 있다.
HSK 4급	1,200개 이상	여러 분야의 화제에 대해 중국어로 토론할 수 있고, 비교적 유창하게 중국인과 대화 및 교류가 가능하다.
HSK 3급	600개 이상	중국어로 일상생활, 학습, 업무 등 각 상황에서 기본적인 회화를 할 수 있고, 중국 여행 시 겪게 되는 대부분의 상황에 중국어로 대응할 수 있다.
HSK 2급	300개 이상	중국어로 일상생활에서 일어나는 화제에 대해 간단하게 이야기할 수 있다.
HSK 1급	150개 이상	간단한 중국어 단어와 문장을 이해하고 사용할 수 있으며, 기초적인 일상 회화를 할 수 있다.

HSK 시험 접수

❶ **인터넷 접수**   HSK 한국사무국 홈페이지(http://www.hsk.or.kr)에서 접수

❷ **우편 접수**   구비 서류 | 응시원서(반명함판 사진 1장 부착) 및 별도 사진 1장, 응시비 입금 영수증

HSK 시험 당일 준비물

수험표, 유효 신분증, 2B 연필, 지우개

HSK 시험 성적 확인

❶ 성적 조회
시험 본 당일로부터 1개월 후 HSK 한국사무국 홈페이지(http://www.hsk.or.kr) 상단의
어학시험 ➡ 성적확인 ➡ 성적조회 바로가기 ➡ 중국고시센터 에서 조회가 가능하다.
입력 정보 | 수험번호, 성명, 인증번호

❷ 성적표 수령 방법
HSK 성적표는 시험일로부터 45일 이후, 우편 또는 방문을 통해 수령이 가능하다.
우편 수령 신청자의 경우, 등기우편으로 성적표가 발송된다.
방문 수령 신청자의 경우, 홈페이지에서 해당 시험일 성적표 발송 공지문을 확인한 후,
신분증을 지참하여 HSK 한국사무국으로 방문하여 수령한다.

❸ 성적의 유효기간
증서 및 성적은 시험을 본 당일로부터 2년간 유효하다.

2022년 HSK 시험 일정

시험 일자	접수 일정	성적 조회 예정일
1월 8일(토)	인터넷 접수: 2021년 12월 2일(목) ~ 12일(일) 우편 접수: 2021년 12월 2일(목) ~ 3일(금)	2월 15일(화)
2월 19일(토)	인터넷 접수: 2022년 1월 13일(목) ~ 23일(일) 우편 접수: 2022년 1월 13일(목) ~ 14일(금)	3월 19일(토)
3월 26일(토)	인터넷 접수: 2022년 2월 17일(목) ~ 27일(일) 우편 접수: 2022년 2월 17일(목) ~ 18일(금)	4월 26일(화)
4월 9일(토)	인터넷 접수: 2022년 3월 3일(목) ~ 13일(일) 우편 접수: 2022년 3월 3일(목) ~ 4일(금)	5월 16일(월)
5월 14일(토)	인터넷 접수: 2022년 4월 7일(목) ~ 17일(일) 우편 접수: 2022년 4월 7일(목) ~ 8일(금)	6월 14일(화)
6월 12일(일)	인터넷 접수: 2022년 5월 4일(수) ~ 16일(월) 우편 접수: 2022년 5월 4일(수) ~ 6일(금)	7월 12일(화)
7월 16일(토)	인터넷 접수: 2022년 6월 9일(목) ~ 19일(일) 우편 접수: 2022년 6월 9일(목) ~ 10일(금)	8월 16일(화)
8월 21일(일)	인터넷 접수: 2022년 7월 14일(목) ~ 25일(월) 우편 접수: 2022년 7월 14일(목) ~ 15일(금)	9월 21일(수)
9월 17일(토)	인터넷 접수: 2022년 8월 11일(목) ~ 21일(일) 우편 접수: 2022년 8월 11일(목) ~ 12일(금)	10월 24일(월)
10월 16일(일)	인터넷 접수: 2022년 9월 8일(목) ~ 19일(월) 우편 접수: 2022년 9월 8일(목) ~ 9일(금)	11월 16일(수)
11월 19일(토)	인터넷 접수: 2022년 10월 13일(목) ~ 23일(일) 우편 접수: 2022년 10월 13일(목) ~ 14일(금)	12월 19일(월)
12월 4일(일)	인터넷 접수: 2022년 10월 27일(목) ~ 11월 7일(월) 우편 접수: 2022년 10월 27일(목) ~ 28일(금)	2023년 1월 4일(수)

* 일정은 변동 가능성이 있으므로 반드시 해당 사이트를 확인하세요!

HSK 4급 영역별 공략법

듣기

	제1부분(第一部分)	제2부분(第二部分)	제3부분(第三部分)
문제 형식	지문을 듣고 지문의 내용과 제시된 문장의 일치 불일치 판단하기	남녀가 한 번씩 주고 받는 대화를 듣고 관련 질문에 대한 정답 고르기	① 대화형: 남녀가 두 번씩 주고 받는 대화를 듣고 관련 질문에 대한 정답 고르기 ② 단문형: 단문을 듣고 관련 질문에 대한 정답 고르기
시험 목적	지문 속의 내용을 듣고 제시된 문장과 일치하는지, 일치하지 않는지 이해하는 능력을 테스트	남녀의 짧은 대화가 이뤄지는 장소, 직업, 행동, 상황, 어기 등을 파악하는 능력을 테스트	① 대화형: 남녀의 긴 대화가 이뤄지는 장소, 직업, 행동, 상황, 어기 등을 파악하는 능력을 테스트 ② 단문형: 긴 녹음의 전체 및 세부 내용을 파악하는 능력을 테스트
문항 수	10문항(1~10번)	15문항(11~25번)	① 대화형: 10문항(26번~35번) ② 단문형: 10문항(36번~45번)
시험 시간	약 30분		

문제는 이렇게 풀어라!

제1부분

Step 1 녹음 내용이 나오기 전에 반드시 보기부터 읽자. 각 문제 사이에 10초의 시간이 주어지므로 반드시 한 문제를 풀자마자 빠르게 답을 체크하고 다음 보기를 읽어야 한다.

Step 2 핵심어를 빠르게 파악한다.

Step 3 녹음 내용을 들으면서 들리는 대로 적어라. 만약 무슨 단어인지 모를 때는 들리는 그대로 (병음 그대로, 한글로) 적어 놓자.

제2, 3부분

Step 1 보기의 어휘부터 살핀다.

Step 2 보기의 어휘를 통해 문제를 추측한다.

Step 3 남녀의 대화 내용을 들으면서 들리는 내용을 문제지에 적어 둔다.

Step 4 대화의 핵심어를 파악한다.

Step 5 질문을 이해하고 정답을 빠르게 도출해 낸다.

제3부분

Step 1 단문을 듣기 전, 각 단문에 해당하는 두 문제의 보기를 읽고 의미를 파악한다.

Step 2 단문을 들으며, 보기의 내용이 단문에서 언급되거나 그와 관련된 내용이 나오면 표시한다.

Step 3 단문을 들은 후, 이어지는 첫 번째 질문을 듣고 정답을 고른다. 뒤이어 나오는 두 번째 질문을 듣고 정답을 선택한다.

독해

	제1부분(第一部分)	제2부분(第二部分)	제3부분(第三部分)
문제 형식	제시된 6개의 보기 중 예시 어휘를 제외한 5개의 어휘를 각각 알맞은 빈칸에 고르기	제시된 보기 A, B, C를 순서에 맞게 배열하기	지문을 읽고 관련된 1개의 질문 또는 2개의 질문에 대한 정답 고르기
시험 목적	문장 전체 내용을 파악하거나 품사를 이해하는 능력 테스트	문장 전체 의미를 파악하거나 중국어의 기본 구조를 이해하는 능력 테스트	지문을 읽고 키워드 및 주제 찾기, 내용 전개, 세부적인 정보를 파악하는 능력 테스트
문항 수	10문항(46~55번)	10문항(56~65번)	20문항(66~85번)
시험 시간	40분		

문제는 이렇게 풀어라!

제1부분

Step 1 예시에서 사용된 어휘를 일단 먼저 삭제하고, 나머지 5개 어휘의 의미와 품사를 파악한다.

Step 2 빈칸의 앞뒤를 살펴서 정답이 될 만한 후보 품사를 찾는다.

Step 3 문맥상 가장 알맞은 어휘를 선택한다. (어휘가 중복되어 정답이 될 수 없으므로 보기의 어휘를 하나씩 지워가면서 정답을 찾는다.)

제2부분

Step 1 제시된 보기의 의미를 파악, 서로 짝을 이루는 접속사, 대명사와 그 대명사가 가리키는 대상, 논리의 흐름, 사건 등의 단서를 찾는다. 찾은 단서와 문맥을 근거로 하여 가장 긴밀하게 연결되는 두 보기를 먼저 배열한다.

Step 2 남은 보기를 문맥에 맞게 맨 앞 또는 맨 뒤 등 알맞은 곳에 배열한다.

제3부분

Step 1 질문을 먼저 읽고, 지문에서 어떤 내용을 중점적으로 봐야 할지 파악한다. 질문에 키워드가 있을 경우, 지문과 대조하기 쉽도록 표시해 둔다!

Step 2 지문을 읽으며 질문과 관련된 내용을 주의 깊게 본다. 질문의 핵심어구가 지문에 그대로 언급되는 경우도 있지만, 바꾸어 표현된 부분이 있기 때문에 주의 깊게 살펴야 한다.

Step 3 보기의 의미를 정확하게 파악하고, 질문에 가장 알맞은 보기를 정답으로 선택한다.

쓰기

	제1부분(第一部分)	제2부분(第二部分)
문제 형식	제시된 4~5개의 어휘를 어순에 맞게 배치하여 하나의 문장 완성하기	제시된 사진과 어휘를 사용하여 관련된 하나의 문장 완성하기
시험 목적	중국어의 기본 어순을 잘 이해하고, 어법적 지식과 올바른 문장을 쓸 수 있는 능력을 갖추고 있는지 테스트	① 주어진 어휘와 그림에 어울리는 품사와 용법을 정확히 알고, 어법에 맞게 문장을 만들 수 있는지 테스트 ② 그림과 어울리는 상황을 설정해 적절한 어휘로 주제에 맞는 문장을 만들 수 있는지 테스트
문항 수	10문항(86~95번)	5문항(96~100번)
시험 시간	25분	

문제는 이렇게 풀어라!

제1부분

Step 1 술어를 찾아 중심을 잡는다.

Step 2 주어 → 목적어 순으로 찾아 나열한다.

Step 3 남은 어휘를 어순에 맞게 배열한 후 문장을 완성한다.

제2부분

Step 1 품사 떠올리기
제시된 어휘가 동사인지, 형용사인지, 명사인지를 떠올려야 작문을 쉽게 할 수 있다.

Step 2 사진 보며 문장 떠올리기
제시된 어휘의 품사 및 의미를 파악한 후, 사진을 보고 사진을 묘사하는 문장이나 연상되는 문장을 떠올린다. 자신이 중국어로 쓸 수 있는 표현으로 작문을 하는 것이 가장 좋으며, 너무 복잡하게 긴 작문을 하는 것보다 정확한 문장을 만드는 것이 중요하다. 기본적인 문장 구조 형태로 가볍게 접근하도록 하자.

Step 3 떠올린 문장 쓰기
떠올린 문장을 [주어 + 술어 + 목적어] 순서에 맞게 작성하고, 문장 끝에는 반드시 마침표(。) 또는 물음표(?)와 같은 문장부호를 붙여서 답안지에 옮겨 쓴다.

이 책의 구성 및 특징

특장점 1

충분한 실전 연습이 가능한 모의고사 5회분 문제집

최근 1~2년간 출제된 문제들을 면밀히 분석해 최신 출제 경향을 완벽히 반영했다. 오래된 문제는 배제하고, 최신 시험에 자주 출제되는 문제만 골라 5회분 모의고사로 구성했다.

특장점 2

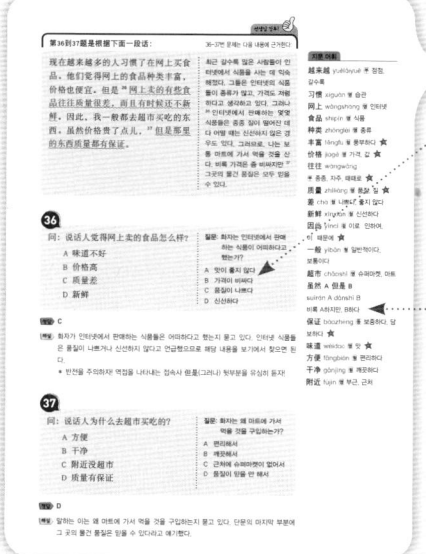

학습자의 편의를 고려한 친절하고 깔끔한 해설서

문제 하나하나에 대한 친절하고 깔끔한 해설뿐만 아니라, 구문, 어법까지 Tip으로 제공했다. 특히 문제의 키포인트가 되는 문장에는 컬러로 구분하여 답을 쉽게 찾을 수 있다.

따로 사전을 찾아볼 필요가 없도록 충분한 양의 어휘를 정리하고, 4급에 해당하는 어휘에는 별표를 달았다.

HSK（四级）答题卡

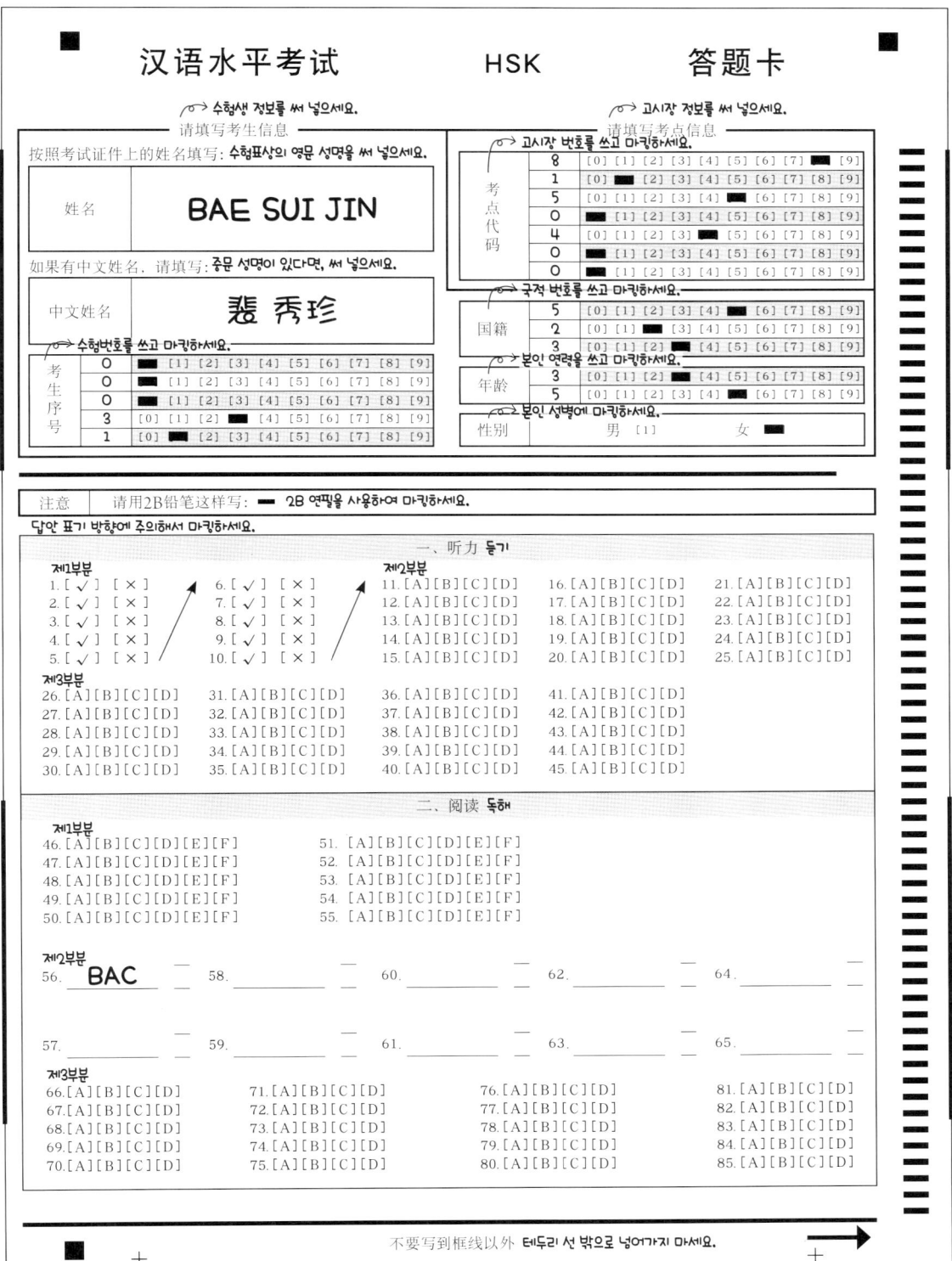

三、书写 쓰기

86. 医生正在给病人看病。

87.

88.

89.

90.

91.

92.

93.

94.

95.

96. 他把沙发抬起来了。

97.

98.

99.

100.

不要写到框线以外 테두리 선 밖으로 넘어가지 마세요.

HSK 4급 1회 모의고사 듣기 스크립트

HSK(四级)模拟试题第一套

大家好！欢迎参加HSK(四级)考试。

HSK(四级)听力考试分三部分，共45题。

请大家注意，听力考试现在开始。

第一部分

一共10个题，每题听一次。

例如：

我想去办个信用卡，今天下午你有时间吗？陪我去一趟银行？

★ 他打算下午去银行。

现在我很少看电视，其中一个原因是，广告太多了，不管什么时间，也不管什么节目，只要你打开电视，总能看到那么多的广告，浪费我的时间。

★ 他喜欢看电视广告。

现在开始第一题：

1

对不起，我不是故意的。是我骑车太快了。你的胳膊没事儿吗？

★ 他希望得到原谅。

2

小时候，父母反复教我们说话走路，他们从来不觉得麻烦，现在他们老了，我们也应该要对父母有耐心。

★ 要对父母很有耐心。

3

今天我们邀请到了一位著名作家，他的小说至少被翻译成了四十种语言，并且在去年获得了世界大奖。大家已经猜到他是谁了吧。

★ 作家会说很多种语言。

4

一般来说，朋友之间要互相帮助，互相帮助这个词意味着自己有困难时可以向朋友求助，朋友遇到困难时我们也得帮助并照顾他们。

★ 朋友间应该互相帮助。

5

她从小就喜欢唱歌跳舞，但父亲却希望她当一名医生，结果她不得不按照父亲的想法选了医学专业。

★ 她不想成为医生。

6

师傅，我记得我要去的饭店不在这条街上。这是地址，您再仔细看看，一会儿要堵车了，开快点儿，否则我就迟到了。

★ 他们在出租车上。

7

张经理，我下周五要去美国开会，你帮我查一下，哪个航班最合适。会议下午三点举行，从机场到酒店大概一个小时，时间安排得不要太紧，到酒店后我还要整理资料。

★ 说话人上周去美国开会了。

8

这是一部关于人生的小说，作者在小说中讲了很多他自己的故事，这也是小说读起来为什么那么真实的原因。作者通过小说想告诉年轻人遇到困难时，不要随便放弃。

★ 这部小说中有作者自己的故事。

9

你怎么还能迷路呢？你以前不是来过两次吗？你取完钱从银行出来，过马路一直走，第一个路口往左转就是。

★ 他迷路了。

10

刚才已经帮你检查过了，电脑没什么问题，上网速度慢应该是因为同时上网的人太多了。你看，我现在看电影一点儿都不慢。

★ 电脑出问题了。

第二部分

一共15个题，每题听一次。

例如：

女：该加油了，去机场的路上有加油站吗？

男：有，你放心吧。

女：男的主要是什么意思？

现在开始第11题：

11

男：饿死了，我去买面包。你要吗？

女：我也想吃东西，帮我买三个包子吧。

问：女的让男的买什么？

12

女：李教授正在开会呢，您一会儿再来吧。

男：我很着急，有很重要的事情要跟他商量，麻烦你跟他说一声好吗？

问：男的是什么意思？

13

男：你看起来困得不行了，先休息一会儿吧，出发前我再叫醒你。

女：多不好意思啊，那你提前十分钟叫我吧。

问：女的怎么了？

14

女：你的力气真大啊，一个人就把冰箱抬上来了。

男：没办法，电梯暂时修不好，只能爬楼梯上来了。

问：关于男的，下列哪个正确？

15

男：都十点了，李博士今天到底来不来呀？

女：别担心，他刚才打电话说要十一点左右才能到。

问：他们在等谁？

16

女：下个月就要出国旅游了，你的护照办好了吗？

男：在大使馆工作的朋友说来得及，下周把材料给他就行。

问：关于男的，可以知道什么？

17

男：你新买的房子怎么样？还满意吗？

女：还可以，除了厨房有点儿小以外，其他都很满意。

问：女的觉得新房子怎么样？

18

女：先生，您不是在这儿登机，您的登机口在那边。

男：真对不起，我看错了。我以为是在这边呢。

问：他们最有可能在哪儿？

19

男：最近戴着眼镜也看不清楚字，眼睛还有点儿难受。

女：你得减少玩儿手机的时间了，长时间玩儿手机会伤害眼睛。

问：女的让男的怎么做？

20

女：这个饭店的菜味道不错，但是周围的环境不好，可以考虑换个地方。

男：老客人都已经熟悉这儿了，突然换地方的话，恐怕他们找不到。

问：关于饭店，可以知道什么？

21

男：这个夏天都没怎么出去，皮肤一点儿都没晒黑。

女：男人还是皮肤黑点儿好，你现在看起来缺少运动。

问：男的怎么了？

22

男：这是谁送来的花呀？竟然送了这么多，还不写名字。

女：啊，张经理今天刚出院，这是我要送给她的花，你别动啊。

问：这是要送给谁的花？

23

男：你做菜做得怎么样？

女：不怎么样，我做菜的水平很差，还不敢给你做。

问：他们在谈什么？

24

女：我都学了两年汉语了，跟中国朋友聊天儿时，我还总是跟不上他们的速度。

男：他们说话本来就快，你先别着急，自信点儿，等习惯了就好了。

问：男的建议女的怎么做？

25

男：这部电影怎么样？

女：虽然有我喜欢的一个男演员，但没什么意思，主要原因就是故事不够精彩。

问：关于这部电影，下列哪个正确？

第三部分

一共20个题，每题听一次。

例如：

男：把这个文件复印五份，一会儿拿到会议室发给大家。

女：好的，会议是下午3点吗？

男：改了。3点半，推迟了半个小时。

女：好，602会议室没变吧。

男：对，没变。

问：会议几点开始？

现在开始第26题：

26

女：喂，您好，这里是长江餐厅。

男：您好，明天我想在你们那里举办同学聚会，你们可以免费提供葡萄酒吗？

女：可以，先生，我们有红葡萄酒和白葡萄酒，您要哪个？

男：我要红葡萄酒。

问：关于这家餐厅，下列哪个正确？

27

女：请问，是大连租车公司吗？我想租一辆四十五座的车，周二早上用。

男：你从哪儿出发？目的地是哪儿？

女：从火车站出发到北方宾馆。

男：请您稍等，我查一下。

问：女的在给谁打电话？

28

女：先生，您能帮我找一下车钥匙吗？

男：你刚才放哪儿了？什么颜色的？

女：红色的，刚才放在桌子上了，旁边还放着一杯咖啡。

男：稍微等一下，好像被别人拿错了。

问：他们在找什么？

29

男：李经理发来邮件问您，我们公司派谁去美国参加会议。

女：我还没想好，年底公司会很忙，得好好计划一下，你也帮我想想。

男：好的，不过李经理着急，他说最晚明天要确定下来参加会议的名单。

女：这样啊！谢谢你提醒我。

问：他们在讨论什么？

30

女：小张，你身体不舒服吗？

男：对，估计是因为昨天穿得太少。

女：既然这样，那就请假回家休息一下吧。

男：没事儿，我写完工作总结再走。

问：男的为什么不马上回家休息？

31

男：从咱家到公司虽然只有五公里，却要换两次地铁。

女：是啊，要是能直接到公司就好了。

男：要不咱们买辆车吧，省时间。

女：怎么可能，早上堵车堵得多严重啊。

问：从他家到公司有多远？

32

女：这个暑假，我还想去一趟日本，你去吗？

男：上次没去，十分后悔，这次说什么都要去。

女：你上次也是这么说的，你说话总是不算数。

男：对不起！这次我一定去！

问：男的后悔什么？

33

男：李老师，您教汉语很久了吧？

女：没有，才两年。

男：您真棒！学生们都喜欢你，说上您的课很愉快，还能学到很多课外知识。

女：听你这么说，我太开心了。

问：男的觉得女的怎么样？

34

女：周末去百货商店吧，我想换一个沙发。

男：还买？你原来那个坏了？

女：不是，上次那个太大了，我想换个小一点儿的。

男：也好，小的放着方便。

问：根据对话，下列哪个正确？

35

男：医生，我最近晚上睡不着，而且早上醒得很早。

女：你平时睡几个小时？

男：大概睡四五个小时。

女：不行，每天至少要睡八个小时。

问：医生让男的怎么做？

第36到37题是根据下面一段话：

现在越来越多的人习惯在网上买食品。他们觉得网上的食品种类丰富，价格也便宜。但是网上卖的有些食品往往质量很差，而且有时候还不新鲜。因此，我一般都去超市买吃的东西。虽然价格贵了点儿，但是那里的东西质量都有保证。

36　说话人觉得网上卖的食品怎么样？

37　说话人为什么去超市买吃的？

第38到39题是根据下面一段话：

室外运动是一种很好的运动方式。因为在室外你不仅可以看到漂亮的风景，而且还可以呼吸到新鲜的空气。所以，如果有时间的话，最好选择去室外运动。调查表明，室外运动比室内运动对身体更好，而且人的心情也更加愉快。

38　室外运动有什么好处？

39　调查结果表明什么？

第40到41题是根据下面一段话：

高速公路的发展离不开国家经济的发展。近年来，随着中国经济快速增长，高速公路的公里数也大大增加，根据昨天的新闻，到2015年底，中国的高速公路已经超过十二万公里。

40　高速公路的发展与什么有关？

41　到2015年底中国高速公路超过了多少公里？

第42到43题是根据下面一段话：

中国电影金鸡奖最早举办于1981年，是中国最早的电影节，每年举办一次。这一活动对中国电影的发展起着十分重要的作用。每年都有成百上千的优秀国内演员前来参加，演员们都非常重视这个活动。

42　电影金鸡奖多长时间举办一次？

43　关于金鸡奖，下面哪个正确？

第44到45题是根据下面一段话：

我孙子今年十岁，他非常喜欢踢足球，甚至说将来想要当一名世界闻名的足球运动员。一开始，家人都支持他，可是最近他每天回家后都把书包往床上一扔就跑出去踢足球了，连课外作业也不做。我担心这会影响他的学习。

44　说话人的孙子爱干什么？

45　说话人担心孙子怎么样？

모의고사 정답

一、听力

第一部分

1. ✓   2. ✓   3. ✗   4. ✓   5. ✓   6. ✓   7. ✗   8. ✓   9. ✓   10. ✗

第二部分

11. B   12. A   13. C   14. C   15. C   16. A   17. B   18. C   19. D   20. C
21. C   22. D   23. D   24. D   25. D

第三部分

26. D   27. D   28. C   29. D   30. C   31. D   32. D   33. A   34. B   35. A
36. C   37. D   38. D   39. B   40. C   41. B   42. C   43. C   44. B   45. C

二、阅读

第一部分

46. B   47. E   48. F   49. C   50. A   51. F   52. E   53. A   54. D   55. B

第二部分

56. BCA   57. ABC   58. BCA   59. ABC   60. BAC
61. BCA   62. CBA   63. BCA   64. ABC   65. BCA

第三部分

66. A   67. B   68. B   69. D   70. C   71. C   72. D   73. B   74. B   75. A
76. A   77. C   78. D   79. B   80. A   81. D   82. A   83. D   84. A   85. C

三、书写

第一部分

86. 教室里只有两名留学生。
87. 老师以为我写作业呢。
88. 所有的报告都准备好了。
89. 弟弟的那本书比我的有意思。
90. 妹妹竟然把自己的手机号码给写错了。
91. 经理可以帮我解决问题。
92. 这张照片很适合挂在客厅里。
93. 他仍然对考试成绩感到很失望。
94. 新买的手机被妹妹弄坏了。
95. 她从来没有用过这么贵的化妆品。

第二部分

96. 1. 我特别喜欢这种沙发。
    2. 这种沙发价格很贵。

97. 1. 今天天气很凉快。
    2. 今天比昨天更凉快。

98. 1. 她把银行卡的密码给忘记了。
    2. 你千万别告诉他你的密码。

99. 1. 你尝尝著名的北京烤鸭。
    2. 我吃过一次北京烤鸭。

100. 1. 他对自己很有信心。
     2. 他对这次考试很有信心。

HSK 4급 1회 듣기

제1부분 1~10 번 문제는 들리는 내용이 시험지에 제시된 문장과 일치하는지 판단하는 문제입니다.

🎧 01_1

1

★ 他希望得到原谅。(✓)

对不起，我不是故意的。是我骑车太快了。你的胳膊没事儿吗?

★ 그는 용서받기를 바란다.

미안해. 내가 일부러 그런 거 아니야. 자전거를 너무 빨리 타서 그래. 너 팔 괜찮아?

정답 ✓

해설 고의로 한 게 아니라고 해명하며 사과했으므로 제시된 문장과 일치한다.

지문 어휘

希望 xīwàng 동 바라다, 희망하다
得到 dédào 동 얻다, 받다
原谅 yuánliàng 동 용서하다 ★
故意 gùyì 명 고의 부 고의로, 일부러 ★
骑车 qí chē 자전거를 타다
胳膊 gēbo 명 팔 ★

2

★ 要对父母很有耐心。(✓)

小时候，父母反复教我们说话走路，他们从来不觉得麻烦，现在他们老了，我们也应该要对父母有耐心。

★ 부모님에 대해서 인내심을 가져야 한다.

어렸을 때, 부모님은 우리에게 반복적으로 말하는 것과 걷는 것을 가르치면서, 그들은 여태껏 귀찮게 여기지 않았다. 현재 그들은 늙었고, 우리도 부모님에 대해서 인내심을 가져야 한다.

정답 ✓

해설 녹음 내용 마지막 부분에 부모님이 그랬듯이 우리도 이제 나이 드신 부모님에 대해 인내심을 가져야 한다고 했으므로 제시된 문장과 일치한다.

지문 어휘

耐心 nàixīn 명 인내심, 참을성 ★
反复 fǎnfù 부 반복적으로 동 반복하다
教 jiāo 동 가르치다, 전수하다
走路 zǒu lù 동 걷다
麻烦 máfan 형 귀찮다, 성가시다, 번거롭다 ★
从来 cónglái 부 지금까지, 여태껏 ★

3

선생님 강추!

★ 作家会说很多种语言。(✗)

今天我们邀请到了一位著名作家，他

★ 작가는 여러 종류의 언어를 구사할 수 있다.

오늘 우리는 유명 작가 한 분을

지문 어휘

作家 zuòjiā 명 작가 ★
语言 yǔyán 명 언어 ★
邀请 yāoqǐng 동 초청하다, 초대하다 ★

的小说至少被翻译成了四十种语言，并且在去年获得了世界大奖。大家已经猜到他是谁了吧。

초청해 모셨습니다. 그의 소설은 최한 40종의 언어로 번역되었으며, 게다가 작년에는 월드 대상을 받았습니다. 여러분 이미 그가 누구인지 짐작하셨겠죠.

著名 zhùmíng 형 유명하다 ★
小说 xiǎoshuō 명 소설 ★
至少 zhìshǎo 부 적어도, 최소한 ★
翻译 fānyì 동 번역하다, 통역하다 ★
并且 bìngqiě 접 게다가, 나아가 ★
获得 huòdé 동 얻다, 획득하다 ★
世界 shìjiè 명 세계
大奖 dàjiǎng 명 대상
猜 cāi 동 추측하다, 알아맞히다 ★

정답 ✕

해설 그의 소설이 40여 종의 언어로 번역될 만큼 유명한 작가라는 뜻이지, 작가 스스로 여러 언어를 구사한다는 뜻은 아니므로 일치하지 않는다.
▶ 会说语言(언어를 구사할 줄 안다)와 被翻译成语言(언어로 번역되었다)를 혼동하지 말아야 한다.

4

★ 朋友间应该互相帮助。(✓)

一般来说，朋友之间要互相帮助，互相帮助这个词意味着自己有困难时可以向朋友求助，朋友遇到困难时我们也得帮助并照顾他们。

★ 친구 간에는 서로 도와야 한다.

일반적으로, 친구 사이는 서로 도와야 한다. 서로 돕다라는 이 말은 본인에게 어려운 일이 생길 때 친구에게 도움을 청할 수 있고, 친구가 어려운 상황에 처했을 때 우리 역시 그들을 돕거나 돌봐야 한다는 것을 의미한다.

지문 어휘

互相 hùxiāng 부 서로, 상호 ★
帮助 bāngzhù 동 돕다
意味着 yìwèizhe 동 의미하다, 뜻하다, 나타내다
困难 kùnnan 명 빈곤, 곤란, 어려움
求助 qiúzhù 동 도움을 청하다
遇到 yùdào 동 만나다, 마주치다
照顾 zhàogù 동 보살피다, 돌보다

정답 ✓

해설 녹음 내용 첫 머리에 친구 사이는 서로 도와야 한다고 했으므로 제시된 문장과 일치한다.
▶ 要(~해야 한다)와 应该(마땅히 ~해야 한다)는 비슷한 의미의 표현이다.

5

★ 她不想成为医生。(✓)

她从小就喜欢唱歌跳舞，但父亲却希望她当一名医生，结果她不得不按照父亲的想法选了医学专业。

★ 그녀는 의사가 되고 싶지 않다.

그녀는 어릴 때부터 노래하고 춤추는 것을 좋아했다. 하지만 아버지는 그녀가 의사가 되기를 바랐으므로 결국 그녀는 어쩔 수 없이 아버지의 생각에 따라 의학 전공을 선택했다.

지문 어휘

成为 chéngwéi 동 ~이 되다 ★
医生 yīshēng 명 의사
唱歌 chàng gē 동 노래를 부르다
跳舞 tiào wǔ 동 춤을 추다
父亲 fùqīn 명 부친, 아버지 ★
希望 xīwàng 동 바라다, 희망하다
结果 jiéguǒ 명 결과, 결국 ★

[정답] ✓

[해설] 녹음 내용에서 어쩔 수 없이 아버지의 생각에 따라 의사가 되었다고 했으므로 그녀는 의사가 되고 싶지 않다는 제시된 문장과 일치한다.

不得不 bù dé bù 뷔 어쩔 수 없이 ★
按照 ànzhào 젠 ~에 따라 ★
想法 xiǎngfǎ 몡 생각, 의견
选 xuǎn 동 선택하다
医学 yīxué 몡 의학
专业 zhuānyè 몡 전공 ★

6 선생님 강추!

★ 他们在出租车上。(✓)

师傅，我记得我要去的饭店不在这条街上。这是地址，您再仔细看看，一会儿要堵车了，开快点儿，否则我就迟到了。

★ 그들은 택시 안에 있다.

기사님, 제 기억에 제가 가려는 호텔이 이쪽 길에는 없는 것 같아요. 이게 주소인데요, 다시 한번 자세히 보세요. 조금 있으면 길이 막힐 텐데, 빨리 가 주세요. 안 그러면 늦을 것 같아요.

지문 어휘

出租车 chūzūchē 몡 택시
师傅 shīfu 몡 기사님, 선생님 ★
记得 jìde 동 기억하다
饭店 fàndiàn 몡 호텔, 식당
条 tiáo 양 가늘고 긴 것을 세는 단위
街 jiē 몡 거리, 길
地址 dìzhǐ 몡 주소 ★
仔细 zǐxì 톙 세심하다, 꼼꼼하다 ★
堵车 dǔ chē 동 차가 막히다 ★
否则 fǒuzé 젭 만약 그렇지 않으면, 안 그러면 ★

[정답] ✓

[해설] 택시 기사에게 빨리 가 줄 것을 재촉하는 상황으로, 그들은 택시 안에 있다는 제시된 문장과 일치한다.
▶ 师傅는 택시나 버스 기사를 부르는 호칭임을 알아두자!

7

★ 说话人上周去美国开会了。(✗)

张经理，我下周五要去美国开会，你帮我查一下，哪个航班最合适。会议下午三点举行，从机场到酒店大概一个小时，时间安排得不要太紧，到酒店后我还要整理资料。

★ 화자는 지난주에 미국에 회의하러 갔다.

장 매니저님, 저는 다음 주 금요일에 미국에 회의하러 가요. 어느 항공편이 가장 적합할지 검색 좀 부탁드려요. 회의는 오후 3시에 진행되고, 공항에서 호텔까지는 약 1시간 정도 걸리니, 일정을 너무 빠듯하게 잡지 마세요. 호텔에 도착한 후에 자료도 정리해야 하니까요.

지문 어휘

上周 shàngzhōu 몡 지난주
开会 kāi huì 동 회의를 하다
下周 xiàzhōu 몡 다음 주
查 chá 동 검색하다, 조사하다
航班 hángbān 몡 항공편 ★
合适 héshì 톙 적합하다, 알맞다 ★
会议 huìyì 몡 회의
举行 jǔxíng 동 거행하다, 열다 ★
大概 dàgài 뷔 대략, 대개 ★
安排 ānpái 동 일정을 잡다, 안배하다 ★
紧 jǐn 톙 빠듯하다, 급박하다 ★
整理 zhěnglǐ 동 정리하다 ★
资料 zīliào 몡 자료

[정답] ✗

[해설] 화자는 다음 주에 미국에 회의하러 갈 예정이며, 이에 장 매니저에게 항공편 검색을 부탁하는 상황이므로 제시된 문장과 일치하지 않는다.

8

★ 这部小说中有作者自己的故事。(✓)

这是一部关于人生的小说，作者在小说中讲了很多他自己的故事，这也是小说读起来为什么那么真实的原因。作者通过小说想告诉年轻人遇到困难时，不要随便放弃。

★ 이 소설에는 저자 자신의 이야기가 있다.

이것은 인생에 관한 소설이다. 저자는 소설에서 저자 자신의 이야기를 많이 논했다. 이는 소설을 읽는 데 있어 진정성이 느껴지는 이유이다. 저자는 소설을 통해 젊은이들이 어려움에 부딪쳤을 때 쉽게 포기하지 말 것을 알려주고자 하였다.

지문 어휘

作者 zuòzhě 명 저자 ★
故事 gùshi 명 이야기
关于 guānyú 전 ~에 대해, ~에 관해
人生 rénshēng 명 인생
讲 jiǎng 동 ~에 대해 말하다, 논하다, 이야기하다
真实 zhēnshí 형 진실하다
原因 yuányīn 명 원인 ★
通过 tōngguò 동 통과하다 전 ~을 통해 ★
告诉 gàosu 동 알리다
年轻人 niánqīngrén 명 젊은이
遇到 yùdào 동 만나다, 부딪치다
困难 kùnnan 명 어려움 ★
随便 suíbiàn 부 마음대로, 좋을 대로 ★
放弃 fàngqì 동 포기하다 ★

정답 ✓

해설 녹음 내용에 저자 자신의 이야기를 많이 논했다는 내용이 언급되어 있으므로 제시된 문장과 일치한다.

9

★ 他迷路了。(✓)

你怎么还能迷路呢？你以前不是来过两次吗？你取完钱从银行出来，过马路一直走，第一个路口往左转就是。

★ 그는 길을 잃었다.

너 어떻게 또 길을 잃을 수 있어? 너 예전에 두 번이나 와 본 적 있지 않니? 네가 은행에서 돈을 찾고 나오면, 큰 길을 건너 직진해. 첫 번째 길목에서 좌회전하면 바로야.

지문 어휘

迷路 mí lù 동 길을 잃다 ★
以前 yǐqián 명 이전, 예전
不是~吗 búshì~ma ~이 아니냐?(주로 반어적 의미를 나타냄)
取钱 qǔ qián 동 돈을 찾다
过马路 guò mǎlù 동 길을 건너다
一直 yìzhí 부 계속, 줄곧
路口 lùkǒu 명 길목
往 wǎng 전 ~쪽으로, ~을 향해
左转 zuǒ zhuǎn 동 좌회전하다, 왼쪽으로 돌다

정답 ✓

해설 녹음 내용 첫머리에 '너 어떻게 또 길을 잃을 수 있어?'라고 불만을 표시하고 있으므로 길을 잃었다는 제시된 문장과 일치한다.

10

★ 电脑出问题了。(✗)

刚才已经帮你检查过了，电脑没什么问题，上网速度慢应该是因为同时上网的人太多了。你看，我现在看电影一点儿都不慢。

★ 컴퓨터에 문제가 생겼다.

좀 전에 이미 너 대신 점검해 봤는데, 컴퓨터엔 별 문제가 없어. 인터넷 속도가 느린 것은 동시에 접속하는 사람이 너무 많아서야. 봐, 내가 지금 영화 보는 건 조금도 느리지 않지.

지문 어휘

电脑 diànnǎo 명 컴퓨터
出问题 chū wèntí 문제가 생기다, 고장 나다
刚才 gāngcái 부 방금, 막
检查 jiǎnchá 동 조사하다, 점검하다
上网 shàng wǎng 동 인터넷을 하다
速度 sùdù 명 속도 ★
慢 màn 형 느리다
同时 tóngshí 부 동시에 ★
一点儿都不 ~
yìdiǎnr dōu bù ~
조금도 ~하지 않다

정답 ✗

해설 出问题(문제가 생기다)와 没问题(문제가 없다)는 서로 다른 의미이므로 일치하지 않는다.

제2부분 11~25번 문제는 남녀간의 대화를 듣고 질문에 알맞은 답을 고르는 문제입니다.

11

男: 饿死了，我去买面包。你要吗?
女: 我也想吃东西，帮我买三个包子吧。

问: 女的让男的买什么?

A 面包
B 包子
C 苹果汁
D 牛肉汤

남: 배고파 죽겠다. 나 빵 사러 갈래. 너 먹을래?
여: 나도 뭐가 먹고 싶네. 빠오즈 세 개 사다 줘.

질문: 여자는 남자에게 무엇을 부탁했는가?

A 빵
B 빠오즈
C 사과주스
D 소고기국

지문 어휘

饿 è 형 배고프다
~死了 ~sǐle ~해 죽겠다
面包 miànbāo 명 빵
东西 dōngxi 명 물건, 것
包子 bāozi 명 찐빵, 빠오즈 ★

보기 어휘

苹果汁 píngguǒzhī 사과주스
牛肉汤 niúròutāng
명 소고기국

정답 B

해설 여자가 남자에게 무엇을 부탁했는지 묻고 있다. 여자가 남자에게 부탁한 것은 바로 빠오즈 세 개이므로 정답은 B이다.

12

女: 李教授正在开会呢，您一会儿再来吧。

男: 我很着急，有很重要的事情要跟他商量，麻烦你跟他说一声好吗？

问: 男的是什么意思？

A 有急事儿
B 认错人了
C 会议推迟了
D 迟到了

여: 이 교수님은 지금 회의 중이십니다. 조금 후에 다시 오십시오.

남: 제가 급합니다. 교수님과 의논할 중요한 일이 있어서요. 말씀 좀 해 주시겠습니까?

질문: 남자의 말은 무슨 의미인가?

A 급한 일이 있다
B 사람을 잘못 봤다
C 회의가 연기되었다
D 지각했다

지문 어휘

教授 jiàoshòu 몡 교수 ★
正在 zhèngzài 부 지금 ~하고 있다
着急 zháojí 동 조급해하다
重要 zhòngyào 형 중요하다
商量 shāngliang 동 상의하다, 논의하다 ★
声 shēng 몡 목소리 몡 마디(소리의 횟수)

보기 어휘

认错 rèn cuò 동 잘못 알다
推迟 tuīchí 동 미루다, 연기하다 ★
迟到 chídào 동 지각하다

정답 A

해설 남자의 말이 무슨 의미인지 묻는 문제이다. 남자는 급하다는 말을 했고 이어서 의논할 중요한 일이 있다고 했으므로 급한 일이 있음을 알 수 있다.

13

男: 你看起来困得不行了，先休息一会儿吧，出发前我再叫醒你。

女: 多不好意思啊，那你提前十分钟叫我吧。

问: 女的怎么了？

A 行李丢了
B 没坐上飞机
C 太困了
D 很难过

남: 많이 졸려 보여요. 우선 잠시 쉬세요. 출발 전에 제가 다시 깨워드릴게요.

여: 너무 죄송해서 그러지요. 그럼 10분 전에 좀 깨워 주세요.

질문: 여자는 어떠한가？

A 짐을 잃어버렸다
B 비행기를 타지 않았다
C 매우 졸리다
D 괴롭다

지문 어휘

看起来 kàn qǐlai 보아하니 ~한 것 같다
困 kùn 형 졸리다 ★
休息 xiūxi 동 쉬다 ★
出发 chūfā 동 출발하다 ★
叫醒 jiàoxǐng 동 깨우다
不好意思 bù hǎoyìsi 부끄럽다, 미안하다

보기 어휘

丢 diū 동 잃어버리다 ★
难过 nánguò 형 괴롭다

정답 C

해설 여자의 상태를 묻고 있다. 남자가 여자를 보며 졸려 보인다고 하고, 여자가 10분 전에 깨워 달라고 했으므로 여자는 매우 졸린 상태임을 알 수 있다.

14

女: 你的力气真大啊，一个人就把冰箱抬上来了。
男: 没办法，电梯暂时修不好，只能爬楼梯上来了。

问: 关于男的，下列哪个正确?

A 没有力气
B 买冰箱了
C 爬楼梯上来的
D 坐电梯上来的

여: 너 힘 정말 세다, 혼자 냉장고를 들고 올라오다니.
남: 방법이 없잖아. 엘리베이터가 잠시 고장이어서, 계단으로 올라오는 수밖에 없었어.

질문: 남자에 관하여, 다음 중 옳은 것은?

A 힘이 없다
B 냉장고를 샀다
C 계단으로 걸어서 올라왔다
D 엘리베이터를 타고 올라왔다

지문 어휘

力气 lìqi 몡 힘, 역량 ★
冰箱 bīngxiāng 몡 냉장고
抬 tái 동 들어올리다 ★
办法 bànfǎ 몡 방법
电梯 diàntī 몡 엘리베이터
暂时 zànshí 부 잠시, 잠깐
只能 zhǐnéng
동 ~할 수밖에 없다
爬 pá 동 기다, 기어오르다
楼梯 lóutī 몡 계단, 층계

정답 C

해설 남자의 상황에 대해 올바른 것을 묻고 있다. 남자는 여자에게 엘리베이터가 고장 나서 계단으로 올라올 수밖에 없었다고 했으므로 정답은 C이다.

▶ 보기를 빠르게 파악한 후 대화 내용을 주의 깊게 듣는 것이 포인트!

15

男: 都十点了，李博士今天到底来不来呀?
女: 别担心，他刚才打电话说要十一点左右才能到。

问: 他们在等谁?

A 张师傅
B 孙子
C 李博士
D 大学同学

남: 벌써 10시예요. 이 박사님은 오늘 도대체 오시는 거예요 안 오시는 거예요?
여: 걱정 마세요, 방금 전화가 왔는데 11시 정도면 도착할 수 있을 거라고 하셨어요.

질문: 그들은 누구를 기다리고 있는가?

A 장 기사님
B 손자
C 이 박사님
D 대학 동창

지문 어휘

都 dōu 부 이미, 벌써, 모두
博士 bóshì 몡 박사 ★
到底 dàodǐ 부 도대체, 마침내
担心 dān xīn 동 걱정하다
刚才 gāngcái 부 지금 막, 방금

보기 어휘

师傅 shīfu 몡 기사, 선생님 ★
孙子 sūnzi 몡 손자 ★
同学 tóngxué 몡 동창생

정답 C

해설 그들이 누구를 기다리고 있는지 묻고 있다. 남자와 여자는 **李博士**(이 박사님) 외에 다른 사람에 대해 언급하지 않으므로 그들이 기다리는 사람은 이 박사님이다.

16

女: 下个月就要出国旅游了，你的护照办好了吗？
男: 在大使馆工作的朋友说来得及，下周把材料给他就行。

问: 关于男的，可以知道什么？
   A 要办护照
   B 在大使馆工作
   C 准备留学
   D 要去招聘会

여: 다음 달에 해외여행을 가는데, 당신 여권 만들었어요?
남: 대사관에서 일하는 친구 말로는 시간이 충분하다고 해요. 다음 주에 그에게 서류를 보내면 돼요.

질문: 남자에 관하여, 알 수 있는 것은?
   A 여권을 만들려고 한다
   B 대사관에서 근무한다
   C 유학 준비 중이다
   D 채용박람회에 가려고 한다

지문 어휘
出国 chū guó 동 출국하다
旅游 lǚyóu 동 여행하다
护照 hùzhào 명 여권
办 bàn 동 처리하다, 만들다
大使馆 dàshǐguǎn 명 대사관 ★
来得及 láidejí 동 늦지 않다, 시간에 댈 수 있다 ★
下周 xiàzhōu 명 다음 주
材料 cáiliào 명 자료, 서류 ★

보기 어휘
留学 liú xué 동 유학하다
招聘会 zhāopìnhuì 명 채용박람회

정답 A

해설 남자에 대해 알 수 있는 것을 묻는 문제이다. 여자가 남자에게 여권을 만들었는지 물어봤고, 남자는 그에 대한 대답을 하고 있으므로 결과적으로 남자는 여권을 만들고자 함을 알 수 있다.

17

男: 你新买的房子怎么样？还满意吗？
女: 还可以，除了厨房有点儿小以外，其他都很满意。

问: 女的觉得新房子怎么样？
   A 离公司远
   B 厨房小
   C 不满意
   D 没有家具

남: 너 새로 산 집은 어때? 만족하니?
여: 괜찮아, 주방이 조금 작은 거 빼고는 다른 건 만족스러워.

질문: 여자는 새 집이 어떠하다고 여기는가?
   A 회사와 멀다
   B 주방이 작다
   C 만족스럽지 않다
   D 가구가 없다

지문 어휘
房子 fángzi 명 집, 건물
满意 mǎnyì 형 만족하다
除了~以外 chúle ~yǐwài 접 ~을 제외하고, ~ 말고
厨房 chúfáng 명 주방, 부엌 ★
其他 qítā 명 기타, 다른

보기 어휘
离 lí 전 ~에서, ~로부터
远 yuǎn 형 멀다
家具 jiājù 명 가구 ★

정답 B

해설 여자가 새 집에 대해 어떻게 느끼는지 묻는 문제이다. 여자는 주방이 작은 거 빼고는 모두 만족한다고 얘기하고 있으므로 정답은 B이다.
▶ 除了~以外(~을 제외하고)의 의미를 반드시 익혀두자!

18

女: 先生，您不是在这儿登机，您的登机口在那边。
男: 真对不起，我看错了。我以为是在这边呢。

问: 他们最有可能在哪儿？
　A 售票处
　B 长江大桥上
　C 机场
　D 公共汽车站

여: 선생님, 여기서 탑승하시는 게 아니에요. 선생님의 탑승 게이트는 저쪽에 있습니다.
남: 죄송합니다. 제가 잘못 봤어요. 저는 여기인 줄 알았어요.

질문: 그들은 어디에 있을 가능성이 가장 높습니까?
　A 매표소
　B 장강대교 위
　C 공항
　D 버스정류장

지문 어휘
登机 dēngjī 图 비행기에 탑승하다
登机口 dēngjīkǒu 图 탑승 게이트
看错 kàn cuò 图 잘못 보다
以为 yǐwéi 图 여기다, 생각하다

보기 어휘
售票处 shòupiàochù 图 매표소
大桥 dàqiáo 图 대교
公共汽车站 gōnggòng qìchēzhàn 图 버스정류장

정답 C

해설 대화를 나누는 장소를 묻고 있으므로 어휘를 집중하여 듣자!
登机(탑승하다), 登机口(탑승 게이트)를 통해 공항임을 짐작할 수 있다.
▶ 보기를 보고 장소 문제임을 유추해 내는 것이 포인트!

19

男: 最近戴着眼镜也看不清楚字，眼睛还有点儿难受。
女: 你得减少玩儿手机的时间了，长时间玩儿手机会伤害眼睛。

问: 女的让男的怎么做？
　A 少抽烟
　B 多游泳
　C 多喝水
　D 少玩儿手机

남: 요즘 안경을 써도 글자가 잘 안 보이고, 눈도 조금 불편해요.
여: 휴대폰 보는 시간을 줄여야 해요. 장시간 동안 휴대폰을 보면 눈을 해칠 수 있어요.

질문: 여자는 남자에게 어떻게 하라고 하였나?
　A 담배를 적게 피우라고
　B 수영을 많이 하라고
　C 물을 많이 마시라고
　D 휴대폰을 적게 보라고

지문 어휘
戴 dài 图 쓰다 ★
眼镜 yǎnjìng 图 안경 ★
看不清楚 kàn bu qīngchu 잘 안 보이다
眼睛 yǎnjing 图 눈
难受 nánshòu 图 불편하다, 답답하다 ★
减少 jiǎnshǎo 图 감소하다, 줄이다 ★
玩儿手机 wánr shǒujī 휴대폰을 보다, 휴대폰을 가지고 놀다
伤害 shānghài 图 상하다, 해치다

보기 어휘
抽烟 chōu yān 图 담배를 피우다 ★
游泳 yóu yǒng 图 수영 图 수영하다

정답 D

해설 여자가 남자에게 무엇을 하라고 시켰는지 묻고 있으므로 여자의 말을 특히 집중해서 듣도록 하자.
여자가 남자에게 휴대폰 보는 시간을 줄이라고 강조하고 있으므로 정답은 D이다.
▶ 玩儿手机(휴대폰을 보다, 휴대폰을 갖고 놀다) 어휘를 꼭 익혀두자!

20

女: 这个饭店的菜味道不错, 但是周围的环境不好, 可以考虑换个地方。
男: 老客人都已经熟悉这儿了, 突然换地方的话, 恐怕他们找不到。

问: 关于饭店, 可以知道什么?
A 环境好
B 价格便宜
C 菜很好吃
D 客人不多

여: 이 음식점의 음식 맛은 괜찮은데, 주변 환경이 좋지 않으니, 장소를 바꾸는 것을 고려해 봐요.
남: 단골 고객 분들이 이미 이곳에 익숙해지셔서요, 갑자기 장소를 바꾸면 그들이 못 찾으실까 봐 걱정이에요.

질문: 음식점에 관하여, 알 수 있는 것은?
A 환경이 좋다
B 가격이 저렴하다
C 음식이 맛있다
D 손님이 많지 않다

지문 어휘

饭店 fàndiàn 명 호텔, 식당
味道 wèidao 명 맛 ★
周围 zhōuwéi 명 주변, 주위 ★
环境 huánjìng 명 환경
考虑 kǎolǜ 동 고려하다, 생각하다 ★
老客人 lǎokèrén 명 단골 손님
熟悉 shúxī 형 익숙하다 ★
突然 tūrán 부 갑자기, 문득
换 huàn 동 바꾸다
地方 dìfang 명 장소, 곳, 점
恐怕 kǒngpà
부 아마 ~일 것이다 ★

보기 어휘

价格 jiàgé 명 가격 ★
好吃 hǎochī 형 맛있다
客人 kèrén 명 손님, 고객

정답 C

해설 음식점에 대해 묻고 있다. 여자가 이 음식점은 음식 맛은 좋지만, 주변 환경이 좋지 않다고 말했으므로 관련 내용을 보기에서 찾으면 된다.

21

男: 这个夏天都没怎么出去, 皮肤一点儿都没晒黑。
女: 男人还是皮肤黑点儿好, 你现在看起来缺少运动。

问: 男的怎么了?
A 经常运动
B 正在减肥
C 没晒黑
D 喜欢暑假

남: 여름 내내 외출을 잘 안 해서, 피부가 하나도 안 탔네.
여: 남자는 그래도 피부가 좀 검은 게 좋죠, 당신은 지금 운동 부족인 것처럼 보여요.

질문: 남자는 어떠한가?
A 자주 운동한다
B 다이어트 중이다
C 타지 않았다
D 여름방학을 좋아한다

지문 어휘

夏天 xiàtiān 명 여름
出去 chūqu 동 나가다
皮肤 pífū 명 피부 ★
晒黑 shàihēi 동 햇볕에 타다, 까맣게 그을리다
黑 hēi 형 검다, 까맣다
缺少 quēshǎo
동 부족하다, 모자라다 ★

보기 어휘

经常 jīngcháng 부 늘, 항상
减肥 jiǎn féi 동 다이어트하다 ★
暑假 shǔjià 명 여름방학

정답 C

해설 남자의 상태를 묻고 있다. 남자는 여름 동안 외출하지 않아서 피부가 전혀 타지 않았다고 했으므로 정답은 C이다.

22

男: 这是谁送来的花呀？竟然送了这么多，还不写名字。
女: 啊，张经理今天刚出院，这是我要送给她的花，你别动啊。

问: 这是要送给谁的花？

　A 房东
　B 男的
　C 女的
　D 张经理

남: 이건 누가 보낸 꽃이야? 이렇게 많이 보내면서, 이름도 적지 않았네.
여: 아, 장 사장님이 오늘 막 퇴원해서, 이건 내가 그녀에게 보내려는 꽃이야. 만지지 마.

질문: 이것은 누구에게 보내려는 꽃인가?

　A 집주인
　B 남자
　C 여자
　D 장 사장님

지문 어휘

竟然 jìngrán 〔부〕 뜻밖에도, 의외로
名字 míngzi 〔명〕 이름
经理 jīnglǐ 〔명〕 사장님, 매니저
出院 chū yuàn 〔동〕 퇴원하다
动 dòng 〔동〕 움직이다, 만지다

보기 어휘

房东 fángdōng 〔명〕 주인

정답 D

해설 보기를 통해 인물 관련 문제임을 알 수 있다.
여자는 장 사장님에게 꽃을 보낸다고 했으므로 정답은 D이다.

23 선생님 강추!

男: 你做菜做得怎么样？
女: 不怎么样，我做菜的水平很差，还不敢给你做。

问: 他们在谈什么？

　A 味道
　B 做法
　C 菜的材料
　D 做菜技术

남: 너 요리 잘해?
여: 잘 못 해. 내 요리 실력이 너무 부족해서, 감히 너에게 요리를 해 줄 수가 없네.

질문: 그들은 무엇을 이야기하고 있는가?

　A 맛
　B 만드는 법
　C 음식의 재료
　D 요리 기술

지문 어휘

做菜 zuò cài 〔동〕 요리를 하다
不怎么样 bùzěnmeyàng 그다지 좋지 않다, 보통이다
水平 shuǐpíng 〔명〕 수준
差 chà 〔형〕 차이가 나다, 나쁘다
不敢 bùgǎn 〔동〕 감히 ~하지 못하다

보기 어휘

味道 wèidao 〔명〕 맛 ★
材料 cáiliào 〔명〕 재료, 자료 ★
技术 jìshù 〔명〕 기술 ★

정답 D

해설 그들의 대화 주제를 묻고 있다. 여자는 자신의 요리 실력이 부족하다고 했으므로 그들은 요리 기술에 대해 이야기하고 있음을 알 수 있다.

24

女: 我都学了两年汉语了，跟中国朋友聊天儿时，我还总是跟不上他们的速度。
男: 他们说话本来就快，你先别着急，自信点儿，等习惯了就好了。

问: 男的建议女的怎么做？

A 提前预习
B 总结经验
C 加倍努力
D 变得自信

여: 나는 중국어를 2년이나 공부했지만. 중국인 친구와 이야기할 때, 여전히 그들의 속도를 따라가지 못 해.
남: 그 사람들은 원래 말이 빠르지, 우선 조급해하지 말고 자신감을 가져, 익숙해지면 괜찮아질 거야.

질문: 남자는 여자가 어떻게 하길 제안하였는가?

A 미리 예습하라고
B 경험을 정리하라고
C 더욱 노력하라고
D 자신감을 가지라고

지문 어휘

聊天儿 liáo tiānr 동 채팅하다, 잡담하다
总是 zǒngshì 부 늘, 언제나
跟不上 gēnbushàng 동 따라갈 수 없다, 뒤떨어지다
速度 sùdù 명 속도 ★
本来 běnlái 부 본래, 원래 ★
着急 zháojí 형 조급해하다
自信 zìxìn 형 자신감 있다 ★
习惯 xíguàn 명 습관 동 습관이 되다

보기 어휘

提前 tíqián 동 앞당기다 ★
预习 yùxí 동 예습하다 ★
总结 zǒngjié 동 총정리하다 ★
经验 jīngyàn 명 경험
加倍 jiābèi 부 배로, 각별히
变得 biànde 동 ~로 변하다, ~로 되다

정답 D

해설 남자가 여자에게 어떻게 하길 제안했는지 묻고 있다. 남자는 여자에게 조급해 하지 말고 자신감을 좀 더 가지라고 했으므로 정답은 D이다.

25

男: 这部电影怎么样？
女: 虽然有我喜欢的一个男演员，但没什么意思，主要原因就是故事不够精彩。

问: 关于这部电影，下列哪个正确？

A 让人兴奋
B 男演员不好
C 很受欢迎
D 故事不精彩

남: 이 영화 어때?
여: 비록 내가 좋아하는 남자배우가 나오긴 하지만 별로 재미는 없어. 스토리가 별로인 게 가장 큰 이유인 것 같아.

질문: 이 영화에 관하여, 다음 중 옳은 것은?

A 흥미롭다
B 남자배우가 별로이다
C 인기가 많다
D 스토리가 좋지 않다

지문 어휘

演员 yǎnyuán 명 배우, 연기자 ★
主要 zhǔyào 부 주로, 형 주요하다
原因 yuányīn 명 원인 ★
故事 gùshi 명 이야기
不够 búgòu 동 미치지 못하다 형 부족하다, 충분치 않다
精彩 jīngcǎi 형 훌륭하다, 멋지다, 다채롭다 ★

보기 어휘

兴奋 xīngfèn 형 흥분하다 ★
受欢迎 shòu huānyíng 인기 있다, 환영받다

정답 D

해설 영화에 대해 올바른 것을 고르는 문제이다.
여자는 이 영화 스토리가 별로라고 했으므로 정답은 D이다.
▶ 主要原因~(주된 원인~) 이 나오면 그 뒷부분이 정답이 될 확률이 높음을 알아두자!

제3부분
26~45번 문제는 남녀간의 대화 또는 단문을 듣고 질문에 알맞은 답을 고르는 문제입니다.

26

女: 喂，您好，这里是长江餐厅。

男: 您好，明天我想在你们那里举办同学聚会，你们可以免费提供葡萄酒吗？

女: 可以，先生，我们有红葡萄酒和白葡萄酒，您要哪个？

男: 我要红葡萄酒。

问: 关于这家餐厅，下列哪个正确？

A 蛋糕好吃
B 菜单漂亮
C 果汁好喝
D 提供葡萄酒

여: 여보세요, 안녕하세요, 여기는 장강 식당입니다.

남: 안녕하세요, 내일 그쪽 식당에서 동창 모임을 하려고 하는데요, 포도주를 무료로 제공해 주실 수 있나요?

여: 가능합니다, 선생님, 저희는 적포도주와 백포도주가 있는데, 어떤 것을 드릴까요?

남: 적포도주로 할게요.

질문: 식당에 관하여, 다음 중 옳은 것은?

A 케이크가 맛있다
B 메뉴판이 예쁘다
C 주스가 맛있다
D 포도주를 제공한다

지문 어휘

餐厅 cāntīng 명 식당 ★
举办 jǔbàn 동 거행하다, 개최하다, 열다 ★
同学 tóngxué 명 동창
聚会 jùhuì 명 모임, 파티 ★
免费 miǎn fèi 동 무료로 하다, 공짜이다 ★
提供 tígōng 동 제공하다 ★
葡萄酒 pútaojiǔ 명 포도주

보기 어휘

蛋糕 dàngāo 명 케이크
菜单 càidān 명 메뉴판
果汁 guǒzhī 명 과일주스 ★
好喝 hǎohē 동 마시기 좋다, 맛있다

정답 D

해설 식당에 대해 올바른 것을 고르는 문제이다. 남자가 포도주를 무료로 제공해 줄 수 있는지 묻는 질문에 여자가 가능하다고 했으므로, 이 식당은 포도주를 제공함을 알 수 있다.

27

女: 请问，是大连租车公司吗？我想租一辆四十五座的车，周二早上用。

男: 你从哪儿出发？目的地是哪儿？

女: 从火车站出发到北方宾馆。

男: 请您稍等，我查一下。

여: 여쭤볼 게 있는데요, 따리엔 렌터카 회사인가요? 45인승 차를 렌트하고 싶은데, 화요일 아침에 이용하려고요.

남: 어디에서 출발하시는 거죠? 목적지는 어디인가요?

여: 기차역에서 출발해서 둥베이 호텔까지 갈 생각입니다.

남: 잠시만요, 한번 알아볼게요.

지문 어휘

租车 zū chē 명 렌터카
出发 chūfā 동 출발하다, 떠나다 ★
目的地 mùdìdì 명 목적지
稍 shāo 부 약간, 조금
查 chá 동 찾아보다, 조사하다 ★

问: 女的在给谁打电话?

A 学校
B 大使馆
C 母亲
D 租车公司

문제: 여자는 누구에게 전화를 걸었는가?

A 학교
B 대사관
C 어머니
D 렌터카 회사

보기 어휘

母亲 mǔqīn 명 어머니, 모친

정답 D

해설 여자가 누구에게 전화를 걸었는지 묻고 있다. 여자는 대화 첫머리에서 따리엔 렌터카 회사인지를 남자에게 물어보고 있으므로 정답은 D이다.

28

女: 先生, 您能帮我找一下车钥匙吗?
男: 你刚才放哪儿了? 什么颜色的?
女: 红色的, 刚才放在桌子上了, 旁边还放着一杯咖啡。
男: 稍微等一下, 好像被别人拿错了。

问: 他们在找什么?

A 咖啡   B 桌子
C 车钥匙 D 塑料袋

여: 선생님, 차 키 찾는 것 좀 도와주시겠어요?
남: 좀 전에 어디에 두었어요? 무슨 색깔이죠?
여: 빨간 색이요. 좀 전에 탁자 위에 두었어요. 옆에 커피도 놓아 두었었구요.
남: 잠시만 기다리세요. 아무래도 다른 분이 잘못 가져가신 거 같네요.

질문: 그들은 무엇을 찾고 있는가?

A 커피   B 탁자
C 차 키   D 비닐봉투

지문 어휘

钥匙 yàoshi 명 열쇠 ★
刚才 gāngcái 부 방금, 막
放 fàng 동 놓다
颜色 yánsè 명 색, 색깔
桌子 zhuōzi 명 탁자, 테이블
旁边 pángbiān 명 옆
稍微 shāowēi 부 조금, 약간 ★
好像 hǎoxiàng 부 마치 ~인 것 같다

보기 어휘

塑料袋 sùliàodài 명 비닐봉지 ★

정답 C

해설 그들이 찾는 것이 무엇인지 묻고 있다. 여자가 남자에게 차 키 찾는 것을 도와달라고 했으므로 그들이 찾고 있는 것은 차 키임을 알 수 있다.

29

男: 李经理发来邮件问您, 我们公司派谁去美国参加会议。
女: 我还没想好, 年底公司会很忙, 得好好计划一下, 你也帮我想想。

남: 이 사장님께서 메일을 보내셨는데, 우리 회사에서는 미국에서 하는 회의에 누구를 보낼 것인지 물으시네요.
여: 아직 생각 안 해 봤는데요, 연말에 회사가 바쁠테니, 계획을 잘 세워 봐야겠네요. 당신도 좀 생각해 봐요.

지문 어휘

邮件 yóujiàn 명 메일, 우편물
派 pài 동 파견하다
参加 cānjiā 동 참가하다
会议 huìyì 명 회의
年底 niándǐ 명 연말
得 děi 조동 ~해야 한다

男: 好的，不过李经理着急，他说最晚明天要确定下来参加会议的名单。

女: 这样啊！谢谢你提醒我。

问: 他们在讨论什么？

A 加班名单
B 寒假安排
C 选课内容
D 会议名单

남: 알겠습니다. 하지만 이 사장님께서 급하신 것 같습니다. 늦어도 내일까지는 회의 참석자 명단을 확정지어 달라고 말씀하셨어요.

여: 그렇군요! 알려줘서 고마워요.

질문: 그들은 무엇을 토론하고 있는가?

A 초과 근무 명단
B 겨울 휴가 계획
C 선택 과목 내용
D 회의 명단

计划 jìhuà 명 계획
동 계획하다 ★
着急 zháo jí 동 조급해하다, 초조해하다
最晚 zuìwǎn 부 늦어도
确定 quèdìng 동 확정하다
名单 míngdān 명 명단
提醒 tíxǐng 동 일깨우다, 깨우치다 ★

보기 어휘

加班 jiā bān 동 야근하다 ★
寒假 hánjià 명 겨울방학, 겨울휴가 ★
安排 ānpái 동 일정을 잡다, 안배하다 ★
选课 xuǎn kè 동 수강 신청을 하다, 과목을 신청하다
内容 nèiróng 명 내용 ★

정답 D

해설 그들이 무엇에 관해 토론하고 있는지 묻고 있다. 회의에 참석하는 사람의 명단을 확정해 달라는 이야기를 했으므로 그들이 토론하고 있는 것은 회의 명단에 관한 것임을 알 수 있다.

30

女: 小张，你身体不舒服吗？
男: 对，估计是因为昨天穿得太少。

女: 既然这样，那就请假回家休息一下吧。
男: 没事儿，我写完工作总结再走。

问: 男的为什么不马上回家休息？

A 在等顾客
B 去找经理
C 要写完工作总结
D 有新任务

여: 샤오장, 몸이 안 좋으세요?
남: 네, 아무래도 어제 옷을 너무 얇게 입어서 그런 것 같아요.

여: 그렇다면, 휴가 내고 집에 가서 쉬세요.
남: 괜찮아요. 업무 보고서를 다 쓴 후에 갈게요.

질문: 남자는 왜 바로 집에 가서 쉬지 않는가?

A 고객을 기다리고 있어서
B 사장님을 찾으러 가서
C 업무 보고서를 다 쓰려고
D 새로운 임무가 있어서

지문 어휘

舒服 shūfu 형 편안하다
估计 gūjì 동 추측하다, 짐작하다 ★
既然A, 就B jìrán A, jiù B 이왕 A한 이상, B하다 ★
请假 qǐng jià 동 휴가를 신청하다, 휴가를 내다 ★
总结 zǒngjié 동 총결산하다, 총정리하다 ★

보기 어휘

顾客 gùkè 명 고객 ★
任务 rènwu 명 임무 ★

정답 C

해설 마지막에 업무 보고서를 다 쓰고 간다는 남자의 말로 비추어 보아, 남자가 바로 집에 가지 않는 것은 업무 보고서 작성 때문임을 알 수 있다.

31

男：从咱家到公司虽然只有五公里，却要换两次地铁。

女：是啊，要是能直接到公司就好了。

男：要不咱们买辆车吧，省时间。

女：怎么可能，早上堵车堵得多严重啊。

问：从他家到公司有多远？

A 500米
B 一公里
C 一千米
D 5公里

남: 우리 집에서 회사까지 비록 5킬로미터밖에 안 되지만, 지하철을 2번 갈아타야 해요.

여: 그래요, 바로 회사까지 가는 게 있다면 좋을 텐데요.

남: 아니면 우리 차를 한 대 사서, 시간을 아껴요.

여: 어떻게 그래요, 아침에 차가 얼마나 심하게 막히는데요.

질문: 그의 집에서 회사까지 거리가 얼마나 되는가?

A 500미터
B 1킬로미터
C 1000미터
D 5킬로미터

지문 어휘

咱 zán 대 우리들
公里 gōnglǐ 양 킬로미터 ⭐
换 huàn 동 바꾸다, 갈아타다
地铁 dìtiě 명 지하철
要是 yàoshi 접 만약 ~라면 ⭐
直接 zhíjiē 형 직접적인 명 직접 ⭐
要不 yàobù 접 그렇지 않으면
省 shěng 동 아끼다, 줄이다 ⭐
堵车 dǔ chē 동 차가 막히다 ⭐
严重 yánzhòng 형 심각하다, 심하다 ⭐

보기 어휘

米 mǐ 양 미터

정답 D

해설 남자의 집에서 회사까지의 거리를 묻고 있다. 대화 첫 부분에 남자는 집에서 회사까지 5킬로미터밖에 안 된다고 얘기했으므로 정답은 D

32

女：这个暑假，我还想去一趟日本，你去吗？

男：上次没去，十分后悔，这次说什么都要去。

女：你上次也是这么说的，你说话总是不算数。

男：对不起！这次我一定去！

问：男的后悔什么？

A 没去爬山
B 没带照相机
C 没穿厚衣服
D 没去日本旅游

여: 이번 여름 휴가 때 나 또 일본에 가려고 하는데, 너 갈래?

남: 지난번에 안 가서 너무 후회했어, 이번엔 뭐라 해도 갈 거야.

여: 너 저번에도 그렇게 말했잖아, 넌 말만 하고 늘 지키지 않더라.

남: 미안해! 이번에는 꼭 갈게!

질문: 남자는 무엇을 후회하는가?

A 등산 안 간 것
B 사진기를 챙기지 않은 것
C 두꺼운 옷을 입지 않은 것
D 일본 여행을 가지 않은 것

지문 어휘

暑假 shǔjià 명 여름방학, 여름휴가 ⭐
十分 shífēn 부 매우, 아주, 대단히 ⭐
后悔 hòuhuǐ 동 후회하다 ⭐
说话不算数 shuōhuà búsuànshù 말만 하고 책임지지 않는다

보기 어휘

爬山 pá shān 동 등산하다
照相机 zhàoxiàngjī 명 사진기, 카메라
厚 hòu 형 두텁다, 두껍다 ⭐

정답 **D**

해설 남자가 후회하는 것이 무엇인지 묻고 있다. 남자는 지난번에 일본에 가지 않은 것을 후회했다고 했으므로 정답은 D이다.

33

男: 李老师, 您教汉语很久了吧?
女: 没有, 才两年。
男: 您真棒! 学生们都喜欢你, 说上您的课很愉快, 还能学到很多课外知识。
女: 听你这么说, 我太开心了。

问: 男的觉得女的怎么样?
A 很优秀
B 不够认真
C 非常冷静
D 很小心

남: 이 선생님, 중국어 가르치신 지 한참 되셨죠?
여: 아니오, 2년밖에 안 되었어요.
남: 정말 대단하세요! 학생들 모두 당신을 좋아해요. 선생님 수업이 재미있고, 수업 외의 많은 지식도 배울 수 있대요.
여: 그렇게 말씀해 주시니, 너무 기쁩니다.

질문: 남자 생각에 여자는 어떠한가?
A 우수하다
B 그다지 열심히 하지 않는다
C 매우 냉정하다
D 신중하다

지문 어휘

教 jiāo 동 가르치다
久 jiǔ 형 오래다
棒 bàng 형 대단하다, 좋다 ★
愉快 yúkuài 형 유쾌하다, 즐겁다 ★
课外 kèwài 명 수업 외, 과외
知识 zhīshi 명 지식 ★
开心 kāixīn 형 기쁘다, 즐겁다

보기 어휘

优秀 yōuxiù 형 우수하다, 뛰어나다 ★
认真 rènzhēn 형 진지하다, 착실하다
冷静 lěngjìng 형 냉정하다, 침착하다 ★
小心 xiǎoxīn 형 조심스럽다, 신중하다, 세심하다

정답 **A**

해설 남자가 여자를 어떻게 생각하는지 묻고 있다. 중국어를 가르친 지 2년밖에 안 되었다는 여자의 말에 남자가 정말 대단하다고 이야기한 것으로 보아 정답은 A이다.

34

女: 周末去百货商店吧, 我想换一个沙发。
男: 还买? 你原来那个坏了?
女: 不是, 上次那个太大了, 我想换个小一点儿的。
男: 也好, 小的放着方便。

여: 주말에 백화점 가요. 소파를 바꾸고 싶어요.
남: 또 사요? 원래 있던 그 소파는 망가졌어요?
여: 아뇨, 지난번 그건 너무 커요. 조금 작은 걸로 바꾸고 싶어서요.
남: 그것도 좋죠. 작은 것은 어디든 놓기 편하니까요.

지문 어휘

百货商店 bǎihuò shāngdiàn 명 백화점
沙发 shāfā 명 소파 ★
原来 yuánlái 부 원래, 본래 ★
坏 huài 동 망가지다
放 fàng 동 놓다, 두다
方便 fāngbiàn 형 편리하다 ★

问：根据对话，下列哪个正确？

A 发工资了
B 女的想换沙发
C 手表丢了
D 男的不想买

질문: 대화에 근거하여, 다음 중 옳은 것은?

A 월급을 받았다
B 여자는 소파를 바꾸고 싶어 한다
C 손목시계를 분실하였다
D 남자는 사고 싶지 않다

보기 어휘

工资 gōngzī 명 월급, 임금 ★
手表 shǒubiǎo 명 손목시계 ★
丢 diū 동 잃어버리다, 분실하다 ★

정답 B

해설 대화 상황에 가장 알맞은 내용을 보기에서 고르는 문제이다. 여자는 지난번에 산 소파는 너무 커서 이번에는 작은 것으로 바꾸고 싶어하고, 남자 역시 바꾸는 것에 동의하고 있으므로 정답은 B이다.

35

男: 医生，我最近晚上睡不着，而且早上醒得很早。
女: 你平时睡几个小时？
男: 大概睡四五个小时。
女: 不行，每天至少要睡八个小时。

남: 의사 선생님, 저 요즘 저녁에는 잠이 잘 안 오고, 게다가 아침에는 아주 일찍 잠에서 깨요.
여: 평소에 몇 시간 주무시는데요?
남: 대략 4, 5시간 자요.
여: 안 됩니다. 매일 적어도 8시간은 주무셔야 합니다.

问: 医生让男的怎么做？

A 多睡点儿
B 按时吃药
C 睡前喝牛奶
D 多做运动

질문: 의사는 남자에게 무엇을 하라고 하였나?

A 많이 자라고
B 제때에 약을 먹으라고
C 자기 전 우유를 마시라고
D 운동을 많이 하라고

지문 어휘

医生 yīshēng 명 의사
睡不着 shuìbuzháo 동 잠들지 못하다, 잠이 오지 않다
醒 xǐng 동 잠에서 깨다 ★
平时 píngshí 명 평소, 평상시 ★
至少 zhìshǎo 부 적어도 ★
左右 zuǒyòu 명 정도 ★

보기 어휘

按时 ànshí 부 제때에, 시간에 맞추어 ★
药 yào 명 약
牛奶 niúnǎi 명 우유

정답 A

해설 의사가 남자에게 하라고 한 일이 무엇인지 묻고 있다. 대략 4, 5시간 잔다는 남자의 말에 의사는 매일 적어도 8시간은 자야 한다고 했으므로 의사는 남자에게 많이 자라고 권유하고 있음을 알 수 있다.

第36到37题是根据下面一段话：

现在越来越多的人习惯在网上买食品。他们觉得网上的食品种类丰富，价格也便宜。但是 ³⁶ 网上卖的有些食品往往质量很差，而且有时候还不新鲜。因此，我一般都去超市买吃的东西。虽然价格贵了点儿，³⁷ 但是那里的东西质量都有保证。

36-37번 문제는 다음 내용에 근거한다:

최근 갈수록 많은 사람들이 인터넷으로 식품을 사는 데 익숙해져 있다. 그들은 인터넷의 식품들이 종류가 많고, 가격도 저렴하다고 생각하고 있다. 그러나 ³⁶ 인터넷에서 판매하는 몇몇 식품들은 종종 품질이 좋지 않은 데다 때로는 신선하지 않은 경우도 있다. 그래서, 나는 보통 마트에 가서 먹을 것을 산다. 비록 가격은 좀 비싸지만 ³⁷ 그곳의 물건 품질은 모두 믿을 수 있기 때문이다.

지문 어휘

越来越 yuèláiyuè 부 점점, 갈수록
习惯 xíguàn 명 습관
网上 wǎngshàng 명 인터넷
食品 shípǐn 명 식품
种类 zhǒnglèi 명 종류
丰富 fēngfù 형 풍부하다 ★
价格 jiàgé 명 가격, 값 ★
往往 wǎngwǎng 부 종종, 자주, 때때로 ★
质量 zhìliàng 명 품질, 질 ★
差 chà 형 나쁘다, 좋지 않다
新鲜 xīnxiān 형 신선하다
因此 yīncǐ 접 이로 인하여, 그래서 ★
一般 yìbān 형 일반적이다, 보통이다
超市 chāoshì 명 슈퍼마켓, 마트
虽然A, 但是B suīrán A, dànshì B 접 비록 A하지만, B하다
保证 bǎozhèng 동 보증하다, 책임지다, 담보하다 ★

36

问: 说话人觉得网上卖的食品怎么样?

A 味道不好
B 价格高
C 质量差
D 新鲜

질문: 화자는 인터넷에서 판매하는 식품이 어떠하다고 생각하는가?

A 맛이 좋지 않다
B 가격이 비싸다
C 품질이 나쁘다
D 신선하다

보기 어휘

味道 wèidao 명 맛 ★

정답 C

해설 인터넷에서 판매하는 식품에 대한 화자의 생각을 묻고 있다. 인터넷 식품들은 종종 품질이 떨어지거나 신선하지 않은 경우도 있다고 언급했으므로 해당 내용을 보기에서 찾으면 된다.

▶ 반전에 주의하자! 역접을 나타내는 접속사 但是(그러나) 뒷부분을 유심히 듣자!

37

问：说话人为什么去超市买吃的？

A 方便
B 干净
C 附近没有超市
D 质量有保证

질문: 화자는 왜 마트에 가서 먹을 것을 구입하는가?

A 편리해서
B 깨끗해서
C 근처에 슈퍼마켓이 없어서
D 품질이 믿을 만해서

보기 어휘

方便 fāngbiàn 형 편리하다
干净 gānjìng 형 깨끗하다
附近 fùjìn 명 부근, 근처

정답 D

해설 화자가 먹을 것을 마트에서 구입하는 이유에 대해 묻고 있다. 단문의 마지막 부분에서 그곳의 물건 품질은 믿을 수 있다고 했으므로 정답은 D이다.

第38到39题是根据下面一段话：

室外运动是一种很好的运动方式。³⁸ 因为在室外你不仅可以看到漂亮的风景，而且还可以呼吸到新鲜的空气。所以，如果有时间的话，最好选择去室外运动。调查表明，³⁹ 室外运动比室内运动对身体更好，而且人的心情也更加愉快。

38-39번 문제는 다음 내용에 근거한다:

실외 운동은 일종의 좋은 운동 방식이다. ³⁸ 실외에서는 아름다운 풍경을 볼 수 있을 뿐만 아니라 신선한 공기를 마실 수도 있기 때문이다. 그러므로 만약 시간이 있다면 실외 운동을 선택하는 것이 가장 좋다. 조사에 따르면 ³⁹ 실외 운동이 실내 운동보다 건강에 더욱 좋고, 게다가 사람의 기분도 더욱 유쾌하게 만든다고 한다.

지문 어휘

室外 shìwài 명 실외
方式 fāngshì 명 방식
风景 fēngjǐng 명 풍경, 경치
呼吸 hūxī 동 호흡하다, 숨을 쉬다
空气 kōngqì 명 공기 ★
调查 diàochá 동 조사하다 ★
表明 biǎomíng 동 분명하게 밝히다, 표명하다 ★
室内 shìnèi 명 실내
而且 érqiě 접 게다가, 뿐만 아니라, 또한
心情 xīnqíng 명 기분, 감정 ★
愉快 yúkuài 형 즐겁다, 유쾌하다 ★

##

问：室外运动有什么好处？

A 能保护环境
B 让人更紧张
C 很凉快
D 能呼吸到新鲜的空气

질문: 실외 운동은 어떤 장점이 있는가？

A 환경을 보호할 수 있다
B 사람을 더욱 긴장하게 한다
C 시원하다
D 신선한 공기를 마실 수 있다

보기 어휘

保护 bǎohù 동 보호하다 ★
凉快 liángkuai 형 시원하다 ★

정답 D

해설 실외 운동의 장점에 대해 묻고 있다. 실외 운동은 아름다운 풍경을 볼 수 있을 뿐만 아니라, 신선한 공기도 마실 수 있다고 언급했으므로 정답은 D이다.

▶ 단문 첫 부분에 접속사 不仅~, 而且~ (~할 뿐만 아니라, 또한 ~하다)를 유심히 들을 것!

39

问: 调查结果表明什么?

A 室内运动更好
B 室外运动更好
C 一样好
D 都不好

질문: 조사결과에서 무엇을 밝히고 있는가?

A 실내 운동이 더 좋다
B 실외 운동이 더 좋다
C (실내외 운동이) 똑같이 좋다
D (실내외 운동이) 똑같이 좋지 않다

보기 어휘
结果 jiéguǒ 명 결과 ★
一样 yíyàng 형 같다

정답 B

해설 조사 결과에서 무엇을 밝히고 있는지 묻고 있다. 단문 마지막 부분에 실외 운동은 실내운동보다 건강에 더욱 좋다고 언급했으므로 정답은 B이다.

▶ 调查表明(조사에 따르면) 뒷부분의 내용을 유심히 들을 것!

第40到41题是根据下面一段话:

⁴⁰ 高速公路的发展离不开国家经济的发展。近年来, 随着中国经济快速增长, 高速公路的公里数也大大增加, 根据昨天的新闻, 到2015年底, 中国的高速公路 ⁴¹ 已经超过十二万公里。

40-41번 문제는 다음 내용에 근거한다:

⁴⁰ 고속도로의 발전은 국가 경제 발전과 떼어 놓을 수 없다. 최근 몇 년 동안 중국 경제가 빠르게 성장함에 따라 고속도로의 킬로미터 수치도 크게 증가했다. 어제 뉴스에 따르면, 2015년 말까지, 중국의 고속도로는 ⁴¹ 이미 12만 킬로미터를 넘었다고 한다.

지문 어휘
高速公路 gāosù gōnglù 명 고속도로 ★
离不开 líbukāi 동 떨어질 수 없다, 떠날 수가 없다
国家经济 guójiā jīngjì 국가 경제 ★
发展 fāzhǎn 명 발전 동 발전하다 ★
随着 suízhe 전 ~에 따라서
快速 kuàisù 형 신속하다, 빠르다
增长 zēngzhǎng 동 증가하다, 늘어나다
公里 gōnglǐ 양 킬로미터 ★
大大 dàdà 부 크게, 대단히
增加 zēngjiā 동 증가하다, 더하다 ★
根据 gēnjù 전 ~에 따라 ★
新闻 xīnwén 명 뉴스
年底 niándǐ 명 연말
超过 chāoguò 동 초과하다, 넘다 ★

40

问: 高速公路的发展与什么有关?
A 民族间的交流
B 环境保护
C 经济
D 汽车数量

질문: 고속도로의 발전은 무엇과 관련이 있는가?
A 민족 간의 교류
B 환경보호
C 경제
D 자동차 수량

보기 어휘

民族 mínzú 명 민족 ★
间 jiān 명 사이, 가운데
环境保护 huánjìng bǎohù 명 환경보호

정답 **C**

해설 고속도로의 발전은 무엇과 관련되어 있는지 묻고 있다. 단문 첫 부분에 고속도로의 발전은 국가 경제 발전과 떼어 낼 수 없다고 했으므로 정답은 C이다.

41

问: 到2015年底中国高速公路超过了多少公里?
A 9万
B 12万
C 17万
D 19万

질문: 2015년 말까지 중국 고속도로는 몇 킬로미터를 초과하였는가?
A 9만
B 12만
C 17만
D 19만

정답 **B**

해설 2015년 말까지 중국 고속도로는 몇 킬로미터를 초과했는지 묻고 있다. 단문 마지막 부분에 중국 고속도로는 이미 12만 킬로미터를 넘었다고 했으므로 정답은 B이다.

第42到43题是根据下面一段话:

中国电影金鸡奖最早举办于1981年，是中国最早的电影节，⁴² 每年举办一次。这一活动对中国电影的发展起着十分重要的作用。每年都有成百上千的优秀国内演员前来参加，⁴³ 演员们都非常重视这个活动。

42–43번 문제는 다음 내용에 근거한다:

중국 영화 금계상은 1981년에 개최된, 중국 최초의 영화제이며, ⁴² 매년 한 번 개최된다. 이 행사는 중국 영화 발전에 매우 중요한 역할을 하고 있다. 매년 수백 수천에 달하는 우수한 국내 배우들이 참가하며, ⁴³ 배우들 모두 이 행사를 매우 중요하게 여긴다.

지문 어휘

金鸡奖 Jīnjījiǎng 명 금계상 (중국 영화 협회에서 거행하는 영화상)
举办 jǔbàn 동 거행하다, 개최하다 ★
电影节 diànyǐngjié 명 영화제
活动 huódòng 명 행사, 활동 ★
发展 fāzhǎn 명 발전 동 발전하다 ★
十分 shífēn 부 매우, 대단히 ★

重要 zhòngyào 혱 중요하다
成百上千 chéngbǎishàngqiān
솅 수백 수천에 달하다, 아주 많다
优秀 yōuxiù 혱 우수하다,
뛰어나다 ★
演员 yǎnyuán 몡 배우,
연기자 ★
参加 cānjiā 동 참가하다
重视 zhòngshì
동 중시하다, 중요시하다 ★

42

问: 电影金鸡奖多长时间举办一次?
　A 半年
　B 两年
　C 一年
　D 一年半

질문: 영화 금계상은 얼마 만에 한 번 개최하는가?
　A 반 년
　B 2년
　C 1년
　D 1년 반

정답 C

해설 영화 금계상은 얼마 만에 한 번 개최하는지 묻고 있다. 단문 첫 부분에서 매년 한 번 열린다고 했으므로 정답은 C이다.

43

问: 关于金鸡奖, 下面哪个正确?
　A 在中国第一次举办
　B 增加文化交流
　C 很受演员重视
　D 提高人气

질문: 금계상에 관하여, 다음 중 옳은 것은?
　A 중국에서 최초로 개최된 것이다
　B 문화교류를 확대시킨다
　C 배우들이 중요하게 생각한다
　D 인기를 향상시킨다

보기 어휘

增加 zēngjiā 동 증가하다 ★
文化 wénhuà 몡 문화
交流 jiāoliú 몡 교류
동 교류하다 ★
增进 zēngjìn 동 증진하다, 증진시키다
提高 tígāo 동 향상시키다
人气 rénqì 몡 인기

정답 C

해설 금계상에 관해 옳은 것을 묻는 문제로 단문 마지막 부분에서 배우들 모두 이 행사를 매우 중요하게 여긴다고 했으므로 정답은 C이다.

第44到45题是根据下面一段话:

我孙子今年十岁，⁴⁴他非常喜欢踢足球，甚至说将来想要当一名世界闻名的足球运动员。一开始，家人都支持他，可是最近他每天回家后都把书包往床上一扔就跑出去踢足球了，连课外作业也不做。⁴⁵我担心这会影响他的学习。

44-45번 문제는 다음 내용에 근거한다:

내 손자는 올해 10살인데, ⁴⁴축구를 매우 좋아해서, 심지어는 장래에 세계적으로 유명한 축구 선수가 되고 싶다고 한다. 처음에는 가족들도 모두 그를 지지했으나, 요새 그는 매일 집에 돌아온 후 책가방을 침대 위에 던져 놓고 곧바로 축구를 하러 달려가서는, 숙제도 하지 않는다. ⁴⁵나는 이것이 그의 학업에 영향을 끼칠까 걱정이 된다.

지문 어휘

孙子 sūnzi 명 손자 ★
踢足球 tī zúqiú 축구를 하다
将来 jiānglái 명 장래, 미래 ★
世界闻名 shìjiè wénmíng
세계에 이름(을) 날리다
运动员 yùndòngyuán
명 운동 선수
支持 zhīchí 동 지지하다 ★
书包 shūbāo 명 책가방
扔 rēng 동 던지다, 내버리다 ★
连 lián 명 ~조차도(也, 都 등과 호응한다) ★

44

问: 说话人的孙子爱干什么?

A 讲笑话
B 踢足球
C 打篮球
D 上网

질문: 화자의 손자는 무엇을 하는 것을 좋아하는가?

A 우스갯소리를 하다
B 축구를 하다
C 농구를 하다
D 인터넷을 하다

보기 어휘

笑话 xiàohua 명 우스운 이야기 ★
打篮球 dǎ lánqiú 농구를 하다

정답 B

해설 화자의 손자는 무엇을 하는 것을 좋아하는지 묻고 있다. 단문 첫 부분에서 손자가 축구를 매우 좋아한다고 했으므로 정답은 B이다.

45

问: 说话人担心孙子怎么样?

A 对人不热情
B 变懒
C 学习受到影响
D 被骗

질문: 화자는 손자가 어떻게 될지를 걱정하는가?

A 사람에게 친절하지 않을까 봐
B 게을러질까 봐
C 공부에 영향을 받을까 봐
D 속임을 당할까 봐

보기 어휘

担心 dān xīn 동 걱정하다, 염려하다
热情 rèqíng 형 친절하다
懒 lǎn 형 게으르다
骗 piàn 동 속이다 ★

정답 C

해설 화자가 걱정하는 것이 무엇인지 묻고 있다. 단문 마지막 부분에서 축구가 손자의 학업에 영향을 끼칠까 걱정이 된다고 했으므로 정답은 C이다.

HSK 4급 1회 독해

제1부분 46~55번 문제는 문장 또는 대화 속 빈칸에 알맞은 단어를 고르는 문제입니다.

보기

A 重点	B 基础	A zhòngdiǎn 명 중점, 핵심	B jīchǔ 명 기초
C 千万	D 坚持	C qiānwàn 부 제발, 부디	D jiānchí 동 꾸준히 하다
E 光	F 毕业	E guāng 부 오직, 오로지, ~만	F bì yè 명 졸업 동 졸업하다

46

他的英语（ B 基础 ）很好，因为他小时候一直在美国生活。

그의 영어 (B 기초)는 좋다(탄탄하다), 왜냐하면 어릴 때 줄곧 미국에서 생활했기 때문이다.

지문 어휘
英语 Yīngyǔ 명 영어
因为 yīnwèi 접 왜냐하면 ~때문이다
一直 yìzhí 부 줄곧, 계속
生活 shēnghuó 명 생활 동 생활하다 ★

정답 B

해설 명사 어휘 채우기 문제

빈칸 뒤 술어는 很好이고, 빈칸 앞 관형어 형태의 주어는 他的英语이다. ➡ 술어 앞, 관형어 뒤의 빈칸에는 주어, 즉 명사 성분이 위치해야 한다. 즉 '그의 영어 ~은 좋다'라는 문장으로 성립되어야 한다. ➡ 문맥상 어울리는 어휘는 B 基础(기초)이다.

47

他运动之后感觉很饿，（ E 光 ）米饭就吃了两碗。

그는 운동 후에 배가 고파서 (E 오로지) 밥만 두 그릇 먹었다.

지문 어휘
运动 yùndòng 명 운동 동 운동하다
感觉 gǎnjué 명 느낌 동 느끼다 ★
米饭 mǐfàn 명 쌀밥, 밥
碗 wǎn 양 그릇, 공기, 사발

정답 E

해설 부사 어휘 채우기 문제

뒷절 첫 번째에 빈칸이 있고, 빈칸 뒤에는 주어 米饭이 있다. ➡ 뒷절 맨 처음 주어 앞에는 접속사나 부사가 올 수 있다. '배고파서 밥만 두 그릇을 먹었다'라는 문장이 성립되어야 한다. ➡ 문맥상 어울리는 어휘는 주어 앞에 올 수 있는 부사 E 光(오로지 ~만)이다.

48

她的父母都是老师，她（ F 毕业 ）以后也成为了一名老师。

그녀의 부모는 모두 선생님이다. 그녀도 (F 졸업한) 후에 선생님이 되었다.

지문 어휘

父母 fùmǔ 명 부모
成为 chéngwéi 동 ~이 되다 ⭐

정답 F

해설 동사 어휘 채우기 문제

빈칸 앞 주어 她
빈칸 뒤 명사 以后 → 以后 앞에 호응할 수 있는 어휘는 시점, 시간 관련 어휘이므로, '그녀가 ~한 이후'라는 해석이 가능한 어휘를 찾으면 된다. → 문맥상 어울리는 어휘는 F 毕业(졸업하다)이다.

49

出发前再检查一下行李，（ C 千万 ）别忘了这些东西。

출발 전에 짐을 한 번 더 검사해 보세요. (C 제발) 이 물건들 잊지 마시고요.

지문 어휘

出发 chūfā 동 출발하다 ⭐
检查 jiǎnchá 동 검사하다
行李 xíngli 명 짐

정답 C

해설 짝꿍 어휘 채우기 문제

빈칸 뒤에는 부사 别가 있고, 뒷절 제일 앞에는 빈칸이 있으므로 접속사나 부사 어휘를 연상한다. → 부사 앞에 빈칸이 있으면 또 다른 부사가 올 가능성이 높다. 别(~하지 마라)와 잘 어울리는 짝꿍 어휘를 연상하면 된다. → 문맥상 어울리는 어휘는 C 千万(제발)이다.

▶ 千万别(제발 ~하지 마라) 짝꿍 어휘를 익혀두자!

50

她一直认为，旅行的（ A 重点 ）是积累知识和经验。

그녀는 줄곧 여행의 (A 핵심)은 지식과 경험을 쌓는 것이라고 여겨 왔다.

지문 어휘

一直 yìzhí 부 줄곧, 계속 ⭐
认为 rènwéi 동 여기다, 생각하다
旅行 lǚxíng 동 여행하다 ⭐
积累 jīlěi 동 누적되다, 쌓다 ⭐
知识 zhīshi 명 지식 ⭐
经验 jīngyàn 명 경험 ⭐

정답 A

해설 명사 어휘 채우기 문제

빈칸 뒤 술어는 是이고, 빈칸 앞은 的를 이용한 관형어이다. → 旅行的 뒤를 수식할 수 있는 명사가 위치해야 한다. '여행의 ~는'이라는 문장이 성립되어야 한다. → 문맥상 어울리는 어휘는 A 重点(핵심)이다.

보기			
A 尝	B 也许	A cháng 동 맛보다	B yěxǔ 부 어쩌면, 아마도
C 温度	D 打扮	C wēndù 명 온도	D dǎban 동 꾸미다, 차려입다
E 速度	F 免费	E sùdù 명 속도	F miǎn fèi 동 무료로 하다, 무료이다

51

A: 星期六动物园举办的活动，大人和小孩儿都收费吗？
B: 只有年龄在12岁以下的儿童才（ F 免费 ），其他都收费。

A: 토요일 동물원에서 여는 행사에, 어른과 아이 모두 돈을 받나요?
B: 나이가 12세 이하의 어린이만 (F 무료고요), 다른 사람은 돈을 받아요.

지문 어휘

动物园 dòngwùyuán
명 동물원 ★

活动 huódòng 명 행사, 활동 ★
大人 dàren 명 어른, 성인
小孩儿 xiǎoháir 명 아이, 애
收费 shōu fèi
동 비용을 받다, 돈을 받다
只有A才B zhǐyǒu A cái B
접 A해야만, B하다
年龄 niánlíng 명 나이, 연령 ★
儿童 értóng 명 아동, 어린이 ★
其他 qítā 명 기타, 다른 사람

정답 F

해설 동사 어휘 채우기 문제

부사 才 뒤에는 일반적으로 술어가 위치한다. → 나이가 12세 이하의 '어린이만 ~이다'라고 문장이 성립되어야 하므로, 뒤에 收费(돈을 받다)와 반의어를 연상하면 된다. → 문맥상 어울리는 어휘는 F 免费(무료이다)이다.

▶ 免费(무료이다)와 收费(돈을 받다)는 반의어 관계이다.

52

A: 能再开快点儿吗？今天的会议我们一定要按时参加。
B: 按照正常（ E 速度 ）开，我们是不会迟到的，就怕堵车。

A: 좀 더 빨리 달릴 수 없습니까? 오늘 회의에 우리 반드시 제때에 참가해야 합니다.
B: 정상적인 (E 속도)에 맞춰 운전하면, 늦을 리가 없습니다. 그저 길이 막힐까 걱정이죠.

지문 어휘

会议 huìyì 명 회의
按时 ànshí 부 제때에, 시간에 맞춰 ★
参加 cānjiā 동 참가하다
按照 ànzhào
전 ~에 따라, ~에 의해 ★
正常 zhèngcháng
형 정상적이다 ★
迟到 chídào 동 지각하다, 늦다
堵车 dǔ chē 동 차가 막히다 ★

정답 E

해설 명사 어휘 채우기 문제

빈칸 뒤에 술어는 开(운전하다)이고, 빈칸 앞 正常은 형용사이다. → 술어 앞에는 명사가 위치해야 하므로, 正常과 어울리는 어휘를 연상한다. '정상적인 속도에 맞춰 운전하면 늦을 리가 없다'는 문장으로 배치해야 한다. → 문맥상 어울리는 어휘는 E 速度(속도)이다.

▶ 开车(운전하다)와 같은 교통수단 어휘는 速度(속도)와 관련이 있음을 알아두자!

53

A: 今天的菜怎么做得这么咸啊?
B: 让我(A 尝)一下, 还好啊, 一点儿都不咸啊。

A: 오늘 요리는 왜 이렇게 짜요?
B: 제가 한번 (A 맛볼게요), 괜찮은데요, 조금도 짜지 않아요.

지문 어휘

菜 cài 몡 음식, 요리
咸 xián 혱 짜다 ★
一点儿都不 yìdiǎnr dōu bù 조금도 ~하지 않다

정답 A

해설 동사 어휘 채우기 문제

| 빈칸 뒤에는 동량사 一下(한번 ~하다)가 있다. | ➡ | 동량사와 어울리는 품사는 동사이므로, '한번 ~해 보다'라는 문장으로 배치하면 된다. 음식 맛에 대하여 이야기하고 있으므로 관련 어휘를 연상하자. | ➡ | 문맥상 어울리는 어휘는 A 尝(맛보다)이다. |

54

A: 你今天面试的时候, 应该(D 打扮)得正式点儿。
B: 放心吧, 我早就准备好了, 我最担心的是面试官问我一些不好回答的问题。

A: 너 오늘 면접 볼 때 격식을 갖춰(D 차려입도록) 해.
B: 안심하세요, 일찌감치 준비 다 했어요. 제가 가장 걱정되는 건 면접관이 제가 대답하기 어려운 질문을 하는 것이에요.

지문 어휘

面试 miànshì 동 면접을 보다
正式 zhèngshì 형 격식을 갖추다 ★
放心 fàng xīn 동 마음을 놓다, 안심하다
早就 zǎojiù 부 일찌감치, 벌써
准备 zhǔnbèi 동 준비하다
担心 dān xīn 동 걱정하다, 염려하다
面试官 miànshìguān 명 면접관
回答 huídá 동 대답하다

정답 D

해설 동사 어휘 채우기 문제

| 빈칸 앞 应该(마땅히 ~해야 한다)는 조동사이고, 빈칸 뒤에는 정도 보어 구문이다. | ➡ | 정도보어 구조이므로 빈칸에는 술어가 위치해야 한다. 빈칸 뒤에 正式(격식을 갖추다)와 어울리면서, 정도보어 구조에도 자주 사용되는 어휘를 연상하면 된다. | ➡ | 문맥상 어울리는 어휘는 D 打扮(차려입다)이다. |

55

A: 小王怎么回事? 这几天身体一直都不舒服。
B: (B 也许)是经理给他的压力太大了吧, 最近他总是说头疼。

A: 샤오왕은 어떻게 된 거예요? 요 며칠 몸이 계속 안 좋던데요.
B: (B 아마도) 사장님이 그에게 준 스트레스가 너무 심한 것 같아요. 요즘 그는 계속 머리가 아프다고 말했거든요.

지문 어휘

一直 yìzhí 부 줄곧, 계속
舒服 shūfu 형 (몸, 마음이) 편하다
压力 yālì 명 스트레스 ★
总是 zǒngshì 부 늘, 줄곧, 계속
头疼 tóu téng 동 머리가 아프다

정답 B

해설 부사 어휘 채우기 문제

| 문장 맨 앞에 빈칸이 있고, 빈칸 뒤에는 술어 是(~이다)가 있으므로 빈칸에 올 수 있는 품사는 부사나 접속사이다. | ➡ | 뒷절에 접속사와 호응하는 부사가 없는 것으로 보아 빈칸에는 부사가 들어가야 함을 알 수 있다. 의미상 '사장님이 그에게 준 스트레스가 ~ 매우 심한 것 같다'라는 문장이 성립되어야 한다. | ➡ | 문맥상 어울리는 어휘는 B 也许(아마도)이다. |

제2부분
56~65번 문제는 제시된 문장을 알맞게 배열하는 문제입니다.

56

A 也不能吃太凉的，记得多喝水
B 你感冒刚好一些，要注意休息
C 不能开夜车，要按时吃药

A 너무 차가운 것도 먹으면 안 되고요, 물 많이 마시는 거 기억하세요
B 당신 감기가 막 좋아졌으니, 휴식에 신경 써야 해요
C 밤새우면 안 되고, 시간 맞춰 약을 드셔야 해요

지문 어휘

凉 liáng 형 차갑다
记得 jìde 동 기억하다
感冒 gǎnmào 명 감기 동 감기에 걸리다
注意 zhùyì 동 주의하다, 조심하다
休息 xiūxi 명 휴식 동 쉬다
不能 bù néng 조동 ~해서는 안 된다, ~할 수가 없다
开夜车 kāi yèchē 동 밤을 새우다
按时 ànshí 부 제때에, 시간에 맞춰 ★
吃药 chī yào 동 약을 먹다

정답 BCA

해설 의미 파악 문제

큰 개념	작은 개념	
감기가 막 좋아졌으니, 휴식에 주의해야 한다	➡ 밤새우면 안 되고, 제때에 약 먹고	➡ 너무 차가운 것도 먹지 말고 물을 많이 마셔라 순으로 구체적인 부연 설명으로 마무리한다.

▶ 不能~ (~하면 안 되고), 也不能~ (~도 하면 안 된다) 순으로 내용을 배열하면 OK

B 你感冒刚好一些，要注意休息. (당신 감기가 막 좋아졌으니, 휴식에 신경 써야 해요.)
C 不能开夜车，要按时吃药. (밤새우면 안 되고, 시간 맞춰 약을 드셔야 해요.)
A 也不能吃太凉的，记得多喝水。 (너무 차가운 것도 먹으면 안 되고요, 물 많이 마시는 거 기억하세요.)

57

A 虽然苹果手机的价格很贵
B 但是质量和外观都很不错
C 所以很多人都愿意买

A 비록 아이폰의 가격은 비싸나
B 품질과 디자인은 매우 훌륭하다
C 그래서 많은 사람들이 구매하길 원한다

지문 어휘

苹果手机 Píngguǒ shǒujī 명 아이폰, 애플 휴대폰
价格 jiàgé 명 가격 ★
质量 zhìliàng 명 품질, 질 ★
外观 wàiguān 명 겉모양, 외관, 디자인
愿意 yuànyì 동 원하다

정답 ABC

해설 虽然~, 但是~, 所以~ 접속사 문제

虽然~, 但是~ (비록 ~하지만 ~하다)의 구문을 이해하면 순서를 파악하기 쉽다. 따라서 A를 B 앞으로 배열한다.

➡ 결과를 나타내는 접속사 所以를 이용하여 마무리하면 된다.

A 虽然苹果手机的价格很贵, (비록 아이폰의 가격은 비싸나,)
B 但是质量和外观都很不错, (품질과 디자인은 매우 훌륭하다,)
C 所以很多人都愿意买。(그래서 많은 사람들이 구매하길 원한다.)

58

A 所以在很多人面前说话，从来不害羞
B 他这个人
C 因为性格比较活泼，人也非常积极

A 그래서 많은 사람들 앞에서 말할 때, 여태껏 부끄러워한 적이 없다
B 그 사람은
C 성격이 비교적 활발하고, 또한 꽤나 적극적이기 때문에

지문 어휘

面前 miànqián 명 눈앞, 면전
说话 shuō huà 동 말하다
从来 cónglái 부 여태껏, 지금까지 ★
害羞 hàixiū 동 부끄러워하다 ★
性格 xìnggé 명 성격 ★
活泼 huópo 형 활발하다 ★
积极 jījí 형 적극적이다 ★

정답 BCA

해설 因为~, 所以~ 접속사 문제

他这个人(그 사람은)이라고 어떤 대상에 대해 이야기가 시작되므로 첫 번째 자리에 배치한다.

➡ 因为~, 所以~ (~ 때문에, 그래서 ~하다)의 구문을 이해하면 순서를 파악하기 쉽다. 따라서 C를 A 앞으로 배열한다.

B 他这个人, (그 사람은,)
C 因为性格比较活泼, 人也非常积极, (성격이 비교적 활발하고, 또한 꽤나 적극적이기 때문에,)
A 所以在很多人面前说话, 从来不害羞。(그래서 많은 사람들 앞에서 말할 때, 여태껏 부끄러워한 적이 없다.)

59

A 申请留学的材料都准备得差不多了
B 就差找教授签字了，顺利的话
C 大概这个月底就能收到入学通知书了

A 유학 신청 자료는 준비가 거의 다 되었다
B 교수님 사인을 아직 받지 못했지만, 순조롭게 진행된다면
C 아마 이번 달 말에는 입학 통지서를 받을 수 있을 것이다

지문 어휘

申请 shēnqǐng 동 신청하다 ★
留学 liú xué 명 유학 동 유학하다
材料 cáiliào 명 자료 ★
差不多 chàbuduō 형 거의 비슷하다, 큰 차이가 없다 ★
差 chà 동 모자라다, 부족하다
教授 jiàoshòu 명 교수 ★
签字 qiān zì 동 사인하다
顺利 shùnlì 형 순조롭다, 일이 잘 되어가다 ★
大概 dàgài 부 대략, 대개 ★
月底 yuèdǐ 명 월말
入学通知书 rùxué tōngzhīshū 명 입학통지서

정답 ABC

해설 의미 파악 문제

자료가 거의 준비됐다 ➡ 무난하다면 ➡ 월말에 통지서를 받을 수 있다는 일의 진행 순으로 배열하면 된다.

A 申请留学的材料都准备得差不多了, (유학 신청 자료는 준비가 거의 다 되었다.)
B 就差找教授签字了, 顺利的话, (교수님 사인을 아직 받지 못했지만, 순조롭게 진행된다면,)
C 大概这个月底就能收到通知书了。(아마 이번 달 말에는 입학통지서를 받을 수 있을 것이다.)

60

A 把以下这些文件
B 请根据会议的规定
C 按照日期的先后顺序整理一下

A 다음 이 문서들을
B 회의 규정에 근거하여
C 날짜 선후의 순서에 따라 정리해 주세요

지문 어휘

以下 yǐxià 명 이하, 다음
文件 wénjiàn 명 문서, 파일
根据 gēnjù 전 ~에 근거하여
会议 huìyì 명 회의
规定 guīdìng 명 규정 동 규정하다 ★
按照 ànzhào 전 ~에 따라, ~에 의해 ★
日期 rìqī 명 날짜
先后 xiānhòu 명 선후, 앞과 뒤
顺序 shùnxù 명 순서, 차례 ★
整理 zhěnglǐ 동 정리하다 ★

정답 BAC

해설 의미 파악 문제

회의 규정에 근거하여 ~해 주세요 (请~) ➡ 다음 이 자료들을 (把~)  ➡ 날짜 선후 순서에 따라 정리해 주세요 (整理一下)

▶ 여기서는 请~把~整理一下(~을 정리해 주세요)의 구문을 익혀두자!

B 请根据会议的规定, (회의 규정에 근거하여,)
A 把以下这些文件, (다음 이 문서들을,)
C 按照日期的先后顺序整理一下。(날짜 선후의 순서에 따라 정리해 주세요.)

61

A 气温也会下降
B 近日，受冷空气影响
C 中部多个省将出现雨雪天气

A 기온도 떨어질 것이다
B 근래에, 찬 공기의 영향으로
C 중부 지역의 많은 성에 진눈깨비가 내리겠다

지문 어휘

气温 qìwēn 명 기온
下降 xiàjiàng 동 떨어지다, 낮아지다
近日 jìnrì 명 요 며칠, 근래
空气 kōngqì 명 공기 ★
影响 yǐngxiǎng 동 영향을 주다 (끼치다)
雨雪天气 yǔxuě tiānqì 진눈깨비가 내리는 날씨

정답 BCA

해설 의미 파악 문제(원인 … 결과)

원인 제시	결과 도출	
(근래에 찬 공기 영향) ➡	(진눈깨비가 내릴 것이다) ➡	또한 동시에 기온도 떨어질 것이다

▶ 受~影响(~ 영향을 받다) … 出现雨雪天气(진눈깨비가 내리겠고) … 气温也会下降(기온도 떨어질 것이다)라는 흐름에 포인트를 두고 순서대로 배치!

B 近日，受冷空气影响，(근래에, 찬 공기의 영향으로,)
C 中部多个省将出现雨雪天气，(중부 지역의 많은 성에 진눈깨비가 내리겠다.)
A 气温也会下降。(기온도 떨어질 것이다.)

62

A 真是一部值得和孩子一起看的好电影
B 还介绍了交通安全知识
C 这部电影里有很多关于儿童教育方面的内容

A 정말로 자녀와 함께 볼 만한 좋은 영화이다
B 또 교통 안전 지식을 소개했다
C 이 영화에는 아동 교육과 관련된 내용이 많이 담겨 있다

지문 어휘

值得 zhídé 동 ~할 만 하다, ~할 가치가 있다 ★
介绍 jièshào 동 소개하다
交通 jiāotōng 명 교통 ★
安全 ānquán 명 안전 형 안전하다 ★
知识 zhīshi 명 지식
关于 guānyú 전 ~에 관해서
儿童 értóng 명 아동, 어린이 ★
教育 jiàoyù 명 교육
方面 fāngmiàn 명 방면, 부분 ★
内容 nèiróng 명 내용 ★

정답 CBA

해설 의미 파악 문제

这部电影(이 영화는)은 구체적인 주어를 언급 ➡	还介绍了~ (또 소개했다) ➡	真是一部 ~好电影 (정말로 ~한 좋은 영화이다)로 결론지어 마무리한다.

C 这部电影里有很多关于儿童教育方面的内容，(이 영화에는 아동 교육과 관련된 내용이 많이 담겨 있다.)
B 还介绍了交通安全知识，(또 교통 안전 지식을 소개했다.)
A 真是一部值得和孩子一起看的好电影。(정말로 자녀와 함께 볼 만한 좋은 영화이다.)

63

A 更不要看别人的答案，应该做到诚实
B 考试时我们要认真答题，即使遇到不会的问题
C 也不要紧张

A 또한 다른 사람의 답안을 보아서는 안 되며, 성실하게 해내야 한다
B 시험을 볼 때 우리는 열중해서 문제를 풀어야 한다, 설령 모르는 문제에 부딪쳐도
C 긴장하지 마라

지문 어휘

别人 biéren 때 남, 타인
答案 dá'àn 몡 답, 답안 ★
诚实 chéngshí 형 진실하다, 성실하다 ★
认真 rènzhēn 형 진지하다
答题 dá tí 통 문제를 풀다, 문제에 답하다
即使A, 也B jíshǐ A, yě B 설령 A하더라도, B하다
遇到 yùdào 통 만나다, 부딪치다
问题 wèntí 몡 질문, 문제
紧张 jǐnzhāng 형 긴장하다 ★

정답 BCA

해설 即使~, 也~ 접속사 문제

即使~, 也~ 구문을 이해하면 어순 파악이 쉽다. 따라서 B를 C 앞으로 배열한다.

➡ 更不要~ (~해서는 더 안 된다)는 앞에 대한 내용을 더욱 더 강조하는 말이므로 제일 마지막에 배치하면 된다.

B 考试时我们要认真答题，即使遇到不会的问题，(시험을 볼 때 우리는 열중해서 문제를 풀어야 한다. 설령 모르는 문제에 부딪쳐도,)
C 也不要紧张，(긴장하지 마라,)
A 更不要看别人的答案，应该做到诚实。(또한 다른 사람의 답안을 보아서는 안 되며, 성실하게 해내야 한다.)

64

A 这个商场的东西很便宜，但却有假货
B 所以在决定购买之前
C 一定要仔细判断东西的真假

A 이 상점의 물건은 싸지만 모조품도 있다
B 그러므로 구매를 결정하기 전에
C 반드시 물건의 진위 여부를 자세히 판단해야 한다

지문 어휘

商场 shāngchǎng 몡 쇼핑 센터, 상점
便宜 piányi 형 싸다
却 què 튀 오히려 ★
假货 jiǎhuò 몡 가짜 상품, 모조품
所以 suǒyǐ 접 그래서, 그러므로
决定 juédìng 통 결정하다
购买 gòumǎi 통 구매하다
之前 zhīqián 몡 이전에, ~전에
仔细 zǐxì 형 세심하다, 꼼꼼하다 ★
判断 pànduàn 통 판단하다 ★
真假 zhēn jiǎ 몡 진짜와 가짜, 진위

정답 ABC

해설 사건 원인 → 결과 파악 문제

원인	결과
이 상점의 물건은 싼 편이나, 모조품도 있다	구매하기 전에 반드시 ~해야 한다로 결론지어 마무리한다.

A 这个商场的东西很便宜，但却有假货，(이 상점의 물건은 싸지만 모조품도 있다,)
B 所以在决定购买之前，(그러므로 구매를 결정하기 전에,)
C 一定要仔细判断东西的真假。(반드시 물건의 진위 여부를 자세히 판단해야 한다.)

65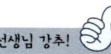

A 而是选择了继续回大学读研究生
B 虽然他最后通过了面试
C 但是他却放弃了去这家公司上班

A 대학으로 돌아가 계속 대학원 과정을 공부하기로 선택했다
B 비록 그는 최종 면접까지 통과하였으나
C 그는 이 회사에 출근하기를 포기하였고

지문 어휘

选择 xuǎnzé 동 선택하다
继续 jìxù 명 계속 동 계속하다 ★
读研究生 dú yánjiūshēng 대학원 공부를 하다
虽然A, 但是B suīrán A, dànshì B 접 비록 A하지만, B하다
最后 zuìhòu 부 제일 마지막에, 최후에
通过 tōngguò 동 통과하다 ★
面试 miànshì 명 면접
放弃 fàngqì 동 포기하다 ★
上班 shàng bān 동 출근하다

정답 BCA

해설 虽然~, 但是~ 접속사 문제

虽然~, 但是~ 구문을 이해하면 어순 파악이 쉽다. 따라서 B를 C 앞으로 배열한다.

➡ '而是~'를 제일 마지막에 배열하면 된다.

▶ 虽然~(비록~), 但是~(그러나~), 而是~(그래서 바로~) 순으로 배열함을 익혀두자!

B 虽然他最后通过了面试, (비록 그는 최종 면접까지 통과하였으나),
C 但是他却放弃了去这家公司上班, (그는 이 회사에 출근하기를 포기하였고),
A 而是选择了继续回大学读研究生。(대학으로 돌아가 계속 대학원 과정을 공부하기로 선택했다.)

제3부분 66~85번 문제는 단문을 읽고 질문에 알맞은 답을 고르는 문제입니다.

66

这份计划书我已经整理完了，但是我还没把它翻译成英文，翻译完后马上给你送过去。

★ 那份计划书:

A 没翻译完   B 不符合要求
C 没整理完   D 字数太多

이 계획서는 제가 이미 정리를 끝냈습니다. 하지만, 아직 그것을 영문으로 번역하지 못했어요. 번역을 끝낸 후에 바로 당신께 보내드리겠습니다.

★ 그 계획서는:

A 번역이 끝나지 않았다
B 요구사항에 부합되지 않는다
C 정리가 끝나지 않았다
D 글자 수가 너무 많다

지문 어휘

计划书 jìhuàshū 명 계획서
整理 zhěnglǐ 동 정리하다 ★
翻译 fānyì 동 번역하다, 통역하다 ★
英文 Yīngwén 명 영어
马上 mǎshàng 부 곧, 바로, 즉시
送 sòng 동 보내다

보기 어휘

符合 fúhé 동 부합하다 ★
要求 yāoqiú 명 요구
字数 zì shù 명 글자 수

정답 A

해설 계획서에 대해 묻고 있다. 계획서 정리는 끝났으나 아직 영문으로 번역하지 못했다고 했으므로 그 계획서는 아직 번역이 끝나지 않았음을 알 수 있다.

67

运动有很多种方法。比如有人喜欢跑步，有人喜欢游泳。每种运动都有各自特别的好处，关键看你自己喜欢什么。只要是你自己喜欢，坚持下去就好了。

★ 选择运动的关键是：
A 简单的
B 自己感兴趣
C 家人支持
D 流行的

운동에는 여러 가지 방법이 있다. 예를 들어 어떤 이는 달리기를 좋아하고, 어떤 이는 수영을 좋아한다. 모든 운동은 각각 장점을 가지고 있다. 가장 중요한 것은 자신이 무엇을 좋아하는지 생각해 보는 것이다. 당신이 좋아하는 것으로 꾸준히 하기만 하면 되는 것이다.

★ 운동을 선택할 때의 키포인트는:
A 간단한 것
B 스스로 흥미를 느끼는 것
C 가족이 지지하는 것
D 유행하는 것

지문 어휘
方法 fāngfǎ 몡 방법
比如 bǐrú 젭 예를 들면 ★
跑步 pǎo bù 통 달리다
游泳 yóu yǒng 몡 수영 통 수영하다
各自 gèzì 때 각자
好处 hǎochu 몡 좋은 점, 이점 ★
关键 guānjiàn 몡 관건, 키포인트 ★
只要A, 就B zhǐyào A, jiù B 젭 A하기만 하면, B하다
坚持 jiānchí 통 꾸준히 하다 ★

보기 어휘
支持 zhīchí 통 지지하다 ★
流行 liúxíng 통 유행하다 ★

정답 B

해설 운동을 선택할 때 중요한 것이 무엇인지 묻고 있다. 关键(관건) 뒷부분이 핵심어가 될 확률이 높다. 가장 중요한 것은 당신 자신이 어떤 것을 좋아하는지 생각해 보는 것이라고 언급했으므로 정답은 B이다.
▶ 最重要的是~ (가장 중요한 것은~)와 关键~(관건은~)은 동일한 의미이며, 喜欢(좋아하다)과 感兴趣(관심이 있다)도 동의 표현임을 기억하자!

68

国庆节就要到了，放假一周。我打算带儿子出去旅游，但是我担心旅游回来后，会影响他参加考试。儿子知道后，竟然向我保证这次考试一定考好，否则再也不去旅游。

★ 关于儿子，可以知道：
A 不想参加考试
B 对考试有信心
C 不喜欢旅游
D 考试会紧张

국경절이 곧 다가오고, 일주일 동안 쉬게 된다. 나는 아들을 데리고 여행을 가려고 하는데 여행에서 돌아온 후 아이의 시험에 영향을 미칠까 걱정이다. 아들이 이걸 알고는, 뜻밖에 나에게 이번 시험은 틀림없이 잘 볼 것이며, 만약 못 본다면 다시는 여행을 가지 않겠다고 장담했다.

★ 아들에 관하여 알 수 있는 것은:
A 시험에 참가하고 싶지 않다
B 시험에 자신이 있다
C 여행을 좋아하지 않는다
D 시험에 긴장할 것이다

지문 어휘
国庆节 Guóqìngjié 몡 국경절
放假 fàng jià 통 방학하다, 쉬다
儿子 érzi 몡 아들
担心 dān xīn 통 걱정하다
影响 yǐngxiǎng 몡 영향 통 영향을 주다
考试 kǎoshì 몡 시험
竟然 jìngrán 부 뜻밖에도, 의외로 ★
保证 bǎozhèng 통 장담하다, 보증하다 ★
否则 fǒuzé 젭 만약 그렇지 않으면 ★

보기 어휘
信心 xìnxīn 몡 자신감 ★

정답 B

해설 아들에 관해서 묻고 있다. 단문 마지막에서 이번 시험은 틀림없이 잘 볼 거라고 했으므로 아들은 시험에 자신이 있음을 알 수 있다.

69

现在网上购物越来越受到人们的喜爱，在网上不但可以买到自己喜爱的东西，还能经常遇到打折活动。在付款时，也不需要排队，直接就能付款，既方便又省时间，所以越来越多的人开始网上购物了。

현재 인터넷 쇼핑은 점점 더 사람들의 사랑을 받고 있다. 인터넷에서는 자신이 좋아하는 물건을 살 수 있을 뿐 아니라, 종종 할인행사를 접하게 된다. 계산할 때도, 줄을 설 필요가 없이 직접 계산할 수 있어서, 편리하기도 하고 시간을 아낄 수도 있다. 따라서 점점 더 많은 사람들이 인터넷 쇼핑을 하기 시작했다.

★ 网上购物的优点是：

A 无需密码
B 商品太贵
C 可以聊天
D 不用排队

★ 인터넷 쇼핑의 장점은:

A 비밀번호가 필요 없다
B 상품이 너무 비싸다
C 이야기를 나눌 수 있다
D 줄을 서지 않아도 된다

지문 어휘

网上购物 wǎngshàng gòuwù 명 인터넷 쇼핑 ★
越来越 yuèláiyuè 부 더욱 더, 점점
喜爱 xǐ'ài 동 좋아하다, 사랑하다
遇到 yùdào 동 만나다, 부딪치다
打折 dǎ zhé 동 할인하다 ★
活动 huódòng 명 행사, 활동 ★
付款 fù kuǎn 동 계산하다, 돈을 지불하다
需要 xūyào 동 필요하다
排队 pái duì 동 줄을 서다 ★
直接 zhíjiē 명 직접
형 직접적이다 ★
方便 fāngbiàn 형 편리하다
省 shěng 동 아끼다, 절약하다 ★

보기 어휘

密码 mìmǎ 명 비밀번호 ★
商品 shāngpǐn 명 상품, 제품

정답 D

해설 인터넷 쇼핑의 장점이 무엇인지 묻고 있다. 인터넷 쇼핑의 장점 가운데 계산할 때 줄을 서지 않아도 된다는 말이 보기에 언급되었으므로 정답은 D이다.

70

这次的英语考试确实太难了，语法和单词都是我平时没见过的。如果英语水平不高的话，肯定不能通过。我觉得这次考试更适合英语专业的人来考。

이번 영어 시험은 정말 어려웠다. 어법과 단어 모두 내가 평소에 보지 못한 것이었다. 만약 영어 수준이 높지 않다면, 틀림없이 패스하지 못할 것이다. 이번 시험은 영어 전공자에게 더 적합하다고 생각한다.

★ 这次考试怎么样？

A 很简单
B 语法容易
C 考试内容很难
D 特别复杂

★ 이번 시험은 어떤가?

A 간단하다
B 어법이 쉽다
C 시험 내용이 어렵다
D 매우 복잡하다

지문 어휘

确实 quèshí 부 확실히, 정말로 ★
语法 yǔfǎ 명 어법 ★
单词 dāncí 명 단어
平时 píngshí 부 평소, 평상시 ★
水平 shuǐpíng 명 수준
肯定 kěndìng 부 틀림없이, 확실히 ★
通过 tōngguò 동 통과하다 ★
适合 shìhé 형 적합하다, 알맞다 ★
专业 zhuānyè 명 전공 ★

보기 어휘

复杂 fùzá 형 복잡하다 ★

정답 C

해설 이번 시험이 어떠한지 묻는 문제로 단문 도입 부분에 이번 영어 시험은 정말 어려웠다고 언급했으므로 정답은 C이다.

71

我出生在一个小城市，那里山多，自然风景很美，一年四季都很暖和，适合人们生活。高考以后，我离开了那个小城市，开始了大城市的生活，但我总是想回老家生活。

나는 작은 도시에서 태어났다. 그곳엔 산이 많고, 자연 풍경이 아름답다. 1년 사계절 모두 따뜻하며 사람들이 생활하기에 적합하다. 대입 시험을 치른 후, 나는 그 도시를 떠났고, 대도시 생활을 시작했지만, 늘 고향으로 돌아가서 생활하고 싶다는 생각을 한다.

★ 说话人觉得那个小城市：

A 热闹极了
B 交通方便
C 四季暖和
D 工作机会多

★ 화자는 그 작은 도시가 어떠하다고 생각하는가:

A 매우 번화하다
B 교통이 편리하다
C 사계절이 따뜻하다
D 일할 기회가 많다

지문 어휘

出生 chūshēng 동 태어나다, 출생하다 ★
城市 chéngshì 명 도시
自然 zìrán 명 자연 ★
风景 fēngjǐng 명 풍경, 경치
美 měi 형 아름답다
四季 sìjì 명 사계절, 사계
暖和 nuǎnhuo 형 따뜻하다 ★
适合 shìhé 형 적합하다, 알맞다 ★
高考 gāokǎo 명 대학 입학 시험
离开 líkāi 동 떠나다, 헤어지다
老家 lǎojiā 명 고향

보기 어휘

热闹 rènao 형 번화하다, 북적대다 ★
极了 jíle 형용사 뒤에 위치해 '매우, 아주'의 뜻을 나타냄
交通 jiāotōng 명 교통

정답 C

해설 화자가 작은 도시에 대해 어떻게 생각하는지 묻는 문제이다. 보기 내용과 단문 내용을 하나하나 대조해 가면서 가장 알맞은 내용을 찾자! 단문 중간 부분에 사계절이 따뜻하다는 내용이 보기와 단문에서 모두 언급되었으므로 정답은 C이다.

72

我明天去北京出差，后天晚上就回来，回来的时候，我顺便买两只北京烤鸭带回来。你还有什么想要的，在我出发前告诉我。

저 내일 베이징으로 출장 가서 모레 저녁에 돌아오는데, 돌아올 때, 베이징 덕 두 마리를 사 가지고 올게요. 필요한 것이 더 있으면 제가 출발하기 전에 알려주세요.

★ 说话人去北京做什么?

A 吃饭
B 买烤鸭
C 旅游
D 出差

★ 화자는 베이징에 무엇을 하러 가는가?

A 식사하러
B 오리구이를 사러
C 여행
D 출장

지문 어휘

出差 chū chāi 동 출장 가다 ★
后天 hòutiān 명 모레
顺便 shùnbiàn ~하는 김에 ★
烤鸭 kǎoyā 명 베이징 덕, 통오리구이 ★
带 dài 동 가지다, 지니다
出发 chūfā 동 출발하다 ★
告诉 gàosu 동 알리다, 말하다

보기 어휘

旅游 lǚyóu 동 여행하다

정답 D

해설 화자가 베이징에 가는 이유를 묻고 있다. 단문 첫머리에 베이징에 출장 간다고 언급했으므로 정답은 D이다.

73 선생님 강추!

这座山后面种着许多苹果树，每年秋天，树上都会长满红红的苹果。由于这里常年少雨，所以这里的苹果特别甜，即使这里的苹果卖得比其他的苹果贵，也常常被顾客买光。

이 산 뒤쪽에 많은 사과나무가 심어져 있는데, 매년 가을이 되면, 나무에 빨간 사과가 가득 열린다. 여기는 일 년 내내 비가 적게 오기 때문에 이곳의 사과는 특히 달다. 설령 이곳의 사과를 다른 곳의 사과보다 비싸게 판다 해도, 항상 고객들이 다 사 간다.

★ 这座山的苹果：
A 香味很特别
B 受顾客欢迎
C 价格便宜
D 数量很少

★ 이 산의 사과는:
A 향기가 특별하다
B 고객들에게 인기가 많다
C 가격이 저렴하다
D 수량이 적다

지문 어휘

座 zuò 양 큰 건물이나 산을 세는 단위
种 zhòng 동 심다
苹果树 píngguǒ shù 명 사과나무
长满 zhǎng mǎn 동 가득 자라다
由于 yóuyú 접 ~때문에, ~로 인하여
常年 chángnián 명 일 년 내내
甜 tián 형 달다
即使A, 也B jíshǐ A, yě B 접 설령 A하더라도, B하다
比 bǐ 전 ~에 비해, ~보다
顾客 gùkè 명 고객, 손님
卖光 mài guāng 동 다 팔리다, 매진되다

보기 어휘

香味 xiāngwèi 명 향, 향기
受欢迎 shòu huānyíng 동 인기가 있다, 환영받다
价格 jiàgé 명 가격, 값
数量 shùliàng 명 수량, 양

정답 B

해설 이 산의 사과는 어떠한지 묻는 문제로 단문 마지막에 항상 고객들이 다 사 간다고 했으므로 인기가 아주 많음을 알 수 있다.

74

"有始有终"这句话的意思是说，做一件事情，开始之后就要一直坚持做下去。如果你在遇到困难时，马上就放弃的话，你是永远都不会成功的。

'유시유종' 이 말의 뜻은, 한 가지 일을 시작한 이후에는 계속 꾸준히 해 나가야 한다는 것이다. 만약 당신이 어려움에 부딪쳤을 때, 이내 곧 포기한다면, 당신은 영원히 성공할 수 없을 것이다.

★ 根据这段话，做一件事必须：
A 按照计划
B 坚持下去
C 懂得放弃
D 找好方向

★ 이 글에 근거하여 어떠한 일을 할 때는 반드시:
A 계획에 따라야 한다
B 꾸준히 해야 한다
C 포기를 알아야 한다
D 방향을 잘 잡아야 한다

지문 어휘

有始有终 yǒushǐyǒuzhōng 성 시작하면 끝을 보다, 유종의 미를 거두다
坚持 jiānchí 동 꾸준히 하다 ★
遇到 yùdào 동 만나다, 부딪치다 ★
困难 kùnnan 명 어려움 ★
放弃 fàngqì 동 포기하다 ★
永远 yǒngyuǎn 부 영원히 형 영원하다 ★
成功 chénggōng 동 성공하다 ★

보기 어휘

必须 bìxū 부 반드시 ~해야 한다

정답 B

해설 성어 '有始有终'의 의미를 물어보고 있다. 한 가지 일을 시작했다면 그 이후부터는 꾸준히 해야한다고 했으므로 B가 정답이다.

75

尽管他在中国生活已经超过十年了，但是他平时很少和中国人来往，所以现在他还不能自由地跟中国人交流。

비록 그가 중국에서 생활한 지 벌써 10년이 넘었으나, 그는 평상시 중국인과 거의 왕래하지 않아서, 현재 그는 중국 사람과 자유롭게 커뮤니케이션을 할 수 없다.

★ 根据这段话，可以知道他：
 A 汉语不太好
 B 心情复杂
 C 不喜欢汉语
 D 不够幽默

★ 이 글에 근거하여 그에 관해 알 수 있는 것은:
 A 중국어를 잘 못한다
 B 심정이 복잡하다
 C 중국어를 좋아하지 않는다
 D 유머 감각이 부족하다

지문 어휘

按照 ànzhào 전 ~에 따라 ★
计划 jìhuà 명 계획 동 계획하다
懂得 dǒngde 동 알다, 이해하다
方向 fāngxiàng 명 방향 ★

尽管 jǐnguǎn 접 설령 ~할지라도, ~에도 불구하고 ★
生活 shēnghuó 명 생활 동 살다 ★
超过 chāoguò 동 초과하다, 넘다 ★
平时 píngshí 명 평소, 평상시 ★
来往 láiwǎng 동 왕래하다, 오가다
自由 zìyóu 명 자유 형 자유롭다
交流 jiāoliú 동 교류하다 ★

보기 어휘

心情 xīnqíng 명 기분, 심정 ★
复杂 fùzá 형 복잡하다 ★
幽默 yōumò 형 유머러스하다 ★

정답 A

해설 그에 관해서 알 수 있는 것을 묻는 문제이다. 그는 중국에서 10년 넘게 생활했지만, 중국인과 거의 왕래하지 않아서 중국어로 커뮤니케이션을 할 수준이 못 된다고 했으므로 결과적으로 그는 중국어를 잘 못한다는 것을 알 수 있다.

76 선생님 강추!

汉语里有句话叫"人无完人"，意思是世界上没有完美的人，我们不能要求一个人一点儿缺点都没有。例如你在公司里不小心做错了一件事情，这时，你的上司可能会批评你，你就可以用这句话安慰自己。

중국어에 '인무완인'이라는 말이 있다. 그 뜻은 세상에 완벽한 사람은 없다는 것이다. 우리는 한 사람에게 단점이 전혀 없기를 바랄 수는 없다. 예를 들어 당신이 회사에서 실수로 일을 잘못 처리했다면, 이때 당신의 상사는 아마도 당신을 비난할 테지만, 당신은 이 말로 스스로를 위로할 수 있다.

★ "人无完人"的意思是：
 A 每个人都有缺点
 B 完全没有缺点的人
 C 缺点很多的人
 D 没有人能完成

★ '인무완인'의 의미는:
 A 모든 사람은 단점이 있다
 B 단점이 전혀 없는 사람
 C 단점이 많은 사람
 D 완성할 수 있는 사람이 없다

지문 어휘

人无完人 rénwúwánrén 성 완벽한 사람은 없다, 누구에게나 단점이 있다
世界 shìjiè 명 세계
完全 wánquán 형 완전하다, 완벽하다 ★
要求 yāoqiú 동 요구하다
缺点 quēdiǎn 명 결점, 단점 ★
例如 lìrú 동 예를 들다 ★
不小心 bù xiǎoxīn 부 실수로, 조심하지 않고
事情 shìqing 명 일
上司 shàngsi 명 상사, 상관
可能 kěnéng 부 아마도 ~일지도 모른다
批评 pīpíng 동 비난하다, 꾸짖다, 나무라다 ★

정답 A

해설 성어 '人无完人'의 의미를 묻고 있다. 세상에 완벽한 사람이 없다는 말은 모든 사람은 단점이 있다는 말과 일맥상통하므로 정답은 A이다.

安慰 ānwèi 동 위로하다

보기 어휘

缺点 quēdiǎn 명 단점 ★
完成 wánchéng 동 완성하다

77

面试的时候，你千万不要紧张，回答问题的时候要先冷静地想一下，然后清楚地把自己的想法表达出来。这样才会给面试的人留下很深的印象。

면접 볼 때, 너 절대 긴장해서는 안 돼. 질문에 답할 때 우선 침착하게 한번 생각해 보고, 정확하게 자신의 생각을 표현해 내야 해. 이렇게 해야만 면접관에게 깊은 인상을 남길 수 있어.

★ 说话人让他面试时应该：
A 说话时激动
B 批评别人
C 冷静地想问题
D 总结经验

★ 화자는 그에게 면접 볼 때 반드시:
A 흥분하면서 말해야 한다
B 다른 이를 비판해야 한다
C 침착하게 질문을 생각해야 한다
D 경험을 총정리해 봐야 한다

지문 어휘

面试 miànshì 동 면접을 보다
千万 qiānwàn 부 제발, 부디 ★
紧张 jǐnzhāng 형 긴장하다 ★
回答 huídá 동 대답하다
问题 wèntí 명 문제
冷静 lěngjìng 형 냉정하다, 침착하다 ★
清楚 qīngchu 형 분명하다, 정확하다
想法 xiǎngfǎ 명 생각, 견해
表达 biǎodá 동 표시하다, 드러내다
留 liú 동 남기다 ★
印象 yìnxiàng 명 인상 ★

보기 어휘

激动 jīdòng 동 감격하다, 흥분하다 ★
批评 pīpíng 동 나무라다, 꾸짖다 ★
总结 zǒngjié 동 총정리하다 ★
经验 jīngyàn 명 경험 ★

정답 C

해설 화자가 그에게 알려준 면접 노하우를 묻고 있다. 화자는 상대방에게 면접 볼 때 긴장하지 말고, 질문에 답할 때 침착하게 생각해 보라고 했으므로 정답은 C이다.

78

新闻里提醒喜欢运动的人说，夏天做完运动以后，不能马上洗澡。这是因为运动出了很多汗，体内缺水，如果这时洗澡，会让体内更加缺水。

뉴스에서 운동을 좋아하는 사람들에게 여름철에 운동이 끝난 후 바로 샤워하지 말라고 당부한다. 운동할 때 땀을 많이 흘려서 체내에 수분이 부족한데, 만약 이때 샤워를 하면 체내의 수분을 더욱 부족하게 만들기 때문이다.

★ 为什么运动后不能马上洗澡？
A 身上有汗味儿
B 已经没力气了
C 气温太高
D 体内缺水

★ 왜 운동 후 바로 샤워하면 안 되는가?
A 몸에 땀 냄새가 나므로
B 이미 힘이 없으므로
C 기온이 너무 높아서
D 체내에 수분이 부족하므로

지문 어휘

新闻 xīnwén 명 뉴스
提醒 tíxǐng 동 일깨우다, 깨우치다 ★
夏天 xiàtiān 명 여름
洗澡 xǐ zǎo 목욕하다, 샤워하다
因为 yīnwèi 접 왜냐하면 ~때문이다 ★
出汗 chū hàn 동 땀이 나다
体内 tǐnèi 명 체내
缺水 quē shuǐ 동 수분이 부족하다

보기 어휘

汗 hàn 명 땀 ★

정답 D

해설 운동 후 샤워를 하면 안 되는 이유를 묻고 있다. 단문 마지막 부분에 운동 후 바로 샤워를 하면 체내의 수분이 더욱 부족해진다고 했으므로 정답은 D이다.

味儿 wèir 명 냄새, 맛
力气 lìqi 명 힘, 역량 ★
气温 qìwēn 명 기온

79

任何人都不知道未来会发生什么，因此我们要幸福地过好现在的每一天，让自己的每一分钟都快快乐乐的。这样将来你才不会后悔。

그 어떤 사람도 미래에 무슨 일이 일어날지 모른다. 그래서 우리는 지금의 하루하루를 행복하게 보내야 하고, 자신의 1분 1초를 즐겁게 보내야 한다. 그래야 나중에 당신은 후회하지 않을 것이다.

★ 根据这段话，我们应该：
 A 不要放弃
 B 珍惜现在的每一天
 C 不要浪费钱
 D 后悔

★ 이 글에 근거하여 우리는 마땅히:
 A 포기해선 안 된다
 B 지금의 하루하루를 소중히 여긴다
 C 돈을 낭비해선 안 된다
 D 후회한다

지문 어휘

任何 rènhé 대 어떠한, 무슨 ★
未来 wèilái 명 미래
发生 fāshēng 동 일어나다, 발생하다 ★
因此 yīncǐ 접 이로 인하여, 그래서
幸福 xìngfú 형 행복하다 ★
分钟 fēnzhōng 명 분
快乐 kuàilè 형 즐겁다, 기쁘다
心情 xīnqíng 명 기분, 마음 ★
将来 jiānglái 명 장래, 미래 ★
后悔 hòuhuǐ 동 후회하다 ★

보기 어휘

珍惜 zhēnxī 동 소중히 여기다
浪费 làngfèi 동 낭비하다 ★

정답 B

해설 이 글에 근거하여 우리는 어떻게 해야 하는지 묻고 있다. 결과를 나타내는 접속사 '因此(그래서)' 뒤에 핵심 내용이 나올 확률이 높음을 알아두자! 우리는 지금의 하루하루를 행복하게 보내야 한다는 말이 키워드이므로 정답은 B이다.

第80到81题是根据下面一段话：

80–81번 문제는 다음 내용에 근거한다:

现在社会发展得很快，但在教育问题上，我们好像看不到有什么变化。⁸⁰大部分家长还是特别重视孩子的学习成绩。比如，父母在每个学期开始前，都会为孩子安排好学习计划，即使孩子放学后，也要去参加各种课外学习班。孩子的成绩虽然重要，但是⁸¹一个美好的童年回忆对孩子来说却是一生中最好的礼物。

지금 사회는 빠르게 발전하고 있지만, 교육 문제에 있어서는 우리는 이렇다 할 변화를 발견할 수 없는 것 같다. ⁸⁰대부분의 학부모는 여전히 아이들의 학업 성적을 매우 중시한다. 예를 들어, 부모는 매 학기 시작 전, 아이들을 위해 학습 계획을 짠다. 심지어 방과 후에도, 각종 학원에 보낸다. 비록 아이의 성적이 중요하지만, ⁸¹아름다운 어린 시절의 기억이 아이들에게는 일생의 가장 좋은 선물이다.

지문 어휘

社会 shèhuì 명 사회 ★
发展 fāzhǎn 동 발전하다 ★
教育 jiàoyù 명 교육 ★
好像 hǎoxiàng 부 마치 ~인 것 같다 ★
变化 biànhuà 명 변화 동 변화하다
大部分 dàbùfen 명 대부분
重视 zhòngshì 동 중시하다, 중요시하다 ★
成绩 chéngjì 명 성적

比如 bǐrú 접 예를 들어
学期 xuéqī 명 학기 ★
计划 jìhuà 명 계획
동 계획하다 ★
即使A, 也B jíshǐ A, yě B
접 설령 A할지라도, B하다
放学 fàng xué 동 수업을 마치다, 학교가 파하다
课外 kèwài 명 수업 외, 방과 후
即使A, 也B jíshǐ A, yě B
접 비록 A하지만, B하다
美好 měihǎo 형 좋다, 아름답다
童年 tóngnián 명 어린 시절
回忆 huíyì 동 회상하다, 추억하다 ★
礼物 lǐwù 명 선물

80

★ 根据这段话，大部分家长认为：

A 孩子的成绩最重要
B 孩子的习惯很重要
C 要让孩子习惯社会竞争
D 要给孩子留下美好回忆

★ 이 글에 근거하여 대부분 학부모 생각에는:

A 아이의 성적이 가장 중요하다
B 아이의 습관이 중요하다
C 아이에게 사회 경쟁을 익숙하게 해야 한다
D 아이에게 아름다운 기억을 남겨야 한다

보기 어휘

习惯 xíguàn 동 습관이 되다, ~에 익숙해지다 명 습관, 버릇
竞争 jìngzhēng 동 경쟁하다 ★
留 liú 동 남기다, 간직하다 ★

정답 A

해설 이 글에 근거하여 대부분 학부모들의 생각은 어떠한지 묻고 있다. 단문 첫 머리에서 대부분의 학부모들은 아이의 학업 성적을 중요시한다고 언급했으므로 정답은 A이다.

81

★ 根据这段话，家长应该让孩子：

A 学会感谢父母
B 重视学习成绩
C 养成好习惯
D 在童年留下美好的回忆

★ 이 글에 근거하여 학부모는 아이들에게:

A 부모에 대한 감사함을 배우도록 해야 한다
B 학업 성적을 중시하게 해야 한다
C 좋은 습관을 기르도록 해야 한다
D 어린 시절에 좋은 추억을 남기도록 해야 한다

보기 어휘

养成 yǎngchéng 동 양성하다, 기르다 ★

정답 **D**

해설 단문 마지막에 아름다운 어린 시절의 기억이 아이들에게는 일생의 가장 좋은 선물이라고 강조하고 있으므로 학부모들은 아이들이 어린 시절에 좋은 추억을 남길 수 있도록 해 주어야 한다. 따라서 정답은 D이다.

第82到83题是根据下面一段话: 82-83번 문제는 다음 내용에 근거한다:

研究发现，刚找到工作的大学生 [82] 在一年之内换工作有以下几个原因；一是对这个工作不感兴趣，二是工作后发现工作内容和自己想的不一样，三是有更好的公司向他们发出了邀请，为了去更好的公司，不得不离开现在的工作。所以，[83] 当我们选择工作时，一定要考虑好，再做决定。

연구에 따르면, 갓 취업한 대학생이 [82] 1년 내에 직업을 바꾸는 데에는 다음의 몇 가지 이유가 있다고 한다; 하나는 이 일에 흥미를 느끼지 못하기 때문이며, 둘째 업무를 하고 나서 업무 내용이 자신의 생각과 다름을 발견했기 때문이고, 셋째는 더 좋은 회사에서 스카우트 제의를 해 왔기 때문에, 더 좋은 회사로 가기 위해, 어쩔 수 없이 현재의 일을 떠나는 것이다. 그러므로 [83] 우리가 직업을 선택할 때는 반드시 잘 고려한 다음 결정해야 한다.

지문 어휘

研究 yánjiū 명 연구 동 연구하다 ★
发现 fāxiàn 동 발견하다
换工作 huàn gōngzuò 직업을 바꾸다 ★
原因 yuányīn 명 원인 ★
感兴趣 gǎn xìngqù 관심이 있다, 흥미가 있다
内容 nèiróng 명 내용 ★
不一样 bùyíyàng 형 같지 않다, 다르다
邀请 yāoqǐng 동 초청하다, 초대하다 ★
不得不 bùdébù 부 어쩔 수 없이 ★
离开 líkāi 동 떠나다, 헤어지다
选择 xuǎnzé 동 선택하다, 고르다
考虑 kǎolǜ 동 고려하다, 생각하다 ★
决定 juédìng 동 결정하다

82

★ 这段话介绍了刚找到工作的大学生换工作的:
A 原因
B 结果
C 方法
D 条件

★ 이 글은 갓 졸업한 대학생이 직장을 바꾸는 무엇에 대해 소개하였는가:
A 원인
B 결과
C 방법
D 조건

보기 어휘

结果 jiéguǒ 명 결과 ★
方法 fāngfǎ 명 방법 ★
条件 tiáojiàn 명 조건 ★

정답 **A**

해설 단문 첫 부분에서 그들이 직장을 옮기는 것은 다음의 몇 가지 원인 때문이라고 했으므로 그들이 직장을 바꾸는 '원인'에 대해 소개하고 있음을 알 수 있다.

★ 根据这段话，下列哪个正确？

A 研究生更有发展
B 重视工作内容
C 换工作的人数下降
D 选择工作时要考虑好

★ 이 글에 근거하여 아래 보기 중 바른 것은?

A 대학원생이 더욱 발전 가능성이 높다
B 업무 내용을 중시한다
C 직업을 바꾸는 사람 수가 줄어든다
D 직업 선택 시 잘 고려해야 한다

보기 어휘

发展 fāzhǎn 동 발전하다 ★
内容 nèiróng 명 내용 ★
下降 xiàjiàng 동 떨어지다, 줄어들다

정답 D

해설 이 글에 근거하여 올바른 내용을 보기에서 고르는 문제이다. 단문 마지막 부분에 직업을 선택할 때는 반드시 잘 고려해서 결정해야 한다는 내용이 언급되었으므로 정답은 D이다.

▶ 결과를 나타내는 접속사 所以(그래서) 뒷부분이 정답이 될 확률이 높다.

第84到85题是根据下面一段话：

"世界那么大，我想去看看"最近这句话，在网上十分流行。一位来自中国的年轻教师，⁸⁴她觉得自己的工作压力太大，所以就写下了这十个字，然后放弃了自己的工作，开始了一场"说走就走的旅行"。⁸⁵她的这一做法在网上引起了一场讨论，有人羡慕她，表示支持她，而有人却觉得她应该好好考虑一下，重新做决定。

84-85번 문제는 다음 내용에 근거한다:

'세상이 저렇게나 넓으니 나는 한번 가 보고 싶다'라는 이 말이 요즘 인터넷상에서 매우 유행하고 있다. 중국에서 온 한 젊은 교사가 ⁸⁴자신의 업무 스트레스가 너무 심해서 이 열 글자를 쓴 다음에(인터넷에 올린 후에) 자신의 일을 포기하고, '말한대로 가 보는 여행'을 시작했다. ⁸⁵그녀의 이 방법은 인터넷상에서 논쟁을 불러일으켰다. 누군가는 부러워하며 그녀를 지지했고, 반면 누군가는 그녀가 잘 고민해 보고 다시 결정해야 한다고 생각했다.

지문 어휘

最近 zuìjìn 명 최근, 요즘
流行 liúxíng 동 유행하다 ★
教师 jiàoshī 명 교사
压力 yālì 명 스트레스 ★
然后 ránhòu 접 그런 후에, 그런 다음에
放弃 fàngqì 동 포기하다 ★
做法 zuòfǎ 명 방법
引起 yǐnqǐ 동 불러일으키다, 야기하다 ★
讨论 tǎolùn 명 토론, 논쟁 동 토론하다 ★
羡慕 xiànmù 동 부러워하다 ★
支持 zhīchí 동 지지하다 ★
考虑 kǎolǜ 동 고려하다, 생각하다 ★
重新 chóngxīn 부 다시, 새로

84

★ 这位教师为什么放弃工作?

A 压力太大   B 积累经验
C 没有发展   D 工资太少

★ 이 교사는 왜 일을 포기하였는가?

A 스트레스가 너무 심해서
B 경험을 쌓으려고
C 발전이 없어서
D 월급이 너무 적어서

보기 어휘

积累 jīlěi 동 쌓이다, 축적되다 ★
经验 jīngyàn 명 경험 ★
工资 gōngzī 명 월급, 임금 ★

정답 A

해설 여교사가 왜 일을 포기했는지 묻고 있다. 자신의 업무 스트레스가 너무 심해서 일을 포기했다고 했으므로 A가 정답이다.

85

★ 根据这段话,下列哪个正确?

A 很多人学习女教师
B 我们要做喜欢的事情
C 女教师的做法引起了讨论
D 我们要努力工作

★ 이 글에 근거하여, 다음 중 옳은 것은?

A 많은 사람들이 여교사를 본받았다
B 우리는 좋아하는 일을 해야 한다
C 여교사의 방법은 논쟁을 불러일으켰다
D 우리는 열심히 일해야 한다

보기 어휘

事情 shìqing 명 일, 사건

정답 C

해설 이 글에 근거하여 올바른 내용을 보기에서 고르는 문제이다. 여교사의 이런 방법은 인터넷상에서 논쟁을 불러일으켰다고 했으므로 정답은 C이다.

HSK 4급 1회 쓰기

제1부분 86~95번 문제는 제시된 어휘를 어순에 맞게 배열하여 문장을 완성하는 문제입니다.

86

只有	两名	教室里	留学生
단지 ~만 있다	두 명	교실 안에	유학생

보기 어휘
只 zhǐ 🖲 단지, 다만
教室 jiàoshì 🖲 교실
留学生 liúxuéshēng 🖲 유학생

정답 教室里只有两名留学生。
교실에는 단지 두 명의 유학생만 있다.

해설 有자문을 이용한 존현문 위치 이해

| 술어 자리는 有 (~이/가 있다) 이다. | ➡ | 有가 존현문에 쓰일 때, 주어 자리에는 시간명사나 장소명사가 위치한다. 教室里(교실 안에)가 장소를 나타내므로 주어 자리에 배치한다. | ➡ | 목적어 자리는 留学生 (유학생)이고, 两名(두 명)은 '수사 + 양사' 형태로 留学生을 수식하는 관형어이다. |

87

老师以为	写作业	呢	我
선생님은 ~라고 생각한다	숙제를 하다	어기조사	내가

보기 어휘
以为 yǐwéi 🖲 ~라고 여기다, 생각하다(주로 '~라고 여겼는데 아니다'라는 부정적인 어감을 내포) ⭐
写作业 xiě zuòyè 숙제를 하다

정답 老师以为我写作业呢。
선생님은 내가 숙제를 하고 있다고 생각한다.

해설 동사 以为의 이해

| A 以为 B는 'A는 B라고 여기다'라는 의미이므로 老师以为를 맨 앞에 배치한다. | ➡ | 以为 뒤에 나오는 B는 '주어 + 술어'를 포함한 하나의 완성된 문장을 수반하므로 我写作业를 목적어 자리에 배치한다. | ➡ | 어기조사 呢는 문장 맨 뒤에 놓여 동작이나 상황이 지속됨을 나타낸다. |

88

报告	所有的	都	好了	准备
보고서	모든	다	했다	준비하다

[정답] 所有的报告都准备好了。
모든 보고서가 다 준비되었다.

[해설] 결과보어의 위치 이해

| 술어 자리는 准备(준비하다)이고, 好了는 결과보어이므로, 결과보어(주어 + 술어 + 결과보어) 구문으로 배치한다. | ➡ | 주어는 报告(보고서)이고, 所有(모든)는 뒤에 的가 있으므로 报告를 수식하는 관형어 형태로 배치한다. | ➡ | 都(모두, 다)는 부사이므로 술어 앞에 위치한다. |

[보기 어휘]
报告 bàogào 명 보고서, 리포트
所有 suǒyǒu 명 모든, 일체 ★
准备 zhǔnbèi 동 준비하다

89

有意思	弟弟的那本书	我的	比
재미있다	남동생의 그 책	나의 (것)	~보다

[정답] 弟弟的那本书比我的有意思。
남동생의 그 책은 내 것보다 재미있다.

[해설] 비교문 比의 위치 이해

| 술어 자리는 有意思(재미있다)이다. | ➡ | 比자 구문으로 '주어 + 比 + 비교 대상 + 술어' 순서로 배열한다. 주어 자리에는 弟弟的那本书(남동생의 그 책)와 我的(나의)가 올 수 있는데, 我的 뒤에 那本书라는 대상이 생략되어 있으므로 주어 자리에는 대상이 명확한 弟弟的那本书를 배치한다. |

[보기 어휘]
有意思 yǒuyìsi 형 재미있다
比 bǐ 전 ~보다

90

自己的手机号码	妹妹竟然	把	给写错了
자신의 휴대폰 번호	여동생은 뜻밖에도	~을/를	잘못 썼다

[정답] 妹妹竟然把自己的手机号码给写错了。
여동생은 뜻밖에도 자신의 휴대폰 번호를 잘못 썼다.

[보기 어휘]
手机 shǒujī 명 휴대폰
号码 hàomǎ 명 번호 ★
竟然 jìngrán 부 뜻밖에도, 의외로 ★
写错 xiě cuò 동 잘못 쓰다

| 해설 | 把자문의 이해

| 술어 자리는 给写错了 (잘못 썼다) 이다. | ▶ | 보기에 把가 있으므로 把자문을 연상하면 된다. '주어 + 把 + 행위의 대상 + 술어'로 배열하고, 把 뒤에는 대상 목적어가 오므로 自己的手机号码가 把 뒤에 위치한다. | ▶ | 주어 자리는 妹妹이고, 竟然은 부사어로 把 앞에 위치한다. |

▶ 给写错了의 '给'는 把자문, 被자문의 술어 앞에 놓여 처치와 피동을 한층 더 강조한다.

91

经理	解决	帮我	可以	问题
사장님	해결하다	나를 돕다	할 수 있다	문제

보기 어휘
解决 jiějué 통 해결하다 ★
问题 wèntí 명 문제

| 정답 | 经理可以帮我解决问题。
사장님은 나를 도와서 문제를 해결할 수 있다.

| 해설 | 연동문의 위치 이해

| 술어 자리는 帮我(나를 돕다)와 解决(해결하다)이다. 여기서는 解决가 帮我의 목적을 나타내는 연동문 배열 문제이므로, 帮我를 술어 1 + 목적어 1 자리에, 解决를 술어 2 자리에 배치한다. | ▶ | 술어 2 解决와 의미상 어울리는 어휘는 问题(문제)이므로 목적어 2에 배치하고, 经理(사장님)를 주어 자리에 배치한다. | ▶ | 可以는 조동사(부사어)이므로 술어 1 앞에 배치하면 된다. |

92

客厅里	很	适合挂在	这张照片
거실 안에	매우	~에 걸기에 어울리다	이 사진

보기 어휘
客厅 kètīng 명 거실 ★
适合 shìhé 통 어울리다, 적합하다 ★
挂 guà 통 걸다 ★
照片 zhàopiàn 명 사진

| 정답 | 这张照片很适合挂在客厅里。
이 사진은 거실에 걸기에 아주 잘 어울린다.

| 해설 | 결과보어 在에 대한 이해

| 술어 자리는 适合挂 (걸기에 어울리다)이다. 술어 挂 뒤에 在는 결과보어에 속한다. | ▶ | 在 뒤에는 장소명사나 방향사가 위치해야 한다. 客厅里(거실 안에는)가 장소를 나타내므로 在 뒤에 배치한다. | ▶ | 주어 자리는 这张照片(이 사진)이고, 很(아주, 매우)은 정도부사이므로 술어 适合 앞에 위치한다. |

93

很失望	他仍然对	考试成绩	感到
매우 실망하다	그는 여전히 ~에 대해	시험 성적	느끼다

정답 他仍然对考试成绩感到很失望。
그는 여전히 시험 성적에 대해 매우 실망했다.

해설 전치사구 위치 이해

| 술어 자리는 感到(느끼다)이다. | ➡ | 보기에 对(~에 대해)가 있으므로 전치사구 '对 + 명사' 형태로 배치한다. 对 뒤에는 명사가 오므로 명사 考试成绩 (시험성적)를 배치한다. | ➡ | 感到는 형용사를 목적어로 받을 수 있는 술어이므로 感到 뒤에 很失望이 위치한다. |

▶ 对~感到失望(~에 대해 실망하다)은 자주 쓰이는 표현으로 익혀두자!

보기 어휘
失望 shīwàng 동 실망하다 ★
仍然 réngrán 부 여전히, 변함없이 ★
考试 kǎoshì 명 시험
成绩 chéngjì 명 성적

94

被	新买的手机	妹妹	弄坏了
~에 의해	새로 산 휴대폰	여동생	망가졌다

정답 新买的手机被妹妹弄坏了。
새로 산 휴대폰이 여동생에 의해 망가졌다.

해설 被자문 위치 이해

| 술어 자리는 弄坏了 (망가졌다)이다. | ➡ | 보기에 被 가 있으므로 被자문을 연상한다. '주어 + 被 + 행위의 주체 + 술어 + 기타성분'으로 위치 배열하자. 被 뒤에는 주로 사람명사나 인칭대명사가 오므로 妹妹를 被 뒤에 위치한다. | ➡ | 주어 자리는 新买的手机(새로 산 휴대폰)이다. |

보기 어휘
被 bèi 전 ~에 의해, ~에게 ~을 당하다
手机 shǒujī 명 휴대폰
妹妹 mèimei 명 여동생
弄坏 nòng huài 동 망가지다

95

没有	这么贵的	她从来	用过	化妆品
없었다	이렇게 비싼	그녀는 여태껏	사용한 적이 있다	화장품

정답 她从来没有用过这么贵的化妆品。
그녀는 여태껏 이렇게 비싼 화장품을 사용해 본 적이 없다.

보기 어휘
贵 guì 형 비싸다
从来 cónglái 부 여태껏, 지금까지 ★
用 yòng 동 사용하다, 쓰다
化妆品 huàzhuāngpǐn 명 화장품

| 해설 | 관용어구 从来没有 + 술어 + 过 구문 이해

| 술어 자리는 用过 (사용한 적이 있다) 이다. | 주어 자리는 她이고, 목적어 자리는 化妆品이다. 관용어구 '从来没有 + 술어 + 过 + 목적어' 구문으로 배치하면 된다. | 这么贵的는 뒤에 的가 있으므로, 명사 化妆品을 수식한다. |

▶ 간혹 관용어구를 이용한 어순 배열 문제가 출제된다는 것을 기억해 두자!

제2부분   96~100번 문제는 제시된 사진과 어휘를 활용하여 작문을 하는 문제입니다.

沙发

| 지문 어휘 |

沙发 shāfā 명 소파 ★
特别 tèbié 부 특별히, 특히
喜欢 xǐhuan 동 좋아하다
价格 jiàgé 명 가격 ★
贵 guì 형 비싸다

| 모범답안 |

1. 我特别喜欢这种沙发。
   나는 이런 소파를 특히 좋아한다.

2. 这种沙发价格很贵。
   이런 소파는 가격이 매우 비싸다.

| 해설 | 명사 어휘로 문장 만들기

Step 1 : 품사를 이해하고, 관련 어휘 떠올리기
| 제시 어휘 | 沙发 명 소파
| 관련 어휘 | 동사 … 좋아하다(喜欢)
            명사 … 가격(价格)
            형용사 … 비싸다(贵)

Step 2 : 사진 관찰하며 문장을 생각하기
| 사진 관찰 | 예쁜 소파 하나가 놓여 있는 모습
| 연상 문장 | 나는 이런 소파를 특히 좋아한다
            이런 소파는 가격이 비싸다

凉快

지문 어휘

凉快 liángkuai [형] 시원하다, 서늘하다 ⭐
天气 tiānqì [명] 날씨
更 gèng [부] 훨씬, 더욱

모범답안

1. 今天天气很凉快。
   오늘 날씨는 매우 시원하다.
2. 今天比昨天更凉快。
   오늘은 어제보다 훨씬 시원해요.

해설 형용사 어휘로 문장 만들기

Step 1 : 품사를 이해하고, 관련 어휘 떠올리기
| 제시 어휘 | 凉快 [형] 시원하다
| 관련 어휘 | 명사 ⋯ 날씨(天气)
Tip 比를 사용하여 비교문을 만들어도 좋다.

Step 2 : 사진 관찰하며 문장을 생각하기
| 사진 관찰 | 시원한 가을 날씨 모습
| 연상 문장 | 오늘 날씨는 아주 시원하다
　　　　　　오늘은 어제보다 훨씬 시원하다

密码

지문 어휘

密码 mìmǎ [명] 비밀번호, 암호 ⭐
银行 yínháng [명] 은행
卡 kǎ [명] 카드
千万 qiānwàn [부] 부디, 제발 ⭐
告诉 gàosu [동] 말하다, 알리다

모범답안

1. 她把银行卡的密码给忘记了。
   그녀는 은행 카드의 비밀번호를 잊어버렸다.
2. 你千万别告诉他你的密码。
   당신은 절대 당신 비밀번호를 그에게 알려주지 마세요.

| 해설 | 명사 어휘로 문장 만들기

Step 1 : 품사를 이해하고, 관련 어휘 떠올리기
| 제시 어휘 | 密码 명 비밀번호
| 관련 어휘 | 동사 ⋯▶ 잊어버리다(忘记)
　　　　　　명사 ⋯▶ 휴대폰(手机)
　Tip　把자문을 이용하거나, 이중 목적어를 취하는 동사 告诉 등을 이용해도 좋다.

Step 2 : 사진 관찰하며 문장을 생각하기
| 사진 관찰 | 컴퓨터 비밀번호을 보여주는 그림
| 연상 문장 | 비밀번호를 잊어버렸다
　　　　　　절대 비빌번호를 알려주지 마세요

99

烤鸭

지문 어휘

烤鸭 kǎoyā 명 베이징 덕, 통오리구이 ★
尝 cháng 동 맛보다 ★
著名 zhùmíng 형 유명하다 ★
次 cì 양 번, 차례를 세는 단위

| 모범답안 |

1. 你尝尝著名的北京烤鸭。
　당신 유명한 베이징 덕을 한번 맛보세요.

2. 我吃过一次北京烤鸭。
　나는 베이징 덕을 한 번 먹어 본 적이 있다.

| 해설 | 명사 어휘로 문장 만들기

Step 1 : 품사를 이해하고, 관련 어휘 떠올리기
| 제시 어휘 | 烤鸭 명 베이징 덕, 통오리구이
| 관련 어휘 | 동사 ⋯▶ 맛보다(尝)
　　　　　　명사 ⋯▶ 베이징(北京)
　Tip　'한번 맛보다'라는 표현으로 동사 중첩을 이용해 작문해도 좋다.

Step 2 : 사진 관찰하며 문장을 생각하기
| 사진 관찰 | 먹음직스러운 베이징 덕
| 연상 문장 | 베이징 덕을 한번 맛보세요
　　　　　　베이징 덕을 한 번 먹어 본 적이 있다

지문 어휘

信心 xìnxīn 명 자신감, 확신 ★
自己 zìjǐ 대 자기, 자신, 스스로
考试 kǎoshì 명 시험
동 시험을 보다

信心

모범답안

1. 他对自己很有信心。
   그는 스스로에 대해 매우 자신감이 있다.

2. 他对这次考试很有信心。
   그는 이번 시험에 매우 자신감이 있다.

해설 명사 어휘로 문장 만들기

Step 1 : 품사를 이해하고, 관련 어휘 떠올리기
| 제시 어휘 | 信心 명 자신감
| 관련 어휘 | 동사 ⋯ 있다(有)
             명사 ⋯ 시험(考试)

Tip 对(~에 대해)를 이용해 전치사구 형태로 작문해도 좋다.

Step 2 : 사진 관찰하며 문장을 생각하기
| 사진 관찰 | 아주 자신감이 넘쳐 보이는 남자직원
| 연상 문장 | 그는 스스로에 대해 자신감이 있다
             그는 이번 시험에 아주 자신감을 드러냈다

HSK 4급 2회 모의고사 듣기 스크립트

HSK(四级)模拟试题第二套

大家好！欢迎参加HSK(四级)考试。

HSK(四级)听力考试分三部分，共45题。

请大家注意，听力考试现在开始。

第一部分

一共10个题，每题听一次。

例如：

我想去办个信用卡，今天下午你有时间吗？陪我去一趟银行？

★ 他打算下午去银行。

现在我很少看电视，其中一个原因是，广告太多了，不管什么时间，也不管什么节目，只要你打开电视，总能看到那么多的广告，浪费我的时间。

★ 他喜欢看电视广告。

现在开始第一题：

1

别担心，还来得及。现在离火车出发时间还有一个多小时呢。你现在准备一下，我们坐地铁到火车站肯定没问题。

★ 火车早就开走了。

2

说实话，他的孙女平时特别喜欢聊天儿，也许是和我们认识的时间太短，她可能比较害羞，熟了以后应该就好了。

★ 平时他孙女非常爱聊天儿。

3

小伙子，那个是信用卡，用信用卡不可以取钱。如果你要取钱，你得有储蓄卡或借记卡才可以。

★ 小伙子没记住信用卡密码。

4

乘客们请注意，现在开始广播找人，从山东来的张亮先生，请听到广播后立刻到登机口，您的女朋友在这里等您。

★ 张亮跟女朋友在一起。

5

这个草莓味儿的牙膏是给儿子买的，他最爱吃的水果就是草莓，希望这能让他不再那么讨厌刷牙。

★ 儿子不喜欢刷牙。

6

我孙子从小就喜欢学习，大学毕业后就顺利地考上了研究生，他还打算将来出国留学呢。

★ 他孙子从小就爱学习。

7

你羡慕他懂管理，他可能羡慕你技术好，每个人都有自己的优点和缺点，不要因为自己在一些方面懂的少就不自信。

★ 要对自己有信心。

8

我哥哥去年离开公司以后就做生意了，因为他经常坐飞机到世界各国出差，所以比较忙。但是他觉得这些经历让他的生活更丰富。

★ 他哥哥经常去国外出差。

9

那首歌是一个特别有名的歌手写的。他自己写过很多歌词，这些歌都非常流行。特别是受到了很多年轻人的欢迎。

★ 他的歌不太流行。

10

还有四周就要研究生考试了，但是他还没复习完。所以最近他压力很大，一直担心自己能否通过研究生考试。

★ 他通过了研究生考试。

第二部分

一共15个题，每题听一次。

例如：

女：该加油了，去机场的路上有加油站吗？

男：有，你放心吧。

女：男的主要是什么意思？

现在开始第11题：

11

女：请问，洗手间的门为什么弄不开？好像没有人在使用啊。

男：对不起，小姐，飞机马上就要降落了，所以洗手间暂时不可以用。

问：对话可能发生在哪儿？

12

女：为了给我送机票，您专门来一趟，真是给您添麻烦了。

男：不要那么客气，我刚好来接朋友，顺便就给你带来了。

问：男的来给女的送什么？

13

女：上个周末你为什么没去参加他的婚礼？

男：我都准备出发了，但是公司突然有急事让我去上海出差。

问：男的为什么没参加婚礼？

14

女：你去餐厅的时候，可不可以顺便到图书馆帮我还这本书？

男：当然可以，你放心交给我吧。

问：男的要去哪儿？

15

男：李经理，你还认识我吗？前年我们招聘

会上见过一面。

女：哦，我记起来了，我一看到你就感觉在哪儿见过。

问：他们是怎么认识的?

16

男：你房间为什么又脏又乱，怎么弄的?

女：我刚搬的新家，还没有时间整理好呢，所以就这样了。

问：关于女的，可以知道什么?

17

男：不好意思，我们正在修理电梯，现在还不能使用。

女：那怎么办? 我要去20楼，我怎么上去呢?

问：女的为什么不能坐电梯?

18

女：如果你饿了，塑料袋里有巧克力和葡萄。

男：不用了，不过有矿泉水吗? 我有点儿渴。

问：男的想要什么?

19

男：不巧，现在正好是下班时间，估计不容易打到车。

女：咱们坐地铁吧，地铁站离这儿比较近。

问：他们打算怎么回去?

20

女：李教授，您怎么还天天坚持练书法和读书?

男：哈哈，有句话说得好，叫"活到老学到老"。

问：李教授每天坚持做什么?

21

女：喂，你要的材料我用电子邮件发给你，你现在可以接收吗?

男：抱歉，我正在开会呢，我等一会儿再查看。

问：女的要做什么?

22

女：我第一次参加游泳比赛，没有什么经验。但是我一定会用最短的时间适应比赛环境。

男：慢慢来吧。如果在比赛中遇到什么问题，我会帮你的。

问：女的觉得自己怎么样?

23

男：时间都已经过了，火车怎么还不出发?

女：对不起，由于天气的原因，出发时间推迟了。

问：根据对话，可以知道什么?

24

男：你知道北京有什么有名的菜吗？

女：当然知道，那里的北京烤鸭很有名，有机会尝尝。

问：他们在说哪种菜？

25

女：先生，按照规定这里不允许拍照。

男：不好意思，我不知道有这条规定，我这就关掉照相机。

问：在这里禁止做什么？

第三部分

一共20个题，每题听一次。

例如：

男：把这个文件复印五份，一会儿拿到会议室发给大家。

女：好的，会议是下午3点吗？

男：改了。3点半，推迟了半个小时。

女：好，602会议室没变吧。

男：对，没变。

问：会议几点开始？

现在开始第26题：

26

女：后天有什么计划吗？

男：后天我们4点起床，6点出发去香山，到了晚上我们去王府井附近逛街吃小吃。

女：真的吗？王府井的小吃怎么样？

男：听说王府井的小吃又丰富又好吃。

问：他们后天白天要干什么？

27

男：没想到像你这样的年轻人竟然喜欢京剧。

女：我奶奶爱听京剧，我受到了她的影响。

男：京剧其实很好看，但是现在爱它的人越来越少了，这很可惜啊。

女：的确如此，京剧是中国文化的一部分，应该保护好它。

问：女的为什么喜欢京剧？

28

女：你喜欢逛街吗？

男：我不怎么逛街，我平时喜欢在网上购物。

女：在网上购物是不是比较便宜啊？

男：不一定。不过有时候可以打折，而且经常会得到一些小礼物。

问：在网上购物有什么好处？

29

男：今天是周末，去爬长城的人一定很多。

女：对呀，恐怕我们连站的地方也没有。

男：北京还有没有其他可以去的地方？

女：那我们去王府井吧，那儿很热闹，小吃也丰富。

问：女的建议怎么做？

30

女：真奇怪，今天我的手机怎么打不开？

男：你看一下手机有没有电。

女：我已经充电了，是不是坏了？

男：那你再试试。还是不可以的话就得去修理。

问：什么东西出问题了？

31

男：我要洗袜子了，你有没有什么需要洗的？

女：当然有，你顺便帮我把那条黑色的连衣裙洗了吧。

男：在什么地方？

女：在椅子上，谢谢你了。

问：女的让男的做什么？

32

女：听说小张出国了，但是我今早在超市看到了他。

男：他因为签证没办好，所以还没出国。

女：那他大约什么时候可以走？

男：这个我也不清楚。

问：小张为什么还没出国？

33

男：这就是你刚买的苹果手机吗？

女：没错，你一定猜不出我多少钱买来的。

男：最少5000元吧。

女：现在手机正在大减价，我只花了3500元。

问：那部手机多少钱？

34

女：我对这次的英语考试感到很失望。

男：怎么了？你已经通过这次考试了呀。

女：我很用功准备了考试，可惜考试内容太简单。

男：是嘛，通过就行了。

问：女的为什么对考试感到失望？

35

男：看你最近高兴的样子，是不是找到男朋友了？

女：是的，上次我去参加朋友的婚礼时认识的。

男：恭喜你啊，你们什么时候结婚呢？

女：这个嘛，等我先谈两年恋爱再说吧。

问：女的最近为什么高兴？

第36到37题是根据下面一段话：

很多人之所以一事无成，不是因为他们没遇到获得成功的机会，而是因为他们总是考虑得太多，不敢做出决定。担心这个，害怕那个，结果错过了许多机会。而那些成功的人，往往能相信自己的判断，并及时做出决定。

36 很多人一事无成的原因是什么？

37 成功的人往往有什么特点？

第38到39题是根据下面一段话：

中国人口的特点是东多，西少。这主要是由经济发展现状决定的。东部离海洋很近，交通比较方便，经济发展好，工作机会也比较多，生活也比较舒服，所以人口多；相反，西部离海洋较远，而且山也很多，所以各方面条件都比较差。

38 关于中国东部，能知道什么？

39 这段话主要谈的是什么？

第40到41题是根据下面一段话：

虽然圣诞节不是中国的节日，但现在，越来越多的年轻人会在这一天互相送苹果。比如，女孩子在圣诞节送男朋友苹果，主要是祝他平平安安的，也希望他们之间的爱情会到永远。

40 许多年轻人会在圣诞节做什么？

41 男女之间送苹果是为了：

第42到43题是根据下面一段话：

我们一定要养成准时的好习惯。因为这样才不会错过好机会。就拿应聘工作来说，可能因为你迟到一分钟而失去面试的机会。失去面试机会的话，你就失去了那份很好的工作。所以，在生活中我们要养成不迟到的习惯。

42 举应聘工作的例子是为了说明什么？

43 这段话主要告诉我们什么？

第44到45题是根据下面一段话：

九月过后，来故宫博物馆参观的人越来越多。随着游客人数的增多，天安门附近的交通受到了严重的影响。因此，故宫规定每日参观人数不得超过八万人。最后交通广播提醒大家：最好提前安排好参观的时间。

44 交通为什么会受到影响？

45 广播建议怎么做？

모의고사 정답

一、听力

第一部分

1. ✗   2. ✓   3. ✗   4. ✗   5. ✓   6. ✓   7. ✓   8. ✓   9. ✗   10. ✗

第二部分

11. A   12. C   13. B   14. A   15. C   16. A   17. D   18. A   19. D   20. C
21. B   22. C   23. C   24. C   25. D

第三部分

26. C   27. A   28. C   29. C   30. C   31. A   32. B   33. B   34. A   35. D
36. B   37. B   38. A   39. A   40. D   41. A   42. D   43. D   44. A   45. B

二、阅读

第一部分

46. B   47. E   48. F   49. A   50. C   51. D   52. F   53. E   54. A   55. B

第二部分

56. BAC   57. BAC   58. CAB   59. CBA   60. CAB
61. ACB   62. ABC   63. BAC   64. BCA   65. CAB

第三部分

66. A   67. C   68. C   69. A   70. D   71. B   72. B   73. B   74. B   75. C
76. D   77. B   78. B   79. A   80. C   81. C   82. A   83. B   84. C   85. C

三、书写

第一部分

86. 那个是哪个国家的语言？
87. 妈妈完全同意爸爸的意见。
88. 这次考试吸引了上千人报名。
89. 这次比赛进行得不怎么精彩。
90. 大使馆就在对面。
91. 李经理对顾客非常热情。
92. 他做的工作和大学专业没什么关系。
93. 她申请的美国签证被拒绝了。
94. 郊区的自然环境比市内漂亮得多。
95. 正式表演将在后天晚上9点结束。

第二部分

96. 1. 教室里坐满了听课的学生。
　　2. 教室里的座位都坐满了。
97. 1. 朋友一直鼓励她。
　　2. 朋友的鼓励给了她很大的帮助。
98. 1. 他是一位著名的律师。
　　2. 那位律师正在和顾客谈话。
99. 1. 飞机上不允许使用手机。
　　2. 这里不允许抽烟。
100. 1. 你平时都是用现金付款吗？
　　2. 信用卡比现金更方便。

HSK 4급 2회 듣기

제1부분 1~10 번 문제는 들리는 내용이 시험지에 제시된 문장과 일치하는지 판단하는 문제입니다.

🎧 01_2

1

★ 火车早就开走了。(✗)

别担心，还来得及。现在离火车出发时间还有一个多小时呢。你现在准备一下，我们坐地铁到火车站肯定没问题。

★ 기차는 이미 떠났다.

걱정 마. 아직 늦지 않았어. 기차 출발 시간까지 1시간 넘게 남았는걸. 너 지금 준비해. 우리 지하철 타고 기차역에 가도 틀림없이 문제없을 거야.

[정답] ✗

[해설] 기차 출발 시간까지 1시간 넘게 남았다고 했으므로 기차가 이미 떠났다는 제시 문장과는 일치하지 않는다.
▶ 早就(이미 ~했다) 의미를 파악하자!

지문 어휘

早就 zǎojiù 〔부〕 벌써, 일찌감치
担心 dān xīn 〔동〕 걱정하다, 염려하다
来得及 láidejí 〔동〕 늦지 않다 ★
离 lí 〔전〕 ~에서, ~로부터
出发 chūfā 〔동〕 출발하다 ★
火车站 huǒchēzhàn 〔명〕 기차역
肯定 kěndìng 〔부〕 틀림없이, 확실히 ★
问题 wèntí 〔명〕 문제

2

★ 平时他孙女非常爱聊天儿。(✓)

说实话，他的孙女平时特别喜欢聊天儿，也许是和我们认识的时间太短，她可能比较害羞，熟了以后应该就好了。

★ 평소에 그의 손녀는 수다 떠는 걸 매우 좋아한다.

솔직히 말하면, 그의 손녀는 평소 수다 떨기를 특히 좋아했어. 아마도 우리와 알게 된 시간이 짧고, 그녀가 수줍음을 좀 타기에 그런 거지. 익숙해지면 곧 괜찮아질 거야.

[정답] ✓

[해설] 부사 特别를 非常으로, 동사 喜欢을 爱로 바꿨을 뿐, 손녀가 수다 떨기를 좋아한다는 내용은 변함없으므로 일치한다.
▶ 非常爱와 特别喜欢 모두 '매우 좋아하다'라는 의미임을 기억하자!

지문 어휘

平时 píngshí 〔명〕 평소, 평상시 ★
孙女 sūnnǚ 〔명〕 손녀
聊天儿 liáo tiānr 〔동〕 수다 떨다, 잡담하다
说实话 shuō shíhuà 〔동〕 진실을 말하다, 사실대로 말하다
也许 yěxǔ 〔부〕 어쩌면, 아마도 ★
认识 rènshi 〔동〕 알다, 인식하다
短 duǎn 〔형〕 짧다
害羞 hàixiū 〔형〕 부끄러워하다, 수줍어하다 ★
熟 shú 〔형〕 익숙하다, 잘 알다

3

★ 小伙子没记住信用卡密码。(✗)

小伙子，那个是信用卡，用信用卡不可以取钱。如果你要取钱，你得有储蓄卡或借记卡才可以。

★ 젊은이는 신용카드 비밀번호를 기억하지 못한다.

젊은이, 그건 신용카드예요. 신용카드로는 돈을 찾으실 수 없습니다. 출금하시려거든, 체크카드나 직불카드가 있으셔야 합니다.

지문 어휘

小伙子 xiǎohuǒzi 명 젊은이, 총각, 청년 ★
记住 jìzhu 동 확실히 기억해 두다
信用卡 xìnyòngkǎ 명 신용카드
密码 mìmǎ 명 비밀번호, 암호 ★
取钱 qǔ qián 동 돈을 찾다, 출금하다
储蓄卡 chǔxùkǎ 명 체크카드
借记卡 jièjìkǎ 명 직불카드

정답 ✗

해설 녹음 내용에서 신용카드로 돈을 찾을 수 없다고 하였고, 비밀번호(密码)는 언급되지 않았으므로 제시된 문장과 일치하지 않는다.

4

★ 张亮跟女朋友在一起。(✗)

乘客们请注意，现在开始广播找人，从山东来的张亮先生，请听到广播后立刻到登机口，您的女朋友在这里等您。

★ 장량은 여자친구와 함께 있다.

승객 여러분에게 알립니다. 지금 사람 찾는 방송을 시작하겠습니다. 산둥에서 오신 장량 씨, 방송을 들으시면 바로 탑승 게이트로 오십시오. 여자 친구 분이 기다리고 있습니다.

지문 어휘

一起 yìqǐ 부 함께, 같이
乘客 chéngkè 명 승객
注意 zhùyì 동 주의하다, 조심하다
广播 guǎngbō 명 방송 동 방송하다 ★
找 zhǎo 동 찾다
登机口 dēngjīkǒu 명 탑승 게이트
等 děng 동 기다리다

정답 ✗

해설 방송에서 사람을 찾고 있으며, 여자 친구가 기다리고 있다고 했으므로 제시된 문장의 여자 친구와 함께 있다는 내용과는 일치하지 않는다.

▶ 乘客们(승객), 广播(방송), 登机口(탑승 게이트)와 같은 공항이 연상되는 단어들을 따로 기억해 두자.

5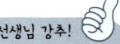

★ 儿子不喜欢刷牙。(✓)

这个草莓味儿的牙膏是给儿子买的，他最爱吃的水果就是草莓，希望这能让他不再那么讨厌刷牙。

★ 아들은 양치질하는 것을 싫어한다.

이 딸기 맛 치약은 아들에게 사준 것인데, 아이가 제일 좋아하는 과일이 딸기라, 이번 기회에 아들이 더 이상 그렇게 양치질하는 걸 싫어하지 않길 바란다.

지문 어휘

刷牙 shuā yá 동 이를 닦다, 양치질하다
草莓 cǎoméi 명 딸기
味儿 wèir 명 맛
牙膏 yágāo 명 치약 ★
水果 shuǐguǒ 명 과일
不再 búzài 동 더는 ~이 아니다, 다시 ~하지 않다

정답 ✓

해설 아들에게 딸기 맛 치약을 사 준 이유가 더 이상 아이가 양치질하는 것을 싫어하지 않길 바라기 때문이므로 아들이 평소에 양치질을 싫어했음을 알 수 있다.

讨厌 tǎoyàn 통 싫어하다, 미워하다 ★

6

★ 他孙子从小就爱学习。(✓)

我孙子从小就喜欢学习，大学毕业后就顺利地考上了研究生，他还打算将来出国留学呢。

★ 그의 손자는 어릴 때부터 공부하는 것을 좋아했다.

나의 손자는 어렸을 때부터 공부하는 것을 좋아해서, 대학교를 졸업한 후에 바로 순조롭게 연구생 시험에 합격하였고, 앞으로 외국으로 유학을 갈 예정이다.

지문 어휘

孙子 sūnzi 명 손자 ★
顺利 shùnlì 형 순조롭다, 일이 잘 되어가다
研究生 yánjiūshēng 명 대학원생, 연구생
将来 jiānglái 명 장래, 미래 ★

정답 ✓

해설 녹음 내용 첫머리에 나의 손자는 어렸을 때부터 공부하는 것을 좋아했다고 했으므로 제시된 문장과 일치한다.

7

★ 要对自己有信心。(✓)

你羡慕他懂管理，他可能羡慕你技术好，每个人都有自己的优点和缺点，不要因为自己在一些方面懂的少就不自信。

★ 자기 자신에 대해 자신감을 가져야 한다.

당신은 그가 관리에 능통한 것을 부러워하고, 그는 아마도 당신의 기술이 좋은 것을 부러워할 것이다. 모든 사람은 각자 자신의 장점과 단점을 가지고 있으니, 스스로가 어떤 방면에 있어 이해하는 정도가 부족하다는 것 때문에 자신감이 떨어질 필요는 없다.

지문 어휘

羡慕 xiànmù 동 부러워하다 ★
懂 dǒng 동 정통하다, 터득하다, 알다
管理 guǎnlǐ 명 관리 동 관리하다 ★
技术 jìshù 명 기술 ★
优点 yōudiǎn 명 장점 ★
缺点 quēdiǎn 명 단점, 부족한 점 ★
自信 zìxìn 명 자신감 형 자신감 있다 ★

정답 ✓

해설 모든 사람은 장점과 단점이 있으니 못하는 일이 있더라도 자신감을 가지라고 언급 했으므로 제시된 문장과 일치한다.

8

★ 他哥哥经常去国外出差。(✓)

我哥哥去年离开公司以后就做生意了，因为他经常坐飞机到世界各国出

★ 그의 형은 종종 외국으로 출장을 간다.

우리 형은 작년에 회사를 그만둔 이후 사업을 시작했다. 그는

지문 어휘

经常 jīngcháng 부 늘, 언제나, 항상, 종종
国外 guówài 명 외국, 국외
出差 chū chāi 동 출장 가다 ★

差，所以比较忙。但是他觉得这些经历让他的生活更丰富。

항상 비행기를 타고 세계 각국으로 출장을 다녔기 때문에 비교적 바빴다. 하지만 그는 이러한 경험이 그의 생활을 더욱 풍부하게 해 준다고 생각한다.

정답 ✓

해설 世界各国(세계 각국)을 国外(외국)로 바꿔 언급하였으나, 그의 형은 항상 외국으로 출장을 다닌다는 의미는 동일하므로 일치한다.

离开 líkāi 동 떠나다, 벗어나다
做生意 zuò shēngyi 사업을 하다
因为A 所以B yīnwèi A, suǒyǐ B 접 A하기 때문에 B하다
世界 shìjiè 명 세계
各国 gèguó 명 각국, 각 나라
比较 bǐjiào 부 비교적
忙 máng 형 바쁘다
觉得 juéde 동 ~라고 여기다, 생각하다
经历 jīnglì 명 체험, 경험 동 체험하다, 경험하다 ★
生活 shēnghuó 명 생활 동 생활하다 ★
丰富 fēngfù 형 풍부하다 동 풍부하게 하다 ★

9

★ 他的歌不太流行。(✗)

那首歌是一个特别有名的歌手写的。他自己写过很多歌词，这些歌都非常流行。特别是受到了很多年轻人的欢迎。

★ 그의 노래는 그다지 유행하지 않았다.

그 노래는 아주 유명한 가수가 쓴 것이다. 그는 직접 많은 노래 가사를 썼고, 이 노래들은 꽤 유행했다. 특히 많은 젊은이들의 사랑을 받았다.

정답 ✗

해설 노래가 유행해서 많은 젊은이들의 사랑을 받았다고 했으므로 제시된 문장과 일치하지 않는다.

지문 어휘

歌 gē 명 노래
流行 liúxíng 동 유행하다 ★
首 shǒu 양 노래를 세는 단위
有名 yǒumíng 형 유명하다
歌手 gēshǒu 명 가수
歌词 gēcí 명 가사
受到 shòudào 동 받다, 얻다 ★
年轻人 niánqīngrén 명 젊은 사람, 젊은이
欢迎 huānyíng 동 환영하다

10

★ 他通过了研究生考试。(✗)

还有四周就要研究生考试了，但是他还没复习完。所以最近他压力很大，

★ 그는 대학원 시험에 통과했다.

4주 후면 대학원 시험을 치러야 하지만 그는 아직 복습을 다 하지 못했다. 그래서 요즘 스트

지문 어휘

通过 tōngguò 동 통과하다 ★
研究生 yánjiūshēng 명 연구원생, 대학원생
考试 kǎoshì 명 시험 동 시험을 치다

| 一直担心自己能否通过研究生考试。 | 레스가 심하고, 자신이 대학원 시험에 통과할 수 있을지 계속 걱정하고 있다. |

정답 ×

해설 대학원 시험이 4주 남았고, 대학원 시험에 통과할 수 있을지 걱정을 하고 있으므로 시험은 아직 치르지 않았음을 알 수 있다. 따라서 제시된 문장과 일치하지 않는다.

但是 dànshì 접 그러나, 그렇지만
复习 fùxí 동 복습하다
最近 zuìjìn 명 최근, 요즘
压力 yālì 명 스트레스 ★
一直 yìzhí 부 계속, 줄곧
担心 dān xīn 동 걱정하다, 염려하다

제2부분   11~25번 문제는 남녀간의 대화를 듣고 질문에 알맞은 답을 고르는 문제입니다.

11   선생님 강추!

女: 请问，洗手间的门为什么弄不开? 好像没有人在使用啊。
男: 对不起，小姐，飞机马上就要降落了，所以洗手间暂时不可以用。
问: 对话可能发生在哪儿?
　A 飞机上　　B 酒店
　C 动物园　　D 运动场

여: 실례지만, 화장실 문이 왜 안 열리죠? 아무도 사용하고 있지 않은 것 같은데.
남: 죄송합니다, 손님, 비행기가 곧 착륙하므로 화장실은 잠시 사용하실 수가 없습니다.
질문: 대화는 어디서 일어난 것인가?
　A 비행기 안　　B 호텔
　C 동물원　　D 운동장

지문 어휘
洗手间 xǐshǒujiān 명 화장실
弄 nòng 동 하다, 행하다 ★
好像 hǎoxiàng 부 마치 ~와 같다 ★
使用 shǐyòng 동 사용하다, 쓰다 ★
就要 ~了 jiùyào ~le
부 곧 ~하려고 하다
降落 jiàngluò 동 착륙하다 ★
暂时 zànshí 명 잠시, 잠깐 ★

보기 어휘
酒店 jiǔdiàn 명 호텔, 식당
动物园 dòngwùyuán
명 동물원
运动场 yùndòngchǎng
명 운동장

정답 A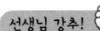

해설 대화가 일어난 장소를 묻고 있다. 남자는 비행기가 곧 착륙한다고 말했으므로 지금 그들은 비행기 안에서 대화를 나누고 있음을 알 수 있다.
▶ 보기를 보고 장소 문제임을 유추해 내는 것이 포인트!

12   선생님 강추!

女: 为了给我送机票，您专门来一趟，真是给您添麻烦了。
男: 不要那么客气，我刚好来接朋友，顺便就给你带来了。

여: 제 비행기표 가져다주시느라, 일부러 오셨네요. 정말 번거롭게 해 드려 죄송합니다.
남: 그렇게 미안해하실 거 없어요. 마침 친구 마중 나온 김에 당신께 가져다드린 겁니다.

지문 어휘
为了 wèile 전 ~하기 위해
送 sòng 동 보내다, 배달하다
机票 jīpiào 명 비행기표, 항공권
专门 zhuānmén 부 특별히, 일부러 ★

问: 男的来给女的送什么?

A 钥匙
B 盒饭
C 机票
D 火车票

질문: 남자는 여자에게 무엇을 가져다주었나?

A 열쇠
B 도시락
C 비행기표
D 기차표

趟 tàng 양 차례, 번(왕래한 횟수를 세는 단위) ★
添麻烦 tiān máfan 폐를 끼치다, 번거롭게 하다
客气 kèqi 형 겸손하다, 사양하다 ★
刚好 gānghǎo 부 때마침, 공교롭게
顺便 shùnbiàn 부 ~하는 김에 ★

보기 어휘

钥匙 yàoshi 명 열쇠 ★
盒饭 héfàn 명 도시락
火车票 huǒchēpiào 명 기차표

정답 C

해설 남자가 온 목적을 묻는 것이 아니라, 여자에게 무엇을 가져다주었는지가 중요하다! 여자의 첫 대화에서 为了给我送机票(제 비행기표를 가져다주기 위해)라고 했으므로 정답은 C이다.

13

女: 上个周末你为什么没去参加他的婚礼?
男: 我都准备出发了, 但是公司突然有急事让我去上海出差。

여: 지난 주말에 당신은 왜 그 사람 결혼식에 가지 않았어요?
남: 출발하려고 하는데, 회사에 갑자기 급한 일이 생겼다고 저더러 상하이에 출장 가라고 해서요.

지문 어휘

婚礼 hūnlǐ 명 결혼식, 혼례
出发 chūfā 동 출발하다 ★
突然 tūrán 부 갑자기, 문득
急事 jíshì 명 급한 일
出差 chūchāi 동 출장 가다

问: 男的为什么没参加婚礼?

A 胃疼
B 公司有急事
C 没按时出发
D 约见女朋友

질문: 남자는 왜 결혼식에 가지 않았나?

A 위가 아파서
B 회사에 급한 일이 생겨서
C 시간 맞춰 출발하지 못해서
D 여자 친구를 만나기로 약속해서

보기 어휘

胃 wèi 명 위
疼 téng 형 아프다
按时 ànshí 부 제때에, 시간에 맞추어 ★
约 yuē 동 약속하다

정답 B

해설 남자가 결혼식에 가지 않은 이유에 대해 묻고 있다. 회사에 급한 일이 생겼다고 했으므로 정답은 B이다.

14

女: 你去餐厅的时候, 可不可以顺便到图书馆帮我还这本书?
男: 当然可以, 你放心交给我吧。

여: 너 식당에 갈 때, 가는 김에 나 대신 도서관에 가서 이 책을 반납해 줄 수 있을까?
남: 그럼 물론이지, 안심하고 내게 맡겨.

지문 어휘

餐厅 cāntīng 명 식당 ★
~的时候 ~de shíhou ~할 때
图书馆 túshūguǎn 명 도서관

问: 男的要去哪儿?
　　A 餐厅　　　B 超市
　　C 宿舍　　　D 邮政局

질문: 남자는 어디에 가려고 하는가?
　　A 식당　　　B 슈퍼마켓
　　C 기숙사　　D 우체국

당연 dāngrán 당연히, 물론
放心 fàng xīn 안심하다, 마음을 놓다
交 jiāo 제출하다, 내다 ★

보기 어휘

超市 chāoshì 슈퍼마켓
宿舍 sùshè 기숙사
邮政局 yóuzhèngjú 우체국

정답 A

해설 남자가 어디에 가려는지 행선지를 묻고 있다. 애초에 남자가 가려고 한 곳은 도서관이 아니라 식당이기에 정답은 A이다.
▶ 보기를 보고 장소 문제임을 유추해 내는 것이 포인트!

15

男: 李经理, 你还认识我吗? 前年我们招聘会上见过一面。

女: 哦, 我记起来了, 我一看到你就感觉在哪儿见过。

问: 他们是怎么认识的?
　　A 一起聚过餐
　　B 他们是亲戚
　　C 在招聘会上
　　D 朋友介绍

남: 이 사장님, 저 알아 보시겠어요? 재작년에 우리 채용박람회에서 한 번 만났었는데요.

여: 어, 기억나요. 당신을 보자마자 어디선가 본 것 같더라고요.

질문: 그들은 어떻게 알게 되었나?
　　A 함께 회식한 적이 있다
　　B 그들은 친척이다
　　C 채용박람회장에서
　　D 친구가 소개했다

지문 어휘

经理 jīnglǐ 사장, 매니저
认识 rènshi 알다, 인식하다
前年 qiánnián 재작년
招聘会 zhāopìnhuì 채용박람회
记 jì 기억하다, 암기하다
感觉 gǎnjué 느낌 느끼다

보기 어휘

聚餐 jù cān 회식하다
亲戚 qīnqi 친척 ★
介绍 jièshào 소개하다

정답 C

해설 그들은 어떻게 알게 되었는지 묻고 있다. 남자가 여자에게 채용박람회장에서 만난 적이 있다고 했으므로 정답은 C이다.

16

男: 你房间为什么又脏又乱, 怎么弄的?

女: 我刚搬的新家, 还没有时间整理好呢, 所以就这样了。

问: 关于女的, 可以知道什么?

남: 네 방은 왜 더럽고 지저분한 거니? 어떻게 했길래 이래?

여: 금방 이사 온 데다가, 미처 정리할 시간도 없었어. 그래서 이 모양이지 뭐.

질문: 여자에 관하여, 알 수 있는 것은?

지문 어휘

房间 fángjiān 방
又A又B yòu A yòu B A하기도 하고 B하기도 하다
脏 zāng 더럽다 ★
乱 luàn 어지럽다 ★
搬家 bān jiā 이사하다, 집을 옮기다
整理 zhěnglǐ 정리하다 ★

A 搬家了
B 手破了
C 裤子脏了
D 遇到了困难

A 이사했다
B 손을 다쳤다
C 바지가 더러워졌다
D 곤란한 일이 생겼다

보기 어휘

破 pò 동 찢어지다, 망가지다 ★
裤子 kùzi 명 바지
遇到 yùdào 동 부딪치다, 만나다 ★
困难 kùnnan 명 어려움, 곤란 형 어렵다, 곤란하다 ★

정답 A

해설 여자에 관해 묻고 있다. 여자가 막 이사해서 집 정리할 시간이 없었다고 했으므로 정답은 A이다.

17

男：不好意思，我们正在修理电梯，现在还不能使用。
女：那怎么办？我要去20楼，我怎么上去呢？

问：女的为什么不能坐电梯？

A 爬楼梯
B 走错路了
C 楼很矮
D 电梯坏了

남: 죄송합니다만, 엘리베이터를 수리 중이라 지금 사용하실 수 없습니다.
여: 그럼 어쩌죠? 20층에 가야 하는데, 저는 어떻게 올라가나요?

질문: 여자는 왜 엘리베이터를 탈 수 없는가?

A 계단으로 올라가려고
B 길을 잘못 찾아서
C 건물이 낮아서
D 엘리베이터가 고장 나서

지문 어휘

正在 zhèngzài 부 지금 ~하고 있는 중이다
修理 xiūlǐ 동 수리하다 ★
电梯 diàntī 명 엘리베이터
使用 shǐyòng 동 사용하다, 쓰다 ★

보기 어휘

爬楼梯 pá lóutī 계단으로 오르다
走路 zǒu lù 동 걷다
矮 ǎi 형 작다, 낮다
坏 huài 동 고장 나다, 망치다

정답 D

해설 여자가 왜 엘리베이터를 탈 수 없었는지에 대해 묻고 있다. 지금 수리 중이라고 남자가 말했으므로, 엘리베이터가 고장 났음을 알 수 있다.

▶ 修理电梯(엘리베이터를 수리하다)와 电梯坏了(엘리베이터가 고장 나다)라는 표현을 기억해 두자!

18

선생님 강추!

女：如果你饿了，塑料袋里有巧克力和葡萄。
男：不用了，不过有矿泉水吗？我有点儿渴。

问：男的想要什么？

A 矿泉水   B 葡萄
C 雪碧   D 饼干

여: 너 배고프면, 비닐봉지 안에 초콜릿과 포도가 있어.
남: 괜찮아, 그런데 생수 있니? 나 목이 좀 마르네.

질문: 남자는 무엇을 원하는가?

A 생수   B 포도
C 스프라이트 D 과자

지문 어휘

饿 è 형 배고프다
塑料袋 sùliàodài 명 비닐봉지 ★
巧克力 qiǎokèlì 명 초콜릿 ★
葡萄 pútao 명 포도 ★
不过 búguò 접 그러나, 그런데 ★
矿泉水 kuàngquánshuǐ 명 생수 ★
渴 kě 형 목마르다, 갈증 나다

정답 A

해설 남자가 무엇을 원하는지 묻고 있다. 남자는 초콜릿과 포도 대신 생수가 있는지 물었고 목이 마르다고 했으므로 정답은 A이다.

보기 어휘

雪碧 xuěbì 명 스프라이트
饼干 bǐnggān 명 과자, 비스킷 ★

19

男: 不巧，现在正好是下班时间，估计不容易打到车。
女: 咱们坐地铁吧，地铁站离这儿比较近。

问: 他们打算怎么回去?
A 骑自行车
B 坐出租车
C 步行
D 坐地铁

남: 공교롭게도, 지금 때마침 퇴근시간이어서, 택시를 잡기가 쉽지 않겠어.
여: 우리 지하철 타자, 지하철역이 여기서 비교적 가깝거든.

질문: 그들은 어떻게 돌아가려고 하는가?
A 자전거를 타고
B 택시를 타고
C 걸어서
D 지하철을 타고

지문 어휘

不巧 bùqiǎo 부 공교롭게도, 운이 없게도
正好 zhènghǎo 부 마침 ★
下班 xià bān 동 퇴근하다
估计 gūjì 동 추측하다, 짐작하다
坐地铁 zuò dìtiě 지하철을 타다
地铁站 dìtiězhàn 명 지하철역

보기 어휘

骑自行车 qí zìxíngchē 자전거를 타다
坐出租车 zuò chūzūchē 택시를 타다
步行 bùxíng 동 보행하다, 걸어가다

정답 D

해설 그들은 어떻게 가려고 하는지 교통수단에 대해 묻고 있다. 여자가 남자에게 퇴근시간이니 지하철을 타고 가자고 제안했으므로 정답은 D이다.

20

女: 李教授，您怎么还天天坚持练书法和读书?
男: 哈哈，有句话说得好，叫"活到老学到老"。

问: 李教授每天坚持做什么?
A 打太极拳
B 唱歌
C 读书
D 跳舞

여: 이 교수님, 당신은 왜 매일 서예 연습과 책 읽기를 꾸준히 하시는지요?
남: 하하, '배움에는 끝이 없다'라고 하는 말이 딱 맞는 것 같네요.

질문: 이 교수는 매일 꾸준히 무엇을 하는가?
A 태극권 하기
B 노래 부르기
C 책 읽기
D 춤추기

지문 어휘

教授 jiàoshòu 명 교수 ★
坚持 jiānchí 동 꾸준히 하다 ★
练书法 liàn shūfǎ 서예 연습을 하다
读书 dú shū 동 책을 읽다, 독서하다
哈哈 hāha 의성 하하(웃음 소리)
说得好 shuōdehǎo 동 한 말이 매우 적합하다, 이치에 딱 맞다
叫 jiào 동 ~라고 부르다
活到老学到老 huódàolǎo xuédàolǎo 성 살아 있는 한 배우기를 멈추지 않는다. 학문이란 죽을 때까지 하는 것이다

정답 C

해설 이 교수가 매일 꾸준히 무엇을 하는지 묻고 있다. 여자가 이 교수에게 왜 매일 꾸준히 서예 연습과 독서를 하는지 물어본 것으로 보아 정답은 C임을 알 수 있다.

21

女: 喂，你要的材料我用电子邮件发给你，你现在可以接收吗?

男: 抱歉，我正在开会呢，我等一会儿再查看。

问: 女的要做什么?

A 发传真
B 发电子邮件
C 填表格
D 复印材料

여: 여보세요, 당신이 요구하신 자료를 이메일로 보내드리려고 하는데, 지금 받을 수 있으신지요?

남: 죄송합니다. 지금 회의 중이라서요. 이따가 열어 볼게요.

질문: 여자는 무엇을 하려고 하는가?

A 팩스를 보내려고
B 이메일을 보내려고
C 표를 작성하려고
D 자료를 복사하려고

지문 어휘

材料 cáiliào 명 자료 ★
电子邮件 diànzǐ yóujiàn 명 전자우편, 이메일
发 fā 동 보내다
接收 jiēshōu 동 받다, 받아들이다
抱歉 bàoqiàn 동 미안해하다 ★
开会 kāi huì 동 회의하다
查看 chákàn 동 살펴보다, 조사하다

보기 어휘

传真 chuánzhēn 명 팩스 ★
填 tián 동 기입하다, 써 넣다
表格 biǎogé 명 표, 양식 ★
复印 fùyìn 동 복사하다 ★

정답 B

해설 여자가 하려는 행동에 대해 묻고 있다. 여자가 남자에게 자료를 남자의 이메일로 보내려고 한다고 말했으므로 여자는 이메일을 보내려는 상황임을 알 수 있다.

22 선생님 강추!

女: 我第一次参加游泳比赛，没有什么经验。但是我一定会用最短的时间适应比赛环境。

男: 慢慢来吧。如果在比赛中遇到什么问题，我会帮你的。

问: 女的觉得自己怎么样?

A 比较笨
B 性格很好
C 缺少经验
D 不适合参加比赛

여: 나 수영 대회에 처음 참가하는 거라 경험이 별로 없어. 하지만 반드시 최단시간에 시합 환경에 적응할 거야.

남: 천천히 해. 만약 시합 중에 무슨 문제라도 생기면, 내가 도와줄게.

질문: 여자는 스스로를 어떻다고 생각하는가?

A 좀 바보같다고
B 성격이 좋다고
C 경험이 부족하다고
D 시합에 참가하기에 적합하지 않다고

지문 어휘

参加 cānjiā 동 참가하다
比赛 bǐsài 명 경기, 시합
经验 jīngyàn 명 경험 ★
适应 shìyìng 동 적응하다 ★
环境 huánjìng 명 환경
遇到 yùdào 동 만나다, 부딪치다

보기 어휘

笨 bèn 형 멍청하다, 어리석다 ★
性格 xìnggé 명 성격 ★
缺少 quēshǎo 형 부족하다, 모자라다 ★
适合 shìhé 동 적합하다, 부합하다 ★

정답 C

해설 여자는 스스로를 어떻다고 생각하는지 묻고 있다. 여자는 처음으로 수영 대회에 참가하는 거라 경험이 없다고 했으므로 정답은 C이다.

▶ 没有什么经验(경험이 별로 없다)과 缺少经验(경험이 부족하다)은 결국 같은 의미임을 알아두자!

23

男: 时间都已经过了，火车怎么还不出发？
女: 对不起，由于天气的原因，出发时间推迟了。

问: 根据对话，可以知道什么？
  A 女的突然紧张
  B 没有座位了
  C 火车推迟了
  D 堵车很厉害

남: 시간이 이미 지났는데, 기차는 왜 아직 출발하지 않는 겁니까?
여: 죄송합니다. 날씨 때문에 출발 시간이 지연됐어요.

질문: 대화에 근거하여, 알 수 있는 것은?
  A 여자는 갑자기 긴장했다
  B 좌석이 없다
  C 기차가 지연되었다
  D 차가 심하게 막혔다

지문 어휘

时间 shíjiān 명 시간
出发 chūfā 동 출발하다 ★
由于 yóuyú 접 ~로 인하여 ★
原因 yuányīn 명 원인
推迟 tuīchí 동 연기하다, 미루다 ★

보기 어휘

突然 tūrán 부 갑자기, 문득
紧张 jǐnzhāng 형 긴장하다 ★
座位 zuòwèi 명 좌석 ★
堵车 dǔ chē 동 차가 막히다 ★
厉害 lìhai 형 대단하다, 심하다 ★

정답 C

해설 이 글에 관해 알 수 있는 것은 무엇인지 묻고 있다. 여자가 날씨 때문에 기차가 지연되었다고 했으므로 정답은 C이다.

24

男: 你知道北京有什么有名的菜吗？
女: 当然知道，那里的北京烤鸭很有名，有机会尝尝。

问: 他们在说哪种菜？
  A 饺子
  B 麻婆豆腐
  C 烤鸭
  D 酸汤鱼

남: 너 베이징에서 어떤 요리가 유명한지 알아?
여: 물론 알지, 거기에는 베이징 덕이 유명해. 기회 되면 한번 먹어 봐.

질문: 그들은 어떤 종류의 음식에 대해 이야기를 나누고 있는가?
  A 만두
  B 마파두부
  C 베이징 덕
  D 쑤안탕위

지문 어휘

有名 yǒumíng 형 유명하다
当然 dāngrán 부 당연히 형 당연하다
烤鸭 kǎoyā 명 베이징 덕, 통오리구이 ★
机会 jīhuì 명 기회, 찬스
尝 cháng 동 맛보다 ★

보기 어휘

饺子 jiǎozi 명 만두 ★
麻婆豆腐 mápó dòufu 명 마포더우푸, 마파두부
酸汤鱼 suāntāngyú 명 쑤안탕위, 구이저우(贵州)의 대표 음식

정답 C

해설 그들이 어떤 요리에 관해 이야기를 나누는지 묻고 있다. 여자가 남자에게 베이징 덕이 베이징에서 유명한 요리라고 설명하고 있으므로 정답은 C이다.

25

女: 先生，按照规定这里不允许拍照。

男: 不好意思，我不知道有这条规定，我这就关掉照相机。

问: 在这里禁止做什么？

  A 大声说笑
  B 乱扔垃圾
  C 喝啤酒
  D 照相

여: 선생님, 규정에 따라 이곳에서 사진을 찍으시면 안 됩니다.

남: 죄송합니다, 전 이 규정이 있는지 몰랐어요. 지금 바로 카메라를 끌게요.

질문: 이곳에서 금지하는 것은 무엇인가?

  A 큰 소리로 말하고 웃기
  B 쓰레기 함부로 버리기
  C 맥주 마시기
  D 촬영하기

지문 어휘

按照 ànzhào 젠 ~에 따라, ~에 의해 ★
规定 guīdìng 명 규정 동 규정하다 ★
允许 yǔnxǔ 동 허가하다, 허락하다 ★
拍照 pāi zhào 동 사진을 찍다
条 tiáo 양 가지, 조항 등을 세는 단위
关 guān 동 닫다, 끄다
照相机 zhàoxiàngjī 명 카메라

보기 어휘

笑 xiào 동 웃다
乱 luàn 형 어지럽다 ★
扔垃圾 rēng lājī 쓰레기를 버리다
照相 zhào xiàng 동 사진을 찍다, 촬영하다

정답 D

해설 이곳에서 금지하는 것은 무엇인지 묻고 있다. 여자가 이곳에서 사진을 찍으면 안 된다고 했으므로 금지하는 것은 바로 사진 촬영임을 알 수 있다.

▶ 不允许(허가하지 않다)와 禁止(금지하다), 拍照(사진을 찍다)와 照相(사진을 찍다)은 모두 유사한 표현이므로 꼭 기억하자!

제3부분

26~45번 문제는 남녀간의 대화 또는 단문을 듣고 질문에 알맞은 답을 고르는 문제입니다.

26

女: 后天有什么计划吗？

男: 后天我们4点起床，6点出发去香山，到了晚上我们去王府井附近逛街吃小吃。

女: 真的吗？王府井的小吃怎么样？

男: 听说王府井的小吃又丰富又好吃。

问: 他们后天白天要干什么？

  A 爬长城
  B 参观故宫
  C 去香山
  D 逛王府井

여: 모레 무슨 계획이 있어요?

남: 모레에 우리는 4시에 일어나서 6시쯤에 샹산으로 출발해요. 저녁엔 왕푸징 근처에 가서 쇼핑도 하고 간식도 먹읍시다.

여: 정말요? 왕푸징의 길거리 음식은 어때요?

남: 듣자 하니 왕푸징의 길거리 음식은 다양하고 맛있대요.

질문: 그들은 모레 낮에 무엇을 하려는가?

  A 만리장성에 오르기
  B 고궁을 견학하기
  C 샹산에 가기
  D 왕푸징을 구경하기

지문 어휘

后天 hòutiān 명 모레
计划 jìhuà 명 계획 동 계획하다
起床 qǐ chuáng 동 일어나다
出发 chūfā 동 출발하다 ★
香山 Xiāngshān 지명 샹산, 베이징(北京) 시에 있는 관광지
王府井 Wángfǔjǐng 지명 왕푸징
附近 fùjìn 명 근처, 인근
逛街 guàng jiē 동 길거리 쇼핑하다
小吃 xiǎochī 명 먹을거리, 간식, 길거리 음식 ★
听说 tīngshuō 동 듣자 하니

정답 C

해설 그들이 모레 낮에 무엇을 하려고 하는지 묻고 있다. 남자의 첫 대화에서 샹산에 갈 것이라고 말했으므로 그들은 샹산에 가려고 함을 알 수 있다. 왕푸징은 저녁 일정이므로 혼동하지 않도록 하자.

又A又B yòu A yòu B A하기도 하고 B하기도 하다
丰富 fēngfù 형 풍부하다 ★

보기 어휘
爬 pá 동 오르다
参观 cānguān 동 참관하다, 견학하다 ★
逛 guàng 동 거닐다, 구경하다 ★

27

男: 没想到像你这样的年轻人竟然喜欢京剧。
女: 我奶奶爱听京剧，我受到了她的影响。
男: 京剧其实很好看，但是现在爱它的人越来越少了，这很可惜啊。
女: 的确如此，京剧是中国文化的一部分，应该保护好它。

问: 女的为什么喜欢京剧?
 A 受奶奶影响
 B 专业是音乐
 C 能学到知识
 D 保护民族文化

남: 당신 같은 젊은 사람이 의외로 경극을 좋아하다니. 정말 뜻밖이에요.
여: 제 할머니가 경극을 좋아하셔서, 할머니의 영향을 받았어요.
남: 경극은 사실 재미있지만, 지금은 경극을 좋아하는 사람들이 점점 줄고 있어서, 이 점이 정말 아쉬워요.
여: 정말 그래요. 경극은 중국 문화의 일부분이니 잘 보호해야 하는데 말이죠.

질문: 여자는 왜 경극을 좋아하는가?
 A 할머니의 영향을 받아서
 B 전공이 음악이라서
 C 지식을 배울 수 있어서
 D 민족문화를 보호하려고

지문 어휘
像 xiàng 부 ~와 같다, 마치 ~인 듯하다
年轻人 niánqīngrén 명 젊은이, 젊은 사람
竟然 jìngrán 부 뜻밖에도, 의외로 ★
京剧 jīngjù 명 경극 ★
影响 yǐngxiǎng 명 영향 동 영향을 주다
其实 qíshí 부 사실은
越来越 yuèláiyuè 부 더욱 더, 점점
少 shǎo 형 적다
可惜 kěxī 형 섭섭하다, 아쉽다 ★
的确如此 díquè rúcǐ 정말 그렇다
文化 wénhuà 명 문화
一部分 yíbùfen 명 일부분
保护 bǎohù 동 보호하다 ★

정답 A

해설 여자는 왜 경극을 좋아하는지 묻고 있다. 할머니가 좋아해서 그녀의 영향을 받았다고 하였으므로 정답은 A이다.

보기 어휘
专业 zhuānyè 명 전공 ★
音乐 yīnyuè 명 음악
知识 zhīshi 명 지식 ★
民族 mínzú 명 민족 ★

28
선생님 강추!

女: 你喜欢逛街吗?
男: 我不怎么逛街，我平时喜欢在网上购物。
女: 在网上购物是不是比较便宜啊?

여: 쇼핑 좋아하세요?
남: 쇼핑은 그다지 좋아하지 않아요, 평소 인터넷 쇼핑을 즐기죠.
여: 인터넷 쇼핑은 비교적 저렴한가요?

지문 어휘
平时 píngshí 명 평소, 평상시 ★
网上 wǎngshàng 명 인터넷, 온라인
购物 gòu wù 동 쇼핑하다 ★

男: 不一定。不过有时候可以打折，而且经常会得到一些小礼物。

问: 在网上购物有什么好处？
A 质量不合格
B 送货速度快
C 能得到小礼物
D 比逛街贵

남: 꼭 그렇진 않아요. 하지만 때때로 할인도 하고, 종종 작은 사은품을 받기도 하죠.

질문: 인터넷 쇼핑은 어떤 장점이 있는가?
A 품질 불량이다
B 배송 속도가 빠르다
C 조그마한 사은품을 받을 수 있다
D 거리 쇼핑보다 비싸다

不一定 bùyídìng 부 반드시 ~한 것은 아니다
不过 búguò 접 그러나, 그런데 ★
有时候 yǒushíhòu 부 가끔씩, 종종
打折 dǎ zhé 동 할인하다 ★
而且 érqiě 접 게다가
得到 dédào 동 얻다, 받다
一些 yìxiē 양 조금, 약간
礼物 lǐwù 동 선물, 사은품

보기 어휘

质量 zhìliàng 명 질, 품질 ★
合格 hégé 형 규격에 맞다, 합격이다 ★
送货 sòng huò 동 배달하다, 배송하다
速度 sùdù 명 속도 ★

정답 C

해설 인터넷 쇼핑의 장점에 대해 묻고 있다. 인터넷 쇼핑은 항상 저렴하진 않지만, 할인이나 사은품의 혜택이 있다고 했으므로 해당 내용을 보기에서 찾으면 된다.

29

男: 今天是周末，去爬长城的人一定很多。
女: 对呀，恐怕我们连站的地方也没有。
男: 北京还有没有其他可以去的地方？
女: 那我们去王府井吧，那儿很热闹，小吃也丰富。

问: 女的建议怎么做？
A 去附近逛街
B 继续排队
C 去王府井
D 爬长城

남: 오늘은 주말이니 만리장성에 가는 사람들이 분명 많을 거야.
여: 맞아, 아마 우리가 서 있을 자리도 없을 걸.
남: 베이징에 또 가 볼 만한 다른 곳이 없을까?
여: 그럼 우리 왕푸징에 가 보자. 거긴 시끌벅적하고 먹을거리도 다양해.

질문: 여자는 어떻게 하길 제안했는가?
A 근처에 쇼핑하러 가자고
B 계속 줄 서자고
C 왕푸징에 가자고
D 만리장성에 가자고

지문 어휘

爬 pá 동 기다, 오르다
恐怕 kǒngpà 부 아마 ~일 것이다 ★
站 zhàn 동 서다
地方 dìfang 명 부분, 점
其他 qítā 명 기타, 다른 사람
热闹 rènao 형 번화하다, 시끌벅적하다 ★
小吃 xiǎochī 명 먹을거리, 간식 ★
丰富 fēngfù 형 풍부하다 ★

보기 어휘

继续 jìxù 명 계속 동 계속하다 ★
排队 pái duì 동 줄을 서다 ★

정답 C

해설 여자가 어떻게 하자고 제안했는지 묻고 있다. 여자는 마지막 문장에서 왕푸징에 가 보자고 제안했으므로 정답은 C이다.

30

女: 真奇怪，今天我的手机怎么打不开？
男: 你看一下手机有没有电？
女: 我已经充电了，是不是坏了？
男: 那你再试试。还是不可以的话就得去修理。

问: 什么东西出问题了？
　A 笔记本电脑
　B 打印机
　C 手机
　D 复印机

여: 정말 이상하네. 오늘 내 휴대폰이 왜 켜지지 않는 거지?
남: 너 휴대폰에 배터리 없는 거 아니야?
여: 이미 충전 다 한 거야. 혹시 고장 난 게 아닐까?
남: 그럼 다시 켜 봐. 그래도 안 되면 수리하러 가야지.

질문: 어떤 물건에 문제가 생겼나?
　A 노트북 컴퓨터
　B 프린터
　C 휴대폰
　D 복사기

지문 어휘

奇怪 qíguài 형 이상하다
手机 shǒujī 명 휴대폰
充电 chōng diàn 동 충전하다
坏 huài 동 고장 나다, 망가지다
还是 háishi 부 여전히, 그래도
修理 xiūlǐ 동 수리하다 ★

보기 어휘

笔记本电脑 bǐjìběn diànnǎo 명 노트북 컴퓨터
打印机 dǎyìnjī 명 프린터
复印机 fùyìnjī 명 복사기

정답 C

해설 어떤 물건에 문제가 생겼는지 묻고 있다. 여자의 첫 대화에서 이미 휴대폰이라는 단어가 언급되었으므로 휴대폰에 문제가 있음을 알 수 있다.

31

男: 我要洗袜子了，你有没有什么需要洗的？
女: 当然有，你顺便帮我把那条黑色的连衣裙洗了吧。
男: 在什么地方？
女: 在椅子上，谢谢你了。

问: 女的让男的做什么？
　A 洗连衣裙
　B 戴帽子
　C 擦窗户
　D 倒垃圾

남: 나 양말 빨려고 하는데, 당신 빨아야 할 거 있어요?
여: 물론 있죠. 당신 빨래하는 김에 저 검정색 원피스 좀 빨아 줘요.
남: 어디 있는데요?
여: 의자 위에요. 고마워요.

질문: 여자는 남자에게 무엇을 부탁했는가?
　A 원피스 세탁
　B 모자 쓰기
　C 창문 닦기
　D 쓰레기 버리기

지문 어휘

袜子 wàzi 명 양말 ★
需要 xūyào 동 필요하다, 요구하다
当然 dāngrán 부 당연히 형 당연하다
顺便 shùnbiàn 부 ~하는 김에 ★
连衣裙 liányīqún 명 원피스

보기 어휘

戴 dài 동 착용하다, 쓰다 ★
帽子 màozi 명 모자
擦 cā 동 닦다 ★
窗户 chuānghu 명 창문 ★
倒 dào 형 거꾸로 되다, 버리다
垃圾 lājī 명 쓰레기

정답 A

해설 여자가 남자에게 부탁한 것은 무엇인지 묻고 있다. 여자가 남자에게 부탁한 것은 검은 원피스를 빨아 달라는 것이므로 정답은 A이다.

- ▶ 행동 관련 문제에서 가장 많이 등장하는 어휘가 '顺便(~하는 김에)'이므로, 꼭 기억해 두자!
- ▶ 보기에 擦窗户(창문 닦기), 倒垃圾(쓰레기 버리기) 등 가사 활동과 관련한 표현들도 꼭 암기해 둘 것!

32

女: 听说小张出国了，但是我今早在超市看到了他。
男: 他因为签证没办好，所以还没出国。
女: 那他大约什么时候可以走？
男: 这个我也不清楚。

问: 小张为什么还没出国？
　　A 护照丢了　　B 签证没办好
　　C 想法改变了　D 休学了

여: 샤오장이 출국했다고 들었는데, 나 오늘 아침 슈퍼마켓에서 그를 봤어요.
남: 비자 처리가 잘 안 되어서 아직 출국하지 못했어요.
여: 그럼 대략 언제쯤 간대요?
남: 저도 잘 모르죠.

질문: 샤오장은 왜 아직 출국하지 않았나?
A 여권을 잃어버려서
B 비자가 처리되지 못해서
C 생각이 바뀌어서
D 휴학했으므로

지문 어휘

出国 chū guó 동 출국하다
超市 chāoshì 명 슈퍼마켓
因为A, 所以B
yīnwèi A, suǒyǐ B
접 A 때문에, 그래서 B하다
签证 qiānzhèng 명 비자 ★
办 bàn 동 처리하다
大约 dàyuē 부 대략, 얼추 ★
清楚 qīngchu 형 분명하다, 명백하다

보기 어휘

护照 hùzhào 명 여권
丢 diū 동 잃어버리다 ★
想法 xiǎngfǎ 명 생각, 의견
改变 gǎibiàn 동 바뀌다, 변하다 ★
休学 xiū xué 동 휴학하다

정답 B

해설 샤오장이 출국하지 않은 이유를 묻고 있다. 남자는 샤오장이 출국하지 않는 이유를 '因为~, 所以~'를 통해 설명하고 있는데 샤오장의 비자가 아직 처리되지 않아서 출국을 못했다고 했으므로 정답은 B이다.

- ▶ 원인과 결과를 말해 줄 때 자주 사용하는 접속사 因为~, 所以~ 를 알아두자! 특히 因为의 뒷 내용에 집중할 것!

33

男: 这就是你刚买的苹果手机吗？
女: 没错，你一定猜不出我多少钱买来的。
男: 最少5000元吧。
女: 现在手机正在大减价，我只花了3500元。

问: 那部手机多少钱？
　　A 4500元　　B 3500元
　　C 4000元　　D 5000元

남: 이게 바로 네가 막 구입한 아이폰이야?
여: 맞아, 넌 분명 내가 얼마에 샀는지 알아맞히지 못할 걸.
남: 최소한 5000위안이겠지.
여: 지금 휴대폰 특가 할인 중이어서, 난 고작 3500위안만 썼어.

질문: 그 휴대폰은 얼마인가?
A 4500위안　B 3500위안
C 4000위안　D 5000위안

지문 어휘

苹果手机 píngguǒ shǒujī
명 아이폰, 애플 휴대폰
猜 cāi 동 추측하다, 알아맞히다 ★
最少 zuìshǎo 부 최소한, 적어도
正在 zhèngzài 부 한창 ~하고 있는 중이다
减价 jiǎn jià 동 가격을 인하하다, 가격을 내리다

정답 B

해설 그 휴대폰의 가격은 얼마인지 묻고 있다. 대화 속 숫자를 집중해서 듣자! 여자는 세일 중이어서 3500위안에 샀다고 했으므로 정답은 B이다.

34 선생님 강추!

女: 我对这次的英语考试感到很失望。
男: 怎么了? 你已经通过这次考试了呀。
女: 我很用功准备了考试，可惜考试内容太简单。
男: 是嘛，通过就行了。

问: 女的为什么对考试感到失望?
 A 内容太容易
 B 考试成绩不理想
 C 没准备好
 D 没通过考试

여: 나 이번 영어 시험에 매우 실망했어.
남: 왜? 너 이미 이번 시험에 통과했잖아.
여: 열심히 시험 준비를 했는데, 아쉽게도 시험 내용이 너무 간단했지 뭐니.
남: 그랬구나. 통과하면 된 거지 뭘.

질문: 여자는 왜 시험에 실망했는가?
 A 내용이 너무 쉬워서
 B 시험 성적이 만족스럽지 못해서
 C 준비를 잘 못해서
 D 시험에 통과하지 못해서

지문 어휘

感到 gǎndào 동 느끼다, 생각하다
失望 shīwàng 동 실망하다 ★
通过 tōngguò 동 통과하다
用功 yònggōng 동 열심히 공부하다, 노력하다
可惜 kěxī 형 섭섭하다, 아쉽다 ★
内容 nèiróng 명 내용 ★
简单 jiǎndān 형 간단하다

보기 어휘

成绩 chéngjì 명 성적
理想 lǐxiǎng 명 이상 동 이상적이다

정답 A

해설 여자가 시험에 실망을 한 이유에 대해 묻고 있다. 시험을 열심히 준비했는데, 시험 내용이 너무 간단했다고 하였으므로 시험에 실망한 이유는 내용이 너무 쉬워서임을 알 수 있다.
▶ 内容太简单(내용이 너무 간단하다)과 内容太容易(내용이 너무 쉽다)는 결국 같은 의미이다.

35

男: 看你最近高兴的样子，是不是找到男朋友了?
女: 是的，上次我去参加朋友的婚礼时认识的。
男: 恭喜你啊，你们什么时候结婚呢?
女: 这个嘛，等我先谈两年恋爱再说吧。

남: 너 요즘 즐거워하는 모습을 보니까, 남자친구 생긴 것 같은데?
여: 맞아, 지난번 친구 결혼식에 참석했을 때 알게 된 거야.
남: 축하해. 언제 결혼하니?
여: 그건, 우선 2년쯤 연애해 보고, 다시 얘기하자.

지문 어휘

高兴 gāoxìng 형 기쁘다, 즐겁다
样子 yàngzi 명 모습, 모양 ★
婚礼 hūnlǐ 명 결혼식
认识 rènshi 동 알다, 인식하다
恭喜 gōngxǐ 동 축하하다 ★
结婚 jié hūn 동 결혼하다
谈恋爱 tán liàn'ài 동 연애하다

问: 女的最近为什么高兴?
A 找到工作了
B 参加面试了
C 结婚了
D 谈恋爱了

질문: 여자는 요즘 왜 즐거워하는가?
A 취업해서
B 면접에 참가해서
C 결혼해서
D 연애해서

보기 어휘
找工作 zhǎo gōngzuò
직장을 구하다

정답 D

해설 최근 여자가 왜 즐거워하는지 그 이유에 대해 묻고 있다. 남자친구가 생겼냐는 남자의 질문에 여자는 동의했으므로 요즘 그녀가 즐거워 하는 이유는 연애하고 있기 때문임을 알 수 있다.

第36到37题是根据下面一段话:

很多人之所以一事无成,不是因为他们没遇到获得成功的机会,而是因为 36 他们总是考虑得太多,不敢做出决定。担心这个,害怕那个,结果错过了许多机会。而那些 37 成功的人,往往能相信自己的判断,并及时做出决定。

36-37번 문제는 다음 내용에 근거한다:

많은 사람들 가운데 아무런 성과가 없는 것은, 그들이 성공의 기회를 만나지 못해서가 아니라, 36 늘 생각만 지나치게 하다가, 섣불리 결정을 내리지 못하기 때문이다. 이걸 걱정하고, 저걸 두려워해서, 결국 많은 기회를 놓쳐 버린다. 반면 37 성공한 사람들은 늘 자신의 판단을 믿고 제때에 결정을 내린다.

지문 어휘

之所以 zhīsuǒyǐ 접 ~의 이유, ~한 까닭

一事无成 yíshìwúchéng
성 한 가지 일도 이루지 못하다, 아무것도 이룬 것이 없다

不是A, 而是B búshì A érshì B
접 A가 아니라, (바로) B이다

机会 jīhuì 명 기회, 찬스

不敢 bùgǎn 동 감히 ~하지 못하다

决定 juédìng 동 결정하다

担心 dān xīn 동 염려하다, 걱정하다

害怕 hàipà 동 겁내다, 두려워하다

结果 jiéguǒ 명 결과, 결국
부 결과적으로

错过 cuòguò 동 놓치다

判断 pànduàn 명 판단
동 판단하다 ★

36

问: 很多人一事无成的原因是什么?

A 比较懒
B 考虑太多
C 没有耐心
D 不适应竞争

질문: 많은 사람들이 아무런 성과도 거두지 못하는 이유는 무엇인가?

A 비교적 게을러서
B 생각을 너무 많이 해서
C 인내심이 없어서
D 경쟁에 적응하지 못해서

보기 어휘

懒 lǎn 형 게으르다 ★
适应 shìyìng 동 적응하다
竞争 jìngzhēng 동 경쟁하다 ★

정답 B

해설 녹음 앞부분의 不是~, 而是~에 주의해야 한다. 어떠한 일에 아무런 성과가 없는 것은 성공의 기회를 만나지 못해서가 아니라, 늘 지나치게 생각만 하다가 결국은 결정을 내리지 못하는 것이 더 큰 이유라고 설명하고 있으므로 정답은 B이다.

37

问: 成功的人往往有什么特点?

A 做事积极
B 敢于做决定
C 热情
D 严格要求自己

질문: 성공한 사람들은 늘 어떤 특징이 있는가?

A 일 처리가 적극적이다
B 대담하게 결정을 내린다
C 열정적이다
D 스스로에게 엄격하다

보기 어휘

积极 jījí 형 적극적이다, 의욕적이다 ★
敢于 gǎnyú 동 대담하게 ~을 하다, 용감하게도 ~하다
热情 rèqíng 형 친절하다, 열정적이다
严格 yángé 형 엄격하다, 엄하다 ★

정답 B

해설 단문 마지막 부분에 성공한 사람은 자신의 판단을 믿고, 제때에 결정을 내린다고 했으므로 정답은 B이다.

第38到39题是根据下面一段话:

38-39번 문제는 다음 내용에 근거한다:

³⁹中国人口的特点是东多, 西少。这主要是由经济发展现状决定的。³⁸东部离海洋很近, 交通比较方便, 经济发展好, 工作机会也比较多, 生活也比较舒服, 所以人口多; 相反, 西部离海洋较远, 而且山也很多, 所以各方面条件都比较差。

³⁹ 중국 인구의 특징은 동쪽이 많고, 서쪽은 적다는 것이다. 이는 주로 경제 발전 상태에 따라 결정된다. ³⁸ 동부는 바다와 가깝고, 교통이 비교적 편리하여 경제가 발전되었고, 일할 기회 역시 비교적 많다. 생활도 비교적 쾌적하기 때문에 인구가 많다; 반대로 서부는 바다와 멀고 게다가 산지가 많아서, 여러 방면으로 조건이 비교적 떨어진다.

지문 어휘

人口 rénkǒu 명 인구
特点 tèdiǎn 명 특징 ★
经济 jīngjì 명 경제 ★
发展 fāzhǎn 동 발전하다 ★
现状 xiànzhuàng 명 현재 상태
决定 juédìng 동 결정하다
海洋 hǎiyáng 명 바다, 해양 ★
交通 jiāotōng 명 교통 ★
方便 fāngbiàn 형 편리하다
舒服 shūfu 형 쾌적하다, 편안하다
相反 xiāngfǎn 접 반대로, 거꾸로 ★
方面 fāngmiàn 명 방면, 부분 ★
条件 tiáojiàn 명 조건 ★

38

问: 关于中国东部, 能知道什么?

A 交通方便
B 离海洋较远
C 经济比较差
D 人口少

질문: 중국 동부에 관하여, 알 수 있는 것은?

A 교통이 편리하다
B 바다와 비교적 멀다
C 경제 상황이 비교적 좋지 않다
D 인구가 적다

보기 어휘

差 chà 형 떨어지다, 좋지 않다

정답 A

해설 중국 동부에 관해서 묻고 있다. 먼저 보기를 빠르게 파악한 후에 집중해서 듣는 것이 중요하다! 동부의 장점 중 교통이 편리하다는 내용이 보기에 언급되어 있으므로 정답은 A이다.

39

问: 这段话主要谈的是什么?

A 中国人口特点
B 经济发展特点
C 交通
D 海洋环境

질문: 이 글이 주로 이야기하고자 하는 것은?

A 중국 인구의 특징
B 경제 발전의 특징
C 교통
D 해양 환경

정답 A

해설 이 글의 주제를 묻고 있다. 주제에 대한 키워드는 단문의 첫 번째 혹은 마지막 부분에 위치하는 경우가 많다. 첫머리에서 '중국 인구의 특징은~'이라고 시작하고 있으므로 정답은 A이다.

第40到41题是根据下面一段话:

虽然圣诞节不是中国的节日, ⁴⁰但现在, 越来越多的年轻人会在这一天互相送苹果。比如, 女孩子在圣诞节送男朋友苹果, 主要是祝他平平安安的, ⁴¹也希望他们之间的爱情会到永远。

40-41번 문제는 다음 내용에 근거한다:

크리스마스가 비록 중국의 기념일은 아니지만, ⁴⁰ 현재 점점 많은 젊은이들이 이날을 기념해 서로 사과를 선물하고 있다. 예를 들어, 여자친구가 크리스마스에 남자친구에게 사과를 선물하는데, 그 주된 이유는 그가 평안하길 바라는 것이고, ⁴¹ 또한 그들 사이의 사랑이 영원하길 바라는 것이다.

지문 어휘

圣诞节 Shèngdàn Jié
명 성탄절, 크리스마스

节日 jiérì 명 기념일, 공휴일

年轻人 niánqīngrén
명 젊은 사람, 젊은이

互相 hùxiāng 부 서로, 상호 ★
送 sòng 동 보내다, 선물하다
比如 bǐrú 접 예를 들어, 예를 들면 ★

主要 zhǔyào 부 주로, 주된 ★
原因 yuányīn 명 원인 ★
平安 píng'ān 형 평안하다, 무사하다, 편안하다 ★
爱情 àiqíng 명 사랑, 애정 ★
永远 yǒngyuǎn 부 영원히 형 영원하다 ★

40

问: 许多年轻人会在圣诞节做什么?

A 在家休息
B 看电影
C 去旅游
D 送苹果

질문: 많은 젊은이들이 크리스마스에 무엇을 하는가?

A 집에서 쉰다
B 영화를 본다
C 여행을 간다
D 사과를 선물한다

정답 D

해설 많은 젊은이들이 크리스마스에 무엇을 하는지 묻고 있다. 단문 첫머리에 젊은이들이 크리스마스에 서로 사과를 선물한다고 했으므로 정답은 D이다.

41

问: 男女之间送苹果是为了:

A 祝爱情到永远
B 能多交朋友
C 能多吃苹果
D 有童心

질문: 남녀 사이에 사과를 선물하는 것은 무엇을 위해서인가?

A 사랑이 영원하길 바라서
B 친구를 많이 사귈 수 있어서
C 사과를 많이 먹을 수 있어서
D 동심이 있어서

보기 어휘

交 jiāo 동 사귀다 ★
童心 tóngxīn 명 동심

정답 A

해설 남녀 사이에 사과를 선물하는 이유에 대해 묻고 있다. 단문 마지막에 남녀 사이에 사랑이 영원하길 바라기 때문에 사과를 선물한다고 했으므로 정답은 A이다.

선생님 강추!

第42到43题是根据下面一段话:

⁴³ 我们一定要养成准时的好习惯。因为这样才不会错过好机会。⁴² 就拿应聘工作来说，可能因为你迟到一分钟而失去面试的机会。失去面试机会的话，你就失去了那份很好的工作。所以，在生活中我们要养成不迟到的习惯。

42-43번 문제는 다음 내용에 근거한다:

⁴³ 우리는 시간을 지키는 좋은 습관을 길러야 한다. 왜냐하면 이렇게 해야 좋은 기회를 놓치지 않기 때문이다. ⁴² 취업 응시를 예로 들자면, 당신은 1분 지각으로 면접의 기회를 잃을 수도 있다. 면접의 기회를 잃는다면, 당신은 그 좋은 일자리를 잃는 것이다. 그러므로 일상생활에서 지각하지 않는 습관을 길러야 한다.

지문 어휘

养成 yǎngchéng 통 양성하다, 기르다 ★
准时 zhǔnshí 형 시간을 지키다 ★
习惯 xíguàn 명 습관, 버릇
错过 cuòguò 통 놓치다
机会 jīhuì 명 기회, 찬스
应聘 yìngpìn 통 응시하다 ★
迟到 chídào 통 지각하다
失去 shīqù 통 잃어버리다

42

问: 举应聘工作的例子是为了说明什么?

A 互相理解
B 要提前准备
C 面试的重要性
D 迟到的坏处

질문: 취업 응시의 예는 무엇을 설명하기 위한 것인가?

A 서로 이해하기
B 미리 준비해야 한다
C 면접의 중요성
D 지각의 나쁜 점

보기 어휘

互相 hùxiāng 부 서로, 상호 ★
理解 lǐjiě 명 이해 통 이해하다 ★
坏处 huàichu 명 단점, 나쁜 점

정답 D

해설 취업 응시의 예가 무엇을 설명하기 위함인지 묻고 있다. 취업 응시에서 1분만 늦어도 면접의 기회를 잃을 수 있다는 얘기를 하고 있으므로 지각의 나쁜 점을 말하고 있음을 알 수 있다.

43

问: 这段话主要告诉我们什么?

A 要学会细心
B 迟到并不重要
C 推迟计划
D 要准时

질문: 이 이야기가 우리에게 알려주는 것은?

A 꼼꼼함을 배워야 한다
B 지각은 결코 중요하지 않다
C 계획을 지연시키다
D 시간을 엄수하자

보기 어휘

细心 xìxīn 형 세심하다, 세밀하다
推迟 tuīchí 통 미루다, 연기하다 ★

정답 D

해설 이 글의 주제를 묻고 있다. 시간 엄수에 대한 습관을 길러야 한다는 말이 이 글의 주제에 해당되므로 정답은 D이다.

第44到45题是根据下面一段话：

44-45번 문제는 다음 내용에 근거한다:

九月过后，来故宫博物馆参观的人越来越多。⁴⁴ 随着游客人数的增多，天安门附近的交通受到了严重的影响。因此，故宫规定每日参观人数不得超过八万人。⁴⁵ 最后交通广播提醒大家：最好提前安排好参观的时间。

9월이 지난 후, 고궁박물관에 관람하러 오는 사람들이 점점 많아졌다. ⁴⁴ 여행객의 수가 증가함에 따라, 천안문 근처의 교통이 심각한 영향을 받고 있다. 그래서 고궁은 관람 인원수가 매일 8만이 넘지 않도록 규정하고 있다. ⁴⁵ 결국 교통방송에서는 관람 시간을 미리 계획하는 것이 최선이라고 모두들에게 당부하고 나섰다.

지문 어휘

故宫 Gùgōng 명 고궁
博物馆 bówùguǎn 명 박물관
参观 cānguān 동 견학하다, 관람하다 ★
越来越 yuèláiyuè 부 갈수록, 점점
随着 suízhe 전 ~에 따라서 ★
游客 yóukè 명 관광객, 여행객
人数 rénshù 명 사람 수
增多 zēngduō 동 많아지다, 증가하다
天安门 Tiān'ān Mén 명 천안문
附近 fùjìn 명 부근, 근처
交通 jiāotōng 명 교통 ★
严重 yánzhòng 형 심각하다, 심하다 ★
影响 yǐngxiǎng 명 영향 동 영향을 주다
因此 yīncǐ 접 이로 인하여, 그래서 ★
规定 guīdìng 명 규정 동 정하다 ★
超过 chāoguò 동 초과하다, 넘다 ★
广播 guǎngbō 명 방송 동 방송하다 ★
提醒 tíxǐng 동 일깨우다, 경각심을 주다 ★
提前 tíqián 동 앞당기다 ★

44

问: 交通为什么会受到影响?

A 参观人数多
B 安全检查严格
C 司机开得快
D 天气原因

질문: 교통이 왜 영향을 받는가?

A 관람 인원수가 많아서
B 안전 점검이 엄격해서
C 기사가 빠르게 운전해서
D 날씨 때문에

보기 어휘

安全 ānquán 형 안전하다 ★
检查 jiǎnchá 동 조사하다
严格 yángé 형 엄격하다 ★
原因 yuányīn 명 원인 ★

 정답 A

해설 천안문 근처에 교통이 왜 영향을 받는지 이유를 묻고 있다. 단문 첫머리에서 여행객 수가 많아짐에 따라 천안문 근처에 교통이 심각한 영향을 받고 있다고 했으므로 정답은 A이다.

问: 广播建议怎么做?

A 多乘坐地铁
B 安排好时间
C 注意安全
D 排队买票

질문: 방송에서는 어떻게 할 것을 제안했는가?

A 지하철을 많이 타라고
B 시간을 잘 계획하라고
C 안전에 주의하라고
D 줄을 서서 표를 사라고

보기 어휘

乘坐 chéngzuò 동 타다 ★
注意 zhùyì 동 주의하다 ★
排队 pái duì 동 줄을 서다 ★

정답 B

해설 교통방송에서는 고궁박물관에 찾아오는 여행객들에게 어떻게 할 것을 제안했는지 묻고 있다. 마지막 부분에 관람 시간을 미리 계획하고 오는 것이 최선이라고 제안하였으므로 정답은 B이다.

HSK 4급 2회 독해

제1부분 46~55번 문제는 문장 또는 대화 속 빈칸에 알맞은 단어를 고르는 문제입니다.

보기

A 仔细	B 不管
C 敢	D 坚持
E 标准	F 复杂

A zǐxì 형 세심하다, 꼼꼼하다	B bùguǎn 접 아무리 ~해도, ~에도 불구하고
C gǎn 동 감히 ~하다	D jiānchí 동 꾸준히 하다
E biāozhǔn 형 정확하다	F fùzá 형 복잡하다

46

(B 不管)汉语多难, 我都会坚持学习汉语的。

(B 아무리) 중국어가 어려워도 나는 중국어 공부를 꾸준히 할 것이다.

지문 어휘

不管A, 都B bùguǎn A, dōu B 접 아무리 A해도(A에도 불구하고), B하다 ★

정답 B

해설 접속사 어휘 채우기 문제

| 문장 제일 앞이 빈칸이다. 빈칸 뒤 주어 汉语가 있으니 접속사 부사 성분 모두 가능하다. | → | 뒷절에 부사 都가 위치하므로 不管~, 都~ 접속사 구문을 연상한다. '중국어가 어려워도 꾸준히 공부할 것이다'로 문장을 마무리한다. | → | 문맥상 어울리는 어휘는 B 不管 (아무리 ~해도)이다. |

47

现在你的汉语说得很(E 标准), 如果你再努力一点儿的话, 你会说得更像中国人。

요즘 네 중국어 발음이 아주 (E 정확해). 만약 좀 더 노력한다면, 넌 훨씬 더 중국 사람처럼 말하게 될 거야.

지문 어휘

如果 rúguǒ 접 만약, 만일
努力 nǔlì 동 노력하다, 힘쓰다
像 xiàng 부 마치 (~인 것 같다), ~처럼, ~같이

정답 E

해설 형용사 어휘 채우기 문제

| 빈칸 앞은 정도보어 구조 형태인 '술어 + 得 + 정도보어'이다. | → | 정도보어로 쓰이는 동시에 很과 어울리는 형용사 어휘를 연상한다. | → | 문맥상 어울리는 어휘는 E 标准(정확하다)이다. |

48

事情越（F 复杂），你越不能着急，要耐心去解决问题。

일이 (F 복잡해질수록), 조급해서는 안 되며, 인내심을 가지고 문제를 해결해야 한다.

지문 어휘

越~越~ yuè~yuè~
~할수록 ~해지다

着急 zháo jí 동 조급해하다, 초조해하다

耐心 nàixīn 형 인내심을 가지다, 참을성이 있다 ★

解决 jiějué 동 해결하다

정답 F

해설 형용사 어휘 채우기 문제

빈칸 앞에는 부사 越이다. → 빈칸 뒤에는 목적어가 없으므로 형용사 어휘 위치를 연상한다. '일이 ~할수록 ~하게 되다'라는 문장이 성립된다. → 문맥상 어울리는 어휘는 F 复杂(복잡하다) 이다.

▶ 越~越~(~할수록 ~하다)라는 표현을 익혀두자!

49

尽管她平时工作很粗心，但是在重要的事情上她特别（ A 仔细 ）。

비록 그녀는 평소 업무를 대충 하지만, 중요한 일에 있어선 매우 (A 꼼꼼하다).

지문 어휘

尽管A, 但是B
jǐnguǎn A, dànshì B
접 설령 A하더라도 B하다

平时 píngshí 명 평소, 평상시 ★

粗心 cūxīn 형 세심하지 못하다, 소홀하다, 건성이다 ★

重要 zhòngyào 형 중요하다

特别 tèbié 부 특히, 더욱, 특별히

정답 A

해설 형용사 어휘 채우기 문제

빈칸 앞엔 정도부사 特别이다. → '그녀는 평소 업무는 건성이지만, 중요한 일에는 매우 ~한다'라는 문장과 어울리는 형용사 어휘를 연상한다. 앞절의 형용사 粗心(건성이다)과 상반되는 형용사 어휘를 연상하면 된다. → 문맥상 어울리는 어휘는 A 仔细(꼼꼼하다) 이다.

▶ 粗心(대충하다)과 仔细(꼼꼼하다)는 반의어에 속하므로 꼭 익혀두자!

50

她这次考试得了第一名，我真的不（ C 敢 ）相信自己的眼睛。

그녀가 이번 시험에 일등을 하다니, 나는 내 눈을 (C 감히) 믿을 수 없었다.

지문 어휘

考试 kǎoshì 명 시험 동 시험을 치다

得 dé 동 얻다, 획득하다

第一名 dìyīmíng 명 일등

相信 xiāngxìn 동 믿다

眼睛 yǎnjing 명 눈

정답 C

해설 짝꿍 어휘 채우기 문제

빈칸 앞은 부정부사 不이고, 빈칸 뒤 동사는 相信이다. → 부정부사 不 뒤에는 동사나 부사 등이 올 수 있고 보기 어휘 중 不와 함께 쓰여 뒤에 相信을 수식할 수 있는 어휘가 필요하다. → 문맥상 어울리는 어휘는 C 敢(감히 ~하다)이다.

▶ 不敢는 '감히 ~하지 못하다'라는 의미의 상용표현이다.

보기			
A 苦	B 放松	A kǔ 형 쓰다	B fàngsōng 동 긴장을 풀다
C 温度	D 不过	C wēndù 명 온도	D búguò 접 하지만, 그러나
E 印象	F 破	E yìnxiàng 명 인상, 기억	F pò 동 찢어지다, 파손되다

51

A: 商场周围有没有停车场?
B: 有，(D 不过)是收费停车场，每小时10元。

A: 상점 주위에 주차장이 있습니까?
B: 있습니다. (D 그러나) 유료 주차장이에요. 시간당 10위안입니다.

지문 어휘

商场 shāngchǎng 명 백화점, 쇼핑센터
停车场 tíngchēchǎng 명 주차장
收费 shōu fèi 동 비용을 받다, 유료로 하다

정답 D

해설 접속사 어휘 채우기 문제

문장 제일 앞에 빈칸이 있으므로 접속사나 부사어 어휘가 위치한다. → 여기서 접속사는 不过 밖에 없으며, 의미상 상점 주변에 주차장이 있지만 시간당 10위안이라는 내용이 성립된다. → 문맥상 어울리는 어휘는 D 不过 (그러나)이다.

52

A: 真没想到刚买的皮鞋没穿就(F 破)了。
B: 没关系，你可以拿购物小票去商店免费换一双。

A: 정말로 말도 안되게 방금 산 구두가 신지도 않았는데 (F 찢어) 졌어요.
B: 괜찮아요. 물건 샀다는 영수증을 가지고 상점에 가면 무료로 바꿔줘요.

지문 어휘

皮鞋 píxié 명 구두, 신발
购物 gòu wù 동 물품을 구입하다, 물건을 사다
小票 xiǎopiào 명 영수증
免费 miǎn fèi 동 돈을 받지 않다, 무료로 하다

정답 F

해설 동사 어휘 채우기 문제

빈칸 앞 부사는 就이고, 빈칸 뒤에는 어기조사 了이다. → 빈칸에는 술어 성분인 동사 어휘가 위치함을 연상한다. 의미상 '방금 산 구두가 신지도 않았는데 ~되다'라는 문장이 성립된다. → 문맥상 어울리는 어휘는 F 破(찢어지다)이다.

53

A: 你小时候可害羞了，连见到你的奶奶都会脸红。
B: 真的吗？我怎么一点儿(E 印象)都没有。

A: 너 어릴 때 수줍음을 많이 타서, 심지어 할머니를 뵙고도 얼굴이 빨개졌지.
B: 정말요? 전 왜 전혀 (E 기억)이 없을까요?

정답 E

해설 명사 어휘 채우기 문제

빈칸 앞은 양사 一点儿이고, 빈칸 뒤는 부사 都이다. → 여기에서는 '一点儿 + (명사) + 都 + 不(没)' 구문을 기억하자! '조금의 ~도 없다', '조금도 ~하지 않다'라는 의미와 문맥상 어울리는 명사 어휘를 연상한다. → 문맥상 어울리는 어휘는 B 印象 (기억)이다.

▶ 一点儿印象都没有(조금의 기억도 없다)라는 표현을 익혀두자!

지문 어휘

小时候 xiǎoshíhou 명 어릴 때, 어렸을 때
害羞 hàixiū 형 부끄러워하다, 수줍어하다 ★
奶奶 nǎinai 명 할머니
脸红 liǎnhóng 통 얼굴이 빨개지다
一点儿 yìdiǎnr 양 조금, 약간

54

A: 这个感冒药太(A 苦)了。
B: 你不要只想着药味，味道苦有效果。

A: 이 감기약 너무 (A 써요).
B: 약 맛만 생각하지 말아요. 맛이 쓰다는 건 효과가 있는 거라고요.

정답 A

해설 형용사 어휘 채우기 문제

빈칸 앞에 정도부사 太가 위치한다. → 빈칸 뒤에는 목적어 성분이 없으므로 형용사 어휘가 위치한다. '이 약은 너무 ~하다'라는 문장과 뒤에 药味(약 맛)라는 어휘를 고려하여 어울리는 어휘를 연상한다. → 문맥상 어울리는 어휘는 A 苦 (쓰다)이다.

지문 어휘

感冒药 gǎnmàoyào 명 감기약
不要 búyào 부 ~하지 마라
只 zhǐ 부 다만, 단지
药味 yàowèi 명 약 맛
味道 wèidao 명 맛 ★
效果 xiàoguǒ 명 효과 ★

55

A: 终于做完了经理给我的任务，我要去外面 (B 放松) 一下。
B: 好，我们一起去喝一杯吧！

A: 마침내 사장님이 내게 준 임무를 끝마쳤어. 밖에 나가서 좀 (B 긴장을 풀어야겠어).
B: 좋아, 우리 한잔하러 가자!

지문 어휘

终于 zhōngyú 부 드디어, 마침내, 결국 ★
经理 jīnglǐ 명 사장님, 지배인, 매니저
任务 rènwu 명 임무 ★
外面 wàimiàn 명 바깥, 밖

[정답] B

[해설] 동사 어휘 채우기 문제

| 빈칸 뒤는 동량사 一下이고, 빈칸 앞은 연동문 去外面이다. | → | 빈칸 뒤 一下가 있으므로 동량사 구조로 동사가 위치한다. 빈칸 앞에 연동문 구조 '去(술어1) + 外面(목적어)'이고, 뒤에는 술어2가 위치한다. | → | 문맥상 어울리는 어휘는 B 放松 (긴장을 풀다)이다. |

제2부분 — 56~65번 문제는 제시된 문장을 알맞게 배열하는 문제입니다.

56

A 虽然冬天时会因为阳光而变得很暖和
B 我房间的窗户是向南的
C 但是夏天的时候就热得非常厉害

A 비록 겨울철에는 햇빛으로 따뜻하지만
B 내 방의 창문은 남향이다
C 여름철에는 굉장히 덥다

[정답] BAC

[해설] 虽然~, 但是~ 접속사 문제

| 내 방이 남향이다라는 문장으로 핵심 상황을 먼저 언급한다. | → | 접속사 虽然~, 但是~의 구조 순으로 배치하면 오케이! A를 C 앞으로 순서 배열한다. |

B 我房间的窗户是向南的。(내 방의 창문은 남향이다.)
A 虽然冬天时会因为阳光而变得很暖和，(비록 겨울철에는 햇빛으로 따뜻하지만,)
C 但是夏天的时候就热得非常厉害。(여름철에는 굉장히 덥다.)

지문 어휘

虽然A, 但是B suīrán A, dànshì B 젭 비록 A하지만 B하다
冬天 dōngtiān 뎽 겨울
阳光 yángguāng 뎽 햇빛 ★
变得 biànde 동 ~로 변하다, ~로 되다
暖和 nuǎnhuo 혱 따뜻하다 ★
房间 fángjiān 뎽 방
窗户 chuānghu 뎽 창문 ★
向 xiàng 젠 ~을 향하여
夏天 xiàtiān 뎽 여름
非常 fēicháng 부 대단히, 매우
厉害 lìhai 혱 심하다, 굉장하다 ★

57

A 地铁站就在百货商店的附近
B 喂，你找到地铁站了吗?
C 旁边是儿童乐园

A 지하철역은 백화점 근처에 있어요
B 여보세요, 지하철역 찾으셨나요?
C 옆에는 어린이 놀이공원이고요

지문 어휘

百货商店 bǎihuò shāngdiàn 뎽 백화점
附近 fùjìn 뎽 부근, 근처
喂 wèi 감 (누군가를) 부르는 소리, 통화 시에는 주로 2성으로 발음하며, '여보세요'를 뜻한다
地铁站 dìtiězhàn 뎽 지하철역

| 정답 | BAC

| 해설 | 큰 개념 → 작은 개념 파악 문제

큰 개념	작은 개념
지하철역을 찾았는지	지하철역은 백화점 근처에 있고	놀이공원 옆에 있다고 구체적인 위치를 순서대로 나열한다.

▶ 在~附近 (~근처에 있다), 旁边是(옆에는 ~이다) 순서로 익혀두자!

B 喂, 你找到地铁站了吗? (여보세요, 지하철 찾았어요?)
A 地铁站就在百货商店的附近。(지하철역은 백화점 근처에 있어요.)
C 旁边是儿童乐园。(옆에는 어린이 놀이공원이고요.)

旁边 pángbiān 명 옆
儿童 értóng 명 아동, 어린이 ★
乐园 lèyuán 명 유원지, 놀이공원

58

A 可是没有什么大的效果
B 您可不可以给我换别的药啊?
C 医生, 这个药我已经吃了一个星期了

A 그러나 별다른 효과를 못 봤어요
B 다른 약으로 바꿔 주실 수 있을까요?
C 의사 선생님, 이 약을 일주일 동안 먹었는데요.

지문 어휘

可是 kěshì 접 그러나, 하지만 ★
没有 méiyǒu 동 없다
效果 xiàoguǒ 명 효과 ★
换 huàn 동 바꾸다
别的 biéde 명 다른 것
药 yào 명 약
医生 yīshēng 명 의사

| 정답 | CAB

| 해설 | 의미 파악 문제(결론 제시 → 구체적인 설명)

사건의 결론부터 제시한다. (이미 일주일 동안 약을 먹었음)	구체적인 설명을 언급한다. (효과를 못 봄)	다른 약으로 바꿔 달라고 제안하는 순서로 마무리한다.

C 医生, 这个药我已经吃了一个星期了。(의사 선생님, 이 약을 일주일 동안 먹었는데요.)
A 可是没有什么大的效果。(그러나 별다른 효과를 못 봤어요.)
B 您可不可以给我换别的药啊? (다른 약으로 바꿔 주실 수 있을까요?)

59

A 高铁动车的线路越来越多, 变化真是太大了
B 可是真的没想到, 才短短五六年的时间
C 我记得原来中国的交通特别不方便

A 고속열차의 노선은 점점 많아지고, 변화가 정말 크다
B 정말 의외이다. 겨우 짧은 5, 6년이란 시간인데
C 내가 기억하기로 원래 중국의 교통은 아주 불편했다

지문 어휘

高铁动车 gāotiě dòngchē
중국 고속열차의 일종
线路 xiànlù 명 노선, 선로
变化 biànhuà 명 변화
记得 jìde 동 기억하고 있다, 기억하다
原来 yuánlái 부 원래, 본래 ★

정답 CBA

해설 의미 파악 문제(사건 배경 … 결과)

| 원래 중국 교통은 불편했었다 (사건 배경 소개) | ➡ | 짧은 5, 6년 시간 동안 | ➡ | 변화가 아주 컸다라는 결과로 마무리한다. |

▶ 原来~(원래 ~했었다) … 短短的时间(짧은 시간 내에) … 变化太大了(변화가 아주 컸다) 라는 구문에 포인트를 두고 순서대로 배치!

C 我记得原来中国的交通特别不方便。(내가 기억하기로 원래 중국의 교통은 아주 불편했다.)
B 可是真的没想到，才短短五六年的时间。(정말 의외이다. 겨우 짧은 5, 6년이란 시간인데.)
A 高铁动车的线路越来越多，变化真是太大了。(고속열차의 노선은 점점 많아지고, 변화가 정말 크다.)

交通 jiāotōng 명 교통 ★
不方便 bù fāngbiàn 형 불편하다

60

A 结果就在离火车站还剩两公里的时候
B 我的车突然坏了
C 老同学让我帮忙去接一位客人

A 결국 기차역까지 2킬로미터 남았을 때
B 내 차는 갑자기 고장났다
C 오래된 친구가 나에게 손님 한 분을 마중 나가 달라고 했다

정답 CAB

해설 의미 파악 문제(사건 배경 … 결과)

| 사건 배경을 소개한다. (친구가 손님을 마중 나가 달라고 했음) | ➡ | 기차역까지 2킬로미터 남았다. | ➡ | 갑자기 차가 고장 났다는 결과의 순서로 마무리한다. |

▶ 让我去接客人~(나보고 손님을 마중 가라고 했다) … 剩两公里的时候~(2킬로미터 남았을 때) … 突然坏了(갑자기 고장났다)라는 구문에 포인트를 두고 순서대로 배치!

C 老同学让我帮忙去接一位客人。(오래된 친구가 나에게 손님 한 분을 마중 나가 달라고 했다.)
A 结果就在离火车站还剩两公里的时候。(결국 기차역까지 2킬로미터 남았을 때.)
B 我的车突然坏了。(내 차는 갑자기 고장났다.)

지문 어휘

结果 jiéguǒ 명 결과 ★
火车站 huǒchēzhàn 명 기차역
剩 shèng 동 남다, 남기다 ★
公里 gōnglǐ 양 킬로미터(km) ★
突然 tūrán 부 갑자기, 느닷없이
坏 huài 동 망가지다, 고장나다
帮忙 bāng máng 동 일(손)을 돕다, 도움을 주다
接 jiē 동 맞이하다, 마중하다
客人 kèrén 명 손님, 방문객

61

A 女儿，我真的没有骗你
B 我就给你买最新的平板电脑
C 如果你这次考试考得好的话

A 딸아, 나는 정말 너를 속이지 않는다
B 내가 네게 최신 태블릿 PC를 사 주마
C 만약 네가 이번 시험을 잘 본다면

지문 어휘

骗 piàn 동 속이다 ★
平板电脑 píngbǎn diànnǎo 명 태블릿 PC
如果A, 就B rúguǒ A, jiù B 접 만약 A한다면, B하다

정답 ACB

해설 의미 파악 문제(결론 ⋯ 구체적인 조건 제시 ⋯ 조건에 따른 결과 제시)

| 구체적 주어 언급, 얘기하고자 하는 결론을 먼저 언급한다. | ➡ | 시험을 잘 본다는 조건을 제시한다. | ➡ | 조건 충족 시 태블릿 PC를 사 줄 거라는 결과를 제시한다. |

A 女儿，我真的没有骗你，(딸아, 나는 정말 너를 속이지 않는다.)
C 如果你这次考试考得好的话 (만약 네가 이번 시험을 잘 본다면,)
B 我就给你买最新的平板电脑。(내가 네게 최신 태블릿 PC를 사 주마.)

62

A 在做重要决定之前
B 必须仔细考虑
C 千万别在决定之后，觉得自己的选择错了

A 중요한 결정을 하기 전에
B 반드시 꼼꼼하게 고려해야 한다
C 제발 결정한 후에는 자신의 선택이 틀렸다고 생각하지 마라

지문 어휘

重要 zhòngyào 형 중요하다
决定 juédìng 동 결정하다
之前 zhīqián 명 ~이전, ~전에
必须 bìxū 부 반드시, 기필코
仔细 zǐxì 형 세심하다, 꼼꼼하다 ★
考虑 kǎolǜ 동 고려하다, 생각하다 ★
千万 qiānwàn 부 부디, 제발 ★
之后 zhīhòu 명 ~후, ~다음
选择 xuǎnzé 명 선택 동 선택하다 ★

정답 ABC

해설 큰 개념 ⋯ 작은 개념 파악 문제

사건 발생 전	과정	사건 발생 후
중요한 결정을 하기 전에 ➡	꼼꼼히 체크하고 ➡	결정한 후에는 선택이 틀렸다고 생각하지 말라는 순서로 배치한다.

▶ 在~之前(~하기 전에는) ⋯ 必须(반드시) ⋯ 在~之后(~한 후에는)에 포인트를 두고 발생 순서대로 배치하자!

A 在做重要决定之前，(중요한 결정을 하기 전에,)
B 必须仔细考虑，(반드시 꼼꼼하게 고려해야 한다,)
C 千万别在决定之后，觉得自己的选择错了。(제발 결정한 후에는 자신의 선택이 틀렸다고 생각하지 마라.)

63

A 一定要记得选择自己感兴趣的
B 在选择工作时
C 否则将来后悔就来不及了

A 자신이 관심 있는 분야를 선택해야 함을 꼭 기억해라
B 직업을 선택할 땐
C 그렇지 않으면, 나중에 후회해도 늦는다

지문 어휘

记得 jìde 동 기억하다
感兴趣 gǎn xìngqù 관심이 있다
工作 gōngzuò 명 일 동 일하다
否则 fǒuzé 접 그렇지 않으면 ★
将来 jiānglái 명 장래, 미래 ★
后悔 hòuhuǐ 동 후회하다 ★
来不及 láibují 동 늦다 ★

정답 BAC

해설 큰 개념 ⋯ 작은 개념 파악 문제

전제	전제에 따르는 조건
직업을 선택할 때 (在~时)	반드시 기억해라(一定要记得) 그렇지 않으면 (否则~) ~된다로 배치한다.

B 在选择工作时, (직업을 선택할 땐,)
A 一定要记得选择自己感兴趣的, (자신이 관심 있는 분야를 선택해야 함을 기억해라,)
C 否则将来后悔就来不及了。(그렇지 않으면, 나중에 후회해도 늦는다.)

64

A 那么你永远不能获得真正的经验和成功
B 要是工作中只看结果
C 而不重视过程

A 당신은 영원히 진정한 경험과 성공을 얻지 못할 것이다
B 만약 업무를 할 때 결과만 보고
C 과정을 중시하지 않는다면

지문 어휘

那么 nàme 접 그러면
永远 yǒngyuǎn 부 영원히, 언제나 ★
获得 huòdé 동 얻다, 획득하다 ★
真正 zhēnzhèng 형 진정한, 순수한 ★
经验 jīngyàn 명 경험 ★
成功 chénggōng 명 성공 동 성공하다
要是 yàoshi 접 만약 ~한다면 ★
结果 jiéguǒ 명 결과, 결론 ★
重视 zhòngshì 동 중시하다 ★
过程 guòchéng 명 과정 ★

정답 BCA

해설 의미 파악 문제(가정 ⋯ 결론)

要是~, 那么~(만약 ~, 그러면 ~)의 의미를 이해하면 어순 배열이 쉽다. 여기에서는 只看~ 而不~ (~만 하고, ~하지 않는다) 구조에 주목할 것! 따라서 B를 C 앞으로 배열한다.

제일 마지막에 결론을 이끄는 접속사 那么~ (그러면 ~할 것이다)를 배치하여 마무리한다.

▶ 要是~只看~ (만약 ~만 보고) ⋯ 而不(반면 ~하지 않는다면) ⋯ 那么(~그러면)의 순으로 배치함을 알아두자!

B 要是工作中只看结果, (만약 업무를 할 때 결과만 보고,)
C 而不重视过程, (과정을 중시하지 않는다면,)
A 那么你永远不能获得真正的经验和成功。(당신은 영원히 진정한 경험과 성공을 얻지 못할 것이다.)

65

A 下个月九号才是
B 所以还有很多时间来给他准备生日礼物
C 你弄错了吧，今天不是爸爸的生日

A 다음 달 9일이야
B 그러니까 그에게 줄 생일 선물을 준비할 시간은 많단다
C 너 착각한 거야, 오늘은 아빠 생신이 아니야

지문 어휘

所以 suǒyǐ 접 그래서, 그러므로
生日 shēngrì 명 생일
礼物 lǐwù 명 선물
弄错 nòng cuò 동 잘못하다, 실수하다

정답 CAB

해설 의미 파악 문제(사건 원인 → 결론)

오늘은 아빠 생일이 아니다. → 다음 달 9일이 바로 아빠의 생신이다. → 그래서, 아빠 선물을 준비할 시간은 많다는 순으로 결론을 내린다.

▶ 今天不是(오늘이 아니다) → 九号才是~ (9일이야말로 ~) → 所以(그러므로)에 유념하며 배치하자!

C 你弄错了吧，今天不是爸爸的生日。(너 착각한 거야, 오늘은 아빠 생신이 아니야.)
A 下个月九号才是。(다음 달 9일이야.)
B 所以还有很多时间来给他准备生日礼物。(그러니까 그에게 줄 생일 선물을 준비할 시간은 많단다.)

제3부분 66~85번 문제는 단문을 읽고 질문에 알맞은 답을 고르는 문제입니다.

66

因为大韩的父母在上海做生意，所以他常常在假期的时候来上海玩儿。就这样，他不知不觉地学了点儿汉语。因此，他现在已经可以用一些简单的生活用语和中国人交流了。

★ 大韩：
  A 会点儿中文
  B 汉语说得很流利
  C 在中国做生意
  D 很了解中国文化

대한이의 부모님은 상하이에서 사업을 하셔서, 그는 항상 방학이면 상하이에 놀러 간다. 이렇게, 그는 은연중에 중국어를 배우게 되었고, 그래서 지금은 중국인과 간단한 생활용어로 소통할 수 있게 되었다.

★ 대한이는:
  A 중국어를 조금 할 줄 안다
  B 중국어가 유창하다
  C 중국에서 사업한다
  D 중국 문화를 이해한다

지문 어휘

做生意 zuò shēngyi 사업을 하다
假期 jiàqī 명 휴가, 방학 기간
不知不觉 bùzhībùjué 성 자기도 모르는 사이에, 은연중에
因此 yīncǐ 접 이로 인하여, 그래서 ★
简单 jiǎndān 형 간단하다
生活 shēnghuó 명 생활 동 생활하다 ★
用语 yòngyǔ 명 용어
交流 jiāoliú 동 교류하다, 소통하다 ★

정답 A

해설 대한이에 대해 묻고 있다. 대한이는 중국어를 배워서 간단한 생활용어로 중국인과 소통할 수 있다고 했으므로 중국어를 조금 할 수 있음을 알 수 있다.
▶ 조금 할 줄 안다는 '会点儿'의 표현에 주목할 것!

67

假期无聊时，我常常选择在家听听音乐、读读书什么的，累了就躺在床上睡觉。这样的话，心情会很放松，假期结束后，身体也会很舒服。

★ 假期无聊时，他一般会：
　A 锻炼身体
　B 打扫卫生
　C 在家休息
　D 约朋友见面

방학 기간 동안 심심할 때, 나는 종종 집에서 음악을 듣거나 책을 읽거나 하고, 피곤하면 침대에 누워 잔다. 이렇게 하면 마음이 편안해지고, 방학이 끝난 후에 몸도 가뿐해질 것이다.

★ 방학 기간 동안 심심할 때, 나는 보통:
　A 신체 단련한다
　B 청소한다
　C 집에서 쉰다
　D 친구를 만난다

지문 어휘

无聊 wúliáo 형 무료하다, 심심하다 ★
选择 xuǎnzé 명 선택 동 선택하다
听音乐 tīng yīnyuè 음악을 듣다
读书 dú shū 동 책을 읽다, 독서하다
躺 tǎng 동 눕다 ★
睡觉 shuì jiào 동 잠을 자다
心情 xīnqíng 명 기분, 심정 ★
放松 fàngsōng 동 기분을 풀다, 늦추다 ★
结束 jiéshù 동 끝나다, 마치다
舒服 shūfu 형 편안하다

보기 어휘

卫生 wèishēng 명 위생 형 위생적이다
约 yuē 동 약속하다, 만나다

정답 C

해설 화자는 방학 기간에 심심할 때 무엇을 하는지 묻고 있다. 단문 첫 부분에 심심하면 집에서 음악을 듣거나 책을 읽거나 피곤하면 잔다고 했으므로 정답은 C이다.

68

在选择爱人时，男人考虑的重点都不一样。有的人把漂亮看得很重要，有的人觉得身高很重要，但是有的人觉得这两个都不是最重要的，他们认为最好的爱人应该是自己非常喜欢，而且有共同兴趣爱好的人。

★ 这段话主要谈的是：

배우자를 선택할 때, 남자들이 생각하는 중점은 다르다. 어떤 사람은 아름다움을 중요하게 보고, 어떤 사람은 키를 중요하게 생각한다. 그러나 어떤 사람은 이 두 가지 모두 중요하게 생각하지 않는다. 그들은 가장 좋은 배우자는 자기 자신이 좋아해야 하며, 게다가 같은 관심사를 갖고 있는 사람이어야 한다고 생각한다.

★ 이 글이 주로 이야기하는 것은:

지문 어휘

爱人 àiren 명 배우자, 남편과 아내
考虑 kǎolǜ 동 고려하다, 생각하다 ★
重点 zhòngdiǎn 명 중점, 중요점 ★
不一样 bùyíyàng 형 같지 않다, 다르다
身高 shēngāo 명 키, 신장
最好 zuìhǎo 부 제일 좋기는 ~하는 것이다 ★
共同 gòngtóng 형 공동의

A 漂亮非常重要
B 理想的职业
C 选择爱人的重点
D 共同的兴趣爱好

A 아름다움은 매우 중요하다
B 이상적인 직업
C 배우자 선택 시의 중요점
D 공동의 흥미와 취미

공통의 ★
兴趣 xìngqù 명 흥미, 취미
爱好 àihào 명 취미

보기 어휘

理想 lǐxiǎng 명 이상
형 이상적이다 ★
职业 zhíyè 명 직업 ★

정답 C

해설 이 글의 주제를 묻는 문제로 첫 부분과 마지막 부분에 주목하자!
단문의 첫 부분에 배우자를 선택할 때 남자들이 생각하는 중점은 다르다고 했으므로 이 글의 주제가 된다.

69

在我们生活中保护环境是很重要的事情。为了让更多的人重视环境保护，每年的6月5日被定为"世界环境日"。每年的这个时候，世界各国都会举办各种保护环境的活动，引起人们对环境的重视。

우리가 살아가는 데 있어서 환경보호는 중요한 일이다. 더욱 많은 사람들이 환경보호를 중요하게 생각하도록 하기 위해, 매년 6월 5일을 '세계환경의 날'로 정했다. 매년 이 때가 되면, 세계 각국은 각종 환경보호 행사를 개최하여 사람들에게 환경에 대한 중요성을 부각시키고 있다.

지문 어휘

保护 bǎohù 동 보호하다 ★
环境 huánjìng 명 환경 ★
重视 zhòngshì 동 중시하다, 중요시하다 ★
各国 gè guó 명 각국, 각 나라
举办 jǔbàn 동 거행하다, 개최하다
各种 gèzhǒng 형 각종의
活动 huódòng 명 활동, 행사 ★
引起 yǐnqǐ 동 주의를 끌다, 야기하다 ★

★ 世界环境日当天为什么举办各种活动?
A 鼓励人们保护环境
B 环境保护的方法
C 有意思
D 拉近各国人的距离

★ 세계 환경의 날 당일에 왜 각종 행사를 개최하는가?
A 사람들에게 환경보호를 장려하기 위해
B 환경보호의 방법이므로
C 재미있으므로
D 각국 사람들의 거리를 가깝게 하기 위해

보기 어휘

鼓励 gǔlì 동 격려하다, 장려하다 ★
方法 fāngfǎ 명 방법 ★
拉近 lājìn 동 가까이 끌어당기다
距离 jùlí 명 거리, 간격
동 ~로 부터 떨어지다 ★

정답 A

해설 세계 환경의 날 당일에 왜 각종 행사를 진행하는지 이유를 묻고 있다. 세계 환경의 날에 각종 행사를 진행하는 이유는 사람들이 환경에 대해 중요하게 생각하도록 일깨우기 위함이라고 했으므로 정답은 A이다.

70

因为我和妹妹长得几乎一样，而且平时我们两个人非常喜欢穿同样的衣服，所以第一次见到我们的人，经常

나와 여동생은 생김새가 거의 같은 데다. 평소에 우리 두 사람은 같은 옷을 입길 좋아하기 때문에 우리를 처음 본 사람들

지문 어휘

平时 píngshí 명 평소, 평상시 ★
叫 jiào 동 ~라고 부르다
名字 míngzi 명 이름

会叫错我们的名字。但是我们的爸妈一下子就能判断出来。

은 종종 우리의 이름을 잘못 부른다. 하지만 우리의 부모님은 단번에 가려낼 수 있다.

★ 说话人和妹妹：
 A 感情非常深
 B 身高差不多
 C 兴趣一样
 D 长得像

★ 화자와 여동생은:
 A 애정이 깊다
 B 키가 비슷하다
 C 관심사가 같다
 D 닮았다

一下子 yíxiàzi 부 단시간에, 단번에
判断 pànduàn 동 판단하다 ★

보기 어휘

感情 gǎnqíng 명 감정 ★
深 shēn 형 깊다 ★
身高 shēngāo 명 키, 신장
差不多 chàbuduō 형 비슷하다 ★
像 xiàng 동 닮다

정답 D

해설 화자와 여동생에 관해서 묻고 있다. 생김새가 거의 같고 사람들이 이름을 혼동한다고 한 것으로 보아 자매는 닮았다는 것을 유추할 수 있다.

71

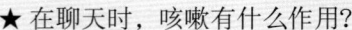

很多人认为咳嗽就是生病了，但其实并不一定表示生病。比如在聊天时，有的人会因听到一些不舒服的话而咳嗽。目的是想用咳嗽声引起说话人的注意，提醒他不要讲下去。

대부분 사람들은 기침을 하면 병에 걸렸다고 생각하지만, 사실은 꼭 병에 걸렸음을 나타내는 것은 아니다. 예를 들면, 이야기할 때, 누군가는 좀 불편한 말을 들으면 기침을 하기도 하니까 말이다. 기침 소리로 말하는 사람의 주의를 끌어내어, 그의 말을 멈추게 하려는 목적이 있다.

★ 在聊天时，咳嗽有什么作用？
 A 表示感冒
 B 引起他人注意
 C 尊重别人
 D 身体很健康

★ 이야기를 할 때, 기침은 어떤 작용을 하는가?
 A 감기에 걸렸음을 나타낸다
 B 타인의 주의를 끈다
 C 다른 사람을 존중한다
 D 건강하다

지문 어휘

认为 rènwéi 동 여기다, 생각하다
咳嗽 késou 동 기침하다 ★
生病 shēng bìng 동 병이 나다, 병에 걸리다
其实 qíshí 부 사실은
表示 biǎoshì 동 나타내다, 의미하다 ★
比如 bǐrú 접 예를 들어, 예를 들면
聊天 liáo tiān 동 이야기하다, 잡담하다
目的 mùdì 명 목적 ★
引起 yǐnqǐ 동 주의를 끌다, 야기하다 ★
注意 zhùyì 동 주의하다, 조심하다
提醒 tíxǐng 동 일깨우다, 상기시키다, 당부하다 ★

보기 어휘

感冒 gǎnmào 명 감기 동 감기에 걸리다
尊重 zūnzhòng 동 존중하다 ★
别人 biéren 대 남, 다른 사람

정답 B

해설 이야기를 할 때, 기침은 어떤 작용을 하는지 묻고 있다. 여기서 기침의 목적은 기침 소리로 말하는 사람의 주의를 끌어내어 그의 말을 멈추게 하기 위해서라고 했으므로 정답은 B이다.

72

李丽，有件事想让你帮忙。今天王明因为突然身体不舒服去医院了，所以你来负责安排下午的会议。如果有什么困难，你就可以问我。

리리, 당신께 부탁할 일이 있어요. 오늘 왕밍이 갑자기 몸이 안 좋아서 병원에 갔어요. 당신이 오후 회의를 책임지고 이끌어 주었으면 해요. 무슨 문제가 있으면 저한테 물어보시면 돼요.

★ 说话人让李丽：
  A 整理材料
  B 负责安排下午的会议
  C 带他去医院
  D 提醒王明

★ 화자는 리리에게:
  A 자료를 정리하게 했다
  B 오후 회의를 책임지고 진행하게 했다
  C 그를 데리고 병원에 가게 했다
  D 왕밍을 일깨워 주라고 했다

지문 어휘

突然 tūrán 형 갑자기, 문득, 돌연히
负责 fùzé 동 책임지다
安排 ānpái 동 준비하다, 안배하다 ★
会议 huìyì 명 회의
如果A, 就B rúguǒ A, jiù B 접 만약 A한다면, B하다
困难 kùnnan 명 어려움

보기 어휘

提醒 tíxǐng 동 일깨우다, 상기시키다 ★

정답 B

해설 화자는 리리에게 무엇을 하도록 부탁했는지 묻고 있다. 리리에게 부탁한 것은 바로 오후 회의를 책임지고 진행해 달라는 것이었으므로 정답은 B이다.
▶ 결과를 나타내는 접속사 所以(그래서) 뒷부분이 핵심인 경우가 많다!

73

선생님 강추!

有句话叫"挣钱有道"，它所表达的意思是要有挣钱的好方法。这句话中的"道"指的是"正确的方法"，并不是简单地解释为"方法"。那种利用骗人来赚钱的方法，就不能说是"挣钱有道"。

'돈을 버는 데에도 도리가 있다'는 말이 있는데, 그것이 나타내는 의미는 돈 버는 것에도 좋은 방법이 있어야 한다는 것이다. 이 말의 '도리'는 '올바른 방법'을 가리키는 것이지, 결코 단순하게 '방법'으로 해석되는 것은 아니다. 사람을 속여서 돈을 버는 방법은 '돈을 버는 도리를 지켰다'라고 말할 수 없기 때문이다.

★ 根据这段话，挣钱应该：
  A 积累经验
  B 用正确的方法
  C 保证节省
  D 努力工作

★ 이 글에 근거하여 돈을 버는 것은 마땅히:
  A 경험을 쌓아야 한다
  B 올바른 방법을 이용해야 한다
  C 절약을 보증해야 한다
  D 열심히 일해야 한다

지문 어휘

挣钱 zhèng qián 동 돈을 벌다
表达 biǎodá 동 나타내다, 드러내다
方法 fāngfǎ 명 방법, 수단 ★
正确 zhèngquè 형 정확하다, 올바르다 ★
简单 jiǎndān 형 간단하다
解释 jiěshì 동 해석하다, 해명하다, 밝히다 ★
骗 piàn 동 속이다
赚钱 zhuàn qián 동 돈을 벌다

보기 어휘

积累 jīlěi 동 쌓다, 축적되다 ★
保证 bǎozhèng 동 보증하다, 담보하다 ★
节省 jiéshěng 동 아끼다, 절약하다

정답 B

해설 이 글에 근거하여 돈을 어떻게 벌어야 하는지를 묻는 문제이다. 단문 마지막 부분에서 남을 속여서 돈을 버는 방법은 돈을 버는 도리가 아니라고 얘기했으므로 올바른 방법을 이용해서 돈을 벌어야 한다는 B가 정답이다.

74 선생님 강추!

这本书我都读了好几遍了，但是还不清楚它讲的到底是什么意思。是不是因为我能力有限？也许我应该去找老师问问。

★ 说话人要：
A 接着读
B 去问老师
C 上网查一查
D 跟同学讨论

나는 이 책 여러 번 읽었는데 이 책에서 얘기하는 것이 도대체 무슨 의미인지 여전히 잘 모르겠어. 나의 능력에 한계가 있는 걸까? 아마도 선생님을 찾아가서 한번 여쭤봐야 할 것 같아.

★ 화자는 무엇을 하려하는가:
A 이어서 읽는다
B 선생님께 여쭤본다
C 인터넷으로 검색한다
D 학우들과 토론한다

지문 어휘

到底 dàodǐ 부 도대체 ★
能力 nénglì 명 능력 ★
有限 yǒuxiàn 형 한계가 있다
也许 yěxǔ 부 어쩌면, 아마도 ★
找 zhǎo 동 찾다

보기 어휘

接着 jiēzhe 부 이어서, 연이어 ★
上网 shàng wǎng 동 인터넷을 하다
查 chá 동 검사하다, 조사하다
讨论 tǎolùn 동 토론하다 ★

정답 B

해설 화자는 무엇을 하려고 하는지 묻고 있다. 단문 마지막 부분에 선생님께 여쭤봐야겠다고 했으므로 정답은 B이다.

75

"山外有山，人外有人"的意思是说，世界上比你更厉害的人有很多。它告诉我们做任何事情都不要骄傲。为了使自己变得更强，我们不应该放弃任何提高自己能力的机会，要坚持学习。

★ "山外有山，人外有人"告诉我们什么？
A 要诚实
B 要有勇气
C 不要骄傲
D 别跟别人学习

'산 밖에 산이 있고, 사람 밖에 사람이 있다'는 말은 세상에는 당신보다 훨씬 대단한 사람이 많다는 뜻이다. 그러므로 어떤 일을 하든 자만하지 말라고 이야기하고 있다. 자신을 더욱 강하게 만들기 위해서, 우리는 자신의 능력을 향상시킬 수 있는 어떠한 기회도 포기해서는 안 되며 꾸준히 배워야 한다.

★ '산 밖에 산이 있고, 사람 밖에 사람이 있다'는 말이 우리에게 알려주는 것은?
A 성실해야 한다
B 용기가 있어야 한다
C 자만해선 안 된다
D 타인을 보고 배우지 말아야 한다

지문 어휘

意思 yìsi 명 의미, 뜻
任何 rènhé 대 어떠한, 무슨 ★
骄傲 jiāo'ào 형 거만하다, 자만하다 ★
强 qiáng 형 강하다, 힘이 세다
放弃 fàngqì 동 포기하다, 버리다 ★
提高 tígāo 동 제고하다, 향상시키다
能力 nénglì 명 능력 ★
机会 jīhuì 명 기회, 찬스
坚持 jiānchí 동 꾸준히 하다 ★

보기 어휘

诚实 chéngshí 형 성실하다 ★
勇气 yǒngqì 명 용기

정답 C

해설 성어의 뜻을 묻고 있다. 단문에서 우리가 어떤 일을 하든 자만하지 말라고 했으므로 정답은 C이다. 보기 A의 성실해야 한다와 보기 D의 다른 사람에게 배우다 등과 혼동하지 않도록 하자.

76

按照现在的比赛情况来看，我们班的班长王夏冬暂时排名第一。真没想到，王班长不仅学习成绩好，连乒乓球也打得那么棒。

지금 경기 상황으로 보면, 우리 반의 반장 왕샤둥이 일단은 일등이다. 정말 의외인 것은 왕 반장은 학업 성적도 좋은데, 심지어 탁구까지 저렇게 잘 치니 말이다.

★ 王班长：
A 钢琴弹得好
B 专业是数学
C 学习成绩不太好
D 乒乓球打得好

★ 왕 반장은:
A 피아노를 잘 친다
B 전공은 수학이다
C 학업 성적이 그다지 좋지 않다
D 탁구를 잘 친다

지문 어휘
按照 ànzhào 전 ~에 따라, ~에 의해 ★
比赛 bǐsài 명 경기, 시합
情况 qíngkuàng 명 상황, 형편 ★
班长 bānzhǎng 명 반장
暂时 zànshí 명 잠깐, 잠시, 일시 ★
排名 pái míng 동 석차를 내다, 순위를 매기다
不仅 bùjǐn 접 ~뿐만 아니라 ★
成绩 chéngjì 명 성적
乒乓球 pīngpāngqiú 명 탁구
棒 bàng 형 좋다, 멋지다 ★

보기 어휘
弹钢琴 tán gāngqín 피아노를 치다 ★
专业 zhuānyè 명 전공
数学 shùxué 명 수학

정답 D

해설 왕 반장에 대해 묻고 있다. 단문 마지막에 왕 반장은 성적도 좋고 심지어 탁구도 잘 친다고 언급했으므로 정답은 D이다.

77

光看地图完全不知道这儿有这么大，出口就有八九个。你先去那边看看有没有什么喝的，我停完车就过去找你。

지도만 보아서는 이곳이 이렇게 넓고, 출구가 8, 9개 있는 줄 전혀 몰랐어. 너 우선 저쪽에 가서 마실 것이 있는지 살펴보렴, 나는 주차해 놓고 너를 찾아갈 테니까.

★ 说话人要去做什么？
A 找人
B 去停车
C 去洗手间
D 买饮料

★ 화자는 무엇을 하려는가?
A 누군가를 찾는다
B 주차하러 간다
C 화장실에 간다
D 음료를 산다

지문 어휘
光 guāng 부 ~만, 오직 ★
地图 dìtú 명 지도
完全 wánquán 부 완전히 ★
出口 chūkǒu 명 출구
停车 tíng chē 동 주차하다
过去 guòqu 동 지나가다

보기 어휘
找 zhǎo 동 찾다
洗手间 xǐshǒujiān 명 화장실
饮料 yǐnliào 명 음료

정답 B

해설 화자가 무엇을 하려고 하는지 묻고 있다. 단문 마지막에 주차를 해 놓고 너를 찾아가 겠다고 했으므로 정답은 B이다.

78

家长们一定要重视孩子的安全教育。提醒他们，无论在哪儿，都不要随便跟陌生人一起走。如果他们离开父母迷路时，一定要站在原地等待，马上想办法和父母联系，或者向附近的警察求助。

★ 孩子迷路时，应该：

A 查看路线
B 马上联系父母
C 和陌生人一起走
D 回忆去过的地方

학부모들은 아이들의 안전 교육에 반드시 신경 써야 한다. 어디에서든지, 함부로 낯선 사람을 따라가서는 안 된다는 것을 일깨워 주어야 한다. 만약 부모와 떨어져 길을 잃었다면, 반드시 원래 있던 자리에서 기다리게 하고, 바로 부모와 연락할 방법을 찾거나 가까운 곳의 경찰에게 도움을 구하게 해야 한다.

★ 아이들이 길을 잃었을 땐, 반드시:

A 노선을 검색한다
B 바로 부모와 연락한다
C 낯선 사람과 함께 간다
D 지나온 길을 기억해 낸다

지문 어휘

家长 jiāzhǎng 명 가장, 학부모
安全 ānquán 형 안전하다 ★
教育 jiàoyù 명 교육 ★
提醒 tíxǐng 동 일깨우다, 상기시키다, 당부하다 ★
无论 wúlùn 접 ~을 막론하고, ~에 관계없이 ★
随便 suíbiàn 부 마음대로, 좋을대로 ★
陌生人 mòshēngrén 명 낯선 사람
离开 líkāi 동 헤어지다, 떠나다
迷路 mílù 동 길을 잃다 ★
原地 yuándì 명 본래(원래)의 자리
联系 liánxì 동 연락하다 ★
警察 jǐngchá 명 경찰 ★

보기 어휘

路线 lùxiàn 명 노선
回忆 huíyì 동 회상하다, 추억하다 ★

정답 B

해설 아이들이 길을 잃었을 때 반드시 해야 할 것에 대해 묻고 있다. 아이들이 길을 잃었을 땐, 원래 있던 곳에서 기다리게 하거나, 부모에게 연락하고 경찰에게 도움을 구해야 한다고 언급했으므로 해당 내용을 보기에서 찾으면 된다.

79

每个人在生活中都可能会得到别人的表扬。有的人会因为得到表扬变得更加优秀，更加热情地去做事；但是，有的人在得到表扬之后会变得非常骄傲，做事也没有以前那么积极，最后成为一个失败的人。

★ 这段话主要告诉我们：

모든 사람들은 생활 속에서 다른 사람의 칭찬을 받곤 한다. 어떤 사람은 칭찬을 받은 후에 더욱 우수해지고, 더 열정적으로 일을 하지만; 어떤 사람은 칭찬을 받은 후에 아주 거만해져서, 일도 예전처럼 적극적으로 하지 않고, 결국은 실패자가 된다.

★ 이 글이 우리에게 알려주고자 하는 것은:

지문 어휘

得到 dédào 동 얻다, 받다
表扬 biǎoyáng 동 칭찬하다 ★
优秀 yōuxiù 형 뛰어나다, 우수하다 ★
热情 rèqíng 형 친절하다, 다정하다
骄傲 jiāo'ào 형 거만하다, 오만하다 ★
积极 jījí 형 적극적이다 ★
最后 zuìhòu 명 제일 마지막, 최후

A 表扬的影响
B 对人要热情
C 要接受批评
D 感谢别人

A 칭찬의 영향
B 다른 이에게 친절해야 한다
C 비난을 받아들여야 한다
D 다른 이에게 감사해야 한다

成为 chéngwéi 동 ~이 되다 ★
失败 shībài 동 실패하다 ★

보기 어휘

接受 jiēshòu 동 받아들이다, 수락하다 ★
感谢 gǎnxiè 동 감사하다, 고맙다 ★

정답 A

해설 이 글의 주제를 묻는 문제이지만 글의 전체적인 의미를 파악하는 것이 중요하다. 칭찬을 받은 후 사람들의 각기 다른 반응을 이야기하고 있으므로 결국 칭찬의 영향에 대해 말하고 있음을 알 수 있다.

第80到81题是根据下面一段话：

80-81번 문제는 다음 내용에 근거한다:

⁸⁰ 圣诞节的时候，许多商场都会举行打折活动，有些东西的价格甚至打五折以上。所以圣诞节变成了购物节。⁸¹ 对于这种打折活动，我们一定要保持冷静，因为可能你买的东西并没有你想的那么便宜，而且聪明的卖家常常会通过加价后打折的方法吸引顾客。

⁸⁰ 크리스마스에는 여러 쇼핑센터들이 할인 행사를 한다. 몇몇 물건의 가격은 심지어 50% 이상 할인하기도 한다. 그래서 크리스마스가 쇼핑의 날로 변해 버렸다. ⁸¹ 이 할인 행사에 대해서 우리는 반드시 냉정을 유지할 필요가 있다. 왜냐하면 당신이 산 물건이 결코 당신이 생각하는 것만큼 싸지 않을 수도 있는데, 또 영리한 판매상이 종종 가격을 부풀린 후 할인하는 방법으로 고객을 유인할 수도 있기 때문이다.

지문 어휘

圣诞节 Shèngdàn Jié 명 성탄절, 크리스마스
商场 shāngchǎng 명 백화점, 쇼핑센터
举行 jǔxíng 동 거행하다 ★
打折 dǎ zhé 동 할인하다 ★
活动 huódòng 명 활동, 행사 ★
甚至 shènzhì 부 심지어, ~까지도, ~조차도 ★
变成 biànchéng 동 ~로 변하다, ~로 되다
购物节 gòuwùjié 명 쇼핑의 날
保持 bǎochí 동 유지하다, 지키다
冷静 lěngjìng 형 냉정하다, 침착하다 ★
聪明 cōngming 형 똑똑하다, 영리하다
通过 tōngguò 동 통과하다 ★
加价 jiā jià 동 가격을 올리다
吸引 xīyǐn 동 끌어당기다, 매료시키다 ★
顾客 gùkè 명 고객, 손님 ★

80

★ 为什么说"圣诞节常常变成了购物节"？

A 商场开门早
B 购物买一送一
C 商场打折多
D 顾客可抽奖

★ 왜 '크리스마스는 종종 쇼핑의 날로 변한다'고 말하는가?

A 쇼핑센터 오픈 시간이 이르므로
B 1+1의 쇼핑이므로
C 쇼핑센터에서 할인을 많이 하므로
D 고객이 경품 추천을 할 수 있으므로

보기 어휘

开门 kāi mén 동 영업을 시작하다, 문을 열다
抽奖 chōu jiǎng 동 경품을 추천하다, 당첨자를 뽑다

정답 C

해설 크리스마스가 왜 종종 쇼핑의 날로 변하는지 묻고 있다. 단문 첫 부분에 크리스마스에 여러 쇼핑센터에서 할인 행사를 벌인다고 했으므로 정답은 C이다.

81

★ 对于这种打折活动，我们应该：

A 通知家人
B 让售货员推荐
C 冷静
D 关心

★ 이러한 할인 행사에 대해 우리는 마땅히:

A 가족에게 알려야 한다
B 판매원이 추천하도록 해야 한다
C 냉정해야 한다
D 관심을 가져야 한다

보기 어휘

通知 tōngzhī 동 통지하다, 알리다 ★
售货员 shòuhuòyuán 명 판매원 ★
推荐 tuījiàn 동 추천하다

정답 C

해설 할인 행사에 대해 어떻게 해야 하는지 묻고 있다. 단문 중간 부분에 쇼핑센터에서 진행하는 할인 행사에 대해 냉정을 유지해야 한다고 언급했으므로 정답은 C이다.

第82到83题是根据下面一段话：

在汉语中，数字"201314"与"爱你一生一世"的读音差不多，⁸²所以很多恋人在发短信聊天儿的时候，为了方便会用"201314"来表示"爱你一生一世"。在很短的时间里，这组数字在日常生活中流行了起来。所以 ⁸³在2013年1月4日的时候，很多男人选择在那一天向女朋友求婚。

82-83번 문제는 다음 내용에 근거한다:

중국어에서 숫자 '201314'는 '평생 너를 사랑해'의 독음과 비슷하다. 그래서 ⁸²많은 연인들이 문자로 대화할 때, 편리하게 201314로 '평생 사랑해'라고 표현하고 있다. 짧은 시간 내에, 이러한 숫자의 조합은 일상생활 속에서 유행하기 시작했다. 그래서 ⁸³2013년 1월 4일에는 많은 남성들이 이 날을 택하여 여자친구에게 청혼하기도 했다.

지문 어휘

数字 shùzì 명 숫자 ★
一生一世 yìshēng yíshì 명 한평생
读音 dúyīn 명 독음
恋人 liànrén 명 연인
发短信 fā duǎnxìn 문자 메시지를 보내다
聊天儿 liáo tiānr 동 잡담하다, 채팅하다
为了 wèile 전 ~하기 위하여

方便 fāngbiàn 형 편리하다
流行 liúxíng 동 유행하다 ★
求婚 qiú hūn 동 구혼하다, 프로포즈하다

82

★ "201314"最先从哪儿流行起来的?

A 短信
B 报纸
C 电视
D 杂志

★ '201314'는 가장 먼저 어디에서부터 유행하기 시작했는가?

A 문자 메시지
B 신문
C 텔레비전
D 잡지

보기 어휘

短信 duǎnxìn 명 문자 메시지 ★
杂志 zázhì 명 잡지 ★

정답 **A**

해설 '201314'는 가장 먼저 어디에서부터 유행하기 시작했는지 묻고 있다. 많은 연인들이 문자로 대화할 때 201314로 사랑을 표현한다고 했으므로 정답은 A이다.

83

★ 很多男人在2013年1月4日那天：

A 找到女朋友
B 求婚
C 送玫瑰花
D 浪漫约会

★ 많은 남성들이 2013년 1월 4일 그날에:

A 여자친구를 찾았다
B 청혼했다
C 장미꽃을 선사했다
D 로맨틱한 데이트를 했다

보기 어휘

玫瑰 méigui 명 장미
浪漫 làngmàn 형 낭만적이다, 로맨틱하다 ★
约会 yuēhuì 명 약속, 데이트 ★

정답 **B**

해설 2013년 1월 4일에 많은 남성들은 무엇을 했는지 묻고 있다. 많은 남성들이 그날을 선택하여 청혼했다고 했으므로 정답은 B이다.

第84到85题是根据下面一段话： 　　84-85번 문제는 다음 내용에 근거한다:

成功不是让周围的人都表扬你、羡慕你，而是 ⁸⁴让他们都觉得需要你、离不开你。但很多人都不明白这一点。他们努力向别人证明自己多么有钱，过得多么幸福，⁸⁵以使别人羡慕自己。其实，这样做不仅不能赢得别人的尊重，相反还可能会让人觉得讨厌。

성공은 주변 사람들로 하여금, 당신을 칭찬하게 만들거나, 당신을 부러워하게 만드는 것이 아니라, ⁸⁴그들에게 당신이 필요하고, 없어서는 안 될 사람으로 여기게 하는 것이다. 그러나 많은 사람들은 이런 점을 이해하지 못한다. 그들은 다른 사람에게 자신이 얼마나 돈이 있고, 얼마나 행복하게 지내는지 애써 증명해 보이려고 하고, ⁸⁵다른 사람들로 하여금 자신을 부러워하게 만들려고 한다. 사실, 이렇게 하는 것은 다른 사람에게 존경을 받지 못할 뿐만 아니라, 오히려 더욱 사람들에게 미움을 살 수도 있다.

지문 어휘

周围 zhōuwéi 명 주위, 주변 ★
表扬 biǎoyáng 동 칭찬하다 ★
羡慕 xiànmù 동 부러워하다 ★
离不开 líbukāi 떨어질 수 없다, 벗어날 수 없다, 없어서는 안 된다
明白 míngbai 동 이해하다, 알다
证明 zhèngmíng 동 증명하다 ★
多么 duōme 부 얼마나
幸福 xìngfú 형 행복하다 ★
其实 qíshí 부 사실은
不仅 bùjǐn 접 ~뿐만 아니라
赢得 yíngdé 동 얻다, 획득하다
尊重 zūnzhòng 동 존중하다 ★
相反 xiāngfǎn 접 반대로, 오히려, 거꾸로 ★

84

★ 成功是让别人：
A 不拒绝自己
B 对自己满意
C 需要自己
D 记住自己

★ 성공은 다른 사람으로 하여금:
A 자신을 거부하지 않게 한다
B 자신에 대해 만족하게 한다
C 자신을 필요로 하게 한다
D 자신을 기억하게 한다

보기 어휘

拒绝 jùjué 동 거절하다 ★
满意 mǎnyì 형 만족하다
记住 jìzhù 동 확실히 기억해 두다

정답 C

해설 성공은 다른 사람으로 하여금 어떻게 하게 하는지 묻고 있다.
단문 첫 부분에 성공은 주변 사람들로 하여금, 당신을 칭찬하게 만들거나, 당신을 부러워하게 만드는 것이 아니라, 그들에게 당신이 필요하고, 없어서는 안 될 사람으로 느끼게 하는 것이라고 했으므로 정답은 C이다.

★ 什么样的做法可能会让人讨厌?
A 打扰别人
B 总发脾气
C 让别人羡慕自己
D 同情别人

★ 어떤 것이 사람들의 비난을 받을 수 있다고 했는가?
A 다른 사람을 방해하는 것
B 늘 화내는 것
C 다른 사람이 자신을 부러워하게 만드는 것
D 다른 사람을 동정하는 것

보기 어휘

打扰 dǎrǎo 동 방해하다, 지장을 주다 ★

发脾气 fā píqi 화내다, 성질 부리다

同情 tóngqíng 동 동정하다 ★

정답 C

해설 어떤 것이 사람들의 비난을 받을 수 있는지 묻고 있다. 단문 후반부에 어떤 사람들은 다른 사람들이 자신을 부러워하게 만들려고 하지만 그렇게 하는 것은 다른 사람에게 존경받지 못할 뿐 아니라, 오히려 미움을 살 수가 있다고 했으므로 해당 내용을 보기에서 찾으면 된다.

HSK 4급 2회 쓰기

제1부분 86~95번 문제는 제시된 어휘를 어순에 맞게 배열하여 문장을 완성하는 문제입니다.

86

哪个	国家的	那个是	语言
어느	국가의	그것은 ~이다	언어

[정답] 那个是哪个国家的语言?
그것은 어느 나라의 언어인가요?

보기 어휘
哪个 nǎ ge 때 어느 (것)
国家 guójiā 명 국가, 나라
语言 yǔyán 명 언어 ★

[해설] 是자문 위치 이해

술어 자리는 是이다.	→	'A 是 B'의 문장으로 那个是가 처음에 위치. 国家的는 관형어로 语言을 수식한다.	→	哪个는 '지시대명사 + 양사'의 형태로 양사 뒤에 해당 명사가 뒤따르니 哪个国家的语言으로 연결한다.

87

妈妈	同意爸爸的	意见	完全
엄마	아빠의 ~에 동의하다	의견	완전히

[정답] 妈妈完全同意爸爸的意见。
엄마는 아빠의 의견에 완전히 동의한다.

보기 어휘
同意 tóngyì 동 동의하다 ★
意见 yìjiàn 명 의견, 견해
完全 wánquán 부 완전히, 전적으로 ★

[해설] 부사어 위치 이해

술어 자리는 同意(동의하다)이다.	→	주어 자리는 妈妈이고, 관형어 爸爸的 뒤에 문법상, 의미상 어울리는 어휘는 명사 意见이다.	→	完全(완전히)은 부사이므로 주어 뒤, 술어 同意 앞에 배치한다.

88

上千人报名	了	这次考试	吸引
수천 명의 등록	했다	이번 시험	끌어당기다

정답 这次考试吸引了上千人报名。
이번 시험은 수천 명의 등록을 이끌어냈다.

해설 了의 위치 이해

| 술어 자리는 吸引(끌어당기다)이고, 동태조사 了는 술어 뒤에 붙인다. | ▶ | 주어는 这次考试이고, 목적어는 上千人报名이다. | ▶ | 수량사가 있는 목적어 일때는 了의 위치가 술어 뒤임을 반드시 기억하자. |

보기 어휘

上千人 shàngqiānrén
명 수천 명

报名 bào míng 동 등록하다, 신청하다 ★

考试 kǎoshì 명 시험

吸引 xīyǐn 동 끌어당기다, 매료시키다 ★

89

精彩	不怎么	这次比赛	进行得
재미있다	그다지 ~하지 않다	이번 시합	진행하는 정도가

정답 这次比赛进行得不怎么精彩。
이번 시합은 진행이 그다지 재미있지 않다.

해설 정도 보어의 위치 이해

| 술어 자리는 进行(진행하다)이고, 进行 뒤에 구조조사 得가 있으므로 정도보어 '주어 + 술어 得 + 정도보어' 구조로 배치한다. | ▶ | 주어는 这次比赛 (이번 시합)이고, 进行得 뒤에는 정도보어(부사 + 형용사)가 위치한다. | ▶ | 남은 어휘 가운데 不怎么 (그다지 ~하지 않다)는 부사이고, 형용사는 精彩 (흥미롭다)이므로 精彩 앞에 不怎么를 배치한다. |

보기 어휘

精彩 jīngcǎi 형 흥미롭다, 다채롭다 ★

不怎么 bùzěnme 부 그다지, 별로 ~하지 않다

比赛 bǐsài 명 경기, 시합

进行 jìnxíng 동 진행하다 ★

90

 선생님 강추!

对面	大使馆	在	就
맞은편	대사관	~에 있다	바로

정답 大使馆就在对面。
대사관은 바로 맞은편에 있어요.

해설 존재동사 在의 위치 이해

| 술어 자리는 在(~은) ~에 있다)이다. | ▶ | 존재동사 在는 'A 在 B + 방위사'의 어순으로 'A는 B 쪽에 있다'로 해석된다. A는 大使馆, B는 특정 명사 없이 방위사만으로도 가능하다. | ▶ | 就는 부사로 술어 在 앞에 놓인다. |

보기 어휘

对面 duìmiàn 명 맞은편, 건너편 ★

大使馆 dàshǐguǎn 명 대사관 ★

91

顾客	非常	李经理对	热情
고객	매우	이 사장님은 ~에 대해	친절하다

정답 李经理对顾客非常热情。
이 사장님은 고객들에게 매우 친절하다.

해설 전치사구 위치 이해

술어 자리는 热情(친절하다)이다.	⇨	经理 뒤에 对(~에 대해) 라는 전치사가 있으므로 전치사구 '对 + 명사' 형태로 배치하고, 명사는 顾客(고객)이다.	⇨	非常(매우)은 정도부사이므로 술어 热情 앞에 위치한다.

보기 어휘

顾客 gùkè 명 고객, 손님 ★
非常 fēicháng 부 매우, 대단히
经理 jīnglǐ 명 사장, 매니저
热情 rèqíng 형 친절하다, 다정하다

92

什么	他做的工作和	没	大学专业	关系
어떤(아무)	그가 일하는 업무와	없다	대학 전공	관계

정답 他做的工作和大学专业没什么关系。
그가 일하는 업무와 대학 전공은 아무 관계가 없다.

해설 전치사구 위치 이해

술어 자리는 没(없다)이다.	⇨	他做的工作 뒤에 和(~와/과) 라는 전치사가 있으므로 전치사구 '和 + 명사' 형태로 배치하며, 명사는 大学专业(대학 전공)이다.	⇨	술어 没 뒤에 구조 주목! 여기서 什么는 의문문으로 쓰인 것이 아니고 '没(有)什么关系'라는 고정격식으로 '아무(어떤) 관계도 없다'라는 의미임을 꼭 기억하자.

▶ A 和 B + 没 + 什么 + 关系 (A와 B는 아무 관계가 없다)의 구문을 익혀두자!

보기 어휘

什么 shénme 대 무엇, 무슨
工作 gōngzuò 명 업무
동 일하다
专业 zhuānyè 명 전공 ★
关系 guānxi 명 관계

93

拒绝	她申请的	被	美国签证	了
거절하다	그녀가 신청한	~에게 ~을 당하다	미국 비자	했다

정답 她申请的美国签证被拒绝了。
그녀가 신청한 미국 비자는 거절당했다.

보기 어휘

拒绝 jùjué 동 거절하다 ★
申请 shēnqǐng 동 신청하다 ★
被 bèi 전 ~에게 ~을 당하다
签证 qiānzhèng 명 비자 ★

| 해설 | 被자문 위치 이해 |

| 술어 자리는 拒绝 (거절하다) 이다. | 被자문의 어순은 '주어(행위의 객체) + 被 + (행위의 주체) + 술어 + 기타성분'이다. 被자문에서 행위의 주체는 자주 생략되므로 被拒绝了로 배치가 가능하다. | 她申请 뒤에 的가 있으므로 관형어 형태로 배치한다. 의미상 她申请的 뒤에 어울리는 어휘는 美国签证(미국 비자)으로 주어 자리에 놓는다. |

▶ 被자문에서는 목적어 즉 행위의 주체는 굳이 강조할 필요가 없거나 혹은 명확하게 알 수 있는 경우 생략 가능하다.

94

| 郊区的 | 比市内 | 漂亮得多 | 自然环境 |
| 교외의 | 시내에 비해 | 훨씬 아름답다 | 자연환경 |

보기 어휘

郊区 jiāoqū 몡 변두리, 교외 ★
比 bǐ 젠 ~에 비해, ~보다
市内 shìnèi 몡 시내
漂亮 piàoliang 혱 예쁘다, 아름답다
自然 zìrán 몡 자연 ★
环境 huánjìng 몡 환경

정답 郊区的自然环境比市内漂亮得多。
교외의 자연환경은 시내에 비해 훨씬 아름답다.

| 해설 | 비교문 比의 위치 이해 |

| 술어 자리는 정도보어 구조인 漂亮得多(훨씬 아름답다)이다. | 郊区 뒤에 的가 있으므로 관형어 형태로 뒤에 명사 성분을 배치한다. | '주어 + 比 + 비교 대상 + 술어' 순서로 비교문을 완성한다. |

95

| 后天晚上9点 | 正式表演 | 结束 | 将在 |
| 모레 저녁 9시 | 정식 공연 | 끝나다 | ~에 ~할 예정이다 |

보기 어휘

后天 hòutiān 몡 모레
正式 zhèngshì 몡 정식
혱 정식의, 공식의 ★
表演 biǎoyǎn 몡 공연
동 공연하다 ★
结束 jiéshù 동 끝나다, 마치다

정답 正式表演将在后天晚上9点结束。
정식 공연은 모레 저녁 9시에 끝날 예정이다.

| 해설 | 부사어구 위치 이해 |

| 술어 자리는 结束(끝나다)이다. | 여기에서는 将在의 의미를 파악하는 것이 중요하다! 将은 '곧 ~할 것이다'라는 부사이고, 在는 '~에서'라는 전치사, 在 뒤에는 시간이나 장소가 위치하므로 뒤에 后天晚上9点을 배치한다. | 주어 자리는 正式表演(정식 공연)이다. |

제2부분 96~100번 문제는 제시된 사진과 어휘를 활용하여 작문을 하는 문제입니다.

96

满

지문 어휘

满 mǎn 형 가득 차다, 꽉 차다
教室 jiàoshì 명 교실 ★
坐满 zuò mǎn 동 가득 메우다, 가득 차다
听课 tīng kè 동 수강하다, 수업을 듣다
座位 zuòwèi 명 좌석 ★

모범답안

1. 教室里坐满了听课的学生。
   교실 안에는 강의를 듣는 학생들로 가득 차 있다.

2. 教室里的座位都坐满了。
   교실 안의 좌석이 꽉 찼다.

해설 형용사 어휘로 문장 만들기

Step 1 : 품사를 이해하고, 관련 어휘 떠올리기

| 제시 어휘 | 满 형 가득 차다
| 관련 어휘 | 명사 ⋯ 자리(座位)
             동사 ⋯ 앉다(坐)

Tip 동사 뒤에 놓여 결과보어 형태로 작문해도 좋다.

Step 2 : 사진 관찰하며 문장을 생각하기

| 사진 관찰 | 사람이 가득 차 있는 그림
| 연상 문장 | 교실 안에 사람이 가득 차 있다
             교실 안에 좌석이 꽉 찼다

97

鼓励

지문 어휘

鼓励 gǔlì 동 격려하다, 북돋우다 ★
一直 yìzhí 부 계속, 줄곧
帮助 bāngzhù 명 도움 동 돕다

모범답안

1. 朋友一直鼓励她。
   친구는 줄곧 그녀를 격려하고 있다.

2. 朋友的鼓励给了她很大的帮助。
   친구의 격려는 그녀에게 큰 도움이 됐다.

해설 동사 어휘로 문장 만들기

Step 1 : 품사를 이해하고, 관련 어휘 떠올리기

| 제시 어휘 | 鼓励 동 격려하다, 북돋우다
| 관련 어휘 | 부사 … 계속, 줄곧(一直)
　　　　　　 명사 … 도움(帮助)

Step 2 : 사진 관찰하며 문장을 생각하기

| 사진 관찰 | 한 친구가 그녀를 격려하고 있는 모습
| 연상 문장 | 친구는 줄곧 그녀를 격려하고 있다
　　　　　　 친구의 격려는 그녀에게 큰 도움이 됐다

律师

지문 어휘

律师 lǜshī 명 변호사 ★
著名 zhùmíng 형 유명하다 ★
顾客 gùkè 명 고객, 손님 ★
谈话 tán huà 동 이야기하다

모범답안

1. 他是一位著名的律师。
   그는 유명한 변호사이다.

2. 那位律师正在和顾客谈话。
   그 변호사는 고객과 이야기를 하고 있다.

해설 명사 어휘로 문장 만들기

Step 1 : 품사를 이해하고, 관련 어휘 떠올리기

| 제시 어휘 | 律师 명 변호사
| 관련 어휘 | 동사 … 유명하다(著名)
　　　　　　 명사 … 고객(顾客)

Tip 正在(~하고 있다)를 활용해 작문해도 좋다.

Step 2 : 사진 관찰하며 문장을 생각하기

| 사진 관찰 | 변호사가 고객과 이야기를 나누고 있는 모습
| 연상 문장 | 그는 아주 유명한 변호사이다
　　　　　　 변호사는 고객과 이야기를 하고 있다

지문 어휘

允许 yǔnxǔ 동 동의하다, 허가하다 ★
使用 shǐyòng 동 사용하다, 쓰다 ★
手机 shǒujī 명 휴대폰
抽烟 chōu yān 동 담배를 피우다 ★

모범답안

1. 飞机上不允许使用手机。
   기내에서는 휴대폰 사용이 불가합니다.

2. 这里不允许抽烟。
   여기에서는 흡연이 불가합니다.

해설 동사 어휘로 문장 만들기

Step 1 : 품사를 이해하고, 관련 어휘 떠올리기

| 제시 어휘 | 允许 동 허가하다, 승낙하다
| 관련 어휘 | 동사 ⋯ 사용하다(使用), 담배를 피우다(抽烟)
             명사 ⋯ 手机

Step 2 : 사진 관찰하며 문장을 생각하기

| 사진 관찰 | 금지 표시가 되어 있는 그림
| 연상 문장 | 비행기 내에서 휴대폰 사용이 불가하다
             여기에서는 흡연이 불가하다
▶ 不允许(불가하다)와 禁止(금지하다)는 같이 익혀두자!

지문 어휘

现金 xiànjīn 명 현금 ★
平时 píngshí 부 평소, 평상시 ★
付款 fù kuǎn 동 돈을 지불하다, 계산하다
信用卡 xìnyòngkǎ 명 신용카드
方便 fāngbiàn 형 편리하다

모범답안

1. 你平时都是用现金付款吗?
   당신은 평소에 현금으로 계산하나요?

2. 信用卡比现金更方便。
   신용카드가 현금보다 훨씬 편리하다.

| 해설 | 명사 어휘로 문장 만들기

Step 1 : 품사를 이해하고, 관련 어휘 떠올리기

| 제시 어휘 | 现金 명 현금
| 관련 어휘 | 동사 ⋯ 계산하다(付款)
　　　　　　　명사 ⋯ 신용카드(信用卡)

Step 2 : 사진 관찰하며 문장을 생각하기

| 사진 관찰 | 손에 현금을 들고 있는 모습
| 연상 문장 | 현금으로 계산하다
　　　　　　　신용카드가 현금보다 편리하다

HSK 4급 3회 모의고사 듣기 스크립트

HSK(四级)模拟试题第三套

大家好！欢迎参加HSK(四级)考试。

HSK(四级)听力考试分三部分，共45题。

请大家注意，听力考试现在开始。

第一部分

一共10个题，每题听一次。

例如：

我想去办个信用卡，今天下午你有时间吗？陪我去一趟银行？

★ 他打算下午去银行。

现在我很少看电视，其中一个原因是，广告太多了，不管什么时间，也不管什么节目，只要你打开电视，总能看到那么多的广告，浪费我的时间。

★ 他喜欢看电视广告。

现在开始第一题：

1

每年的十一月十一号，很多网店会做打折活动。我的这件风衣就是那个时候买的，打折以后才花了两百多块钱，便宜了近一半的价格。

★ 风衣是在网上买的。

2

我儿子平时很少运动，如果工作压力大的话，他一般都会在家玩儿游戏，饿的话就上网订餐。

★ 我儿子经常在家运动。

3

小张经常迟到，每次聚会，他总是最后一个来，今天是王红的生日，我们约好了晚上6点见面，小张今天不知道怎么了，不到3点就到了。

★ 小张平时都很准时的。

4

金教授提醒我这个月末的科学知识比赛开始报名了，他说我的科学知识丰富，建议我参加这次比赛。

★ 金教授建议他参加比赛。

5

你们先去电影院买票，记得帮我买瓶可乐，我还剩两件衣服没洗完，洗完我就过去找你们。

★ 衣服还没洗完。

6

在孩子面前"不抽烟，不喝酒"。这不仅是对孩子的健康发展负责的态度，也是教育孩子养成好习惯的方法。

★ 在孩子面前不应该喝酒。

7

这场足球比赛太精彩了！要是能去体育场看

比赛的话，就更幸福了。下次我们一定要提前预订比赛门票。

★ 他们去体育场看了比赛。

8

对正式球员的要求很高，不仅要有足够的能力，还要有海外踢球经验，能够满足这些条件的运动员太少了。

★ 成为正式球员的条件很简单。

9

自从和他分手以后，我就变得十分害羞，从来没和别的男孩儿说过话，性格也开始变得很奇怪，说实话，完全像变了一个人一样。

★ 我现在很活泼。

10

为了成功申请这次的冬季奥林匹克运动会，我们特别在环境方面做了很多工作，为了给世界人民留下一个好印象，我们还在道路设计方面下了很多功夫。

★ 他们准备申请夏季奥运会。

第二部分

一共15个题，每题听一次。

例如：

女：该加油了，去机场的路上有加油站吗？

男：有，你放心吧。

女：男的主要是什么意思？

现在开始第11题：

11

女：你怎么睡着了？快醒醒，这么开车多危险啊！

男：哦，昨天搬家搬了一整天，有点儿困。

问：关于男的，可以知道什么？

12

女：刚才总经理来了电话，说是堵车，会议估计又要推迟了。

男：什么？怎么总这样啊，我一会儿还有约会呢。

问：他们现在最可能在哪儿？

13

男：这个周末我要去参加记者见面会，你觉得穿哪件衣服合适？

女：穿这套蓝色西装去吧，看起来很年轻。

问：女的觉得男的穿什么去好？

14

女：冰箱里的水果怎么都没了，你都吃了吗？

男：昨天同事们来咱们家的时候，都拿出来招待他们了。

问：冰箱里为什么没有水果了？

15

男：刚才喝咖啡的时候，不小心弄到衣服上了，怎么才能洗干净啊？

女：我有办法，用牙膏洗就行。

问：女的是什么意思？

16

女：李先生，对不起，今天的会议估计要推迟进行，王先生还在高速上。

男：好吧，那我先在这儿等一会儿。

问：男的要找谁？

17

男：听说你结婚了，你怎么没告诉我？

女：对不起，我和丈夫当时在国外，谁都没告诉！

问：女的结婚为什么没告诉男的？

18

女：明天的会议很重要，校长也来参加，你一定要按时来。

男：我明白了，黄老师，谢谢你。

问：女的让男的做什么？

19

男：离高考还有几天？你准备得怎么样了？

女：就剩一个星期了，我太紧张了，最近总是睡不着。

问：根据对话，可以知道什么？

20

女：这是我刚填完的报名表，你帮我看看对不对？

男：我的还没填完呢，时间来不及了，你找别人帮你看看。

问：他们在讨论什么？

21

男：这是我的电子邮件地址，你记一下。

女：我的办公室不能上网，你还是告诉我你的传真号码吧。

问：女的是什么意思？

22

女：先生，这三件衣服一共四百元，您刷卡还是付现金？

男：不好意思，我的钱包忘在车上了，请稍等一下。

问：男的接下来要去哪里？

23

男：听你哥哥说，明年你要去美国留学，准备得怎么样了？

女：昨天刚收到英语成绩单，分数还不错，还差介绍信。

问：女的最近在忙什么？

24

女：你怎么还不上网啊？招聘结果出来了，你快看看吧。

男：这么快！可是我忘记网址了，你快把网址给我发过来。

问：男的要看什么？

25

男：不好意思，我要去一趟卫生间，你先拿票进去吧。

女：好的，还没开始，不着急。

问：他们最可能在哪儿？

第三部分

一共20个题，每题听一次。

例如：

男：把这个文件复印五份，一会儿拿到会议室发给大家。

女：好的，会议是下午3点吗？

男：改了。3点半，推迟了半个小时。

女：好，602会议室没变吧。

男：对，没变。

问：会议几点开始？

现在开始第26题：

26

女：我照的照片你看了吗？怎么样？

男：景色挺漂亮的，就是有点儿暗。

女：是吗？我的拍照技术还是不够好。

男：还不错，下次注意一下阳光的方向。

问：他们在讨论什么？

27

男：这次考试多少分才能通过？

女：原来要60分，听说现在超过70分才可以，另外通过的人还要参加口语考试。

男：那我没希望了，我的口语一点儿也不流利。

女：别担心，你要对自己有信心。

问：女的希望男的怎么做？

28

女：明年的工作计划都写好了吗？

男：全部写完了，不过春节的工作还没安排好。

女：没关系，你先把写好的给我看一下，我看完了再研究一下。

男：好的。

问：女的让男的写什么？

29

男：不好意思，车在路上出问题了，所以来晚了。

女：我们还以为你迷路了呢，打电话你也不接，正要准备去找你呢。

男：真不好意思。

女：没事儿，人来了就好！

问：男的为什么来晚了？

30

女：你不是去美国出差了吗？怎么开车回来了？
男：别提了，忘带护照了，等我取完护照飞机都起飞了。
女：那你还去不去美国了？
男：去啊，已经给美国那里打过电话了，明晚出发。
问：男的怎么了？

31

男：你暑假打算做什么？
女：我准备教别人画画儿，赚点儿钱。
男：正好我妹妹想学画画儿，你教她吧。
女：谢谢你，不过我已经有学生了。
问：女的暑假打算做什么？

32

女：师傅，几点能到大使馆？我四点要取签证。
男：如果不堵车的话，来得及，您就放心吧。
女：大使馆五点关门，师傅您稍微开快一点儿。
男：好的，那我们就走小路吧，那儿不堵车。
问：关于女的，下列哪个正确？

33

男：金经理，我们公司这次招聘的都是没经验的年轻人。
女：年轻人什么都不会，真让人头疼。
男：没关系，我觉得您能把他们教好。
女：年轻人是有热情，最重要的还是希望他们要有耐心。
问：女的希望年轻人怎么样？

34

女：上次李医生结婚，我们送她的那个花瓶在哪儿买的？
男：那个花瓶是我父亲从云南带回来的，怎么了？
女：我同事搬家了，邀请我明天去她家，不知道送点儿什么好。
男：这还不好说，买点儿水果去就行。
问：男的建议买什么礼物？

35

男：不要听着音乐学习，学习效果会受到影响。
女：不听音乐的话，我容易犯困，而且别的声音更容易影响我。
男：长时间听音乐对耳朵不好，你休息一下，我给你倒杯咖啡。你一会儿再学。
女：好的。
问：男的希望女的怎么做？

第36到37题是根据下面一段话：

这个书店虽然不大，但却是一家24小时开门的书店。这里的书数量多，种类多样。这里有很多关于科学方面的、历史方面的、语言方面的书。无论早上还是深夜，那里总是有人低头苦读，所以这里还提供点餐服务。

36 这家书店有什么特点？

37 关于书店，下列哪个正确？

第38到39题是根据下面一段话：

第一次就能成功的人很少，第一次成功以后，几乎没有人能一直成功下去，所以不要害怕失败。如果一个人没有失败过，那不能叫做成功，失败是成功之母。只有不断地总结失败的经验，在成功的路上不停地改变自己，这样才能取得理想的进步。

38 我们失败后应该怎么做？

39 这段话告诉我们什么？

第40到41题是根据下面一段话：

虽然公共汽车的票价比地铁便宜，但还是选择坐地铁出门的人最多。总结一下，有两个原因，第一个是坐地铁可以不受天气的影响，每次乘坐的时间都不会有太大的变化。第二个是地铁不会发生堵车的情况。乘坐公共汽车时，特别是上下班时间，堵车问题比较严重，所以大部分人即使多花点儿钱，还是会选择乘坐地铁。

40 为什么选择乘坐地铁的人更多？

41 下列哪个是地铁的优点？

第42到43题是根据下面一段话：

研究发现，根据选择教室座位的习惯，可以看出一个人的态度。选择距离门口越近的人，他们热爱生活多于工作；选择距离窗户近的人，他们工作认真，对工作很有热情；选择教室中间座位的人，他们考虑问题全面，喜欢问问题。所以，在开会的时候，我们想要了解自己员工的话，可以通过座位来进行判断。

42 选择距离窗户近的人怎么样？

43 研究发现喜欢中间座位的人怎么样？

第44到45题是根据下面一段话：

川剧流行于四川，它是一种很特别的艺术表演。川剧和京剧一样一直深受人们的喜爱。还记得以前看川剧时，虽然根本听不懂演员在唱什么，但他们的表演还是很精彩，尤其是变脸的时候，速度太快了，让我很吃惊。一张红色的脸在不到一秒的时间，就变成了黑色，我完全无法理解他们是怎么做到的。

44 她以前看川剧时，觉得怎么样？

45 关于川剧，可以知道什么？

 모의고사 정답

一、听力

第一部分

1. ✓   2. ✗   3. ✗   4. ✓   5. ✓   6. ✓   7. ✗   8. ✗   9. ✗   10. ✗

第二部分

11. A   12. D   13. A   14. D   15. B   16. C   17. D   18. B   19. D   20. C
21. D   22. C   23. C   24. C   25. B

第三部分

26. D   27. A   28. C   29. A   30. D   31. B   32. D   33. A   34. D   35. C
36. D   37. D   38. B   39. D   40. B   41. D   42. C   43. A   44. A   45. A

二、阅读

第一部分

46. E   47. B   48. F   49. A   50. C   51. F   52. A   53. B   54. D   55. E

第二部分

56. ACB   57. ACB   58. BAC   59. CAB   60. ACB
61. CAB   62. CBA   63. BAC   64. BAC   65. BAC

第三部分

66. A   67. C   68. C   69. B   70. C   71. C   72. D   73. C   74. C   75. D
76. C   77. D   78. C   79. A   80. C   81. D   82. B   83. C   84. D   85. C

三、书写

第一部分

86. 祝大家考试顺利。
87. 这次的招聘会由小李负责。
88. 禁止吸烟是全社会共同的责任。
89. 他把这种情况简单地解释了一下。
90. 沙发上有一只猫。
91. 他是故意输给我们的吗?
92. 经理对我的计划很感兴趣。
93. 我去银行取点儿钱回来。
94. 请你将我们的申请表发到电子邮件。
95. 我以后再也不喝酒了。

第二部分

96. 1. 护士正在给病人打针。
    2. 护士对病人很热情。
97. 1. 她一边照镜子一边打扮。
    2. 她今天打扮得很漂亮。
98. 1. 她特别喜欢喝汤。
    2. 妈妈给我做的汤,特别好喝。
99. 1. 她咳嗽得很厉害。
    2. 只要天气变凉,她就会咳嗽感冒。
100. 1. 他们终于大学毕业了。
     2. 他们正在参加毕业典礼。

HSK 4급 3회 듣기

제1부분 1~10번 문제는 들리는 내용이 시험지에 제시된 문장과 일치하는지 판단하는 문제입니다.

🎧 01_3

1

★ 风衣是在网上买的。(✓)

每年的十一月十一号，很多网店会做打折活动。我的这件风衣就是那个时候买的，打折以后才花了两百多块钱，便宜了近一半的价格。

★ 트렌치코트는 인터넷에서 샀다.

매년 11월 11일, 많은 온라인 쇼핑몰에서 할인 행사를 한다. 나의 이 트렌치 코트가 바로 그때 산 것이다. 할인 후에 겨우 200여 위안밖에 들지 않았으니, 거의 절반이나 저렴한 셈이다.

지문 어휘

风衣 fēngyī 명 바람막이 코트, 트렌치코트
网上 wǎngshàng 명 인터넷
网店 wǎngdiàn 명 온라인 몰
打折 dǎ zhé 동 할인하다 ★
活动 huódòng 명 활동, 행사 ★
近 jìn 형 가깝다, 거의 비슷하다, 유사하다
价格 jiàgé 명 가격 ★

정답 ✓

해설 온라인 쇼핑몰에서 할인 행사를 할 때 인터넷으로 구입했다고 했으므로 제시된 문장의 인터넷으로 구입했다는 것과 일치한다.

2

선생님 강추!

★ 我儿子经常在家运动。(✗)

我儿子平时很少运动，如果工作压力大的话，他一般都会在家玩儿游戏，饿的话，就上网订餐。

★ 우리 아들은 자주 집에서 운동한다.

우리 아들은 평소에 운동을 잘 하지 않는다. 만약 업무 스트레스가 심하면, 보통 집에서 게임을 하고, 배가 고프면 인터넷으로 음식을 주문한다.

지문 어휘

平时 píngshí 명 평소 ★
运动 yùndòng 동 운동
压力 yālì 명 스트레스 ★
一般 yìbān 형 보통이다, 일반적이다 부 일반적으로
玩儿游戏 wánr yóuxì 게임하다
饿 è 형 배고프다
上网 shàng wǎng 동 인터넷을 하다
订餐 dìng cān 동 음식을 주문하다

정답 ✗

해설 经常运动(늘 운동한다)과 很少运动(운동을 거의 하지 않는다)을 혼동하지 말아야 한다. 따라서 녹음 내용과 제시된 문장은 일치하지 않는다.

3

★ 小张平时都很准时的。(✗)

小张经常迟到，每次聚会，他总是最

★ 샤오장은 평소에 시간을 잘 지킨다.

샤오장은 항상 지각해서 매번

지문 어휘

准时 zhǔnshí 형 시간을 지키다 ★
迟到 chídào 동 지각하다

后一个来。今天是王红的生日，我们约好了晚上6点见面，小张今天不知道怎么了，不到3点就到了。

모임 때마다 늘 제일 마지막에 도착한다. 오늘 왕훙의 생일이어서, 우리는 저녁 6시에 만나기로 약속했는데, 샤오장이 오늘 어찌된 건지 모르겠지만 3시도 되지 않아 도착했다.

聚会 jùhuì 명 모임 ★
总是 zǒngshì 부 늘
最后 zuìhòu 명 제일 마지막
约 yuē 동 약속하다

정답 ✗

해설 샤오장 이름이 언급되면 이후 시간 관련 어휘를 주의깊게 들어보자. 항상 지각한다는 내용이 나오므로 평소 시간을 잘 지킨다는 제시 문장과는 일치하지 않는다.

4

★ 金教授建议他参加比赛。( )

金教授提醒我这个月末的科学知识比赛开始报名了，他说我的科学知识丰富，建议我参加这次比赛。

★ 김 교수님은 그에게 대회 참가를 제안하였다.

김 교수님은 내게 이번 달 말의 과학지식대회 참가 신청이 시작되었다고 알려주셨다. 그는 나의 과학지식이 풍부하다고 하시며, 이번 대회에 참가해 볼 것을 제안하셨다.

지문 어휘

教授 jiàoshòu 명 교수 ★
建议 jiànyì 동 제안하다, 건의하다 ★
参加 cānjiā 동 참가하다
比赛 bǐsài 명 경기, 시합, 대회
提醒 tíxǐng 동 일깨우다, 상기시키다 ★
月末 yuèmò 명 월말
科学 kēxué 명 과학 ★
知识 zhīshi 명 지식 ★
报名 bào míng 동 등록하다, 신청하다
丰富 fēngfù 형 풍부하다 동 풍부하게 하다 ★

정답 ✓

해설 김 교수님은 화자에게 이번 대회에 참가해 볼 것을 제안했다고 했으므로 제시된 문장과 일치한다.

5

★ 衣服还没洗完。(✓)

你们先去电影院买票，记得帮我买瓶可乐，我还剩两件衣服没洗完，洗完我就过去找你们。

★ 빨래는 아직 끝나지 않았다.

너희 먼저 영화관에 가서 티켓을 사, 내 콜라 사는 거 잊지 말고, 나는 빨지 못한 두 벌의 옷이 아직 남아 있어서, 다 빨고 바로 너희를 찾아갈게.

지문 어휘

电影院 diànyǐngyuàn 명 영화관, 극장
记得 jìde 동 기억하고 있다, 잊지 않고 있다
瓶 píng 양 병
可乐 kělè 명 콜라
剩 shèng 동 남다, 남기다 ★
找 zhǎo 동 찾다

정답 ✓

해설 빨지 못한 옷이 두 벌 남았다고 했으므로 빨래가 끝나지 않았다는 문장과 일치한다.

6

★ 在孩子面前不应该喝酒。（ ✓ ）

在孩子面前"不抽烟，不喝酒"。这不仅是对孩子的健康发展负责的态度，也是教育孩子养成好习惯的方法。

★ 아이 앞에서 술을 마셔서는 안 된다.

아이 앞에서 '담배를 피우지 않고, 술을 마시지 않는 것'은 아이의 건강한 성장에 책임을 지는 태도일 뿐만 아니라, 또한 좋은 습관을 기르도록 가르치는 방법이다.

정답 ✓

해설 첫 문장에 아이 앞에서는 흡연과 음주를 하지 않는다고 하면서 이는 아이의 성장과 좋은 습관 양성에 관련된 것임을 언급하므로 아이 앞에서 술을 마셔서는 안 된다는 제시 문장과 일치한다.

지문 어휘

面前 miànqián 명 앞, 눈앞
抽烟 chōu yān 동 담배를 피우다, 흡연하다 ★
喝酒 hē jiǔ 동 술을 마시다
不仅A, 也B bùjǐn A, yě B 접 A뿐만 아니라, 또한 B하다
发展 fāzhǎn 명 발전 동 발전하다 ★
负责 fùzé 동 책임지다 ★
健康 jiànkāng 형 건강하다, 건전하다
态度 tàidu 명 태도 ★
教育 jiàoyù 명 교육 동 교육하다, 가르치다 ★
养成 yǎngchéng 동 양성하다, 기르다 ★
习惯 xíguàn 명 습관, 버릇 ★
方法 fāngfǎ 명 방법 ★

7

★ 他们去体育场看了比赛。（ ✗ ）

这场足球比赛太精彩了！要是能去体育场看比赛的话，就更幸福了。下次我们一定要提前预订比赛门票。

★ 그들은 경기장에 가서 경기를 보았다.

이번 축구 경기는 정말 재미있다! 만약 경기장에 가서 경기를 보았더라면 더욱 행복했을 텐데. 다음에 우리 꼭 입장권을 미리 예매하자.

정답 ✗

해설 녹음 내용에 '만약 경기장에 가서 경기를 보았더라면'이라고 했으므로 경기장에 가서 경기를 본 것이 아님을 알 수 있다. 따라서 제시된 문장과 일치하지 않는다.

지문 어휘

体育场 tǐyùchǎng 명 운동장, 스타디움
比赛 bǐsài 명 시합, 경기
精彩 jīngcǎi 형 다채롭다, 훌륭하다, 멋지다 ★
幸福 xìngfú 형 행복하다 ★
下次 xiàcì 명 다음 번
提前 tíqián 동 앞당기다 ★
预订 yùdìng 동 예약하다
门票 ménpiào 명 입장권

8

★ 成为正式球员的条件很简单。（ ✗ ）

对正式球员的要求很高，不仅要有足够的能力，还要有海外踢球经验，能

★ 정식 선수가 되는 조건은 간단하다.

정식 선수가 되는 조건은 매우 까다롭다. 충분한 능력을 갖춰야 할 뿐만 아니라, 또한 해

지문 어휘

成为 chéngwéi 동 ~이 되다 ★
正式 zhèngshì 형 정식적이다, 공식적이다 ★
球员 qiúyuán 명 (구기 종목) 선수

够满足这些条件的运动员太少了。

외 경기 경험이 있어야 하는데, 이러한 조건을 만족시킬 수 있는 운동선수는 아주 드물다.

条件 tiáojiàn 명 조건 ★
简单 jiǎndān 형 간단하다
要求 yāoqiú 명 요구
동 요구하다
不仅A, 还B bùjǐn A, hái B
접 A뿐만 아니라, 또한 B하다
足够 zúgòu 형 충분하다 ★
能力 nénglì 명 능력 ★
海外 hǎiwài 명 해외, 국외
踢球 tī qiú 동 축구하다
经验 jīngyàn 명 경험 ★
能够 nénggòu 동 ~할 수 있다
满足 mǎnzú 동 만족하다
运动员 yùndòngyuán
명 운동선수

[정답] ×

[해설] 녹음 내용 첫머리에 정식 선수가 되는 조건은 까다롭다고 했으므로 제시된 문장과 일치하지 않는다.

9

★ 我现在很活泼。(×)

自从和他分手以后，我就变得十分害羞，从来没和别的男孩儿说过话，性格也开始变得很奇怪，说实话，完全像变了一个人一样。

★ 나는 현재 활발하다.

그와 헤어진 후부터, 나는 매우 수줍음이 많아졌다. 지금까지 다른 남자아이들과 말을 해 본 적도 없고, 성격 역시 이상하게 변했다. 솔직히, 완전히 다른 사람처럼 변했다.

지문 어휘

活泼 huópo 형 활발하다, 활기차다 ★
自从 zìcóng 전 ~에서부터
分手 fēnshǒu 동 헤어지다 ★
害羞 hàixiū 동 부끄러워하다 ★
从来 cónglái 부 여태껏, 지금까지 ★
奇怪 qíguài 형 이상하다
说实话 shuō shíhuà
솔직히 말하자면
完全 wánquán 부 완전히
像 xiàng 동 ~와 같다

[정답] ×

[해설] 活泼(활발하다, 활기차다)와 害羞(부끄러워하다)의 뜻을 확실히 숙지해야 한다. 녹음 내용에서는 수줍음이 많아졌다고 했으므로 제시된 문장과는 일치하지 않는다.

10

★ 他们准备申请夏季奥运会。(×)

为了成功申请这次的冬季奥林匹克运动会，我们特别在环境方面做了很多工作，为了给世界人民留下一个好印象，我们还在道路设计方面下了很多功夫。

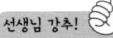 선생님 강추!

★ 그들은 하계 올림픽 대회 신청을 준비하였다.

이번 동계 올림픽의 성공적인 신청을 위해, (우리는) 특히 환경 면에서 많은 노력을 했고, 세계인들에게 좋은 인상을 남기기 위해, 도로 설계 면에도 많은 공을 들였다.

지문 어휘

申请 shēnqǐng 동 신청하다 ★
夏季 xiàjì 명 하계
奥运会 àoyùnhuì 명 올림픽
(奥林匹克运动会의 준말)
成功 chénggōng 동 성공하다 ★
冬季 dōngjì 명 동계
奥林匹克 Àolínpǐkè 명 올림픽
运动会 yùndònghuì 명 운동회, 체육대회

[정답] ✗

[해설] 동계 올림픽의 유치를 위해 노력하고 있다는 내용이므로 제시된 문장과 일치하지 않는다.

▶ 夏季(하계)인지 冬季(동계)인지 유심히 듣자!

环境 huánjìng 명 환경
留下印象 liúxià yìnxiàng 인상을 남기다 ★
道路 dàolù 명 도로, 길
设计 shèjì 동 설계하다, 디자인하다
方面 fāngmiàn 명 방면, 부분, 분야 ★
下功夫 xià gōngfū 공을 들이다, 애를 쓰다

제2부분   11~25번 문제는 남녀간의 대화를 듣고 질문에 알맞은 답을 고르는 문제입니다.

11

女: 你怎么睡着了？快醒醒，这么开车多危险啊！
男: 哦，昨天搬家搬了一整天，有点儿困。
问: 关于男的，可以知道什么？
　A 在开车
　B 昨天没睡觉
　C 还没搬家
　D 不会开车

여: 너 자는 거야? 빨리 잠 깨. 이렇게 운전하면 얼마나 위험한데!
남: 어, 어제 하루 종일 이사하느라, 좀 졸렸어.
질문: 남자에 관하여, 알 수 있는 것은?
　A 운전 중이다
　B 어제 잠을 자지 않았다
　C 아직 이사하지 않았다
　D 운전할 줄 모른다

지문 어휘
睡着 shuìzháo 동 잠들다
醒 xǐng 동 잠에서 깨다 ★
危险 wēixiǎn 형 위험하다 ★
搬家 bān jiā 동 이사하다
整天 zhěngtiān 부 종일, 한참 동안
困 kùn 형 졸리다 ★

보기 어휘
睡觉 shuì jiào 동 잠을 자다

[정답] A

[해설] 남자에 관해서 묻고 있다. 앞부분에 여자가 '이렇게 운전하면 위험하다'고 했으므로 남자는 현재 운전하고 있는 중임을 알 수 있다.

12

女: 刚才总经理来了电话，说是堵车，会议估计又要推迟了。

여: 좀 전에 사장님이 전화하셨어요. 길이 막혀서 회의는 아마도 또 미뤄야 할 것 같답니다.

지문 어휘
总经理 zǒngjīnglǐ 명 총지배인, 사장
堵车 dǔ chē 동 차가 막히다 ★

男: 什么? 怎么总这样啊, 我一会儿还有约会呢。

问: 他们现在最可能在哪儿?
A 火车上　　B 汽车上
C 图书馆里　D 办公室里

남: 뭐라고요? 왜 매번 이래요. 저 잠시 후에 다른 약속도 있단 말이에요.

질문: 그들은 지금 어디에 있을 가능성이 가장 높습니까?
A 기차 안　　B 자동차 안
C 도서관 안　D 사무실 안

会议 huìyì 명 회의
估计 gūjì 동 추측하다, 예측하다 ★
推迟 tuīchí 동 미루다, 연기하다 ★
约会 yuēhuì 명 약속 동 약속을 하다, 데이트하다 ★

보기 어휘

图书馆 túshúguǎn 명 도서관
办公室 bàngōngshì 명 사무실, 오피스

정답 D

해설 그들이 현재 어디에 있는지 장소를 묻고 있다. 사장님과의 회의를 기다리고 있음을 짐작할 수 있으므로 정답은 D이다.
▶ 보기를 통해 장소 관련 문제임을 유추하자!

13

男: 这个周末我要去参加记者见面会, 你觉得穿哪件衣服合适?

女: 穿这套蓝色西装去吧, 看起来很年轻。

问: 女的觉得男的穿什么去好?
A 西装
B 裙子
C 运动服
D 休闲装

남: 이번 주말에 나 기자회견에 참가하러 가는데, 당신 생각엔 어떤 옷이 잘 어울릴 것 같나요?

여: 이 남색 양복을 입고 가세요, 젊어 보여요.

질문: 여자는 남자가 어떤 옷을 입고 가는 것이 좋다고 생각하는가?
A 양복
B 치마
C 운동복
D 캐주얼 복장

지문 어휘

记者 jìzhě 명 기자 ★
见面会 jiànmiànhuì 명 회견, 미팅
合适 héshì 형 적합하다, 알맞다 ★
蓝色 lánsè 명 남색
西装 xīzhuāng 명 양복
年轻 niánqīng 형 젊다

보기 어휘

裙子 qúnzi 명 치마, 스커트
运动服 yùndòngfú 명 운동복
休闲装 xiūxiánzhuāng 명 캐주얼 복장

정답 A

해설 남자는 여자에게 자신이 어떤 옷을 입고 가면 좋을지 묻고 있다. 여자가 남색 양복을 입고 가라고 했으므로 양복을 추천했음을 알 수 있다.

14

女: 冰箱里的水果怎么都没了, 你都吃了吗?

男: 昨天同事们来咱们家的时候, 都拿出来招待他们了。

여: 냉장고 안에 과일이 왜 다 없어졌어요. 당신이 다 먹었어요?

남: 어제 회사 동료들이 우리 집에 왔을 때, 모두 꺼내서 그 사람들에게 대접했어요.

지문 어휘

冰箱 bīngxiāng 명 냉장고
同事 tóngshì 명 직장 동료
招待 zhāodài 동 접대하다, 대접하다
水果 shuǐguǒ 명 과일

问: 冰箱里为什么没有水果了?
   A 坏了
   B 扔了
   C 丢了
   D 招待朋友了

질문: 냉장고 안에 왜 과일이 없어졌는가?
   A 상해서
   B 버려서
   C 잃어버려서
   D 친구에게 대접해서

보기 어휘

坏 huài 형 상하다
扔 rēng 동 버리다 ★

정답 D

해설 냉장고 안에 과일이 없어진 이유를 묻고 있다. 남자가 招待他们了(그들에게 대접했다)라고 여자에게 말했으므로 정답은 D이다.

15

男: 刚才喝咖啡的时候，不小心弄到衣服上了，怎么才能洗干净啊?
女: 我有办法，用牙膏洗就行。

问: 女的是什么意思?
   A 换衣服
   B 用牙膏洗
   C 用水洗
   D 喝咖啡

남: 좀 전에 커피 마실 때, 실수로 옷에 흘렸어. 어떻게 해야 깨끗하게 빨 수 있을까?
여: 방법이 있지. 치약으로 빨면 돼.

질문: 여자의 말은 무슨 의미인가?
   A 옷을 갈아 입으라고
   B 치약으로 빨라고
   C 물로 빨라고
   D 커피를 마시라고

지문 어휘

不小心 bù xiǎoxīn 부 실수로
干净 gānjìng 형 깨끗하다
办法 bànfǎ 명 방법, 수단
牙膏 yágāo 명 치약 ★

보기 어휘

换 huàn 동 바꾸다

정답 B

해설 여자가 말한 의미가 무엇인지 묻고 있다. 여자가 말한 의미는 커피 묻은 옷을 치약으로 빨아 보라는 것이므로 정답은 B이다.
▶ 치약(牙膏)은 HSK 문제에 자주 등장하는 어휘이므로 꼭 기억하도록 하자!

16

女: 李先生，对不起，今天的会议估计要推迟进行，王先生还在高速上。
男: 好吧，那我先在这儿等一会儿。

问: 男的要找谁?

여: 이 선생님, 죄송합니다. 오늘 회의는 아무래도 진행이 지연될 것 같아요. 왕 선생님께서 아직도 고속도로에 계시답니다.
남: 알겠습니다. 그럼 전 우선 여기서 잠시 기다리죠.

질문: 남자는 누구를 찾아왔는가?

지문 어휘

会议 huìyì 명 회의
估计 gūjì 동 추측하다, 예측하다 ★
推迟 tuīchí 동 미루다, 늦어지다 ★
进行 jìnxíng 동 진행하다 ★

A 孙教授　　B 金校长 C 王先生　　D 李先生	A 손 교수　　B 김 교장 C 왕 선생　　D 이 선생

보기 어휘

教授 jiàoshòu 명 교수 ⭐
校长 xiàozhǎng 명 교장

정답 C

해설 남자가 찾는 사람은 누구인지 묻고 있다. 남자가 찾는 사람은 아직 도착하지 않은 왕 선생임을 알 수 있으므로 정답은 C이다.

17

男：听说你结婚了，你怎么没告诉我？ 女：对不起，我和丈夫当时在国外，谁都没告诉！ 问：女的结婚为什么没告诉男的？ 　A 有别的安排 　B 忘记了 　C 担心他生气 　D 她当时在国外	남：너 결혼했다며, 왜 나한테 얘기 안 했어？ 여：미안해, 그때 남편과 해외에 있어서, 누구에게도 말 안 했어! 질문：여자는 결혼 소식을 왜 남자에게 알리지 않았는가? 　A 다른 일정이 있어서 　B 잊어버려서 　C 그가 화날까 걱정되어서 　D 그녀는 당시에 해외에 있어서

지문 어휘

结婚 jié hūn 동 결혼하다
告诉 gàosu 동 알리다
丈夫 zhàngfu 명 남편
国外 guówài 명 국외, 외국

보기 어휘

安排 ānpái 동 안배하다, 일정을 잡다 ⭐
忘记 wàngjì 동 잊어버리다
担心 dān xīn 동 걱정하다, 염려하다
生气 shēng qì 동 화나다
当时 dāngshí 명 당시, 그때 ⭐

정답 D

해설 여자가 남자에게 결혼 소식을 알리지 않은 이유를 묻고 있다. 여자가 알리지 못한 이유는 남편과 해외에 있었기 때문임을 알 수 있으므로 정답은 D이다.

18 선생님 강추!

女：明天的会议很重要，校长也来参加，你一定要按时来。 男：我明白了，黄老师，谢谢你。 问：女的让男的做什么？ 　A 注意礼貌 　B 按时参加会议 　C 别忘记交作业 　D 早点儿起床	여：내일 회의는 매우 중요합니다. 교장 선생님께서도 참가하시니, 당신은 꼭 시간 맞춰 와 주세요. 남：알겠습니다. 황 선생님, 감사합니다. 질문：여자는 남자에게 무엇을 시켰는가? 　A 예의를 지킬 것을 　B 시간에 맞춰 회의에 참가할 것을 　C 숙제 제출을 잊지 말 것을 　D 일찍 기상할 것을

지문 어휘

重要 zhòngyào 형 중요하다
按时 ànshí 부 제때에 ⭐
明白 míngbai 동 이해하다

보기 어휘

注意 zhùyì 동 주의하다
礼貌 lǐmào 명 예의
交 jiāo 동 제출하다 ⭐
作业 zuòyè 명 숙제
起床 qǐ chuáng 동 일어나다, 기상하다

정답 B

해설 여자가 남자에게 무엇을 시켰는지 묻고 있다. 여자는 내일 회의가 중요하니 남자에게 시간에 맞춰 회의에 참가하라고 했으므로 정답은 B이다.

19

男: 离高考还有几天? 你准备得怎么样了?
女: 就剩一个星期了, 我太紧张了, 最近总是睡不着。

问: 根据对话, 可以知道什么?

A 男的很累
B 女的没复习
C 男的很紧张
D 女的快要考试了

남: 대입시험이 며칠 남았지? 너 준비는 어떻게 됐니?
여: 일주일밖에 안 남았어요. 저 너무 긴장해서, 요즘 계속 잠을 못 자요.

질문: 대화에 근거하여, 알 수 있는 것은?

A 남자는 피곤하다
B 여자는 복습하지 않았다
C 남자는 긴장하고 있다
D 여자는 곧 시험을 앞두고 있다

지문 어휘

离 lí 전 ~에서, ~로부터
高考 gāokǎo 명 대학입학시험
剩 shèng 동 남기다, 남다
紧张 jǐnzhāng 형 긴장하다 ★
总是 zǒngshì 부 늘, 언제나
睡不着 shuìbuzháo
동 잠들지 못하다

보기 어휘

复习 fùxí 동 복습하다
快要 ~ 了 kuàiyào ~ le
부 곧(머지않아) ~하려 하다

정답 D

해설 대화를 통해 알 수 있는 것이 무엇인지 묻고 있다. 여자가 시험까지 일주일 남았다고 했으므로 곧 시험을 볼 것이라는 D가 정답이다.
▶ 질문의 대상이 여자인지, 남자인지 확실히 구분할 것!

20

女: 这是我刚填完的报名表, 你帮我看看对不对?
男: 我的还没填完呢, 时间来不及了, 你找别人帮你看看。

问: 他们在讨论什么?

A 复习材料
B 作业要求
C 填报名表
D 会议内容

여: 이거 내가 막 작성한 신청서인데, 맞게 썼나 좀 봐 줄래?
남: 내 것도 아직 다 못 썼어, 시간이 안될 것 같으니, 다른 사람 찾아서 좀 봐 달라고 해.

질문: 그들은 무엇을 이야기하고 있나?

A 자료 복습
B 과제 요구 사항
C 신청서 작성
D 회의 내용

지문 어휘

填 tián 동 기입하다, 작성하다
报名表 bàomíngbiǎo
명 신청서
来不及 láibují 동 늦다,
~할 겨를이 없다 ★

보기 어휘

材料 cáiliào 명 자료 ★
要求 yāoqiú 명 요구
内容 nèiróng 명 내용 ★

정답 C

해설 그들이 무엇에 대해 이야기하는지 묻고 있다. 여자는 신청서를 다 쓴 후에 남자에게 봐 달라는 상황이고, 남자는 본인의 신청서도 아직 다 못 썼다고 했으므로 그들의 대화 주제는 신청서 작성임을 알 수 있다.

21

男: 这是我的电子邮件地址，你记一下。
女: 我的办公室不能上网，你还是告诉我你的传真号码吧。

问: 女的是什么意思？

A 不想联系他
B 没有邮件地址
C 想要公司地址
D 想要传真号码

남: 이것이 제 이메일 주소입니다. 적어 두세요.
여: 제 사무실에서는 인터넷이 안 됩니다. 아무래도 팩스 번호를 알려주시는 게 좋을 듯 해요.

질문: 여자의 말은 무슨 의미인가？

A 그와 연락하고 싶지 않다
B 이메일 주소가 없다
C 회사 주소를 원한다
D 팩스 번호를 원한다

지문 어휘

电子邮件 diànzǐ yóujiàn
명 이메일
地址 dìzhǐ 명 주소 ★
办公室 bàngōngshì 명 사무실, 오피스
上网 shàng wǎng 동 인터넷을 하다
传真 chuánzhēn 명 팩스 ★
号码 hàomǎ 명 번호, 숫자 ★

보기 어휘

联系 liánxì 동 연락하다 ★

정답 D

해설 여자가 말한 의미를 묻고 있다. 여자의 사무실에서는 인터넷이 안 되므로 팩스 번호를 알려달라고 했기 때문에 정답은 D이다.
▶ 还是~吧(~하는 게 낫다)의 표현을 익혀두자!

22

女: 先生，这三件衣服一共四百元，您刷卡还是付现金？
男: 不好意思，我的钱包忘在车上了，请稍等一下。

问: 男的接下来要去哪里？

A 银行
B 厕所
C 车里
D 医院

여: 선생님, 이 옷 3벌에 모두 4백 위안입니다. 카드로 결제하실 건가요? 아니면 현금으로 내실 건가요？
남: 미안합니다. 지갑을 차에 두고 왔네요. 잠시만 기다려 주세요.

질문: 남자는 이어서 어디로 가려고 하는가？

A 은행
B 화장실
C 차 안
D 병원

지문 어휘

刷卡 shuā kǎ 동 카드를 긁다
现金 xiànjīn 명 현금 ★
不好意思 bù hǎoyìsi 부끄럽다, 죄송하다
钱包 qiánbāo 명 지갑

보기 어휘

厕所 cèsuǒ 명 화장실 ★

정답 C

해설 남자의 행선지에 대해 묻고 있다. 남자가 지갑을 차에 두고 왔다며 판매원에게 기다리라고 했으므로 지갑을 가지러 차로 갈 것임을 알 수 있다.

23

男: 听你哥哥说，明年你要去美国留学，准备得怎么样了?
女: 昨天刚收到英语成绩单，分数还不错，还差介绍信。

问: 女的最近在忙什么?

A 准备行李
B 准备结婚
C 申请留学
D 坚持锻炼身体

남: 너희 오빠가 그러던데, 내년에 너 미국으로 유학 간다며, 준비는 잘 되어 가?
여: 어제 막 영어 성적표를 받았어. 점수는 그런대로 괜찮은데, 아직 추천서 준비가 안 되었어.

질문: 여자는 요즘 무엇을 하느라 바쁜가?

A 짐을 싸느라
B 결혼을 준비하느라
C 유학을 신청하느라
D 체력을 단련하느라

지문 어휘

留学 liú xué 동 유학하다
准备 zhǔnbèi 동 준비하다
成绩单 chéngjìdān 명 성적표
差 chà 동 부족하다, 모자라다
介绍信 jièshàoxìn 명 소개서, 추천서

보기 어휘

行李 xíngli 명 짐
申请 shēnqǐng 동 신청하다 ★
坚持 jiānchí 동 꾸준히 하다, 버티다 ★
锻炼 duànliàn 동 단련하다

정답 C

해설 여자는 요즘 무엇을 하느라 바쁜지 묻고 있다. 남자가 '내년에 유학 간다며'라고 말을 건넨 것으로 보아 여자는 유학 준비로 바쁨을 알 수 있다.

24

女: 你怎么还不上网啊? 招聘结果出来了，你快看看吧。
男: 这么快! 可是我忘记网址了，你快把网址给我发过来。

问: 男的要看什么?

A 体育新闻
B 足球比赛
C 招聘结果
D 考试成绩

여: 너 왜 아직도 인터넷 안 하고 있어? 채용 결과 나왔으니, 빨리 봐 봐.
남: 이렇게 빨리! 그런데 내가 사이트 주소를 잊어버렸어. 너 빨리 사이트 주소를 내게 전송해 줘.

질문: 남자는 무엇을 보려고 하는가?

A 스포츠 뉴스
B 축구 경기
C 채용 결과
D 시험 성적

지문 어휘

招聘 zhāo pìn 동 모집하다, 채용하다 ★
结果 jiéguǒ 명 결과, 결론 ★
忘记 wàngjì 동 잊어버리다
网址 wǎngzhǐ 명 사이트 주소

보기 어휘

体育 tǐyù 명 체육, 스포츠
新闻 xīnwén 명 뉴스
足球 zúqiú 명 축구
比赛 bǐsài 명 경기, 시합

정답 C

해설 남자가 보려고 하는 것이 무엇인지 묻고 있다. 채용 결과가 나왔다는 여자의 말을 통해 남자는 채용 결과를 보려고 함을 알 수 있다.

25

男: 不好意思, 我要去一趟卫生间, 你先拿票进去吧。
女: 好的, 还没开始, 不着急。

问: 他们最可能在哪儿?
  A 咖啡厅
  B 电影院
  C 图书馆
  D 照相馆

남: 죄송합니다. 저 화장실 좀 다녀올게요. 표 가지고 먼저 들어가세요.
여: 네, 아직 시작 안 했으니 서두르지 마세요.

질문: 그들은 어디에 있을 가능성이 높은가?
  A 커피숍
  B 영화관
  C 도서관
  D 사진관

지문 어휘
趟 tàng 양 차례, 번 ★
卫生间 wèishēngjiān 명 화장실 ★
着急 zháojí 동 조급해하다, 안달하다

보기 어휘
咖啡厅 kāfēitīng 명 커피숍, 카페
电影院 diànyǐngyuàn 명 영화관
照相馆 zhàoxiàngguǎn 명 사진관

정답 B

해설 그들이 있을 만한 장소를 묻고 있다. 남자가 표를 가지고 먼저 들어가라고 했고, 아직 시작하지 않았다는 여자의 말을 통해 그들은 지금 영화관에 있음을 알 수 있다.

제3부분 26~45번 문제는 남녀 간의 대화 또는 단문을 듣고 질문에 알맞은 답을 고르는 문제입니다.

26

女: 我照的照片你看了吗? 怎么样?
男: 景色挺漂亮的, 就是有点儿暗。
女: 是吗? 我的拍照技术还是不够好。
男: 还不错, 下次注意一下阳光的方向。

问: 他们在讨论什么?
  A 自然景色   B 天气
  C 皮肤颜色   D 照片

여: 내가 찍은 사진 너 봤니? 어때?
남: 풍경은 아주 아름답더라, 그런데 좀 어두워.
여: 그래? 내 사진 찍는 기술이 아무래도 부족한가 봐.
남: 꽤 괜찮아, 다음엔 빛의 방향을 주의해 봐.

질문: 그들은 무엇을 이야기하고 있는가?
  A 자연 풍경   B 날씨
  C 피부색   D 사진

지문 어휘
照 zhào 동 찍다, 비추다 ★
照片 zhàopiàn 명 사진
景色 jǐngsè 명 풍경, 경치
有点儿 yǒudiǎnr 부 조금, 약간
暗 àn 형 어둡다
拍照 pāi zhào 동 사진을 찍다
技术 jìshù 명 기술 ★
不够 búgòu 형 부족하다, 모자라다
下次 xià cì 명 다음번
注意 zhùyì 동 주의하다
阳光 yángguāng 명 햇빛 ★
方向 fāngxiàng 명 방향 ★

보기 어휘
自然 zìrán 명 자연 ★
天气 tiānqì 명 날씨
皮肤 pífū 명 피부 ★
颜色 yánsè 명 색깔, 색

정답 D

해설 그들의 대화 주제를 묻고 있다. 여자가 사진을 봤는지, 또 그 사진이 어떤지 남자에게 묻는 것으로 대화가 시작되고 있으므로 사진에 관한 이야기를 나누고 있음을 짐작할 수 있다.

27

男: 这次考试多少分才能通过?
女: 原来要60分，听说现在超过70分才可以，另外通过的人还要参加口语考试。
男: 那我没希望了，我的口语一点儿也不流利。
女: 别担心，你要对自己有信心。

问: 女的希望男的怎么做?
　A 自信一点儿
　B 放弃考试
　C 穿正装
　D 再考一次

남: 이번 시험은 몇 점이면 패스하는 거야?
여: 원래는 60점이었는데, 듣자 하니 지금은 70점이 넘어야 한대. 그 외에도 통과한 사람들은 회화 시험에도 참가해야 하고.
남: 그럼 나는 희망이 없네, 내 회화 실력은 조금도 유창하지 않은데.
여: 걱정하지 말고, 스스로에게 자신감을 가져야 해.

질문: 여자는 남자가 어떻게 하기를 바라는가?
　A 자신감을 갖길
　B 시험을 포기하기를
　C 정장을 입기를
　D 다시 시험 보기를

지문 어휘

通过 tōngguò 图 통과하다 ★
原来 yuánlái 图 알고 보니
형 원래의 ★
听说 tīngshuō 图 듣자 하니
另外 lìngwài 접 그 밖에, 이외에
口语考试 kǒuyǔ kǎoshì
명 말하기 시험, 회화 시험
希望 xīwàng 图 희망하다, 바라다
流利 liúlì 형 유창하다,
막힘이 없다 ★
担心 dān xīn 图 걱정하다,
염려하다
信心 xìnxīn 명 자신감 ★

보기 어휘

自信 zìxìn 형 자신 있다 ★
放弃 fàngqì 图 포기하다 ★
穿 chuān 图 입다
正装 zhèngzhuāng 명 정장

정답 A

해설 여자가 남자에게 어떻게 하기를 바라는지 묻고 있다. 여자가 바라는 것은 남자가 스스로에게 자신감을 갖는 것이므로 정답은 A이다.
▶ 信心과 自信은 동의어이다.

28

女: 明年的工作计划都写好了吗?
男: 全部写完了，不过春节的工作还没安排好。
女: 没关系，你先把写好的给我看一下，我看完了再研究一下。
男: 好的。

问: 女的让男的写什么?
　A 学习计划　　B 旅游计划
　C 工作计划　　D 会议笔记

여: 내년의 업무 계획은 모두 쓰셨나요?
남: 모두 작성했습니다. 그런데 춘절 기간의 업무 스케줄은 아직 미정입니다.
여: 괜찮습니다. 다 쓴 후에 저에게 먼저 보여 주세요, 제가 보고 나서 다시 생각해 보죠.
남: 알겠습니다.

질문: 여자는 남자에게 무엇을 쓰라고 했나?
　A 학습 계획　　B 여행 계획
　C 업무 계획　　D 회의록

지문 어휘

计划 jìhuà 명 계획 ★
全部 quánbù 图 전부, 모두 ★
春节 Chūn Jié 명 음력 설, 춘절
研究 yánjiū 图 연구하다 ★

보기 어휘

旅游 lǚyóu 图 여행하다
会议 huìyì 명 회의
笔记 bǐjì 명 필기, 기록

정답 C

해설 여자가 남자에게 무엇을 쓰라고 했는지 묻고 있다. 대화 첫 부분에서 여자는 내년 업무 계획을 다 썼는지 남자에게 물어보고 있으므로 업무 계획을 쓰라고 했음을 알 수 있다.

29

男：不好意思，车在路上出问题了，所以来晚了。
女：我们还以为你迷路了呢，打电话你也不接，正要准备去找你呢。
男：真不好意思。
女：没事儿，人来了就好！

问：男的为什么来晚了？

A 车坏了
B 修路了
C 开会了
D 迷路了

남: 죄송합니다. 오는 길에 차가 문제가 생겨서, 늦었어요.
여: 우리는 당신이 길을 잃은 줄 알았어요. 전화해도 안 받으시고, 막 찾아 나서려던 참이었어요.
남: 정말 미안합니다.
여: 아니에요. 오셨으면 됐죠 뭐!

질문: 남자는 왜 늦었는가?

A 차가 고장 나서
B 도로를 수리 중이어서
C 회의를 해서
D 길을 잃어서

지문 어휘

出问题 chū wèntí
동 문제가 생기다, 고장 나다
晚 wǎn 형 늦다
以为 yǐwéi
동 생각하다, 여기다 ★
迷路 mílù 동 길을 잃다 ★
接 jiē 동 받다
正要 zhèngyào
부 막 ~하려고 하다
应该 yīnggāi
동 마땅히 ~해야 한다

보기 어휘

坏 huài 동 고장 나다, 망치다
修路 xiū lù 동 도로를 닦다, 정비하다
开会 kāi huì 동 회의하다

정답 A

해설 남자가 늦은 이유에 대해 묻고 있다. 첫 문장을 주의 깊게 듣자! 남자가 오는 길에 차에 문제가 생겼다고 한 것으로 보아 차가 고장 나서 늦게 온 것임을 알 수 있다.

▶ 出问题(문제가 생기다)와 坏了(고장 나다)는 비슷한 상황으로 이해할 수 있다.

30

女：你不是去美国出差了吗？怎么开车回来了？
男：别提了，忘带护照了，等我取完护照飞机都起飞了。
女：那你还去不去美国了？
男：去啊，已经给美国那里打过电话了，明晚出发。

여: 당신 미국 출장 간 거 아니었어요? 왜 운전해서 왔어요?
남: 말도 말아요. 여권 챙기는 걸 깜빡했어요. 여권을 찾아서 가니까 비행기는 이미 이륙했더라고요.
여: 그럼 미국 안 가시는 거예요?
남: 가야죠. 이미 미국 쪽에 내일 저녁에 출발한다고 전화했어요.

지문 어휘

不是~吗 búshì~ma
~인 거 아니야?
出差 chū chāi 동 출장 가다 ★
开车 kāi chē 동 운전하다
别提 biétí 동 말도 하지 마라
护照 hùzhào 명 여권
取 qǔ 동 찾다 ★
起飞 qǐ fēi 동 이륙하다
出发 chūfā 동 출발하다

问: 男的怎么了?

A 不去美国了
B 太累了
C 出差了
D 忘带护照了

질문: 남자는 어떠한가?

A 미국에 가지 않게 되었다
B 매우 피곤하다
C 출장 갔다
D 여권 챙기는 것을 잊었다

보기 어휘

累 lèi 형 피곤하다

정답 D

해설 남자의 상황에 맞는 것을 고르는 문제이다. 여권 챙기는 것을 깜빡했다고 언급했으므로 정답은 D이다.

31

男: 你暑假打算做什么?
女: 我准备教别人画画儿, 赚点儿钱。
男: 正好我妹妹想学画画儿, 你教她吧。
女: 谢谢你, 不过我已经有学生了。

问: 女的暑假打算做什么?

A 学汉语
B 教画画儿
C 找工作
D 减肥

남: 너 여름방학에 뭐 할 거니?
여: 다른 사람에게 그림을 가르치려고 해, 돈 좀 벌려고.
남: 마침 내 여동생이 그림 배우고 싶어하는데, 네가 그 애 좀 가르쳐 봐.
여: 고맙지만, 난 이미 학생이 있어.

질문: 여자는 방학에 무엇을 하려고 하는가?

A 중국어를 배우려고 한다
B 그림 그리는 것을 가르치려고 한다
C 취업하려고 한다
D 다이어트하려고 한다

지문 어휘

暑假 shǔjià 명 여름방학 ★
打算 dǎsuan 동 ~할 계획이다
教 jiāo 동 가르치다
别人 biéren 명 남, 다른 사람
画画儿 huà huàr 그림을 그리다
赚钱 zhuàn qián 동 돈을 벌다
正好 zhènghǎo 부 마침 ★

보기 어휘

找工作 zhǎo gōngzuò 일자리를 구하다, 구직하다
减肥 jiǎn féi 동 다이어트하다 ★

정답 B

해설 여자의 방학 계획을 묻는 문제이다. 여자가 그림을 가르칠 준비를 하고 있다고 했으므로 정답은 B이다.

32

女: 师傅, 几点能到大使馆? 我四点要取签证。
男: 如果不堵车的话, 来得及, 您就放心吧。
女: 大使馆五点关门, 师傅您稍微开快一点儿。

여: 기사님, 몇 시에 대사관에 도착할 수 있나요? 저 4시에 비자 찾아야 하는데요.
남: 길이 막히지 않으면 제시간에 도착할 수 있으니, 안심하십시오.
여: 대사관은 5시에 문을 닫아요. 기사님 조금만 빨리 운전해 주세요.

지문 어휘

师傅 shīfu 명 기사님, 선생님
大使馆 dàshǐguǎn 명 대사관 ★
取 qǔ 동 찾다 ★
签证 qiānzhèng 명 비자 ★
来得及 láidejí 동 늦지 않다 ★
放心 fàng xīn 동 안심하다

男: 好的，那我们就走小路吧，那儿不堵车。

问: 关于女的，下列哪个正确？

A 要去医院
B 要赶飞机
C 要去聚会
D 要取签证

남: 알겠습니다. 그럼 우리 샛길로 가죠. 그 길은 막히지 않아요.

질문: 여자에 관하여, 다음 중 옳은 것은?

A 병원에 가려 한다
B 비행기 시간에 맞추려 한다
C 모임에 가려 한다
D 비자를 찾으려 한다

关门 guān mén 동 문을 닫다
稍微 shāowēi 부 조금, 약간 ★
小路 xiǎolù 명 좁은 길, 샛길

보기 어휘

赶 gǎn 동 맞추다, 서두르다 ★

정답 D

해설 이러한 유형은 보기를 먼저 살펴본 후 문제를 들어야 보다 쉽게 답을 찾을 수 있다. 여자의 첫 대화에서 비자를 찾아야 한다는 얘기가 언급되었으므로 정답은 D이다.

33

男: 金经理，我们公司这次招聘的都是没经验的年轻人。

女: 年轻人什么都不会，真让人头疼。

男: 没关系，我觉得您能把他们教好。

女: 年轻人是有热情，最重要的还是希望他们要有耐心。

问: 女的希望年轻人怎么样？

A 有耐心
B 很诚实
C 积累经验
D 爱好多

남: 김 매니저님, 우리 회사에 이번에 채용된 사람들은 모두 경험이 없는 젊은이(신입)입니다.

여: 젊은이들은 아무것도 할 줄 모를 텐데, 참 골치 아프네요.

남: 괜찮습니다. 저는 매니저님이 잘 가르칠 수 있을 거라 생각해요.

여: 젊은 사람들이 열정은 있긴 한데, 가장 중요한 건 역시 그들이 인내심을 가졌으면 하는 거예요.

질문: 여자는 젊은이들이 어떠하길 바라는가?

A 인내심이 있기를
B 성실하기를
C 경험이 쌓이기를
D 취미가 많기를

지문 어휘

招聘 zhāo pìn 동 채용하다, 모집하다 ★
经验 jīngyàn 명 경험 ★
年轻人 niánqīngrén 명 젊은이, 젊은 사람
头疼 tóuténg 형 머리가 아프다, 골치 아프다
热情 rèqíng 형 열정적이다
重要 zhòngyào 형 중요하다
耐心 nàixīn 명 인내심 ★

보기 어휘

诚实 chéngshí 형 성실하다, 진실되다 ★
积累 jīlěi 동 쌓이다, 축적되다 ★
爱好 àihào 명 취미

정답 A

해설 젊은이들이 어떠하길 바라는지 묻고 있다. 여자의 마지막 대화에 젊은이들이 인내심을 가지기 바란다는 내용이 언급되었으므로 정답은 A이다.

▶ 最重要的~(가장 중요한 것은~) 표현이 나오면 그 뒷부분에 정답이 나올 확률이 아주 높다.

34

女: 上次李医生结婚，我们送她的那个花瓶在哪儿买的？
男: 那个花瓶是我父亲从云南带回来的，怎么了？
女: 我同事搬家了，邀请我明天去她家，不知道送点儿什么好。
男: 这还不好说，买点儿水果去就行。

问: 男的建议买什么礼物？
A 花瓶　　B 家具
C 蛋糕　　D 水果

지문 어휘

上次 shàng cì 명 지난번
花瓶 huāpíng 명 꽃병
父亲 fùqīn 명 부친, 아버지 ★
云南 Yúnnán 지명 운남성, 윈난성
同事 tóngshì 명 직장 동료
搬家 bān jiā 동 이사하다
邀请 yāoqǐng 동 초대하다 ★
不好说 bùhǎoshuō 말하기 어렵다
水果 shuǐguǒ 명 과일

보기 어휘

家具 jiājù 명 가구 ★
蛋糕 dàngāo 명 케이크

정답 D

해설 여자가 꽃병에 대한 이야기를 했지만 남자는 과일이나 사 가면 될 것 같다고 권유했으므로 정답은 D이다.

35

男: 不要听着音乐学习，学习效果会受到影响。
女: 不听音乐的话，我容易犯困，而且别的声音更容易影响我。
男: 长时间听音乐对耳朵不好，你休息一下，我给你倒杯咖啡。你一会儿再学。
女: 好的。

问: 男的希望女的怎么做？
A 早点睡觉
B 出去散步
C 别听音乐
D 和他聊天

지문 어휘

音乐 yīnyuè 명 음악
效果 xiàoguǒ 명 효과 ★
受影响 shòu yǐngxiǎng 영향을 받다
犯困 fàn kùn 동 졸리다, 잠이 오다
声音 shēngyīn 명 소리
耳朵 ěrduo 명 귀
倒 dào 동 따르다 ★

보기 어휘

散步 sàn bù 동 산책하다 ★
聊天 liáo tiān 동 이야기하다, 잡담하다

정답 C

해설 남자는 여자가 어떻게 하길 바라는지 묻고 있다. 공부에 영향을 주므로 음악을 들으면서 공부하지 말라는 남자의 말을 통해 음악을 듣지 않기를 원하고 있음을 알 수 있다.

▶ 不要(~하지 마라)와 别(~하지 마라)는 서로 비슷한 의미이다.

第36到37题是根据下面一段话： 　　36-37번 문제는 다음 내용에 근거한다:

这个书店虽然不大，但却是 ³⁶ 一家24小时开门的书店。这里的书数量多，种类多样。这里有很多关于科学方面的、历史方面的、语言方面的书。无论早上还是深夜，那里总是有人低头苦读，所以 ³⁷ 这里还提供点餐服务。

이 서점은 크지 않으나 ³⁶ 24시간 오픈하는 서점이다. 이곳의 책들은 수량이 많고, 종류도 다양하다. 여기에는 꽤 많은 과학 분야, 역사 분야, 언어 분야의 책들이 있다. 아침이든 밤이든, 그곳에는 늘 고개를 숙이고 열심히 책을 읽는 사람이 있어서, ³⁷ 이곳에서는 음식 주문 서비스도 제공한다.

지문 어휘

虽然A, 但B suīrán A, dàn B
접 비록 A하지만, B하다
开门 kāi mén 통 문을 열다
数量 shùliàng 명 수량 ★
种类 zhǒnglèi 명 종류
多样 duōyàng 형 다양하다
关于 guānyú 전 ~관해서
科学 kēxué 명 과학 ★
方面 fāngmiàn
명 방면, 부분 ★
语言 yǔyán 명 언어 ★
无论A, 还是B
wúlùn A, háishi B
접 A든지, 아니면 B든지 상관없이
深夜 shēnyè 명 한밤, 깊은 밤
低头 dī tóu 통 머리를 숙이다
苦读 kǔ dú 통 열심히 공부하다
提供 tígōng 통 제공하다 ★
点餐 diǎn cān 통 음식을 시키다, 음식을 주문하다
服务 fúwù 통 서비스하다

36

问: 这家书店有什么特点?

A 很安静
B 以历史书为主
C 价格便宜
D 全天开门

질문: 이 서점은 어떤 특징이 있는가?

A 조용하다
B 역사책 위주이다
C 가격이 저렴하다
D 24시간 영업한다

보기 어휘

安静 ānjìng 형 조용하다
价格 jiàgé 명 가격 ★
全天 quántiān 명 전일, 하루 종일

정답 D

해설 이 서점의 특징에 대해 묻고 있다. 단문 첫 문장에서 24시간 오픈한다고 했으므로 24시간 영업한다는 D가 정답이다.

▶ 24小时开门(24시간 오픈)과 全天开门(하루 종일 오픈)은 같은 표현임을 알아두자!

37

问: 关于书店，下列哪个正确?

A 非常热闹
B 白天人多
C 晚上人少
D 可以吃饭

질문: 서점에 관하여 다음 보기 중 옳은 것은?

A 아주 번화하다
B 낮에 사람이 많다
C 저녁에 사람이 적다
D 밥을 먹을 수 있다

보기 어휘

热闹 rènao 형 번화하다 ★
白天 báitiān 명 낮

정답 D

해설 서점에 관해서 올바른 내용을 찾는 문제이다. 단문 마지막 부분에 이곳에서는 음식 주문 서비스도 제공된다고 했으므로 결과적으로 밥을 먹을 수 있다는 의미와 일맥상통한다.

第38到39题是根据下面一段话:

38-39번 문제는 다음 내용에 근거한다:

第一次就能成功的人很少，第一次成功以后，几乎没有人能一直成功下去，所以不要害怕失败。如果一个人没有失败过，那不能叫做成功，³⁹ 失败是成功之母。³⁸ 只有不断地总结失败的经验，在成功的路上不停地改变自己，这样才能取得理想的进步。

처음에 바로 성공할 수 있는 사람은 매우 드물다. 첫 번째에 성공한 후에 계속 성공하는 사람은 거의 없다. 그러므로 실패를 두려워해선 안 된다. 만약 실패한 적이 없다면, 그것은 성공이라 부를 수 없다. ³⁹실패는 성공의 어머니이다. ³⁸실패의 경험을 끊임없이 되새기고, 성공의 가도에서 쉴 새 없이 스스로를 바꿔 나가야만 비로소 이상적인 발전을 할 수 있는 것이다.

지문 어휘

第一次 dìyīcì 명 맨 처음
几乎 jīhū 부 거의
成功 chénggōng
동 성공하다 ★
一直 yìzhí 부 줄곧, 계속
害怕 hàipà 동 무서워하다
失败 shībài 동 실패하다 ★
只有A, 才B zhǐyǒu A, cái B
접 A해야만, 비로소 B하다
不断 búduàn 부 끊임없이, 계속해서
总结 zǒngjié 동 총정리하다 ★
改变 gǎibiàn 동 바꾸다, 변하다 ★
取得 qǔdé 동 얻다, 취득하다
理想 lǐxiǎng 형 이상적이다 ★
进步 jìnbù 명 진보, 발전
동 진보하다

38

问: 我们失败后应该怎么做?

A 找人商量
B 总结经验
C 增加压力
D 选择放弃

질문: 우리는 실패 후 어떻게 해야 하는가?

A 상의할 사람을 찾는다
B 경험을 총정리한다
C 스트레스를 증가시킨다
D 포기를 선택한다

보기 어휘

商量 shāngliang 동 상의하다, 의논하다 ★
增加 zēngjiā 동 증가하다, 늘리다 ★
压力 yālì 명 스트레스 ★
选择 xuǎnzé 동 고르다, 선택하다
放弃 fàngqì 동 포기하다 ★

정답 B

해설 실패 후에 어떻게 해야 되는지 묻고 있다. 단문 중간 부분에 실패의 경험을 끊임없이 되새겨야 한다는 내용이 언급되었으므로 정답은 B이다.

39

问: 这段话告诉我们什么?
A 要学会放弃
B 遇事要冷静
C 我们应该失败
D 失败是成功之母

질문: 이 글이 우리에게 말하고자 하는 것은?
A 포기를 배워야 한다
B 의외의 일을 만나면 냉정해야 한다
C 우리는 마땅히 실패해야 한다
D 실패는 성공의 어머니이다

보기 어휘

冷静 lěngjìng 형 냉정하다, 침착하다

정답 D

해설 글의 주제를 묻고 있다. 이 글이 말하고자 하는 바는 '失败是成功之母(실패는 성공의 어머니이다. 즉 실패의 경험이 이상적인 성공을 이끌어 낸다)'라는 의미이므로 정답은 D이다. 보기 C의 我们应该失败(우리는 마땅히 실패해야 한다)를 뜻하는 것이 아님에 주의하자!

第40到41题是根据下面一段话:

40-41번 문제는 다음 내용에 근거한다:

虽然公共汽车的票价比地铁便宜, 但还是选择坐地铁出门的人最多。总结一下, 有两个原因, 第一个是 ⁴⁰坐地铁可以不受天气的影响, 每次乘坐的时间都不会有太大的变化。第二个是 ⁴¹地铁不会发生堵车的情况。乘坐公共汽车时, 特别是上下班时间, 堵车问题比较严重, 所以大部分人即使多花点儿钱, 还是会选择乘坐地铁。

비록 버스표 가격이 지하철보다 저렴하지만 그래도 지하철을 선택하는 사람이 가장 많다. 정리해 보면, 두 가지 이유가 있다. 첫 번째는 ⁴⁰지하철을 타면 날씨의 영향을 받지 않는다는 것이다. 매 회 탑승 시간도 큰 변화가 없다. 두 번째 이유는 ⁴¹지하철은 길이 막히는 상황이 발생하지 않는다는 것이다. 버스를 탈 때, 특히 출퇴근 시간에는 교통 체증 문제가 꽤 심각하다. 그러므로 대부분의 사람들은 설령 돈을 좀 더 쓰더라도 지하철 탑승을 선택하는 것이다.

지문 어휘

公共汽车 gōnggòngqìchē 명 버스
票价 piàojià 명 표 값, 티켓 가격
地铁 dìtiě 명 지하철
出门 chū mén 동 집을 나서다, 외출하다
原因 yuányīn 명 원인 ★
天气 tiānqì 명 날씨
乘坐 chéngzuò 동 타다 ★
变化 biànhuà 동 변화하다
发生 fāshēng 동 발생하다, 일어나다 ★
堵车 dǔ chē 동 차가 막히다 ★
情况 qíngkuàng 명 상황, 형편 ★
严重 yánzhòng 형 심각하다 ★
大部分 dàbùfen 명 대부분
即使A, 还(也)B
jíshǐ A, hái(yě) B
접 설령 A하더라도 B하다 ★
花钱 huā qián 동 돈을 쓰다

40

问: 为什么选择乘坐地铁的人更多?

　　A 抽烟的人多
　　B 不受天气影响
　　C 可以吃东西
　　D 票价更便宜

질문: 왜 지하철을 선택하는 사람이 더 많은가?

　　A 흡연하는 사람이 많아서
　　B 날씨 영향을 받지 않아서
　　C 음식을 먹을 수 있어서
　　D 티켓 가격이 더 저렴해서

보기 어휘

抽烟 chōu yān 동
담배를 피우다 ★

정답 B

해설 버스보다 지하철을 타는 사람이 많은 이유를 묻고 있다. 단문 중간 부분에 지하철을 타면 날씨의 영향을 받지 않는다는 내용이 언급되었으므로 정답은 B이다.

41

问: 下列哪个是地铁的优点?

　　A 票价低
　　B 乘客少
　　C 环境好
　　D 不堵车

질문: 다음 중 지하철의 장점은?

　　A 티켓 가격이 저렴하다
　　B 승객이 적다
　　C 환경이 좋다
　　D 막히지 않는다

보기 어휘

乘客 chéngkè 명 승객
环境 huánjìng 명 환경

정답 D

해설 지하철의 장점에 관해 묻고 있다. 단문 중간 부분에 지하철을 선택하는 이유를 설명하면서 지하철은 차가 막히는 상황이 발생하지 않는다고 했으므로 정답은 D이다.

第42到43题是根据下面一段话:

研究发现，根据选择教室座位的习惯，可以看出一个人的态度。选择距离门口越近的人，他们热爱生活多于工作；⁴²选择距离窗户近的人，他们工作认真，对工作很有热情；⁴³选择教室中间座位的人，他们考虑问题全面，喜欢问问题。所以，在开会的时候，我们想要了解自己员工的话，可以通过座位来进行判断。

42-43번 문제는 다음 내용에 근거한다:

연구 결과에 따르면, 교실 내의 좌석 선택 습관에 따라 한 사람의 태도를 알아차릴 수 있다. 입구 쪽과 거리가 가까운 자리를 선택한 사람일수록 업무보다 생활을 더 사랑하고, ⁴²창문과 가까운 자리를 선택한 사람은 업무에 성실하며, 일에 대해 열정이 있다; ⁴³교실의 중간 좌석을 선택한 사람은 문제의 전면을 고려하고, 질문하길 좋아한다. 그러므로 회의할 때, 우리가 자신의 직원을 이해하고자 한다면, 좌석을 통해 판단할 수 있다.

지문 어휘

研究 yánjiū 동 연구하다 ★
发现 fāxiàn 동 발견하다
根据 gēnjù 전 ~에 근거하여
教室 jiàoshì 명 교실
座位 zuòwèi 명 좌석 ★
习惯 xíguàn 명 습관, 버릇
态度 tàidu 명 태도 ★
距离 jùlí 명 거리 ★
门口 ménkǒu 명 입구
热爱 rè'ài 동 뜨겁게 사랑하다
生活 shēnghuó 명 생활 ★
窗户 chuānghu 명 창문 ★
认真 rènzhēn 형 진지하다

中间 zhōngjiān 명 중간
考虑 kǎolǜ 통 고려하다 ★
全面 quánmiàn 형 전반적이다, 전면적이다
员工 yuángōng 명 직원
通过 tōngguò 전 ~을 통해서 ★
判断 pànduàn 통 판단하다 ★

42

问: 选择距离窗户近的人怎么样?

A 更热爱生活
B 活泼
C 有工作热情
D 态度好

질문: 창문과 가까운 자리를 선택한 사람은 어떠한가?

A 생활을 더욱 사랑한다
B 활발하다
C 업무에 열정이 있다
D 태도가 좋다

보기 어휘

活泼 huópo 형 활발하다, 활달하다 ★

정답 C

해설 창문과 가까운 자리를 선택하는 사람에 대해 묻고 있다. 단문 중간 부분에 창문과 가까운 자리를 선택한 사람은 업무에 성실하며, 일에 열정이 있다고 하였으므로 정답은 C이다.

43

问: 研究发现喜欢中间座位的人怎么样?

A 爱问问题
B 不会考虑问题
C 态度有问题
D 喜欢学习

질문: 연구에 따르면 중간 좌석에 앉길 좋아하는 사람은 어떠한가?

A 질문하길 좋아한다
B 문제를 고려할 줄 모른다
C 태도에 문제가 있다
D 공부하길 좋아한다

정답 A

해설 중간 좌석에 앉길 좋아하는 사람에 대해 묻고 있다. 단문 중간 부분에 교실의 중간 좌석을 선택한 사람은 문제의 전면을 고려하며, 질문하길 좋아한다는 내용이 언급되었으므로 정답은 A이다.

第44到45题是根据下面一段话：

川剧流行于四川，它是一种很特别的艺术表演。⁴⁵ 川剧和京剧一样一直深受人们的喜爱。还记得以前看川剧时，虽然根本听不懂演员在唱什么，但他们的表演还是很精彩，尤其是变脸的时候，速度太快了，⁴⁴ 让我很吃惊。一张红色的脸在不到一秒的时间，就变成了黑色，我完全无法理解他们是怎么做到的。

44-45번 문제는 다음 내용에 근거한다:

천극은 사천에서 유행하는 일종의 특별한 예술 공연이다. ⁴⁵ 천극은 경극과 마찬가지로 줄곧 사람들의 사랑을 받아 왔다. 예전에 천극을 봤을 때를 떠올려 보면, 비록 배우가 무슨 노래를 하는지 전혀 알아듣지 못하였으나, 그들의 공연은 그래도 훌륭했다. 특히 변검을 할 때면, 속도가 매우 빨라서 ⁴⁴ 나를 깜짝 놀라게 했다. 빨간색의 얼굴이 1초도 안 되어 바로 검은색으로 변했는데, 그들이 어떻게 해내는 것인지 나로서는 전혀 이해할 방법이 없었다.

지문 어휘

- 川剧 chuānjù 명 천극, 쓰촨 지역의 전통극
- 流行 liúxíng 동 유행하다 ★
- 艺术 yìshù 명 예술 ★
- 表演 biǎoyǎn 명 공연 동 공연하다
- 京剧 jīngjù 명 경극 ★
- 深受 shēnshòu 동 깊이 받다, 크게 입다
- 喜爱 xǐ'ài 동 좋아하다, 애호하다
- 记得 jìde 동 기억하다
- 以前 yǐqián 명 이전, 과거
- 根本 gēnběn 부 도무지, 전혀
- 演员 yǎnyuán 명 배우, 연기자 ★
- 精彩 jīngcǎi 형 뛰어나다, 훌륭하다 ★
- 尤其 yóuqí 부 더욱이, 특히 ★
- 变脸 biànliǎn 명 변검 동 얼굴을 바꾸다
- 速度 sùdù 명 속도 ★
- 吃惊 chī jīng 동 놀라다 ★
- 红色 hóngsè 명 붉은 색
- 变成 biànchéng 동 ~로 변하다
- 黑色 hēisè 명 검은색
- 完全 wánquán 부 완전히, 온전히 ★
- 无法 wúfǎ 동 방법이 없다, 할 수 없다
- 理解 lǐjiě 동 이해하다 ★

보기 어휘

- 无聊 wúliáo 형 심심하다 ★
- 奇怪 qíguài 형 이상하다

44

问：她以前看川剧时，觉得怎么样？

A 很吃惊
B 很无聊
C 和京剧差不多
D 表演很奇怪

질문: 그녀가 예전에 천극을 봤을 때, 어떤 느낌이었나?

A 놀랐다
B 지루했다
C 경극과 비슷했다
D 공연이 이상했다

정답 A

해설 화자가 예전에 천극을 봤을 때 어땠는지 묻고 있다. 단문 중간 부분에 예전에 천극을 봤을 때 나를 깜짝 놀라게 했다고 했으므로 정답은 A이다.

45

问: 关于川剧，可以知道什么?
- A 很受欢迎
- B 变脸速度慢
- C 现在没有了
- D 流行于北京

질문: 천극에 관하여, 알 수 있는 것은?
- A 인기가 있다
- B 변검 속도가 느리다
- C 현재 없어졌다
- D 베이징에서 유행한다

보기 어휘

于 yú 젠 ~에, ~에서

정답 A

해설 천극에 관해 알 수 있는 내용이 무엇인지 묻고 있다. 단문 앞부분에 천극은 경극과 마찬가지로 줄곧 사람들의 사랑을 받아 왔다고 했으므로 정답은 A이다.

▶ 深受喜爱(사랑을 받다)와 很受欢迎(인기가 있다)은 비슷한 표현이다.

HSK 4급 3회 독해

제1부분 46~55번 문제는 문장 또는 대화 속 빈칸에 알맞은 단어를 고르는 문제입니다.

보기

A 熟悉	B 降落	A shúxī 형 잘 알다	B jiàngluò 동 착륙하다
C 无	D 坚持	C wú 동 없다 부 ~이 아니다	D jiānchí 동 꾸준히 하다
E 既然	F 提醒	E jìrán 접 기왕 ~된 바에야, ~한(인) 이상	F tíxǐng 동 일깨우다, 상기시키다, 당부하다

46

(E 既然) 你们都不知道，那我就不告诉你们了。

너희들이 모르는 (E 이상), 나도 너희에게 알려주지 않겠다.

지문 어휘
告诉 gàosu 동 알리다

정답 E

해설 접속사 어휘 채우기 문제

주어 앞에 빈칸일 경우 접속사일 가능성이 높다. ➡ 뒷절에 부사 就가 위치해 있으므로 既然~, 就~ 접속사 구문을 연상한다. (기왕 ~한 이상, ~하다) ➡ 문맥상 어울리는 어휘는 E 既然 (기왕 ~한 이상)이다.

47

李医生的航班还有两个半小时才会 (B 降落)。

닥터 리의 항공편은 30분 후에야 (B 착륙할 것이다).

지문 어휘
航班 hángbān 명 항공편

정답 B

해설 동사 어휘 채우기 문제

빈칸 앞에 조동사 숲가 있으므로 뒤에는 동사가 위치해야 한다. ➡ 앞에 航班(항공편)이 있으므로 어울리는 동사 어휘를 연상한다. ➡ 문맥상 어울리는 어휘는 B 降落 (착륙하다)이다.

48

大雪天给人们的出行带来了麻烦，在这里(F 提醒)大家注意安全。

눈이 많이 오는 날은 사람들의 외출에 불편함을 가져다 줍니다. 여기에서 여러분에게 안전에 주의할 것을 (F 당부드립니다).

지문 어휘
带来 dàilái 동 가져오다, 가져다주다
麻烦 máfan 형 번거롭다, 불편하다, 귀찮다 ★
注意 zhùyì 동 주의하다
安全 ānquán 형 안전하다 ★

정답 F

해설 동사 어휘 채우기 문제

| 빈칸 앞에는 전치사구 在这里가 있고, 빈칸 뒤에는 목적어구 大家注意安全이 있다. | → | 빈칸에는 동사가 들어가야 한다. 빈칸 뒤의 注意安全에 주목하자. 의미상 '안전에 주의할 것을 ~한다'라는 문장이 성립되어야 한다. | → | 문맥상 어울리는 어휘는 F 提醒(일깨우다, 상기시키다, 당부하다)이다. |

49

我们不仅是同事，从小学到大学还一直是同学，互相都很 (A 熟悉)。

우리는 동료일 뿐만 아니라 초등학교 시절부터 대학 시절까지 줄곧 동창이어서 서로 아주 (A 잘 안다).

지문 어휘
不仅 bùjǐn 접 ~뿐만 아니라
同事 tóngshì 명 직장 동료
小学 xiǎoxué 명 초등학교
同学 tóngxué 명 동창, 학우
互相 hùxiāng 부 서로

정답 A

해설 형용사 어휘 채우기 문제

| 빈칸 앞에는 정도부사 很이 있다. | → | 빈칸에는 형용사 어휘가 위치해야 한다. 초등학교 때부터 대학교까지 동창이라는 문장과 어울리는 어휘를 연상한다. | → | 문맥상 어울리는 어휘는 A 熟悉(잘 알다)이다. |

50

我们(C 无)法帮助你适应这里的环境，只有你自己能帮得了你。

네가 이곳 환경에 적응하는 데 우리가 도와줄 방법이 (C 없어), 네 스스로 너를 도울 수 있을 뿐이야.

지문 어휘
帮助 bāngzhù 동 돕다
适应 shìyìng 동 적응하다
环境 huánjìng 명 환경
只有 zhǐyǒu 부 ~밖에 없다

정답 C

해설 짝꿍 어휘 채우기 문제

| 빈칸 뒤에는 法가 있고, 빈칸 앞에는 주어 我们이 있다. | → | 帮助(돕다)라는 동사가 있으므로 빈칸에는 부사어 역할을 하는 품사가 위치해야 한다. 法와 어울리는 짝꿍 어휘를 연상한다. | → | 문맥상 어울리는 어휘는 C 无(없다, ~이 아니다)이다. |

▶ '无法 + 동사 / 형용사'는 '~할 방법이 없다, ~할 수 없다'라는 뜻을 나타낸다.

> 보기
>
> | | | | |
> |---|---|---|---|
> | A 毕业 | B 麻烦 | A bì yè 몡 졸업 통 졸업하다 | B máfan 혱 번거롭다, 골치 아프다 |
> | C 温度 | D 笑话 | C wēndù 몡 온도 | D xiàohua 몡 우스운 이야기 |
> | E 成功 | F 推 | E chénggōng 통 성공하다 | F tuī 통 밀다 |

51

A: 李明的胳膊怎么了?
B: 别提了, 上午踢球的时候不小心被人(F 推)了一下。

A: 리밍의 팔이 왜 그래?
B: 말도 마세요, 오전에 축구할 때 부주의해서 사람에게 (F 밀쳐졌어요).

지문 어휘

胳膊 gēbo 몡 팔 ★
别提 biétí 통 말도 하지 마라
踢球 tī qiú 통 축구하다
不小心 bù xiǎoxīn 뷔 실수로, 조심하지 않고

정답 F

해설 동사 어휘 채우기 문제

빈칸 뒤에는 완료 형태 了와 동량사 一下가 있다. ➡ 빈칸에는 동사 어휘가 위치해야 한다. 被자문 형태로 '~에 의해 ~를 당하다'라는 의미와 어울리는 어휘를 연상한다. ➡ 문맥상 어울리는 어휘는 F 推(밀다)이다.

52

A: 几年不见, 你都这么高了, 你今年多大了?
B: 22岁了, 我今年刚大学(A 毕业), 准备找工作呢。

A: 몇 년 동안 못 본 사이에, 너 벌써 이렇게 컸구나. 올해 나이가 몇이지?
B: 22살입니다. 올해 막 대학을 (A 졸업하고), 취업 준비하고 있어요.

지문 어휘

准备 zhǔnbèi 통 준비하다
找工作 zhǎo gōngzuò
통 직장을 구하다

정답 A

해설 동사 어휘 채우기 문제

빈칸 앞에는 명사 大学가 있다. ➡ 大学 앞에 刚이라는 부사가 있는 것으로 보아 술어가 필요하다. 毕业(졸업하다)는 이합동사로 바로 뒤에 목적어를 받지 않고 大学毕业 구조로 배치한다. ➡ 문맥상 어울리는 어휘는 A 毕业(졸업하다)이다.

▶ 대학을 졸업하다는 大学毕业, 혹은 전치사를 활용한 毕业于大学라고도 표현한다.

53

A: 那件事儿有些（ B 麻烦 ），你自己能解决吗?

B: 不好说，但我会尽最大的努力完成这项任务。

A: 그 일은 조금 (B 번거로운데), 혼자서 해결할 수 있어요?

B: 뭐라 말하기 어렵지만, 최선을 다해서 이번 임무를 완성하겠습니다.

지문 어휘

解决 jiějué 통 해결하다
尽 jìn 통 다하다
完成 wánchéng 통 완성하다, 완수하다
项 xiàng 양 항목
任务 rènwu 명 임무 ★

정답 B

해설 형용사 어휘 채우기 문제

| 빈칸 앞에는 부사 有些(조금)가 있다. | ➡ | 有些는 '약간, 조금'이라는 뜻으로 일반적으로 뒤에 형용사 어휘가 뒤따른다. '좀 번거롭다'의 의미로 有些麻烦으로 배치 가능하다. | ➡ | 문맥상 어울리는 어휘는 B 麻烦 (번거롭다)이다. |

54

A: 你看起来心情不好，我给你讲个（ D 笑话 ）吧。

B: 谢谢你，我真的没事儿。

A: 너 기분이 안 좋은 것 같은데, 내가 (D 웃기는 얘기) 하나 해 줄게.

B: 고마워, 나 정말 괜찮아.

지문 어휘

看起来 kàn qǐlai 통 보아하니 ~한 것 같다
心情 xīnqíng 명 기분, 심정 ★
讲笑话 jiǎng xiàohua 통 우스운 얘기를 하다 ★
没事儿 méishìr 통 괜찮다

정답 D

해설 명사 어휘 채우기 문제

| 빈칸 앞에는 동사 讲과 양사 个가 있다. | ➡ | 빈칸 앞에 양사가 있으므로 목적어 성분인 명사가 위치해야 한다. 앞에 동사 讲(이야기하다)과 어울리는 어휘를 연상한다. '기분이 안 좋은 것 같으니 ~ 이야기를 하나 해 줄게'라는 문장으로 완성한다. | ➡ | 문맥상 어울리는 어휘는 D 笑话 (우스운 얘기)이다. |

▶ 讲笑话(우스운 얘기를 하다)라는 표현을 익혀두자!

55

A: 我终于通过了面试，明天就能去公司上班了。

B: 祝贺你找到工作了，我相信你以后一定会（ E 成功 ）的。

A: 저 마침내 면접에 통과했어요, 내일 회사로 출근합니다.

B: 취업 축하한다. 난 네가 나중에 반드시 (E 성공할) 것이라 믿는다.

지문 어휘

终于 zhōngyú 부 마침내, 결국
通过 tōngguò 통 통과하다 ★
面试 miànshì 통 면접을 보다
祝贺 zhùhè 통 축하하다 ★
相信 xiāngxìn 통 믿다

정답 E

해설 동사 어휘 채우기 문제

| 빈칸 앞에 조동사 숲가 있으므로 뒤에 동사가 위치해야 한다. | 취업에 성공한 사람에게 축하 인사와 관련한 어휘를 연상한다. '반드시 ~하리라 믿는다'라는 문장으로 완성한다. | 문맥상 어울리는 어휘는 E 成功 (성공하다)이다. |

제2부분 56~65번 문제는 제시된 문장을 알맞게 배열하는 문제입니다.

56

A 先认真考虑一下你是否喜欢这个专业
B 再决定选择什么专业也来得及
C 然后你跟父母商量一下

A 우선 네가 이 전공을 좋아하는지 아닌지 진지하게 고민해 보렴
B 다시 어떤 전공을 선택할지 결정해도 늦지 않아
C 그런 다음 부모님과 상의해 보고

지문 어휘
认真 rènzhēn 형 진지하다
考虑 kǎolǜ 동 고려하다, 고민하다 ★
是否 shìfǒu 부 ~인지 아닌지 ★
专业 zhuānyè 명 전공 ★
决定 juédìng 동 결정하다
选择 xuǎnzé 동 선택하다
来得及 láidejí 동 늦지 않다
商量 shāngliang 동 상의하다, 논의하다 ★

정답 ACB

해설 先~, 然后~, 再~ 고정격식 문제

| 先~, 然后~, 再~ 의 구문을 이해하면 순서를 파악하기 쉽다. | 먼저 고민하고, 그런 다음에 부모와 상의해서 최종 결정하라는 말로 마무리한다. |

A 先认真考虑一下你是否喜欢这个专业, (우선 네가 이 전공을 좋아하는지 아닌지 진지하게 고민해 보렴,)
C 然后你跟父母商量一下, (그런 다음 부모님과 상의해 보고,)
B 再决定选择什么专业也来得及。(다시 어떤 전공을 선택할지 결정해도 늦지 않아.)

57

A 这块手表不但样子好看
B 因此我这次出差顺便给我爸爸买了一块
C 而且价格也特别便宜

A 이 손목시계는 모양이 예쁠 뿐만 아니라
B 그래서 난 이번에 출장 간 김에 아빠께 하나 사다 드렸어
C 게다가 가격 역시 아주 저렴해

지문 어휘
块 kuài 양 덩어리
手表 shǒubiǎo 명 손목시계
不但A, 而且B búdàn A, érqiě B A뿐만 아니라, 게다가 B하다
样子 yàngzi 명 모양 ★
因此 yīncǐ 접 ~로 인하여, 그래서 ★
出差 chū chāi 동 출장 가다 ★

정답 ACB

해설 不但~, 而且~ 접속사 파악 문제

不但~, 而且~ 의 구문을 이해하면 순서를 파악하기 쉽다.
결과를 나타내는 접속사 因此는 대개 제일 마지막에 위치한다.

➡ ~뿐만 아니라, 게다가 ~하기 때문에 그래서 결과적으로 ~했다로 마무리 한다.

顺便 shùnbiàn 부 ~하는 김에, 겸사겸사 ⭐
价格 jiàgé 명 가격 ⭐

A 这块手表不但样子好看, (이 손목시계는 모양이 예쁠 뿐만 아니라,)
C 而且价格也特别便宜, (게다가 가격 역시 아주 저렴해.)
B 因此我这次出差顺便给我爸爸买了一块。(그래서 난 이번에 출장 간 김에 아빠께 하나 사다 드렸어.)

58

A 关键还得安排正确的学习计划
B 如果想提高学习效果, 光努力学习是远远不够的
C 然后按照计划去做才有效果

A 중요한 것은 역시 제대로 된 공부 계획을 세워야 한다는 것이다
B 만약 학습 효과를 높이고자 한다면, 단지 열심히 공부하는 것만으로는 많이 부족하다
C 그런 후에 계획에 따라 해내야만 효과가 있다

지문 어휘

关键 guānjiàn 명 관건, 포인트 ⭐
安排 ānpái 동 일정을 짜다 ⭐
正确 zhèngquè 형 정확하다 ⭐
计划 jìhuà 명 계획 동 계획하다 ⭐
提高 tígāo 동 향상시키다
效果 xiàoguǒ 명 효과
光 guāng 부 단지, 오로지 ⭐
远远 yuǎnyuǎn 부 몹시, 크게
不够 búgòu 형 부족하다
然后 ránhòu 접 그런 후에
按照 ànzhào 전 ~에 따라 ⭐

정답 BAC

해설 큰 개념 ⋯ 작은 개념 파악 문제

큰 개념		작은 개념
학습 효과를 높이기 위해서	관건은 제대로 된 공부 계획을 세워야 하고	'계획에 따라 해낸다'라는 말로 마무리한다.

B 如果想提高学习效果, 光努力学习是远远不够的, (만약 학습 효과를 높이고자 한다면, 단지 열심히 공부하는 것만으로는 많이 부족하다.)
A 关键还得安排正确的学习计划, (중요한 것은 역시 제대로 된 공부 계획을 세워야 한다는 것이다.)
C 然后按照计划去做才有效果。(그런 후에 계획에 따라 해내야만 효과가 있다.)

59

A 即使你再着急也不要去打扰他
B 等过一段时间他不忙了, 你再去找他
C 王律师最近非常忙

A 설령 당신이 아무리 급하다 하더라도 그를 방해해선 안돼요
B 좀 지나서 그가 한가해지면, 당신은 그때 다시 그를 찾으세요
C 왕 변호사는 요즘 무척 바쁩니다

지문 어휘

即使A, 也B jíshǐ A, yě B 접 설령 A일지라도, B하다 ⭐
着急 zháojí 동 조급해하다
打扰 dǎrǎo 동 방해하다 ⭐
段 duàn 양 기간, 단락
律师 lǜshī 명 변호사 ⭐

정답 CAB

해설 구체적인 사람 ⋯ 그 사람을 가리키는 인칭대명사 파악 문제

왕 변호사는 他가 가리키는 대상이므로 C가 제일 먼저 위치해야 한다. → 왕 변호사는 바쁘니 그(他)를 방해하지 마라 → 안 바쁠 때 그를 찾아가라는 말로 마무리한다.

C 王律师最近非常忙。(왕 변호사는 요즘 무척 바쁩니다.)
A 即使你再着急也不要去打扰他。(설령 당신이 아무리 급하다 하더라도 그를 방해해선 안 돼요.)
B 等过一段时间他不忙了，你再去找他。(좀 지나서 그가 한가해지면, 당신은 그때 다시 그를 찾으세요.)

60

A 地球上的环境污染越来越严重
B 但仍有很多人不重视环保问题
C 人们开始认识到要保护环境

A 지구상의 환경오염이 점점 더 심각해지고 있다
B 그러나 여전히 많은 사람들이 환경보호 문제를 중시하지 않는다
C 사람들은 환경을 보호해야 한다고 인식하기 시작했다

지문 어휘

环境 huánjìng 명 환경
污染 wūrǎn 동 오염시키다 ★
越来越 yuèláiyuè 부 더욱더, 점점
严重 yánzhòng 형 심각하다 ★
仍 réng 부 여전히
重视 zhòngshì 동 중시하다 ★
环保 huánbǎo 명 환경보호(环境保护)의 약칭
问题 wèntí 명 문제
认识 rènshi 동 인식하다, 알다
保护 bǎohù 동 보호하다 ★

정답 ACB

해설 의미 파악 문제

지구상의 환경오염이 점점 심각해짐(严重) → 사람들이 환경보호를 인식하기 시작(开始)  여전히(仍), 중시하지 않는다는 말로 순서를 배열한다.

A 地球上的环境污染越来越严重。(지구상의 환경오염이 점점 더 심각해지고 있다.)
C 人们开始认识到要保护环境。(사람들은 환경을 보호해야 한다고 인식하기 시작했다.)
B 但仍有很多人不重视环保问题。(그러나 여전히 많은 사람들이 환경보호 문제를 중시하지 않는다.)

61

A 也应该安静地听他把话讲完
B 这是对他人应有的尊重
C 即使你反对院长的任务安排

A 그의 말이 끝날 때까지 조용히 듣고 있어야 해
B 이게 타인에 대한 존중이야
C 설사 네가 원장님의 업무 배정에 반대한다 하더라도

지문 어휘

安静 ānjìng 형 조용하다
尊重 zūnzhòng 동 존중하다 ★
反对 fǎnduì 동 반대하다 ★
院长 yuànzhǎng 명 원장

[정답] CAB

[해설] 即使~, 也~ 접속사 파악 문제

即使~, 也~ 의 구문을 이해하면 순서를 파악하기 쉽다. 그러므로 C를 A 앞으로 배열한다. → 这是~ 라는 구문을 이용해 앞 내용에 대한 결론을 제시한다.

C 即使你反对院长的任务安排, (설사 네가 원장님의 임무 배정에 반대한다 하더라도,)
A 也应该安静地听他把话讲完, (그의 말이 끝날 때까지 조용히 듣고 있어야 해,)
B 这是对他人应有的尊重。(이게 타인에 대한 존중이야.)

任务 rènwu 명 임무 ★
安排 ānpái 동 일정을 짜다, 안배하다 ★

62

A 总之在别人眼里, 他永远都有做不完的工作
B 每天都会提前两个小时到学校
C 陈老师对工作很有热情

A 결국 다른 사람 눈엔 그에게는 영원히 끝나지 않을 업무를 하는 걸로 보일 것이다.
B 매일 2시간 먼저 학교에 도착한다
C 천 선생님은 업무에 아주 열정적이다

지문 어휘
总之 zǒngzhī 접 아무튼, 하여간
永远 yǒngyuǎn 부 영원히 ★
提前 tíqián 동 앞당기다
陈 Chén 명 성씨, 진(천)
热情 rèqíng 형 열정적이다 ★

[정답] CBA

[해설] 구체적인 사람 …→ 总之~ 결론 문제

주어가 명확하게 드러난 문장을 제일 먼저 배열한다. '천 선생님은 업무에 열정적이다'라고 시작한다. → '출근도 미리 한다'라고 과정을 설명한다. → 总之(결국)로 결론을 지으며 마무리한다.

C 陈老师对工作很有热情, (천 선생님은 업무에 아주 열정적이다,)
B 每天都会提前两个小时到学校, (매일 2시간 먼저 학교에 도착한다,)
A 总之在别人眼里, 他永远都有做不完的工作。(결국 다른 사람 눈엔 그에게는 영원히 끝나지 않을 업무를 하는 걸로 보일 것이다.)

63

A 不只是因为电影幽默有趣
B 这个电影之所以这么受欢迎
C 更重要的是男主角长得很英俊

A 그저 단순히 영화가 유머러스하고 재미있기 때문만은 아니다
B 이 영화가 이렇게 인기 있는 까닭은
C 더욱 중요한 것은 남자 주인공이 잘생겨서이다

지문 어휘
不只是 bùzhǐshì 부 단순히 ~만이 아니다
幽默 yōumò 형 유머러스하다 ★
有趣 yǒuqù 형 재미있다 ★
之所以 zhīsuǒyǐ 접 ~의 이유, ~한 까닭 ★
受欢迎 shòu huānyíng 인기가 있다
重要 zhòngyào 형 중요하다

[정답] BAC

[해설] 之所以(결과) …→ 是因为(이유) 파악 문제

之所以~, 是因为~(~한 까닭은 ~ 때문이다) 구문을 떠올리며 之所以가 들어 있는 문장을 첫 번째 자리에 배치한다.	不只是因为~(그저 ~때문만이 아니고) 문장을 두 번째 자리에 배치한다.	更重要的是~(더욱 중요한 것은 ~)의 순서로 마무리한다.

男主角 nán zhǔjué
명 남자 주인공
英俊 yīngjùn 형 인물이 출중하다, 핸섬하다

B 这个电影之所以这么受欢迎, (이 영화가 이렇게 인기 있는 까닭은,)
A 不只是因为电影幽默有趣, (그저 단순히 영화가 유머러스하고 재미있기 때문만은 아니다,)
C 更重要的是男主角长得很英俊。(더욱 중요한 것은 남자 주인공이 잘생겨서이다.)

64

A 一想到能跟他们一起演出
B 这次音乐会有很多著名的音乐家参加
C 我就十分激动

A 그들과 함께 연주할 생각을 하니
B 이번 음악회는 많은 유명한 음악가가 참가한다
C 나는 아주 흥분된다

지문 어휘
演出 yǎnchū 동 공연하다 ★
音乐会 yīnyuèhuì 명 음악회
著名 zhùmíng 형 유명하다 ★
参加 cānjiā 동 참가하다
十分 shífēn 부 매우, 대단히 ★
激动 jīdòng 동 흥분하다 ★

정답 BAC

해설 一~就~ 접속사 파악 문제

这次音乐会(이번 음악회)라는 내용 소개로 시작한다.	一~就~(~하자마자, 바로 ~하다) 구문으로 순서를 배열하면 된다.

B 这次音乐会有很多著名的音乐家参加, (이번 음악회는 많은 유명한 음악가가 참가한다,)
A 一想到能跟他们一起演出, (그들과 함께 연주할 생각을 하니,)
C 我就十分激动。(나는 아주 흥분된다.)

65

A 还得修理一段时间, 暂时无法使用
B 李师傅正在修理电梯
C 请先走楼梯吧

A 수리하는 데 시간이 좀 더 걸릴 듯하여, 잠시 사용하실 수 없습니다
B 리 기사님이 엘리베이터를 수리 중입니다
C 우선 계단을 이용해 주세요

지문 어휘
修理 xiūlǐ 동 수리하다 ★
暂时 zànshí 명 잠시, 잠깐 ★
无法 wúfǎ 동 방법이 없다
使用 shǐyòng 동 사용하다 ★
电梯 diàntī 명 엘리베이터
楼梯 lóutī 명 계단

정답 BAC

해설 의미 파악 문제(원인 ⋯ 결과)

正在修理电梯 '엘리베이터 수리 중'이라고 사건의 발생을 소개한다.	还得修理一段时间 '시간이 좀 더 걸린다'라고 원인을 언급한다.	走楼梯(계단을 이용하라)라는 결과 순으로 배치한다.

B 李师傅正在修理电梯。(리 기사님이 엘리베이터를 수리 중입니다.)
A 还得修理一段时间，暂时无法使用。(수리하는 데 시간이 좀 더 걸릴 듯하여, 잠시 사용하실 수 없습니다.)
C 请先走楼梯吧。(우선 계단을 이용해 주세요.)

제3부분
66~85번 문제는 단문을 읽고 질문에 알맞은 답을 고르는 문제입니다.

66

大家开完会以后，把会议内容整理一下，还有今天打扫会议室的阿姨生病了，一会儿走的时候顺便把桌子上的咖啡和点心也一起收拾一下，别忘了。

★ 说话人让大家做什么？

A 整理垃圾
B 去看同事
C 注意身体
D 别迟到

모두들 회의가 끝난 후에 회의 내용을 정리해 주세요. 그리고 오늘 회의실을 청소해 주시는 아주머니께서 편찮으십니다. 조금 후 나가실 때, 책상 위의 커피와 간식들도 함께 치워주세요. 잊지 마시고요.

★ 화자는 모두에게 무엇을 요청하였나?

A 쓰레기를 정리하라고
B 동료를 만나러 가라고
C 건강에 주의하라고
D 지각하지 말라고

지문 어휘

内容 nèiróng 명 내용 ★
整理 zhěnglǐ 동 정리하다 ★
打扫 dǎ sǎo 동 청소하다
阿姨 āyí 명 이모, 아주머니
生病 shēng bìng 동 병이 나다
顺便 shùnbiàn 부 ~하는 김에 ★
点心 diǎnxin 명 간식
收拾 shōushi 동 정리하다 ★

보기 어휘

垃圾 lājī 명 쓰레기
注意 zhùyì 동 주의하다
迟到 chídào 동 늦다, 지각하다

정답 A

 해설 화자는 회의 내용을 정리하는 것과 책상 위의 커피와 간식을 치우라고 두 가지를 요청하고 있음을 알 수 있다.
▶ 收拾(치우다)와 整理(정리하다)는 비슷한 의미이다.

67

去火车站的时候，我以为我坐的是2号线，没想到其实坐了1号线。当我发现坐错地铁时，已经来不及了，于是我只好改坐下一趟火车。

기차역에 갈 때 나는 내가 2호선을 탔다고 생각했는데, 1호선을 탔을 줄은 생각지도 못했다. 내가 지하철을 잘못 탔다는 것을 알아차렸을 때는 이미 늦어버렸다. 그래서 나는 할 수 없이 다음 기차를 갈아타야만 했다.

지문 어휘

火车站 huǒchēzhàn 명 기차역
以为 yǐwéi 동 ~라고 여기다
号线 hàoxiàn 명 (지하철의) 호선
没想到 méi xiǎngdào 생각지 못하다, 뜻밖에도

★ 关于说话人，可以知道：

　A　错过了飞机
　B　迷路了
　C　坐错地铁了
　D　没听清广播

★ 화자에 관하여, 알 수 있는 것은:

　A　비행기를 놓쳤다
　B　길을 잃었다
　C　지하철을 잘못 탔다
　D　방송을 잘 듣지 못했다

정답 C

해설 화자에 관해 묻고 있다. 화자는 2호선을 타고 기차역으로 가는 줄 알았는데, 1호선을 탔을 줄은 생각지도 못했다고 했으므로 결국 화자는 지하철을 잘못 탔음을 알 수 있다.

其实 qíshí 튄 사실은
发现 fāxiàn 동 발견하다, 알아차리다
来不及 láibují 동 늦다 ★
于是 yúshì 접 그래서, 그리하여 ★
只好 zhǐhǎo 튄 할 수 없이, ~할 수밖에 없다 ★
趟 tàng 양 차례, 번

보기 어휘

错过 cuòguò 동 놓치다
迷路 mí lù 동 길을 잃다 ★
广播 guǎngbō 동 방송하다 ★

68

这是我们公司新出的产品，新产品不但在样子上看起来很流行，而且选用了质量最好的材料，但有一个缺点就是价格稍微有点儿贵，不是所有人都能接受的。

이것이 우리 회사의 신제품입니다. 신제품은 모양에 있어서 유행을 따랐을 뿐만 아니라, 가장 질이 좋은 재료를 선별하여 사용하였습니다. 단, 단점이 있다면 바로 가격이 좀 비싸다는 것이어서, 모든 사람들이 납득할 만한 것은 아닙니다.

★ 那种新产品：

　A　质量不好
　B　没使用新材料
　C　价格不便宜
　D　样子不够流行

★ 그 신제품은:

　A　품질이 좋지 않다
　B　새로운 재료를 사용하지 않았다
　C　가격이 저렴하지 않다
　D　모양이 유행에 민감하지 않다

지문 어휘

产品 chǎnpǐn 명 제품
不但 A, 而且 B búdàn A, érqiě B 접 A뿐만 아니라, B하다
样子 yàngzi 명 모양 ★
选用 xuǎnyòng 동 골라 쓰다, 선용하다
质量 zhìliàng 명 품질
材料 cáiliào 명 재료 ★
缺点 quēdiǎn 명 단점 ★
价格 jiàgé 명 가격
稍微 shāowēi 튄 조금, 약간, 다소 ★
接受 jiēshòu 동 받아들이다 ★

보기 어휘

使用 shǐyòng 동 사용하다

정답 C

해설 신제품에 대해 묻고 있다. 신제품의 모양과 재료는 좋지만, 가격이 조금 비싸다는 내용이 언급되었으므로 정답은 C이다.
▶ 贵(비싸다)와 不便宜(싸지 않다)는 같은 의미이다.

69

"知足常乐"这个词语的意思是说，知道满足，就能常常感到快乐幸福。现在很多人其实已经很成功了，但是他们不知道满足，所以常常感到不快乐。

★ 很多成功的人为什么常常不快乐？

A 压力太大
B 不知道满足
C 工作太忙
D 太重视成功

'지족상락' 이 말의 뜻은, 만족할 줄 알면, 항상 즐거움과 행복을 느낄 수 있다는 것이다. 요즘 많은 사람들이 실제로 이미 성공했음에도 그들은 만족할 줄 몰라서 늘 즐겁지 않다고 느낀다.

★ 성공한 많은 사람들이 왜 항상 즐겁지 않은가?

A 스트레스가 너무 심하다
B 만족할 줄 모른다
C 업무가 너무 바쁘다
D 성공을 너무 중시한다

지문 어휘

意思 yìsi 명 의미, 뜻
满足 mǎnzú 동 만족하다
常常 chángcháng 부 늘, 항상
感到 gǎndào 동 느끼다, 여기다
快乐 kuàilè 형 즐겁다, 유쾌하다
幸福 xìngfú 명 행복
  형 행복하다 ★
其实 qíshí 부 사실
成功 chénggōng
  동 성공하다 ★

보기 어휘

重视 zhòngshì 동 중시하다 ★

정답 B

해설 성공한 많은 사람들이 왜 항상 즐겁지 않은지 그 이유를 묻고 있다. 그들은 만족할 줄 모르기 때문에 항상 즐겁지 않다고 얘기하고 있으므로 정답은 B이다.

▶ 역접을 나타내는 접속사 但是(그러나) 뒤에 핵심 내용이 나올 확률이 높다.

70

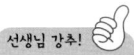

本来打算十月份去中国旅游的，但是听说中国现在是国庆节，路上车多人多，去哪儿玩儿都不方便。特别是中国有名的景点，现在有的地方连门票都卖完了。总之，十月是无法去中国旅游了。

★ 说话人为什么十月不去中国旅游？

A 门票太贵
B 景点不好玩儿
C 国庆节人多
D 空气不好

원래 10월에 중국으로 여행을 갈 예정이었다. 하지만 듣자 하니 중국은 현재 국경절로, 길에 차도 많고 사람도 많아, 어딜 가든 불편할 것이라고 한다. 특히나 중국 유명 관광지의 경우, 지금 어떤 곳은 입장권마저 다 팔렸다고 한다. 아무튼 10월엔 중국 여행을 갈 수 없게 되었다.

★ 화자는 왜 10월에 중국 여행을 가지 않는가?

A 입장권이 너무 비싸서
B 관광지는 재미없어서
C 국경절에는 사람이 많아서
D 공기가 좋지 않아서

지문 어휘

本来 běnlái 부 본래, 원래 ★
打算 dǎsuan 동 ～할 생각이다, ～할 계획이다
旅游 lǚyóu 동 여행하다
听说 tīngshuō 동 듣자 하니
国庆节 Guóqìng Jié 명 국경절
方便 fāngbiàn 형 편리하다
有名 yǒumíng 형 유명하다
景点 jǐngdiǎn 명 관광지, 명소
地方 dìfang 명 장소, 곳
门票 ménpiào 명 입장권
连A都B lián A dōu B
  접 심지어 A마저도 모두 B하다
总之 zǒngzhī 접 아무튼, 어쨌든, 하여간

보기 어휘

空气 kōngqì 명 공기 ★

정답 C

해설 화자가 10월에 중국 여행을 가지 않은 이유를 묻고 있다. 10월엔 국경절이 있어 차도 많고 사람이 많아서 관광하기 불편하다고 언급했으므로 정답은 C이다.

71

即使生活得很困难很辛苦，也要相信未来的生活是美好的。不用羡慕别人，每个人都有自己的选择，选择以后就不要后悔，后悔也不会改变什么，所以大家都积极地面对生活吧。

설령 사는 게 어렵고 고생스럽더라도 미래의 삶이 아름다울 것이라고 믿어야 한다. 다른 사람을 부러워할 필요 없다. 모든 사람은 스스로 선택을 해야 하는데, 선택을 한 이후엔 후회하지 마라. 후회한다 해도 아무것도 달라지지 않는다. 그러므로 여러분 모두 적극적으로 생활에 직면해야 한다.

★ 这段话告诉我们要：
　A 生活辛苦
　B 相信别人
　C 积极面对生活
　D 正确选择生活方式

★ 이 글이 우리에게 말하고자 하는 것은:
　A 생활은 고생스럽다
　B 다른 이를 믿어라
　C 적극적으로 생활에 직면하라
　D 생활 방식을 정확하게 선택하라

지문 어휘

困难 kùnnan 명 어려움 ★
辛苦 xīnkǔ 형 고생스럽다 ★
相信 xiāngxìn 동 믿다
未来 wèilái 명 미래
美好 měihǎo 형 아름답다
羡慕 xiànmù 동 부러워하다 ★
以后 yǐhòu 명 이후
后悔 hòuhuǐ 동 후회하다 ★
改变 gǎibiàn 동 변하다, 바꾸다 ★
积极 jījí 형 적극적이다
面对 miànduì 동 마주 보다, 직면하다
生活 shēnghuó 명 생활 동 생활하다, 살다 ★

보기 어휘

正确 zhèngquè 형 정확하다, 올바르다 ★

정답 C

해설 이 글의 주제를 묻고 있다. 중심 내용 파악 문제는 첫 문장과 마지막 문장에 주목하자! 적극적으로 생활에 임하라는 마지막 문장이 이 글의 주제에 해당된다.

72

上次我跟你提过的公司未来发展计划，你考虑得怎么样了？现在有很多公司已经开始联系我了，他们都对这个计划很感兴趣，你快点儿决定吧，再晚点我就不等你了。

지난번 당신에게 제안한 회사 미래발전계획 건, 어떻게 보셨습니까? 최근 많은 회사들이 벌써 제게 연락해 오기 시작했습니다. 그들은 모두 이 계획에 관심을 갖고 있으니, 빨리 결정하십시오. 더 늦어진다면 저는 당신을 기다리지 않겠습니다.

★ 公司未来发展计划：
　A 有很多问题
　B 没有人支持
　C 已经取消了
　D 很受欢迎

★ 회사 미래발전계획은:
　A 문제가 많다
　B 아무도 지지하지 않는다
　C 이미 취소되었다
　D 반응이 좋다

지문 어휘

发展 fāzhǎn 동 발전하다 ★
计划 jìhuà 명 계획 동 계획하다 ★
联系 liánxì 동 연락하다 ★
感兴趣 gǎn xìngqù 관심이 있다
决定 juédìng 동 결정하다

보기 어휘

问题 wèntí 명 문제
支持 zhīchí 동 지지하다 ★
取消 qǔxiāo 동 취소하다
受欢迎 shòu huānyíng 인기 있다, 환영을 받다

정답 **D**

해설 회사 미래발전계획에 대해 묻고 있다. 많은 이들이 이번 계획에 관심을 가지고 있다고 했으므로 정답은 D이다.
▶ 感兴趣(관심이 있다)와 受欢迎(인기가 있다)은 비슷한 의미로 쓰인다.

73

你还记得小马吗？他去美国发展了，在美国一家有名的医院工作，他不但能用英语跟同事开玩笑，而且还交了一个美国的女朋友，听说快要结婚了。

너 샤오마 기억나? 그 사람 미국 가서 잘되었대. 미국에 있는 유명한 병원에서 일하는데, 그는 영어로 동료들과 농담도 할 뿐만 아니라, 게다가 미국 여자 친구도 사귀어서, 듣자 하니 곧 결혼한다더라.

★ 小马:
A 性格不好
B 不爱开玩笑
C 有女朋友了
D 喜欢说闲话

★ 샤오마는:
A 성격이 좋지 않다
B 농담을 좋아하지 않는다
C 여자 친구가 생겼다
D 험담하는 것을 좋아한다

지문 어휘

记得 jìde 동 기억하고 있다, 기억하다 ★
英语 Yīngyǔ 명 영어
开玩笑 kāi wánxiào 동 농담하다 ★
交 jiāo 동 사귀다 ★
快要~了 kuàiyào ~ le 부 곧(머지않아) ~하다
结婚 jié hūn 동 결혼하다

보기 어휘

性格 xìnggé 명 성격 ★
说闲话 shuō xiánhuà 동 험담하다

정답 **C**

해설 샤오마에 대해 묻고 있다. 미국에 가서 병원에 일하면서 여자 친구를 만나 곧 결혼할 거라는 내용이 언급되었으므로 결과적으로 샤오마는 여자 친구가 있음을 알 수 있다.
▶ 접속사 不但~, 而且~ (~뿐만 아니라, 또한 ~하다)에 주목하자!

74

当别人在会议上讲话时，我们应该仔细听，安静地坐在椅子上，不玩手机，双眼看着讲话者。当有不同意见时，先举手，然后再提出问题，这是对讲话者的尊重。

다른 사람이 회의 석상에서 발표할 때, 우리는 마땅히 경청해야 하고, 조용히 의자에 앉아 휴대폰을 만지지 않아야 하며, 두 눈으로 발표자를 바라보아야 한다. 다른 의견이 있을 때는 우선 손을 들고, 그러고 나서 질문을 한다. 이것은 발표자에 대한 존중이다.

★ 这段话主要谈的是什么？
A 会议的座位顺序
B 讲话动作
C 会议中的礼貌
D 讲话方式

★ 이 글이 주로 이야기하려는 것은 무엇인가?
A 회의의 좌석 순서
B 연설 동작
C 회의 중의 예절
D 발표(강연) 방법

지문 어휘

讲话 jiǎng huà 명 발표, 강연 동 강연하다, 발표하다
仔细 zǐxì 형 세심하다, 꼼꼼하다 ★
安静 ānjìng 형 조용하다
椅子 yǐzi 명 의자
玩手机 wán shǒujī 휴대폰을 만지작거리다
意见 yìjiàn 명 의견, 견해 ★
举手 jǔ shǒu 동 손을 들다
然后 ránhòu 접 그런 후에, 그 다음에
提出 tíchū 동 제기하다, 꺼내다
尊重 zūnzhòng 동 존중하다 ★

정답 C

해설 전체 내용을 파악해야 하는 문제로 이 글의 주제를 묻고 있다. 단문 마지막에 이것이 발표자에 대한 존중이라고 언급했으므로 전반적으로 회의 중 예절에 관한 이야기임을 알 수 있다.

보기 어휘

顺序 shùnxù 명 순서, 차례 ★
动作 dòngzuò 명 동작 ★
礼貌 lǐmào 명 예의 ★
方式 fāngshì 명 방식, 방법

75

我在中国生活过四五年，一直以为自己汉语说得不错。可今天帮朋友翻译时，我竟然完全听不懂对方在说什么，甚至感觉他说的不是汉语。后来知道他是广东人，我才松了一口气。

나는 중국에서 4, 5년 생활한 적이 있기에, 줄곧 나의 중국어가 꽤 괜찮다고 여겼다. 하지만 오늘 친구를 도와 통역을 하는데, 놀랍게도 난 상대방이 무슨 말을 하는지 전혀 알아듣지 못했다. 심지어 그가 하는 말이 중국어가 아닌 듯 느꼈는데, 나중에 상대가 광둥인임을 알아채고 나서야 나는 한숨을 돌릴 수 있었다.

★ 关于说话人，可以知道：
A 没去过中国
B 翻译时很紧张
C 听不懂汉语
D 会说汉语

★ 화자에 관하여, 알 수 있는 것은:
A 중국에 가 본 적이 없다
B 통역할 때 긴장했다
C 중국어를 못 알아듣는다
D 중국어를 할 줄 안다

지문 어휘

翻译 fānyì 통 통역하다, 번역하다 ★
竟然 jìngrán 부 뜻밖에도, 의외로 ★
听不懂 tīngbudǒng 통 알아들을 수 없다
对方 duìfāng 명 상대방
甚至 shènzhì 부 심지어, ~조차도 ★
感觉 gǎnjué 명 느낌 통 느끼다 ★
广东人 Guǎngdōngrén 명 광둥인
终于 zhōngyú 부 결국, 마침내
松一口气 sōng yì kǒu qì 한숨 돌리다, 한시름 놓다

정답 D

해설 화자에 대해 묻고 있다. 화자의 중국어 실력에 대해 얘기하고 있는데, 단문 도입 부분에 중국에서 생활했고, 중국어를 곧잘 한다고 얘기했으므로 정답은 D이다.
▶ 뒷부분 내용은 혼동을 주기 위한 내용이므로 주의하자!

보기 어휘

紧张 jǐnzhāng 형 긴장하다 ★

76

手机号码都是随随便便选的，它的最后一位数字怎么可能和人的性格有关系呢？其实那都是假的，你怎么连这种事情都相信？

휴대폰 번호는 그냥 마음대로 고른 건데, 휴대폰의 끝자리 숫자가 어떻게 사람의 성격과 관계가 있다고 할 수 있겠어? 사실 그건 다 가짜인데, 넌 어떻게 이런 걸 믿고 있니?

★ 说话人认为那件事：
A 让人吃惊
B 发生得很突然
C 是假的
D 很奇怪

★ 화자는 그 일이 어떻다고 생각하는가:
A 매우 놀랍다고
B 갑작스럽게 일어났다고
C 가짜라고
D 이상하다고

지문 어휘

随便 suíbiàn 부 마음대로, 좋을 대로 ★
最后 zuìhòu 명 제일 마지막, 최후
数字 shùzì 명 숫자 ★
性格 xìnggé 명 성격 ★
关系 guānxi 명 관계
其实 qíshí 부 사실
假 jiǎ 형 거짓의, 가짜의
连~都 lián~dōu 접 ~마저도 ~하다
相信 xiāngxìn 통 믿다

정답 C

해설 화자는 그 일을 어떻게 생각하는지 묻고 있다. 단문 후반부에 그건 다 가짜라고 언급한 것으로 보아 화자는 그 일이 가짜라고 생각하고 있음을 알 수 있다.

보기 어휘

吃惊 chī jīng 동 놀라다 ★
发生 fāshēng 동 발생하다, 일어나다 ★
突然 tūrán 부 갑자기, 문득
奇怪 qíguài 형 이상하다, 기이하다

77

今天参加表演的这些年轻歌手虽然长得都很漂亮，但唱歌唱得实在是难听。看来他们之所以能成为歌手，是因为长得好。

오늘 공연에 참가한 이 젊은 가수들은 비록 외모는 예쁘지만 노래는 참 못하더라. 분명 그들이 가수가 될 수 있었던 것은 외모가 괜찮았기 때문인 것 같아.

★ 那些歌手：
A 很会表演
B 唱歌很好
C 非常有能力
D 长得漂亮

★ 그 가수들은:
A 공연을 잘한다
B 노래를 잘한다
C 매우 능력이 있다
D 예쁘게 생겼다

지문 어휘

表演 biǎoyǎn 동 공연하다 ★
年轻 niánqīng 형 젊다
歌手 gēshǒu 명 가수
实在 shízài 부 확실히 ★
难听 nántīng 형 듣기 거북하다, 듣기 싫다
之所以 zhīsuǒyǐ 접 ~의 이유, ~한 까닭
成为 chéngwéi 동 ~이 되다 ★

보기 어휘

能力 nénglì 명 능력 ★

정답 D

해설 그 가수들에 대해 묻고 있다. 가수들은 외모는 예쁘나 노래는 별로라고 얘기했으므로 정답은 D이다.

78

我对这家公司的管理方式非常失望。经理每天迟到，没有人批评他，而我只迟到了一次，就被批评了。真后悔来这家公司工作。

나는 이 회사의 관리 방식에 아주 실망했다. 매니저가 매일 지각해도, 아무도 그를 비난하지 않는다. 하지만 내가 겨우 한 번 지각했을 때는 바로 지적을 당했다. 이 회사에서 근무하게 된 걸 정말 후회한다.

★ 关于说话人，可以知道：
A 后悔当经理
B 经常迟到
C 对公司失望
D 没被批评

★ 화자에 관하여, 알 수 있는 것은:
A 매니저가 된 것을 후회한다
B 자주 지각한다
C 회사에 대해 실망했다
D 지적을 당하지 않았다

지문 어휘

管理 guǎnlǐ 명 관리 동 관리하다 ★
方式 fāngshì 명 방식
失望 shīwàng 동 실망하다 ★
经理 jīnglǐ 명 사장, 지배인, 매니저
批评 pīpíng 동 꾸짖다, 비난하다 ★
被 bèi 전 ~에 의해
后悔 hòuhuǐ 동 후회하다 ★

정답 C

해설 화자에 관해 묻고 있다. 핵심 내용이 문장 첫머리에 언급되고 있다. 화자는 회사의 관리 방식에 실망했다고 했으므로 정답은 C이다.

79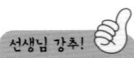

随着科学技术的发展，越来越多的年轻人开始选择网上购物。这不仅仅是因为便宜，更吸引他们的是网上提供的赠品。

★ 关于网上购物，可以知道：

A 价格便宜
B 不方便
C 没有赠品
D 产品不多

과학 기술의 발전에 따라 점점 더 많은 젊은이들이 인터넷 쇼핑을 선택하기 시작했다. 이는 값이 저렴한 이유도 있겠지만, 더욱 그들을 매료시키는 것은 인터넷에서 제공하는 사은품이다.

★ 인터넷 쇼핑에 관하여 알 수 있는 것은?

A 가격이 저렴하다
B 불편하다
C 증정품이 없다
D 상품이 많지 않다

지문 어휘

随着 suízhe 전 ~에 따라 ★
科学 kēxué 명 과학 ★
技术 jìshù 명 기술 ★
越来越 yuèláiyuè 부 점점, 더욱더
上网 shàng wǎng 동 인터넷을 하다
购物 gòuwù 동 쇼핑하다 ★
不仅仅 bùjǐnjǐn 부 ~뿐만 아니라
吸引 xīyǐn 동 끌어당기다, 매료시키다 ★
提供 tígōng 동 제공하다 ★
赠品 zèngpǐn 명 증정품, 사은품

보기 어휘

产品 chǎnpǐn 명 제품, 상품

정답 A

해설 인터넷 쇼핑에 관해 묻고 있다. 인터넷 쇼핑은 저렴하며 사은품을 제공한다고 했으므로, 가격이 저렴하다는 A가 정답이다.

第80到81题是根据下面一段话：

我和父亲的感情非常特别。爸爸是一位医生，工作很忙，小的时候很少有时间照顾我，关心我。每次看见父亲都是深夜睡觉前，那时他只会鼓励我一两句。⁸⁰父亲的生活只有工作，他把时间都留给了病人。虽然缺少交流，但是我仍然能感受到父亲对工作的热情，⁸¹现在我也成了一名医生。

80-81번 문제는 다음 내용에 근거한다:

나와 아버지의 감정은 매우 특별하다. 아버지는 의사이다. 일이 바쁘셔서, 어린 시절 나를 돌봐 주시고 나에게 관심 가져 줄 시간이 거의 없으셨다. 아버지를 뵐 때는 깊은 밤 잠들기 전이었는데, 그때 아버지는 그저 나를 한두 마디로 격려해 주실 뿐이었다. ⁸⁰아버지의 생활엔 그저 일뿐이었고, 그는 시간을 모두 환자에게 할애했다. 비록 소통은 적었으나, 나는 여전히 아버지의 일에 대한 열정을 느낄 수 있었기에, ⁸¹지금 나도 의사가 되었다.

지문 어휘

父亲 fùqīn 명 부친, 아버지 ★
感情 gǎnqíng 명 애정, 감정 ★
照顾 zhàogù 동 돌보다
关心 guānxīn 동 관심을 갖다
鼓励 gǔlì 동 격려하다 ★
留给 liúgěi 동 ~에게 남겨 주다
缺少 quēshǎo 동 모자라다, 부족하다 ★
交流 jiāoliú 명 교류 동 교류하다 ★
仍然 réngrán 부 여전히, 변함없이 ★
热情 rèqíng 명 열정 동 열정적이다

80

★ 关于父亲，可以知道：
A 常常照顾我
B 喜欢赚钱
C 工作认真
D 缺少责任

★ 아버지에 관하여, 알 수 있는 것은:
A 항상 나를 돌봐 주셨다
B 돈 벌기를 좋아하셨다
C 열심히 일하셨다
D 책임감이 부족하셨다

보기 어휘

赚钱 zhuàn qián 동 돈을 벌다
认真 rènzhēn 형 진지하다
责任 zérèn 명 책임 ★

정답 C

해설 아버지에 관해 묻고 있다. 아버지는 일뿐이고, 모든 시간을 환자에게 할애했다는 내용을 통해 아버지는 열심히 일하신 분임을 알 수 있다.

81

★ 根据这段话，可以知道：
A 父亲不是好医生
B 父亲每天很早回家
C 我讨厌父亲
D 我也成了医生

★ 이 글에 근거하여, 알 수 있는 것은:
A 아버지는 좋은 의사가 아니다
B 아버지는 매일 일찍 귀가하셨다
C 나는 아버지를 싫어했다
D 나도 의사가 되었다

보기 어휘

讨厌 tǎoyàn 동 싫어하다 ★

정답 D

해설 글을 통해 알 수 있는 내용이 무엇인지 묻고 있다. 단문 마지막 부분에 지금 나도 의사가 되었다고 했으므로 정답은 D이다.

第82到83题是根据下面一段话：

82-83번 문제는 다음 내용에 근거한다:

⁸²婚姻介绍中心是一家为未婚男女以结婚为目的而提供交友服务的公司。报名可以通过打电话和上网进行，报名时提供的个人信息必须是真的。公司会根据您的要求，为您安排最理想的约会。安排约会后，男女两人都会收到短信，短信上会有约会的时间和地点。⁸³他们只要按照短信上的内容去做就可以，约会结束后，男女如果

⁸²결혼정보업체는 미혼 남녀에게 결혼을 목적으로 만남 서비스를 제공하는 회사이다. 등록은 전화와 인터넷을 통해 진행할 수 있으며, 등록할 때 제공하는 개인 정보는 반드시 진짜여야 한다. 회사는 당신의 요구에 근거하여, 당신을 위해 가장 이상적인 데이트를 배정해 준다. 데이트 배정 후, 남녀 두 사람은 문자를 받게 되고, 문자에 데이트 시간과 장소가 있을 것

지문 어휘

婚姻 hūnyīn 명 혼인, 결혼
介绍 jièshào 동 소개하다
中心 zhōngxīn 명 중심, 센터
未婚 wèihūn 명 미혼
目的 mùdì 명 목적 ★
交友 jiāo yǒu 동 친구를 사귀다, 교제하다
服务 fúwù 동 서비스하다
报名 bào míng 동 등록하다, 신청하다 ★

都很满意的话，公司还会安排下一次约会。

이다. ⁸³ 그들은 문자 내용에 따라 움직이면 된다. 데이트가 끝난 후, 만약 남녀 모두 만족했다면, 회사는 다음 데이트를 또 계획해 준다.

进行 jìnxíng 동 진행하다 ★
信息 xìnxī 명 정보 ★
必须 bìxū 부 반드시, 기필코
根据 gēnjù 전 ~에 근거하여, ~에 따라서
要求 yāoqiú 명 요구 동 요구하다
理想 lǐxiǎng 형 이상적이다 ★
约会 yuēhuì 동 데이트하다 ★
短信 duǎnxìn 명 문자 메시지 ★
地点 dìdiǎn 명 위치, 장소 ★
只要A, 就B zhǐyào A, jiù B
접 A하기만 하면, B하다 ★
按照 ànzhào
전 ~에 따라서 ★
结束 jiéshù 동 끝나다, 마치다
满意 mǎnyì 형 만족하다

82

★ 婚姻介绍中心是什么公司?
A 婚庆公司
B 提供交友服务的公司
C 上网约会的公司
D 解决困难的公司

★ 결혼정보업체는 어떤 회사인가?
A 웨딩 컨설팅 회사
B 만남 서비스를 제공하는 회사
C 온라인 데이트 회사
D 어려움을 해결해 주는 회사

보기 어휘

婚庆公司 hūnqìng gōngsī
동 웨딩 컨설팅 회사
解决 jiějué 동 해결하다, 풀다

정답 **B**

해설 결혼정보업체가 어떤 회사인지 묻고 있다. 단문 도입 부분에 결혼을 목적으로 하는 미혼 남녀에게 만남 서비스를 제공해 주는 회사라고 했으므로 정답은 B이다.

83

★ 收到短信后要怎么做?
A 提供信息
B 上网报名
C 按照信息内容去约会
D 去公司交钱

★ 문자를 받은 후 어떻게 해야 하는가?
A 정보를 제공한다
B 온라인으로 등록한다
C 문자 정보에 따라 데이트하러 간다
D 회사에 돈을 지불한다

보기 어휘

交钱 jiāo qián 동 돈을 내다, 돈을 지불하다 ★

정답 **C**

해설 문자를 받은 후에는 어떻게 해야 하는지 묻고 있다. 문자를 받은 후에는 문자 내용에 따라 행동하면 된다고 했으므로 정답은 C이다.

第84到85题是根据下面一段话： 84-85번 문제는 다음 내용에 근거한다:

有时，我们会有这种感觉：第一次去一个地方，同样的距离，去的时候所花的时间却比回来的长。这原因到底是什么呢？一方面是 ⁸⁵人们第一次去，对路不太熟悉走得比较慢，但是回来时有了印象，走起路来就快一些；另一方面，人们去的时候总是想快点儿到目的地，实际上花的时间会比希望的要长。相反，⁸⁴回来时心情比较放松，所以感觉时间过得较快。

때때로, 우리는 다음과 같은 감정을 느낄 수 있다: 처음 가는 곳은 같은 거리라도 갈 때의 시간이 돌아올 때의 시간보다 오히려 길게 느껴진다. 그 이유는 도대체 무엇 때문일까? 한편으로는, ⁸⁵사람들이 처음 가는 곳은 길이 익숙지 않아서 가는 게 비교적 느리다. 그러나 돌아올 때는 기억이 남아 있어서 좀 더 빠르게 걷기 때문이다; 다른 한편으로는, 사람들이 갈 때는 언제나 목적지에 빨리 도착하고 싶기 때문에, 실제로 사용되는 시간이 희망하는 시간보다 오래 걸린다고 느끼기 때문이고, 반대로, ⁸⁴돌아올 때는 마음이 편안해져서, 시간이 비교적 빠르게 지나간다고 느끼기 때문이다.

지문 어휘

感觉 gǎnjué 몡 감각, 느낌 통 느끼다 ★

距离 jùlí 몡 거리, 간격, 통 (~로부터) 떨어지다 ★

到底 dàodǐ 뷔 도대체 ★

熟悉 shúxī 혱 잘 알다, 익숙하다 ★

印象 yìnxiàng 몡 인상 ★

目的地 mùdìdì 몡 목적지

实际上 shíjìshang 뷔 사실상, 실제로

相反 xiāngfǎn 젭 반대로, 거꾸로, 오히려 통 상반되다, 반대되다 ★

放松 fàngsōng 통 늦추다, 느슨하게 하다, 정신적 긴장을 풀다 ★

84

★ 回来时，人们：

A 容易找到目的地
B 不愿散步
C 不能随便逛街
D 感觉轻松

★ 돌아올 때, 사람들은:

A 목적지를 쉽게 찾는다
B 산책하길 원치 않는다
C 마음대로 쇼핑할 수 없다
D 가볍게 느낀다

보기 어휘

逛街 guàngjiē 통 길거리 쇼핑하다

轻松 qīngsōng 혱 가볍다, 부담이 없다 ★

정답 D

해설 돌아올 때는 사람들이 어떤지 묻고 있다. 단문 마지막 부분에 돌아올 때는 마음이 편안해 진다고 했으므로 정답은 D이다.

85

★ 根据这段话，可以知道：
A 走路是能减肥的好办法
B 交通方便
C 去时不熟悉路
D 健康是第一

★ 이 글에 근거하여, 알 수 있는 것은:
A 길을 걷는 것은 살을 뺄 수 있는 좋은 방법이다
B 교통이 편리하다
C 갈 때는 길이 익숙하지 않다
D 건강이 제일이다

보기 어휘
办法 bànfǎ 방법, 수단

[정답] C

[해설] 이 글에 근거하여 알 수 있는 것은 무엇인지 묻고 있다. 단문 중간 부분에 사람들은 처음 가는 길이 익숙하지 않아서 속도가 비교적 느리다고 했으므로 정답은 C이다.

HSK 4급 3회 쓰기

제1부분 86~95번 문제는 제시된 어휘를 어순에 맞게 배열하여 문장을 완성하는 문제입니다.

86

大家	祝	考试	顺利
여러분	기원하다	시험	순조롭다

보기 어휘
祝 zhù 동 기원하다, 축원하다
顺利 shùnlì 형 순조롭다 ★

정답 祝大家考试顺利。
여러분의 시험이 순조롭길 기원합니다.

해설 겸어문 祝의 위치 이해

술어 1 자리는 祝(~을 기원하다)이다.	→	겸어(앞 문장 목적어 겸 뒷 문장 주어)는 大家考试로 배치한다.	→	술어 2 자리는 顺利(순조롭다)이다.

87

这次的	负责	招聘会由	小李
이번의	책임지다	채용박람회는 ~가	샤오리

보기 어휘
负责 fùzé 동 책임지다 ★
招聘 zhāopìn 동 모집하다, 채용하다 ★

정답 这次的招聘会由小李负责。
이번 채용박람회는 샤오리가 책임진다.

해설 전치사 由의 위치 이해

술어 자리는 负责(책임지다)이다.	→	这次的는 관형어로 쓰였으므로 的 뒤에 명사인 招聘会와 결합한다.	→	由는 동작의 주체를 이끌어 내는 전치사로 술어 负责(책임지다)의 주체자 小李를 받는다.

88

禁止吸烟	共同的	是全社会	责任
흡연 금지	공동의	전 사회가 ~이다	책임

[정답] 禁止吸烟是全社会共同的责任。
흡연 금지는 전 사회 공동의 책임이다.

[해설] 是자문의 위치 이해

| 술어 자리는 是(~은 ~이다)이다. | ➡ | 共同 뒤에 的가 있으므로, 관형어 형태로 배치하고, 共同的의 수식을 받는 명사 성분은 责任이다. '흡연 금지는 ~이다'라는 구문으로 배치한다. | ➡ | 'A是B(A는 B이다)'라는 是자문의 경우, A는 구체적인 대상이나 내용이 언급되고, B는 A에 대한 설명이 나열되는 형태이므로 주어 자리는 禁止吸烟, 목적어 자리는 共同的责任으로 배치한다. |

보기 어휘

禁止 jìnzhǐ 동 금지하다 ★
吸烟 xī yān 동 흡연하다
共同 gòngtóng 형 공동의, 공통의 ★
社会 shèhuì 명 사회 ★
责任 zérèn 명 책임 ★

89

解释了一下	他	把这种情况	简单地
좀 설명했다	그	이 상황을	간단하게

[정답] 他把这种情况简单地解释了一下。
그는 이 상황을 간단하게 설명했다.

[해설] 把자문의 위치 이해

| 술어 자리는 解释了(설명했다), 一下는 '한번, 좀'이라는 동량사이다. | ➡ | 보기에 把가 있으므로 把자문을 연상한다. '주어 + 把 + 동작을 받는 대상 + 술어 + 기타성분'으로 배치한다. | ➡ | 남은 어휘 他는 주어 자리에 배치하고, 简单地는 부사어이므로 술어 앞에 배치한다. |

보기 어휘

解释 jiěshì 동 해석하다, 설명하다 ★
情况 qíngkuàng 명 상황, 정황, 형편

90

一只	猫	沙发上	有
한 마리	고양이	소파 위에	있다

[정답] 沙发上有一只猫。
소파 위에는 고양이 한 마리가 있다.

보기 어휘

猫 māo 명 고양이
沙发 shāfā 명 소파 ★

| 해설 | 有자문을 이용한 존현문 위치 이해 |

| 술어 자리는 有(~에 ~이 있다) 이다. | 有가 존현문으로 쓰이면 주어 자리는 시간명사나 장소명사가 위치한다. 沙发上(소파 위에)이 장소를 나타내므로 주어 자리에 배치한다. | 목적어는 猫(고양이)이고, 一只(한 마리)는 '수사 + 양사' 형태로 猫를 수식하는 관형어 역할을 한다. |

91

我们的	输给	他是故意	吗
우리	~에게 지다	그는 고의로 ~이다	입니까

보기 어휘

输 shū 동 지다 ★
故意 gùyì 부 고의로, 일부러 ★

정답 他是故意输给我们的吗?
그는 고의로 우리에게 진 것입니까?

| 해설 | 是~的 강조 구문의 위치 이해 |

| 술어 자리는 是이고, 输给(~에게 지다)는 전치사 给 뒤에 대상인 我们的를 배치하여, '우리에게 졌다'로 문장을 만들 수 있다. | 是~的 강조 구문으로 강조 내용을 是~的 사이에 배치한다. | 의문조사 '吗(~입니까?)'는 문장 맨 마지막에 배치한다. |

92

经理对	计划	我的	感兴趣	很
사장님은 ~에 대해	계획	나의	관심이 있다	아주

보기 어휘

经理 jīnglǐ 명 사장, 매니저
计划 jìhuà 명 계획
동 계획하다 ★
感兴趣 gǎn xìngqù 관심이 있다

정답 经理对我的计划很感兴趣。
사장님은 나의 계획에 매우 관심이 많다.

| 해설 | 전치사구 이해 |

| 술어 자리는 感兴趣(관심이 있다)이다. 对 ~ 感兴趣(~에 대해 관심이 있다) 형태의 구문을 적용시킨다. | 주어 자리는 经理이고, 经理 뒤에 对(~에 대해)는 뒤에 관심이 있는 대상 즉, 计划가 뒤따른다. | 我的는 관형어로 쓰였기에 명사 计划 앞에 놓인다. |

93

我去	回来	取点儿	银行	钱
나는 ~에 간다	돌아오다	조금 찾다	은행	돈

보기 어휘
取 qǔ 동 찾다 ★
银行 yínháng 명 은행

정답 我去银行取点儿钱回来。
나 은행에 가서 돈 좀 찾아올게.

해설 연동문의 위치 이해

| 술어 1 자리는 去이다. 去가 있으므로 연동문 구조로 배치한다. 술어 2 자리는 取(찾다)이다. | ⇨ | 去 뒤에는 장소명사가 오므로 银行을 목적어 1 자리에 배치한다. 술어 2 자리 取(찾다) 뒤에는 钱을 목적어 2로 배치한다. | ⇨ | 回来는 제일 마지막에 배치한다. |

▶ 연동문에서 동사의 위치는 발생 순서대로 배치한다는 점을 잊지 말자!
去(가서) ⋯ 取(찾고) ⋯ 回来(돌아온다)

94 선생님 강추!

发到	申请表	请你	将我们的	电子邮件
~로 보내다	신청서	당신에게 부탁하다	우리의	이메일

보기 어휘
发 fā 보내다
申请 shēnqǐng 동 신청하다 ★
表 biǎo 명 표
电子邮件 diànzǐ yóujiàn 명 이메일

정답 请你将我们的申请表发到电子邮件。
우리의 신청서를 이메일로 보내 주세요.

해설 把자문의 위치 이해

| 술어 자리는 发到 (~로 보내다)이다. | ⇨ | 将은 把와 같은 역할을 한다. 将 뒤에는 동작을 받는 대상이 위치하는데, 주로 사물명사가 오므로 将我们的申请表 (우리의 신청서를)가 성립된다. | ⇨ | 把자문은 술어 뒤에 기타 성분이 반드시 따라 나온다. 술어 发到(~로 보내다) 뒤에 올 수 있는 목적어는 电子邮件이고 请你는 전체 주어로 문장 맨 앞에 놓는다. |

95

我	不	喝酒	以后再也	了
나는	~하지 않겠다	술을 마시다	이후에 다시는	했다

보기 어휘
以后 yǐhòu 명 이후
再也不~了 zài yě bù ~ le
(다시는)더 이상 ~하지 않겠다

정답 我以后再也不喝酒了。
나는 이후에 다시는 술을 마시지 않겠다.

| 해설 | 관용어구 '再也不 + 술어 + 了' 구문 이해

| 술어 자리는 喝酒 (술을 마시다)이다. | ➡ | 주어 자리는 我이고, 관용어구 '再也不 + 술어 + 了' 구문으로 배치한다. |

▶ 간혹 관용어구를 이용한 어순 배열 문제가 출제되므로 관용어구는 확실하게 암기하도록 하자!

제2부분 96~100번 문제는 제시된 사진과 어휘를 활용하여 작문을 하는 문제입니다.

96

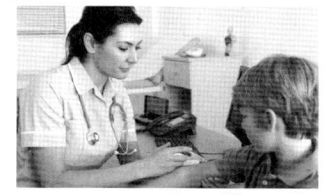
护士

| 모범답안 |

1. 护士正在给病人打针。
   간호사는 지금 환자에게 주사를 놓고 있다.

2. 护士对病人很热情。
   간호사는 환자에게 매우 친절하다.

| 해설 | 명사 어휘로 문장 만들기

Step 1 : 품사를 이해하고, 관련 어휘 떠올리기
| 제시 어휘 | 护士 명 간호사
| 관련 어휘 | 명사 ⋯ 환자(病人)
           동사 ⋯ 주사를 놓다(打针)

Step 2 : 사진 관찰하며 문장을 생각하기
| 사진 관찰 | 간호사가 환자에게 주사를 놓고 있는 모습
| 연상 문장 | 간호사는 환자에게 주사를 놓고 있다
           간호사는 환자에게 아주 친절하다

| 지문 어휘 |

护士 hùshi 명 간호사 ★
正在 zhèngzài
부 지금 ~하고 있다
病人 bìngrén 명 환자
打针 dǎ zhēn 동 주사를 놓다, 주사를 맞다 ★
热情 rèqíng 형 친절하다, 열정적이다

打扮

모범답안

1. 她一边照镜子一边打扮。
   그녀는 거울을 보면서 화장을 하고 있다.

2. 她今天打扮得很漂亮。
   그녀는 오늘 아주 예쁘게 꾸몄다.

해설 동사 어휘로 문장 만들기

Step 1 : 품사를 이해하고, 관련 어휘 떠올리기
| 제시 어휘 | 打扮 동 화장하다, 꾸미다
| 관련 어휘 | 명사 …▶ 거울(镜子)

Step 2 : 사진 관찰하며 문장을 생각하기
| 사진 관찰 | 거울을 보면서 화장을 하고 있는 모습
| 연상 문장 | 거울을 보면서 화장을 하다
               그녀는 예쁘게 꾸민다

지문 어휘

打扮 dǎban 동 화장하다, 꾸미다 ★

一边A一边B
yìbiān A yìbiān B
A하면서 B하다

照 zhào 동 거울에 비추다

镜子 jìngzi 명 거울 ★

漂亮 piàoliang 형 예쁘다, 아름답다

汤

모범답안

1. 她特别喜欢喝汤。
   그녀는 국 먹는 것을 매우 좋아한다.

2. 妈妈给我做的汤，特别好喝。
   엄마가 나에게 해 준 국은 너무 맛있다.

해설 명사 어휘로 문장 만들기

Step 1 : 품사를 이해하고, 관련 어휘 떠올리기
| 제시 어휘 | 汤 명 국
| 관련 어휘 | 동사 …▶ 마시다(喝)
              형용사 …▶ 맛있다(好喝)

지문 어휘

汤 tāng 명 국, 탕 ★

喝汤 hē tāng 동 국을 마시다, 국을 먹다

好喝 hǎohē 형 (국, 음료수 따위가) 맛있다, 마시기 좋다

Step 2 : 사진 관찰하며 문장을 생각하기
| 사진 관찰 | 여자아이가 국을 먹고 있는 모습
| 연상 문장 | 그녀는 국 먹는 것을 좋아한다
　　　　　　엄마가 해 준 국은 매우 맛있다

咳嗽

모범답안

1. 她咳嗽得很厉害。
   그녀는 기침을 아주 심하게 한다.
2. 只要天气变凉，她就会咳嗽感冒。
   날씨가 추워지면, 그녀는 바로 기침 감기에 걸린다.

지문 어휘

咳嗽 késou 동 기침하다 ★
厉害 lìhai 형 심하다 ★
只要A, 就B zhǐyào A, jiù B
접 A하기만 하면 B하다
凉 liáng 형 차갑다, 서늘하다

해설 동사 어휘로 문장 만들기

Step 1 : 품사를 이해하고, 관련 어휘 떠올리기
| 제시 어휘 | 咳嗽 동 기침하다
| 관련 어휘 | 형용사 … 凉(차갑다, 서늘하다)
　　　　　　형용사 … 厉害(심하다)
　　　　　　동사 … 感冒(감기에 걸리다)

Step 2 : 사진 관찰하며 문장을 생각하기
| 사진 관찰 | 마스크를 하고 기침을 하고 있는 모습
| 연상 문장 | 기침이 아주 심하다
　　　　　　날씨가 점점 추워지면 기침 감기에 걸린다

毕业

모범답안

1. 他们终于大学毕业了。
   그들은 마침내 대학을 졸업했다.

지문 어휘

毕业 bì yè 명 졸업 동 졸업하다
终于 zhōngyú 부 마침내, 결국

2. 他们正在参加毕业典礼。
   그들은 졸업식에 참가하고 있다.

参加 cānjiā 동 참가하다
典礼 diǎnlǐ 명 식, 행사

> [해설] 명사 및 동사 어휘로 문장 만들기
>
> **Step 1 : 품사를 이해하고, 관련 어휘 떠올리기**
> | 제시 어휘 | 毕业 명 졸업 동 졸업하다
> | 관련 어휘 | 명사 ⋯▶ 大学(대학),
>   参加毕业典礼(졸업식에 참가하다)
>
> **Step 2 : 사진 관찰하며 문장을 생각하기**
> | 사진 관찰 | 남녀가 학사모를 쓰고 졸업식을 하고 있는 모습
> | 연상 문장 | 드디어 대학을 졸업했다
>   졸업식에 참가하다

HSK 4급 4회 모의고사 듣기 스크립트

HSK(四级)模拟试题第四套

大家好! 欢迎参加HSK(四级)考试。

HSK(四级)听力考试分三部分，共45题。

请大家注意，听力考试现在开始。

第一部分

一共10个题，每题听一次。

例如:

我想去办个信用卡，今天下午你有时间吗? 陪我去一趟银行?

★ 他打算下午去银行。

现在我很少看电视，其中一个原因是，广告太多了，不管什么时间，也不管什么节目，只要你打开电视，总能看到那么多的广告，浪费我的时间。

★ 他喜欢看电视广告。

现在开始第一题:

1

我刚才回来的时候，看见公司门口有卖葡萄的。我去买点儿，你那儿有零钱吗?

★ 公司门口有卖果汁的。

2

在这次前来应聘的人中，张明的条件虽然不是最优秀的，但很诚实。给我留下了深刻的印象。

★ 张明的条件在所有应聘者中最优秀。

3

因为这是他们的第一次正式约会，所以小雪非常兴奋，早上五点钟就起床了，对着镜子打扮了四个小时。

★ 小雪兴奋得不得了。

4

我妹妹通过了小米公司的面试，虽然很开心，但是她还没决定要不要去。因为新员工的工资不太高，而且可能还要每天加班。

★ 她妹妹觉得工资比较低。

5

研究发现成功的管理者，完全不用自己去做每一件事。他只需要安排好周围的人，让他们都愿意认真工作就行了。

★ 成功的管理者要做好所有的事情。

6

双人跑步的时候，跑得快的人要考虑跑得慢的人，跑得快的人按照自己的速度跑的话，两人就会摔倒。因此，只有互相帮助，才能一起向前。

★ 互相帮助才能共同前进。

7

今天早上还在下大雨，没想到，吃完午饭雨就停了，晚上又开始下大雪了。这天气真是多变啊!

★ 早上下大雪了。

8

尽管来这儿已经快一个月了，可是由于平时太忙，他很少出门，所以对这儿的环境还不是特别熟悉。

★ 他很熟悉周围环境。

9

公司旁边刚开了一家卖帽子的商店。帽子价格普遍都很便宜。而且购买两个还能打七五折。所以，他家门口排队的顾客可多了。

★ 公司附近新开了一家手表店。

10

我们买东西的时候不能只看重价格。有的东西正是因为质量好，所以价格才比较高。因此，我们在购物时要同时考虑价格和质量。

★ 质量和价格都很重要。

第二部分

一共15个题，每题听一次。

例如：

女：该加油了，去机场的路上有加油站吗？

男：有，你放心吧。

女：男的主要是什么意思？

现在开始第11题：

11

男：就送到这儿吧。我自己坐电梯下去就行了。

女：没关系。我正好要下楼去拿今天的报纸。

问：女的要下楼取什么？

12

女：喂！暑假快结束了。你打算什么时候回校？

男：我已经在学校了。陈教授留给我的任务还没完成。我不得不提前回来了。

问：男的为什么提前回学校了？

13

男：请问，去海洋馆是在这儿坐地铁吗？

女：对。不过已经没车了。要去的话，你得打车去。

问：男的打算去哪儿？

14

女：这道菜的味道真好，不过你点了这么多菜，我们吃不了。多浪费啊！

男：没关系。一会儿还有几个同事会来。

问：女的是什么意思？

15

男：你觉得小张写的会议计划怎么样？

女：开头的讨论过程安排得太简单了。可以再详细一点儿。

问：女的觉得小张的计划怎么样？

16

女：咱们的东西都收拾完了吗？衣柜、冰箱什么的都整理了吗？

男：全都整理好了。下午一点搬家公司就到，再稍微等会儿。

问：关于男的，可以知道什么？

17

男：喂，您好！请问，李教授在吗？

女：他刚走，好像是去开会了。您过一会儿再打过来吧，或者您留一下联系电话。

问：男的要找谁？

18

女：这个洗衣机太旧了，咱们周末去商店换个质量好点儿的吧。

男：确实是这样，不过，我看找人修理一下，还能再用。

问：男的建议怎么做？

19

男：你这个礼拜天有时间吗？我们去动物园怎么样？

女：真是抱歉！我礼拜天得去参加英语口语考试。

问：女的为什么不去动物园？

20

女：冰箱里的菜都坏了，你为什么还不扔掉啊？

男：不好意思，我刚才忙着整理房间，忘扔了。

问：男的忘了做什么？

21

男：年底我要去上海出差。那个时候你有空儿吗？

女：有啊！毕业以后咱俩至少五年没见了，这次见面咱俩得好好聊聊。

问：他们俩可能是什么关系？

22

女：表格已经填好了，我现在就给你发电子邮件。

男：别！你还是发传真吧。我的邮箱最近很奇怪，经常收不到邮件。

问：男的为什么要求发传真？

23

男：你把儿子的铅笔和橡皮收好！这本杂志还看吗？不看我就扔了。

女：别扔！可以拿来给儿子画画儿用。

问：男的本来想扔什么？

24

女：先生，您要买的那本书暂时没货。要不书到了，我打电话告诉你，好吗？

男：好的，谢谢你，这是我的手机号码。

问：他们最可能在哪儿?

25
男：小关乒乓球打得真厉害!
女：那还用说!他从五岁就开始学打球了。他几乎没输过。
问：关于小关,可以知道什么?

第三部分

一共20个题,每题听一次。

例如：
男：把这个文件复印五份,一会儿拿到会议室发给大家。
女：好的,会议是下午3点吗?
男：改了。3点半,推迟了半个小时。
女：好,602会议室没变吧。
男：对,没变。
问：会议几点开始?

现在开始第26题：

26
女：你觉得怎样才能成为一名成功的律师?
男：首先必须要有很好的法律基础知识,然后遇到事情要冷静。
女：除了这些,别的呢?
男：要懂得乐于助人,这也是最重要的。
问：他们在谈什么职业?

27
男：你不是去睡觉了吗?怎么又吃起巧克力来了?
女：我饿了。
男：你是不是为了减肥,没吃晚饭?
女：你说得对,不过我觉得想要减肥,还是按时吃饭最好。
问：女的为什么没吃晚饭?

28
男：小姐,这台数码相机,可以使用信用卡分期付款。
女：这跟用现金付款有什么区别?
男：价格一样。但使用信用卡可以分24个月还。
女：太好了。那我用信用卡买吧。
问：使用信用卡付款有什么优点?

29
女：帅哥,加油站周围是不允许抽烟的。
男：为什么不让抽烟啊?
女：在加油站乱扔烟头很危险,容易引起火灾。
男：好的,我明白了。谢谢您的提醒。
问：他们的对话发生在哪儿?

30
女：冰箱里的西瓜有点儿酸了,还能吃吗?

男：千万别吃，夏天容易吃坏肚子。
女：真浪费，下次别买多了。
男：好。我先下楼把这个西瓜扔了。
问：女的觉得，以后应该怎么做？

31
女：你和王先生的生意谈得怎么样？
男：进行得很顺利，我们提的要求他都同意了。
女：那太好了，祝贺你。
男：谢谢，这都是大家一起努力的结果。
问：根据对话下列哪个正确？

32
女：这都是你包的饺子吗？
男：对啊。看起来挺好的吧？
女：看样子还不错！不知道味道好不好！
男：我去给你拿碗筷。你先尝一尝。
问：男的是什么意思？

33
男：我的笔记本电脑你都借了两个星期了，什么时候还给我？
女：别着急，我的笔记本电脑下周就到。
男：下周我要出差，还要用呢。
女：放心吧，来得及。到时候肯定还你。
问：他们在说什么？

34
女：你的胳膊怎么破了？
男：早上打扫的时候不小心弄的。
女：我去买点儿药来吧。
男：不用了，不太严重。
问：男的哪里破了？

35
男：我把海洋馆的地址放在家里的桌子上了，怎么办？
女：我也一点儿印象都没有，好像离这儿挺远的。
男：那我们还是别去了，现在走高速公路恐怕会堵车。
女：那可不行，都说那儿的表演很精彩，今天一定要去看看。
问：海洋馆怎么样？

第36到37题是根据下面一段话：

人们常说"世上无难事，只怕有心人"，这句话的意思是说：世界上没有什么做不到的事情，任何困难都能克服。虽然现在遇到了困难，但是只要我们抱着积极的态度就能找到解决的办法。

36 "世上无难事，只怕有心人"这句话，指的是什么？

37 遇到困难时，我们应该怎么做？

第38到39题是根据下面一段话：

一位先生到公司楼下抽烟，正好一位同事也

在楼下，于是他便问道："请问，我在这儿抽烟会不会打扰到你？"同事笑着回答："没问题，你可以像在你家里一样。"这位先生一听这句话，就马上收起了烟，并说道："我明白了，那就是不能抽。"

38 他们在哪儿？

39 听了同事的回答后，那位先生是怎么做的？

第40到41题是根据下面一段话：

地球上百分之七十的地方都是海洋，它像森林一样能降低污染，给人们提供最佳的生活环境，同时它也是我们旅游的好地方。但现在海洋污染逐渐严重，所以我们得及时找到解决污染问题的好办法来保护它。

40 关于海洋下列哪个正确？

41 这段话主要想告诉我们什么？

第42到43题是根据下面一段话：

如果你走进一家理发店，服务员会很热情地走过来向你打招呼，给你推荐理发师的同时提供免费饮料。并不会给客人介绍店里的产品。这样的服务会让人感到舒服、没有压力，不会觉得被打扰。

42 当顾客进店时，服务员一般会怎么做？

43 这样的服务应该是什么样的？

第44到45题是根据下面一段话：

父母在教育孩子时，知道怎么鼓励子女，但经常缺少适当的批评。父母的鼓励会让孩子重新自信起来，但批评也是教育的一种，很多父母都不懂得合适的批评方法。批评孩子时，父母不应打骂孩子。正确地指出孩子的错误，并让孩子反省自己的错误，这是父母需要做的。

44 父母的鼓励会使孩子怎么样？

45 这段话主要谈的是什么？

 # 모의고사 정답

一、听力

第一部分

1. ✗ 2. ✗ 3. ✓ 4. ✓ 5. ✗ 6. ✓ 7. ✗ 8. ✗ 9. ✗ 10. ✓

第二部分

11. A 12. C 13. B 14. C 15. B 16. D 17. D 18. B 19. B 20. A
21. C 22. D 23. C 24. A 25. C

第三部分

26. A 27. C 28. A 29. D 30. C 31. A 32. A 33. B 34. D 35. A
36. C 37. A 38. A 39. A 40. C 41. D 42. B 43. D 44. B 45. B

二、阅读

第一部分

46. C 47. B 48. E 49. A 50. F 51. E 52. D 53. F 54. A 55. B

第二部分

56. CBA 57. BCA 58. ACB 59. ACB 60. CAB
61. BAC 62. ACB 63. ABC 64. ACB 65. CAB

第三部分

66. B 67. D 68. D 69. B 70. C 71. A 72. C 73. C 74. B 75. C
76. A 77. A 78. C 79. D 80. B 81. B 82. D 83. A 84. D 85. D

三、书写

第一部分

86. 观众都被那部电影感动了。
87. 你戴这个帽子特别漂亮。
88. 感谢您对我们的支持与鼓励。
89. 网上买的东西质量不一定都是好的。
90. 妈妈把银行卡都收了起来。
91. 白虎的数量逐年减少。
92. 他来自一个热闹的旅游城市。
93. 那位教授接受了我们的建议。
94. 我帮你查一下这次会议的内容。
95. 我们已经完成了计划的百分之九十。

第二部分

96. 1. 这是我这个月收到的工资。
    2. 今天发工资了,我特别开心。

97. 1. 这个太淡了,再放点儿盐。
    2. 做菜的时候,别放太多盐。

98. 1. 这篇文章写得很详细。
    2. 这篇文章还不够详细。

99. 1. 他在收拾桌子。
    2. 桌子太乱了,你快收拾一下。

100. 1. 他躺着看书。
     2. 他躺在沙发上看书。

HSK 4급 4회 듣기

제1부분 1~10번 문제는 들리는 내용이 시험지에 제시된 문장과 일치하는지 판단하는 문제입니다.

🎧 01_4

1

★ 公司门口有卖果汁的。(✗)

我刚才回来的时候，看见公司门口有卖葡萄的。我去买点儿，你那儿有零钱吗?

★ 회사 입구에 과일주스 파는 사람이 있다.

내가 좀 전에 돌아왔을 때, 회사 입구에 포도 파는 사람이 있는 것을 봤어. 나 좀 사 올게, 너 잔돈 있니?

지문 어휘

公司 gōngsī 명 회사
卖 mài 동 팔다
果汁 guǒzhī 명 과일주스 ★
刚才 gāngcái 부 지금, 방금, 막
看见 kàn jiàn 동 보다, 보이다
葡萄 pútao 명 포도 ★
零钱 língqián 명 잔돈 ★

정답 ✗

해설 입구에서 본 것은 포도 파는 사람이지 주스 파는 사람이 아니므로 일치하지 않는다.

2

★ 张明的条件在所有应聘者中最优秀。(✗)

在这次前来应聘的人中，张明的条件虽然不是最优秀的，但很诚实。给我留下了深刻的印象。

★ 장밍의 조건이 모든 응시자 중 가장 우수했다.

이번 응시생 중에, 장밍의 조건이 비록 가장 우수한 것은 아니지만 매우 성실합니다. 제게 깊은 인상을 남겼어요.

지문 어휘

条件 tiáojiàn 명 조건 ★
优秀 yōuxiù 형 뛰어나다, 우수하다 ★
前来 qiánlái 동 이쪽으로 오다, 다가오다
应聘 yìngpìn 동 지원하다, 응시하다 ★
诚实 chéngshí 형 성실하다 ★
留下 liúxià 동 남기다
印象 yìnxiàng 명 인상 ★

정답 ✗

해설 녹음 내용에서 비록 제일 우수한 건 아니지만, 성실하다고 했으므로 장밍의 조건이 가장 우수하다는 내용과는 일치하지 않는다.

3

★ 小雪兴奋得不得了。(✓)

因为这是他们的第一次正式约会，所以小雪非常兴奋，早上五点钟就起床

★ 샤오쉐는 매우 흥분했다.

이번이 그들의 첫 번째 데이트여서, 샤오쉐는 매우 흥분했다. 아침 다섯 시에 일어나서, 거울

지문 어휘

兴奋 xīngfèn 형 흥분하다, 격분하다 ★
正式 zhèngshì 형 정식의, 공식의 ★

了，对着镜子打扮了四个小时. | 을 보며 4시간 동안 화장했다.

约会 yuēhuì 명 약속, 데이트 ★
起床 qǐ chuáng 동 일어나다
镜子 jìngzi 명 거울
打扮 dǎban 동 화장하다, 치장하다

정답 ✓

해설 첫 번째 데이트여서 샤오쉐는 매우 흥분했다고 했으므로 제시된 문장과 일치한다.
▶ 非常兴奋과 兴奋得不得了는 같은 의미이다.

4

★ 她妹妹觉得工资比较低。(✓) | ★ 그녀의 여동생은 월급이 비교적 낮다고 생각한다.

我妹妹通过了小米公司的面试，虽然很开心，但是她还没决定要不要去。因为新员工的工资不太高，而且可能还要每天加班。 | 내 여동생은 샤오미 회사의 면접에 통과했다. 기뻐했지만, 그녀는 (그 회사에) 가야 할지 아직 결정하지 못했다. 신입사원의 월급이 그다지 높지 않은데다, 매일 야근을 해야 할지도 모르기 때문이다.

지문 어휘

觉得 juéde 동 ~라고 여기다, 생각하다
工资 gōngzī 명 월급, 임금 ★
比较 bǐjiào 부 비교적, 상대적으로
低 dī 형 낮다 ★
通过 tōngguò 동 통과하다 ★
面试 miànshì 동 면접을 보다
虽然A, 但是B
suīrán A, dànshì B
비록 A이지만, B하다
决定 juédìng 동 결정하다
员工 yuángōng 명 직원, 사원
可能 kěnéng
부 아마도 ~일지 모른다
加班 jiā bān 동 야근하다 ★

정답 ✓

해설 比较低(비교적 낮다)와 不太高(그다지 높지 않다)는 비슷한 뜻이므로 일치한다.

5

★ 成功的管理者要做好所有的事情。(✗) | ★ 성공한 관리자는 모든 일을 잘해야 한다.

研究发现成功的管理者，完全不用自己去做每一件事。他只需要安排好周围的人，让他们都愿意认真工作就行了。 | 연구에 따르면 성공한 관리자는 모든 일을 스스로 할 필요는 전혀 없다고 한다. 그저 주위의 사람을 잘 배치하고, 그들이 열심히 일하도록 만들면 된다.

지문 어휘

管理者 guǎnlǐzhě 명 관리자
所有 suǒyǒu 명 모든, 일체 ★
事情 shìqing 명 일, 사건
研究 yánjiū 동 연구하다 ★
发现 fāxiàn 명 발견 동 발견하다
完全 wánquán 부 완전히, 전혀 ★
不用 búyòng 부 ~할 필요가 없다
需要 xūyào 동 필요하다, 요구하다
安排 ānpái 동 안배하다, 일정을 잡다 ★
周围 zhōuwéi 명 주위, 주변 ★
愿意 yuànyì 동 원하다, 바라다
认真 rènzhēn 형 진지하다

정답 ✗

해설 要做好所有的事情(모든 일을 잘해야 한다)와 完全不用(전혀 ~할 필요 없다)는 전혀 다른 의미이므로 일치하지 않는다.

6

★ 互相帮助才能共同前进。(✓)

双人跑步的时候，跑得快的人要考虑跑得慢的人，跑得快的人按照自己的速度跑的话，两人就会摔倒。因此，只有互相帮助，才能一起向前。

★ 서로 도와야 다 같이 전진할 수 있다.

2인 달리기를 할 때, 달리기가 빠른 사람은 느린 사람을 고려해야 한다. 빠른 사람이 자신의 속도에 맞춰 달린다면, 두 사람은 넘어지고 말 것이다. 그러므로 서로 도와야만 함께 전진할 수 있다.

정답 ✓

해설 共同(함께, 다 같이)과 一起(함께, 같이), 前进(전진하다)과 向前(앞으로 나아가다, 전진하다)는 모두 각각 바꿔 쓸 수 있는 표현이므로 일치한다.

지문 어휘

互相 hùxiāng 부 서로, 상호 ★
帮助 bāngzhù 동 돕다
共同 gòngtóng 부 함께, 다 같이 ★
前进 qiánjìn 동 앞으로 나아가다, 전진하다
跑步 pǎo bù 동 달리다
考虑 kǎolǜ 동 고려하다, 생각하다 ★
按照 ànzhào 전 ~에 따라 ★
速度 sùdù 명 속도 ★
摔倒 shuāidǎo 동 넘어지다, 쓰러지다
因此 yīncǐ 접 이로 인하여, 그래서 ★
只有A 才B zhǐyǒu A, cái B 접 A해야만 비로소 B하다
向前 xiàngqián 동 앞으로 나아가다, 전진하다

7

★ 早上下大雪了。(✗)

今天早上还在下大雨，没想到，吃完午饭雨就停了，晚上又开始下大雪了。这天气真是多变啊！

★ 아침에 많은 눈이 내렸다.

오늘 아침에는 많은 비가 내렸는데, 뜻밖에 점심을 먹고 나자 비가 바로 그쳤고, 저녁엔 또 많은 눈이 내리기 시작했어. 날씨가 정말 변화무쌍해!

정답 ✗

해설 오늘 아침에는 비가 많이 내렸는데, 오후에 그쳤고 저녁에 다시 눈이 많이 내렸다고 했으므로 일치하지 않는다.

지문 어휘

下雪 xià xuě 동 눈이 내리다
下雨 xià yǔ 동 비가 내리다
没想到 méi xiǎngdào 생각지도 못하다, 뜻밖에도
午饭 wǔfàn 명 점심(밥), 오찬
停 tíng 동 멈추다, 정지하다 ★
天气 tiānqì 명 날씨
变 biàn 동 변하다, 변화하다

8

선생님 강추!

★ 他很熟悉周围环境。(✗)

尽管来这儿已经快一个月了，可是由于平时太忙，他很少出门，所以对这

★ 그는 주변 환경에 익숙하다.

비록 이곳에 온 지 한 달이 다 되어가지만, 평소에 너무 바빠

지문 어휘

熟悉 shúxī 형 잘 알다, 익숙하다 ★
周围 zhōuwéi 명 주위, 주변 ★
环境 huánjìng 명 환경

儿的环境还不是特别熟悉。

서. 그는 외출을 거의 안 했다. 그래서 이곳의 환경에 아직 익숙하지 않다.

尽管 jǐnguǎn 접 비록(설령) ~라 하더라도 ★
平时 píngshí 명 평소, 평상시 ★
出门 chū mén 동 외출하다, 집을 나서다

정답 ✕

해설 그는 이곳의 환경에 익숙하지 않다고 했으므로 제시된 문장과 일치하지 않는다.

9

★ 公司附近新开了一家手表店。(✕)

公司旁边刚开了一家卖帽子的商店。帽子价格普遍都很便宜，而且购买两个还能打七五折。所以，他家门口排队的顾客可多了。

★ 회사 근처에 손목시계 가게가 새로 오픈했다.

회사 옆에 모자를 파는 가게가 막 오픈했다. 모자 가격은 일반적으로 저렴하고, 게다가 2개를 사면 25% 할인을 받을 수 있다. 그래서 그 가게 입구에 줄을 선 고객들이 매우 많다.

지문 어휘

附近 fùjìn 명 부근, 근처
开 kāi 동 열다, 오픈하다
旁边 pángbiān 명 옆
帽子 màozi 명 모자
商店 shāngdiàn 명 가게, 상점
价格 jiàgé 명 가격, 값 ★
普遍 pǔbiàn 형 보편적이다, 일반적이다 ★
便宜 piányi 형 싸다
购买 gòumǎi 동 구매하다, 사다
打折 dǎ zhé 동 할인하다 ★
门口 ménkǒu 명 입구
排队 pái duì 동 줄을 서다 ★
顾客 gùkè 명 고객, 손님 ★

정답 ✕

해설 새로 오픈한 가게는 손목시계 가게가 아니고 모자 가게이므로 제시된 문장과 일치하지 않는다.

10

★ 质量和价格都很重要。(✓)

我们买东西的时候不能只看重价格。有的东西正是因为质量好，所以价格才比较高。因此，我们在购物时要同时考虑价格和质量。

★ 품질과 가격 모두 중요하다.

우리는 쇼핑할 때 가격만 중시해서는 안 된다. 어떤 물건은 품질이 좋기 때문에 가격이 비교적 높다. 그래서 우리는 쇼핑할 때 가격과 품질을 동시에 고려해야 한다.

지문 어휘

质量 zhìliàng 명 품질, 질 ★
重要 zhòngyào 형 중요하다
看重 kànzhòng 동 중시하다
正是 zhèngshì 동 바로 ~이다, 마침 ~이다
因此 yīncǐ 접 이로 인하여, 그래서 ★
购物 gòu wù 동 쇼핑하다 ★
同时 tóngshí 부 동시에 ★

정답 ✓

해설 마지막 문장에서 가격과 품질을 동시에 고려해야 한다고 했으므로 제시된 문장과 일치한다.

제2부분

11~25번 문제는 남녀간의 대화를 듣고 질문에 알맞은 답을 고르는 문제입니다.

11

男 : 就送到这儿吧。我自己坐电梯下去就行了。
女 : 没关系。我正好要下楼去拿今天的报纸。

问 : 女的要下楼取什么?

A 报纸
B 伞
C 电话
D 电影票

남 : 여기까지만 배웅해요. 나 혼자 엘리베이터 타고 내려가면 돼요.
여 : 괜찮아요. 나도 마침 오늘 신문을 가지러 아래층에 내려가야 해요.

질문 : 여자가 아래층에 내려가서 가지고 올 것은?

A 신문
B 우산
C 전화
D 영화표

지문 어휘

坐电梯 zuò diàntī 엘리베이터를 타다
正好 zhènghǎo 부 마침 ★
下楼 xià lóu 계단을 내려가다
报纸 bàozhǐ 명 신문

보기 어휘

取 qǔ 동 가지다 ★
伞 sǎn 명 우산
电影票 diànyǐngpiào 명 영화표

정답 A

해설 여자가 오늘 신문을 가지러 내려가야 한다고 했으므로, 여자가 아래층에 가지러 가는 것은 신문임을 알 수 있다.

12 선생님 강추!

女 : 喂！暑假快结束了。你打算什么时候回校?
男 : 我已经在学校了。陈教授留给我的任务还没完成，我不得不提前回来了。

问 : 男的为什么提前回学校了?

A 要开证明
B 参加活动
C 任务没完成
D 要备课

여 : 여보세요! 곧 여름방학이 끝날 거야. 너 언제 학교에 돌아올 거니?
남 : 나 이미 학교야. 천 교수님이 나에게 맡긴 일을 아직 다 끝내지 못해서 어쩔 수 없이 미리 돌아왔어.

질문 : 남자는 왜 미리 학교에 돌아왔는가?

A 증명서를 떼야 해서
B 행사에 참가해야 해서
C 임무를 완수하지 못해서
D 수업을 준비해야 해서

지문 어휘

暑假 shǔjià 명 여름방학 ★
结束 jiéshù 동 끝나다, 마치다
打算 dǎsuan 동 ~할 계획이다, ~하려고 하다
什么时候 shénme shíhòu 대 언제
留 liú 동 남기다, 머무르다 ★
任务 rènwu 명 임무 ★
完成 wánchéng 동 완성하다
不得不 bùdébù 부 어쩔 수 없이, 부득이 ★
提前 tíqián 동 앞당기다 ★

보기 어휘

证明 zhèngmíng 명 증명서 동 증명하다 ★
备课 bèi kè 동 수업을 준비하다

정답 C

해설 남자가 왜 미리 학교로 돌아왔는지 이유를 묻고 있다. 남자는 천 교수님이 맡긴 일을 아직 다 끝내지 못했기 때문에 미리 돌아왔다고 했으므로 정답은 C이다.

13

男: 请问, 去海洋馆是在这儿坐地铁吗?

女: 对。不过已经没车了。要去的话, 你得打车去。

问: 男的打算去哪儿?
  A 饭馆
  B 海洋馆
  C 图书馆
  D 植物园

남: 실례합니다. 해양관에 가려면 여기서 지하철을 타나요?

여: 네. 하지만 이미 차가 끊겼어요. 가시려면, 택시 타고 가셔야 합니다.

질문: 남자는 어디를 가려 하는가?
  A 식당
  B 해양관
  C 도서관
  D 식물원

지문 어휘
请问 qǐng wèn 실례합니다
海洋馆 hǎiyángguǎn 명 해양관, 아쿠아리움
坐地铁 zuò dìtiě 지하철을 타다
不过 búguò 접 그러나, 그런데, 하지만 ★
得 děi 조동 ~해야 한다
打车 dǎ chē 동 택시를 타다

보기 어휘
饭馆 fànguǎn 명 식당
图书馆 túshūguǎn 명 도서관
植物园 zhíwùyuán 명 식물원

정답 B

해설 남자가 해양관에 가려면 여기서 지하철을 타면 되는지 여자에게 물어보았으므로 남자의 행선지는 해양관임을 알 수 있다. 정답은 B이다.
▶ 보기를 보고 장소 문제임을 유추해 내는 것이 포인트이다.

14

女: 这道菜的味道真好, 不过你点了这么多菜, 我们吃不了。多浪费啊!

男: 没关系。一会儿还有几个同事会来。

问: 女的是什么意思?
  A 菜不好吃
  B 把菜带走
  C 担心浪费
  D 菜太咸了

여: 이 요리는 맛이 정말 좋네요. 그런데 너무 많은 음식을 시켜서 우리는 다 먹을 수가 없어요. 너무 낭비인 것 같아요!

남: 괜찮아요. 조금 후에 직장 동료 몇 명이 더 올 거예요.

질문: 여자의 말은 무슨 뜻인가?
  A 음식이 맛없다
  B 음식을 포장해 가겠다
  C 낭비일까 봐 걱정된다
  D 음식이 너무 짜다

지문 어휘
道 dào 양 요리를 세는 단위
味道 wèidao 명 맛 ★
点菜 diǎn cài 동 요리를 주문하다
吃不了 chībuliǎo 동 다 먹지 못하다, 먹을 수 없다
浪费 làngfèi 동 낭비하다 ★
同事 tóngshì 명 직장 동료

보기 어휘
带走 dàizǒu 동 가져가다, 데려가다
担心 dān xīn 동 염려하다, 걱정하다
咸 xián 형 짜다 ★

정답 C

해설 여자가 말한 의미를 묻고 있다. 여자는 주문한 음식이 많아 다 먹을 수 없어서 낭비라고 했으므로 결국 그녀는 낭비일까 봐 걱정하고 있음을 알 수 있다.

15

男：你觉得小张写的会议计划怎么样?

女：开头的讨论过程安排得太简单了。可以再详细一点儿。

问：女的觉得小张的计划怎么样?

    A 很复杂
    B 不够详细
    C 不适合
    D 太难

남: 당신 생각에는 샤오장이 쓴 회의 계획서가 어떻습니까?

여: 첫머리에 토론 과정을 너무 간단하게 잡았어요. 좀 더 디테일해도 좋겠네요.

질문: 여자는 샤오장의 계획서가 어떠하다고 생각하는가?

    A 복잡하다
    B 상세하지 못하다
    C 적합하지 않다
    D 너무 어렵다

지문 어휘

会议 huìyì 명 회의
计划 jìhuà 명 계획 ★
开头 kāitóu 명 시작, 처음, 첫머리
讨论 tǎolùn 명 토론 동 토론하다 ★
过程 guòchéng 명 과정 ★
安排 ānpái 동 안배하다, 일정을 잡다 ★
简单 jiǎndān 형 간단하다

보기 어휘

复杂 fùzá 형 복잡하다 ★
不够 búgòu 형 부족하다, 모자라다
详细 xiángxì 형 상세하다, 자세하다 ★
适合 shìhé 동 적합하다, 어울리다 ★

정답 B

해설 샤오장의 계획서에 대한 여자의 생각을 묻고 있다. 여자는 첫머리에 토론 과정이 너무 간단해서 좀 더 상세하게 작성하면 좋겠다고 얘기했으므로 계획서의 내용이 상세하지 못함을 알 수 있다.

16

女：咱们的东西都收拾完了吗? 衣柜、冰箱什么的都整理了吗?

男：全都整理好了。下午一点搬家公司就到，再稍微等会儿。

问：关于男的，可以知道什么?

    A 爱到处照相
    B 要买家具
    C 刚到公司
    D 准备搬家

여: 우리 물건 다 쌌어요? 옷장, 냉장고 등도 다 정리했나요?

남: 전부 다 정리했어요. 오후 1시에 이삿짐센터에서 올 거예요. 조금만 더 기다려요.

질문: 남자에 관하여, 알 수 있는 것은?

    A 어디서든 사진 찍기를 즐긴다
    B 가구를 사려고 한다
    C 회사에 막 도착했다
    D 이사 준비를 한다

지문 어휘

收拾 shōushi 동 정리하다, 치우다 ★
衣柜 yīguì 명 옷장, 장롱
冰箱 bīngxiāng 명 냉장고
什么的 shénme de 대 (나열하는 말 마지막에 쓰여) ~ 등, ~ 같은 것, 기타 등등
整理 zhěnglǐ 동 정리하다 ★
稍微 shāowēi 부 조금, 약간 ★

보기 어휘

到处 dàochù 명 곳곳, 도처 ★
照相 zhào xiàng 동 사진을 찍다
家具 jiājù 명 가구 ★

정답 D

해설 남자에 관해서 묻고 있다. 오후 1시에 이삿짐센터가 올 거라고 얘기했으므로 그는 이사 준비를 하고 있음을 알 수 있다.

▶ 收拾(정리하다), 整理(정리하다), 搬家公司(이삿짐센터) 등과 같이 이사와 관련된 어휘들을 알아두자!

17

男：喂，您好！请问，李教授在吗？

女：他刚走，好像是去开会了。您过一会儿再打过来吧，或者您留一下联系电话。

问：男的要找谁？

　A 李经理
　B 李护士
　C 王律师
　D 李教授

남: 여보세요, 안녕하세요! 실례지만, 이 교수님 계십니까?

여: 방금 나가셨는데요. 회의하러 가셨나 봐요. 조금 후에 다시 걸어주시거나, 연락처를 남겨 주십시오.

질문: 남자는 누구를 찾는가?

　A 이 사장님
　B 이 간호사
　C 왕 변호사
　D 이 교수님

지문 어휘

教授 jiàoshòu 명 교수 ★
刚 gāng 부 방금, 막
好像 hǎoxiàng
부 마치 ~인 것 같다 ★
开会 kāi huì 동 회의를 하다
过一会儿 guò yíhuìr
부 조금 후에, 이따가
或者 huòzhě
접 ~이든가 아니면 ~하다
留 liú 동 남기다 ★
联系 liánxì 명 연락
동 연락하다 ★

보기 어휘

经理 jīnglǐ 명 사장, 매니저
护士 hùshi 명 간호사 ★
律师 lǜshī 명 변호사 ★

정답 D

해설 남자가 누구를 찾는지 묻고 있다. 남자는 전화로 이 교수님이 계시는지 물어보고 있으므로 정답은 D이다.

▶ 보기를 통해 인물 관련 문제임을 알아차리자!

18 선생님 강추!

女：这个洗衣机太旧了，咱们周末去商店换个质量好点儿的吧。

男：确实是这样，不过，我看找人修理一下，还能再用。

问：男的建议怎么做？

　A 换个新的
　B 找人修理
　C 把冰箱搬走
　D 送给邻居

여: 이 세탁기는 너무 낡았어요. 우리 주말에 상점에 가서 품질 좋은 걸로 바꿉시다.

남: 그렇긴 하지만, 내가 보기에 수리를 맡기면 좀 더 쓸 수 있을 것 같아요.

질문: 남자는 어떻게 할 것을 제안했나?

　A 새것으로 바꿀 것을
　B 수리를 맡길 것을
　C 냉장고를 옮길 것을
　D 이웃에게 줄 것을

지문 어휘

洗衣机 xǐyījī 명 세탁기
旧 jiù 형 낡다, 오래되다
商店 shāngdiàn 명 상점, 가게
换 huàn 동 바꾸다
质量 zhìliàng 명 품질, 질 ★
确实 quèshí 부 확실히, 절대로 ★
修理 xiūlǐ 동 수리하다 ★

보기 어휘

搬 bān 동 옮기다
送 sòng 동 보내다
邻居 línjū 명 이웃

정답 B

해설 남자가 어떻게 할 것을 제안했는지 묻고 있다. 남자는 여자에게 세탁기를 바꾸는 것보다 수리를 맡기자고 제안했으므로 정답은 B이다.

19

男: 你这个礼拜天有时间吗？我们去动物园怎么样？
女: 真是抱歉！我礼拜天得去参加英语口语考试。

问: 女的为什么不去动物园？

A 想睡觉
B 有考试
C 要去办签证
D 参加生日聚会

남: 이번 주 일요일에 시간 있어요? 우리 동물원에 갈까요?
여: 정말 미안해요! 나 이번 주 일요일에 영어 스피킹 시험을 보러 가야 해요.

질문: 여자는 왜 동물원에 가지 않나?

A 자고 싶어서
B 시험이 있어서
C 비자 신청하러 가려고
D 생일파티에 참가하려고

지문 어휘

礼拜天 lǐbàitiān 명 일요일 ★
动物园 dòngwùyuán 명 동물원
抱歉 bàoqiàn 동 미안해하다, 죄송하다 ★
参加 cānjiā 동 참가하다
英语 Yīngyǔ 명 영어
口语 kǒuyǔ 명 회화, 스피킹 ★
考试 kǎoshì 명 시험

보기 어휘

睡觉 shuì jiào 동 잠을 자다
办签证 bàn qiānzhèng 비자를 신청하다 ★
聚会 jùhuì 명 모임, 파티 ★

정답 B

해설 여자가 왜 동물원에 가지 않는지 묻고 있다. 일요일에 영어 스피킹 시험을 보러 가야 해서 동물원에 갈 수 없다고 얘기했으므로 정답은 B이다.

20

女: 冰箱里的菜都坏了，你为什么还不扔掉啊？
男: 不好意思，我刚才忙着整理房间，忘扔了。

问: 男的忘了做什么？

A 扔掉坏的菜
B 整理房间
C 擦桌子
D 扔垃圾

여: 냉장고의 음식이 상했어요. 왜 아직도 버리지 않죠?
남: 미안해요, 좀 전에 방 치우느라 바빠서, 버리는 걸 깜빡했어요.

질문: 남자가 잊은 것은 무엇인가?

A 상한 음식을 버리는 것
B 방을 정리하는 것
C 책상을 닦는 것
D 쓰레기를 버리는 것

지문 어휘

冰箱 bīngxiāng 명 냉장고
坏 huài 형 상하다
扔 rēng 동 버리다 ★
整理 zhěnglǐ 동 정리하다 ★

보기 어휘

擦 cā 동 닦다 ★
垃圾 lājī 명 쓰레기

정답 A

해설 남자가 잊은 것은 무엇인지 묻고 있다. 냉장고에 상한 음식을 왜 버리지 않았냐는 여자의 지적에 남자는 방을 정리하느라 잊었다고 했으므로 정답은 A이다.

21

男: 年底我要去上海出差。那个时候你有空儿吗?

女: 有啊! 毕业以后咱俩至少五年没见了，这次见面咱俩得好好聊聊。

问: 他们俩可能是什么关系?

A 邻居
B 工作关系
C 同学
D 男女朋友

남: 연말에 나 상하이로 출장 가는데. 그때 너 시간 있니?

여: 있지! 졸업하고 우리 최소 5년을 못 만났잖아, 이번에 만나면 우리 실컷 수다 떨자.

질문: 그 둘은 무슨 관계인가?

A 이웃
B 업무 관계
C 동창
D 애인

지문 어휘

年底 niándǐ 몡 연말
有空儿 yǒu kòngr 동 틈이 나다, 시간이 있다
毕业 bì yè 몡 졸업 동 졸업하다 ★
至少 zhìshǎo 부 적어도, 최소한 ★
见面 jiàn miàn 동 만나다
聊 liáo 동 한담하다, 잡담하다

보기 어휘

邻居 línjū 몡 이웃
关系 guānxi 몡 관계
同学 tóngxué 몡 동창

정답 C

해설 그들은 어떤 관계인지 묻고 있다. 졸업 후 5년 동안 만나지 못했다는 여자의 말을 통해 그들은 동창 사이임을 알 수 있으므로 정답은 C이다.

▶ 보기를 통해 남녀의 관계를 묻는 문제임을 짐작하자!

22

女: 表格已经填好了，我现在就给你发电子邮件。

男: 别! 你还是发传真吧。我的邮箱最近很奇怪，经常收不到邮件。

问: 男的为什么要求发传真?

A 非常着急
B 打印机坏了
C 没有邮箱
D 邮箱有问题

여: 양식은 이미 작성했습니다. 지금 바로 당신에게 메일 보낼게요.

남: 아니요! 아무래도 팩스가 좋겠어요. 제 메일함이 요즘 이상해서 자주 메일을 못 받아요.

질문: 남자는 왜 팩스로 보내달라고 하는가?

A 아주 급해서
B 프린터가 고장 나서
C 메일함이 없어서
D 메일함에 문제가 있어서

지문 어휘

表格 biǎogé 몡 표, 양식 ★
填 tián 동 기입하다, 써 넣다
电子邮件 diànzǐ yóujiàn 몡 이메일
发传真 fā chuánzhēn 팩스를 보내다 ★
邮箱 yóuxiāng 몡 우편함, 메일함
最近 zuìjìn 몡 최근, 요즘
奇怪 qíguài 형 이상하다
收不到 shōu bu dào 동 받을 수 없다, 받지 못하다

보기 어휘

着急 zháojí 동 조급해하다, 초조해하다
打印机 dǎyìnjī 몡 프린터 ★
问题 wèntí 몡 문제

정답 D

해설 남자가 왜 팩스로 보내달라고 했는지 묻고 있다. 메일함이 이상해서 메일을 못 받는 경우가 많다는 말을 통해 남자의 메일함에 문제가 있음을 알 수 있다.

23

男: 你把儿子的铅笔和橡皮收好！这本杂志还看吗？不看我就扔了。

女: 别扔！可以拿来给儿子画画儿用。

问: 男的本来想扔什么？

A 铅笔
B 笔记本
C 杂志
D 橡皮

남: 당신이 아들의 연필과 지우개 잘 챙기세요! 이 잡지 더 볼 거예요? 안 보면 버릴게요.

여: 버리지 말아요! 아들에게 그림 그리는 데 쓰라고 줄 거예요.

질문: 남자는 원래 무엇을 버리려 했나?

A 연필
B 노트
C 잡지
D 지우개

지문 어휘

儿子 érzi 명 아들
铅笔 qiānbǐ 명 연필
橡皮 xiàngpí 명 지우개 ★
收 shōu 동 거두다, 챙기다 ★
杂志 zázhì 명 잡지 ★
扔 rēng 동 버리다
画画儿 huà huàr
그림을 그리다

보기 어휘

笔记本 bǐjìběn 명 노트

정답 C

해설 원래 남자가 버리려고 한 것이 무엇인지 묻고 있다. 남자가 여자에게 잡지를 안 보면 버린다고 얘기했으므로 그가 버리려고 한 것은 잡지임을 알 수 있다.

▶ 铅笔(연필)와 橡皮(지우개)는 혼동을 주기 위한 것이니 주의하자!

24

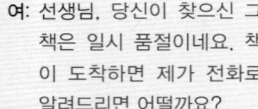

女: 先生，您要买的那本书暂时没货。要不书到了，我打电话告诉你，好吗？

男: 好的，谢谢你，这是我的手机号码。

问: 他们最可能在哪儿？

A 书店
B 医院
C 咖啡厅
D 邮局

여: 선생님, 당신이 찾으신 그 책은 일시 품절이네요. 책이 도착하면 제가 전화로 알려드리면 어떨까요?

남: 좋습니다. 감사합니다. 여기 제 휴대폰 번호예요.

질문: 그들은 어디에 있을 가능성이 가장 높은가?

A 서점
B 병원
C 카페
D 우체국

지문 어휘

暂时 zànshí 명 잠깐, 잠시, 일시 ★
没货 méi huò 동 상품이 없다, 품절이다
要不 yàobù 접 그렇지 않으면, 안 그러면
告诉 gàosu 동 말하다, 알리다
号码 hàomǎ 명 번호 ★

보기 어휘

书店 shūdiàn 명 서점
医院 yīyuàn 명 병원
咖啡厅 kāfēitīng 명 커피숍, 카페
邮局 yóujú 명 우체국 ★

정답 A

해설 그들이 대화를 나누는 장소를 묻고 있다. 남자가 찾는 책이 일시 품절이므로 책이 도착하면 연락을 주겠다는 여자의 말을 통해 그들은 지금 서점에 있을 가능성이 높다는 것을 알 수 있다.

▶ 보기를 보고 장소 문제임을 유추해 내는 것이 포인트!

25

男: 小关乒乓球打得真厉害!

女: 那还用说! 他从五岁就开始学打球了。他几乎没输过。

问: 关于小关,可以知道什么?

A 喜欢打网球
B 跑得快
C 打乒乓球很厉害
D 喜欢打羽毛球

남: 샤오관 탁구 정말 잘 치는데!
여: 당연하지! 5살 때부터 탁구를 배우기 시작했어. 거의 져 본 적이 없을 걸.

질문: 샤오관에 관하여 알 수 있는 것은?

A 테니스 치기를 좋아한다
B 빨리 달린다
C 탁구를 잘 친다
D 배드민턴 치기를 좋아한다

지문 어휘

乒乓球 pīngpāngqiú
명 탁구 ★

厉害 lìhai 형 대단하다, 굉장하다 ★

那还用说 nà hái yòng shuō 말할 것도 없지! 그렇고 말고!

开始 kāishǐ 동 시작하다

打球 dǎ qiú 동 구기 종목을 하다, 공놀이하다

几乎 jīhū 부 거의

输 shū 형 지다 ★

보기 어휘

打网球 dǎ wǎngqiú 테니스를 치다

打羽毛球 dǎ yǔmáoqiú 배드민턴 치다 ★

정답 C

해설 샤오관에 대해 묻는 문제이다. 남자가 샤오관의 탁구 실력을 칭찬하자 여자는 那还用说(말할 것도 없지, 당연하지)라고 동의하며, 그가 5살 때부터 탁구를 배운 이래로 져 본 적이 없다고 했다. 따라서 샤오관은 탁구를 잘 친다는 것을 알 수 있다.

▶ 那还用说(말할 것도 없지, 당연하지)의 표현을 꼭 익혀두자!

제3부분 26~45번 문제는 남녀간의 대화 또는 단문을 듣고 질문에 알맞은 답을 고르는 문제입니다.

26

女: 你觉得怎样才能成为一名成功的律师?

男: 首先必须要有很好的法律基础知识,然后遇到事情要冷静。

女: 除了这些,别的呢?

男: 要懂得乐于助人,这也是最重要的。

여: 넌 어떻게 해야만 성공한 변호사가 될 수 있을 거라고 생각해?
남: 우선 법률 기초 지식을 잘 갖춰야 하고, 그 다음에 일을 맞닥뜨리면 냉정해야 해.
여: 이런 것들을 제외하고, 다른 것은?
남: 기꺼이 다른 사람을 도울 줄 알아야지. 이것 역시 제일 중요한 거야.

지문 어휘

成功 chénggōng 명 성공 동 성공하다 ★

律师 lǜshī 명 변호사 ★

必须 bìxū 부 반드시 ~해야 한다, 꼭 ~해야 한다

法律 fǎlǜ 명 법률 ★

基础 jīchǔ 명 기초, 바탕, 밑바탕 ★

知识 zhīshi 명 지식 ★

遇到 yùdào 동 부딪치다, 맞닥뜨리다

问: 他们在谈什么职业?
　A 律师
　B 老师
　C 护士
　D 服务员

질문: 그들은 어떤 직업에 대해 이야기하고 있는가?
　A 변호사
　B 선생님
　C 간호사
　D 종업원

冷静 lěngjìng 형 냉정하다, 침착하다 ★
懂得 dǒngde 동 (뜻, 방법 등을) 알다, 이해하다
乐于 lèyú 동 기꺼이 ~하다

정답 A

해설 그들은 어떤 직업에 대해 이야기하고 있는지 묻고 있다. 여자가 어떻게 해야 성공한 변호사가 될 수 있는지 남자에게 물어본 것으로 보아 그들은 변호사에 대해 이야기를 나누고 있음을 알 수 있다.

27 선생님 강추!

男: 你不是去睡觉了吗? 怎么又吃起巧克力来了?
女: 我饿了。
男: 你是不是为了减肥, 没吃晚饭?
女: 你说得对, 不过我觉得想要减肥, 还是按时吃饭最好。

남: 당신 자러 간 거 아니었어? 왜 또 초콜릿을 먹기 시작했어?
여: 배고파서요.
남: 다이어트를 위해 저녁 안 먹은 거 아니야?
여: 당신 말이 맞아요, 근데 다이어트를 하려면 역시 제때에 밥을 먹는 게 제일 좋은 것 같아요.

问: 女的为什么没吃晚饭?
　A 没时间吃饭
　B 懒得做饭
　C 想减肥
　D 中午吃多了

질문: 여자는 왜 저녁을 먹지 않았는가?
　A 밥 먹을 시간이 없어서
　B 밥 하기 귀찮아서
　C 다이어트를 하려고 해서
　D 점심 때 많이 먹어서

지문 어휘
睡觉 shuì jiào 동 잠을 자다
巧克力 qiǎokèlì 명 초콜릿 ★
饿 è 형 배고프다
减肥 jiǎn féi 동 다이어트하다 ★
觉得 juéde 동 ~라고 여기다, 생각하다
还是 háishi 부 역시 ~하는 게 가장 좋다
按时 ànshí 부 제때에, 시간에 맞추어 ★

보기 어휘
懒得 lǎnde 동 ~하기 싫어하다, 귀찮아하다
做饭 zuò fàn 동 밥을 하다

정답 C

해설 남자가 여자에게 다이어트를 위해 저녁을 안 먹은 게 아니냐고 물어봤고, 여자는 남자의 말에 맞다고 대답했으므로 여자가 다이어트를 하려고 저녁을 먹지 않았음을 알 수 있다.

28

男: 小姐，这台数码相机，可以使用信用卡分期付款。

女: 这跟用现金付款有什么区别？

男: 价格一样。但使用信用卡可以分24个月还。

女: 太好了。那我用信用卡买吧。

问: 使用信用卡付款有什么优点？

  A 可以分期付款
  B 不用排队
  C 送货上门
  D 打折

남: 아가씨, 이 디지털카메라 신용카드로 할부 결제 할 수 있어요.

여: 현금으로 계산하는 것과 어떤 차이가 있나요?

남: 가격은 같습니다. 하지만 신용카드를 사용하면 24개월로 나눠서 납부할 수 있어요.

여: 잘됐네요. 그러면 신용카드로 살게요.

질문: 신용카드로 지불하면 어떤 장점이 있는가?

  A 나눠서 낼 수 있다
  B 줄을 설 필요가 없다
  C 집까지 배달해 준다
  D 할인을 해 준다

지문 어휘

数码相机 shùmǎ xiàngjī 명 디지털카메라
使用 shǐyòng 동 사용하다, 쓰다 ★
信用卡 xìnyòngkǎ 명 신용카드
分期 fēnqī 동 기간을 나누다
付款 fù kuǎn 동 계산하다, 돈을 지불하다 ★
现金 xiànjīn 명 현금 ★
区别 qūbié 명 차이, 구별
价格 jiàgé 명 가격, 값 ★
一样 yíyàng 형 같다, 동일하다
还 huán 동 갚다, 돌려주다

보기 어휘

排队 pái duì 동 줄을 서다 ★
送货上门 sònghuòshàngmén 성 집까지 상품을 배달해 주다
打折 dǎ zhé 동 할인하다 ★

정답 A

해설 신용카드로 지불하면 어떤 장점이 있는지 묻고 있다. 남자가 신용카드를 사용하면 24개월로 나눠서 납부할 수 있다고 했으므로 정답은 A이다.

29

女: 帅哥，加油站周围是不允许抽烟的。

男: 为什么不让抽烟啊？

女: 在加油站乱扔烟头很危险，容易引起火灾。

男: 好的，我明白了。谢谢您的提醒。

问: 他们的对话发生在哪儿？

  A 厕所
  B 火车上
  C 河边
  D 加油站

여: 멋진 남자분! 주유소 근처에서 흡연하시면 안 됩니다.

남: 왜 못 피우게 해요?

여: 주유소에서 담배꽁초를 함부로 버리면 위험해요. 화재가 나기 쉬우니까요.

남: 네, 알겠습니다. 알려 주셔서 감사합니다.

질문: 그들의 대화는 어디서 이뤄지는가?

  A 화장실
  B 기차 안
  C 강가
  D 주유소

지문 어휘

加油站 jiāyóuzhàn 명 주유소 ★
允许 yǔnxǔ 동 허가하다, 허락하다 ★
抽烟 chōu yān 동 담배를 피우다 ★
乱扔 luàn rēng 동 함부로 버리다
危险 wēixiǎn 형 위험하다 ★
烟头 yāntóu 명 담배꽁초
引起 yǐnqǐ 동 야기하다, 불러일으키다 ★
火灾 huǒzāi 명 화재
提醒 tíxǐng 동 일깨우다 ★

보기 어휘

厕所 cèsuǒ 명 화장실 ★
河边 hébiān 명 강가, 강변

정답 **D**

해설 그들이 대화하는 장소를 묻고 있다. 여자의 첫 문장에 이미 장소가 언급되어 있다. 주유소 주변에서는 흡연 금지라고 얘기했으므로 그들은 주유소에서 대화를 나누고 있음을 알 수 있다.

▶ 보기를 통해 장소를 묻는 질문이 나올 것을 예상하자!

30 선생님 강추!

女: 冰箱里的西瓜有点儿酸了，还能吃吗？

男: 千万别吃，夏天容易吃坏肚子。

女: 真浪费，下次别买多了。

男: 好。我先下楼把这个西瓜扔了。

问: 女的觉得，以后应该怎么做？

A 少吃西瓜
B 不要乱扔
C 少买些
D 多洗几遍

여: 냉장고 안의 수박이 좀 시큼해졌는데, 먹을 수 있을까?

남: 절대 먹지 마, 여름엔 배탈 나기 쉬워.

여: 정말 낭비다, 다음엔 많이 사지 마.

남: 알았어. 내가 우선 내려가서 이 수박 버리고 올게.

질문: 여자는 앞으로 어떻게 해야 한다고 생각하는가?

A 수박을 적게 먹어야 한다고
B 함부로 버리지 말아야 한다고
C 조금만 사야 한다고
D 여러 번 씻어야 한다고

지문 어휘

冰箱 bīngxiāng 명 냉장고
西瓜 xīguā 명 수박
酸 suān 형 시다 ★
千万 qiānwàn 부 부디, 제발 ★
容易 róngyì 형 쉽다, 용이하다
坏肚子 huài dùzi 배탈 나다
浪费 làngfèi 동 낭비하다 ★
下次 xiàcì 명 다음 번
下楼 xià lóu 동 계단을 내려가다
扔 rēng 동 버리다

보기 어휘

乱 luàn 부 함부로, 멋대로 ★
遍 biàn 양 번, 차례, 회(한 동작의 처음부터 끝까지의 전 과정을 가리킴)

정답 **C**

해설 여자의 생각을 묻고 있다. 여자가 낭비니까 많이 사지 말라고 남자에게 말했으므로 다음부터 적게 사라는 의미임을 알 수 있다.

▶ 别买多(많이 사지 마라)와 少买些(적게 사라)는 비슷한 의미이다.

31

女: 你和王先生的生意谈得怎么样？

男: 进行得很顺利，我们提的要求他都同意了。

女: 那太好了，祝贺你。

男: 谢谢，这都是大家一起努力的结果。

여: 당신과 왕 선생님의 사업 얘기는 어떻게 되었습니까?

남: 매우 순조롭게 진행되었어요. 우리가 제시한 요구에 그가 모두 동의했거든요.

여: 그럼 정말 잘됐네요, 축하드려요.

남: 감사해요, 이게 다 모두가 함께 노력한 결과죠.

지문 어휘

生意 shēngyi 명 장사, 영업
谈生意 tán shēngyi 사업을 논한다, 사업을 이야기하다 ★
顺利 shùnlì 형 순조롭다, 일이 잘 되어가다 ★
要求 yāoqiú 명 요구 동 요구하다
同意 tóngyì 동 동의하다, 찬성하다, 승인하다

问: 根据对话下列哪个正确?

A 生意谈成了
B 男的很失望
C 女的有信心
D 文章获奖了

질문: 대화에 근거하여 다음 중 옳은 것은?

A 거래가 성사되었다
B 남자는 실망했다
C 여자는 자신 있다
D 글로 상을 탔다

祝贺 zhùhè 동 축하하다
结果 jiéguǒ 명 결과, 성과 ★

보기 어휘

失望 shīwàng 동 실망하다
信心 xìnxīn 명 자신(감), 확신 ★
文章 wénzhāng 명 글, 문장 ★
获奖 huò jiǎng 동 상을 타다, 수상하다 ★

정답 A

해설 대화에 근거하여 올바른 내용을 고르는 문제이다. 여자가 왕 선생님과의 사업 얘기는 어땠는지 남자에게 묻자, 남자는 매우 순조롭게 진행되었다고 했으므로 결과적으로 거래가 성공적으로 이루어졌음을 알 수 있다.

32

女: 这都是你包的饺子吗?
男: 对啊。看起来挺好的吧?
女: 看样子还不错! 不知道味道好不好!
男: 我去给你拿碗筷。你先尝一尝。

问: 男的是什么意思?

A 让女的尝尝
B 饺子淡了
C 拿个勺子
D 帮忙包饺子

여: 이거 모두 네가 빚은 만두야?
남: 응, 보기에 괜찮지?
여: 괜찮아 보이는데! 맛이 좋을지는 모르겠네!
남: 내가 그릇하고 젓가락 가져다 줄게, 우선 맛 좀 봐.

질문: 남자의 말은 무슨 의미인가?

A 여자에게 맛보게 하다
B 만두가 싱겁다
C 수저를 가져다준다
D 만두 빚는 것을 돕다

지문 어휘

饺子 jiǎozi 명 만두 ★
包饺子 bāo jiǎozi 만두를 빚다 ★
看起来 kàn qǐlai 동 보기에 ~하다
看样子 kàn yàngzi 보아하니 ~인 듯하다
味道 wèidao 명 맛 ★
碗筷 wǎn kuài 명 그릇과 젓가락
尝 cháng 동 맛보다 ★

보기 어휘

淡 dàn 형 싱겁다
勺子 sháozi 명 숟가락, 국자 ★
帮忙 bāng máng 동 일손을 돕다, 도움을 주다

정답 A

해설 남자가 한 말이 무슨 의미인지 묻고 있다. 남자가 빚은 만두를 여자는 아직 맛보지 못했으므로 남자가 여자에게 한번 맛보라고 하고 있는 상황임을 알 수 있다.

33

男: 我的笔记本电脑你都借了两个星期了, 什么时候还给我?
女: 别着急, 我的笔记本电脑下周就到。
男: 下周我要出差, 还要用呢。

남: 내 노트북을 네가 빌려 간 지 벌써 2주나 되었어. 언제 돌려줄 거니?
여: 조급해하지 마, 내 노트북이 다음 주면 도착해.
남: 다음 주에 나 출장 가야 해서 필요해.

지문 어휘

笔记本电脑 bǐjìběn diànnǎo 명 노트북 (컴퓨터) ★
借 jiè 동 빌리다
还 huán 동 돌려주다, 반납하다
着急 zháojí 동 조급해하다, 초조해하다

女: 放心吧，来得及。到时候肯定还你。

问: 他们在说什么?
A 作业
B 笔记本电脑
C 小说
D 汽车

여: 걱정 마, 시간 충분해. 때가 되면 반드시 돌려줄게.

질문: 그들은 무슨 이야기를 하고 있는가?
A 숙제
B 노트북 컴퓨터
C 소설
D 자동차

下周 xiàzhōu 명 다음 주
出差 chū chāi 동 출장 가다 ★
放心 fàng xīn 동 안심하다, 마음을 놓다
来得及 láidejí 동 늦지 않다 ★
肯定 kěndìng 부 반드시, 확실히, 틀림없이 ★

보기 어휘

作业 zuòyè 명 숙제
小说 xiǎoshuō 명 소설 ★
汽车 qìchē 명 자동차

정답 B

해설 남자와 여자는 노트북을 빌려주고 돌려받는 이야기를 나누고 있으므로 정답은 B이다.

34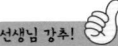

女: 你的胳膊怎么破了?
男: 早上打扫的时候不小心弄的。
女: 我去买点儿药来吧。
男: 不用了，不太严重。

问: 男的哪里破了?
A 脚   B 鼻子
C 腿   D 胳膊

여: 네 팔은 왜 찢어진 거야?
남: 아침에 청소하다가 실수로 그랬어.
여: 내가 약 좀 사 가지고 올게.
남: 됐어, 별로 심하지 않아.

질문: 남자는 어디가 찢어졌나?
A 발   B 코
C 다리   D 팔

지문 어휘

胳膊 gēbo 명 팔 ★
破 pò 동 찢어지다, 망가지다 ★
打扫 dǎsǎo 동 청소하다
不小心 bù xiǎoxīn 부 실수로, 부주의하여
弄 nòng 동 하다 ★
药 yào 명 약
严重 yánzhòng 형 심하다, 심각하다 ★

보기 어휘

脚 jiǎo 명 발
鼻子 bízi 명 코
腿 tuǐ 명 다리

정답 D

해설 남자의 어디가 찢어졌는지 묻고 있다. 여자가 팔이 왜 찢어졌는지 남자에게 묻고 있으므로 남자의 팔이 찢어진 상황임을 알 수 있다.

35

男: 我把海洋馆的地址放在家里的桌子上了，怎么办?
女: 我也一点儿印象都没有，好像离这儿挺远的。
男: 那我们还是别去了，现在走高速公路恐怕会堵车。

남: 나 해양관의 주소를 집 책상 위에 놓고 왔나 봐, 어쩌지?
여: 나도 전혀 기억이 안 나네. 아마 여기서 꽤 멀었던 것 같은데.
남: 그럼 우리 가지 않는 게 좋겠어. 지금 고속도로로 가면 아마 많이 막힐 거야.

지문 어휘

海洋馆 hǎiyángguǎn 명 해양관, 아쿠아리움 ★
地址 dìzhǐ 명 주소 ★
放 fàng 동 놓다
桌子 zhuōzi 명 테이블, 책상
印象 yìnxiàng 명 인상 ★
好像 hǎoxiàng 부 마치 ~인 듯하다 ★

女：那可不行，都说那儿的表演很精彩，今天一定要去看看。

问：海洋馆怎么样？
A 表演精彩
B 孩子很多
C 离家近
D 空气好

여: 그건 절대 안 돼. 모두들 거기 공연이 아주 멋지다고 했단 말이야. 오늘 꼭 가서 볼 거야.

질문: 해양관은 어떠한가?
A 공연이 멋지다
B 아이들이 많다
C 집에서 가깝다
D 공기가 좋다

离 lí 전 ~에서, ~로부터
高速公路 gāosù gōnglù
명 고속도로 ★
恐怕 kǒngpà
부 아마 ~일 것이다 ★
堵车 dǔ chē 동 차가 막히다 ★
表演 biǎoyǎn 명 공연
동 공연하다 ★
精彩 jīngcǎi 형 훌륭하다,
멋지다 ★

보기 어휘

空气 kōngqì 명 공기 ★

정답 A

해설 해양관은 집에서 멀다는 것과 공연이 멋지다는 두 가지 내용을 언급했으므로 해당 내용을 보기에서 찾으면 된다.

第36到37题是根据下面一段话：

人们常说"世上无难事，只怕有心人"，这句话的意思是说：³⁶世界上没有什么做不到的事情，任何困难都能克服。³⁷虽然现在遇到了困难，但是只要我们抱着积极的态度就能找到解决的办法。

36-37번 문제는 다음 내용에 근거한다:

사람들은 '세상에 어려운 일은 없는데, 다만 뜻을 가진 사람만이 두려울 뿐이다(뜻을 가진 사람은 당할 수 없다)'라고 자주 말한다. 이 말의 의미는: ³⁶세상엔 해내지 못 할 일이 없으므로 어떤 어려움도 극복할 수 있다는 것이다. ³⁷비록 지금 어려움에 부딪쳤다 하더라도, 우리가 적극적인 태도만 지닌다면 해결 방법을 찾을 수 있다.

지문 어휘

世上无难事，只怕有心人
shìshàngwúnánshì,
zhǐpàyǒuxīnrén 성 하려는 마음이 있으면 그 어떤 어려움도 극복할 수 있음을 이르는 말 (마음만 굳게 먹으면, 세상에 해내지 못 할 일이 없다)
世界 shìjiè 명 세계
任何 rènhé 대 어떠한, 무슨 ★
困难 kùnnan 명 어려움 ★
克服 kèfú 동 극복하다
虽然A, 但是B
suīrán A, dànshì B
접 비록 A하지만, B하다
遇到 yùdào 동 만나다, 부딪치다
只要A, 就B zhǐyào A, jiù B
접 A하기만 하면 B하다
抱 bào 동 안다, 지니다 ★
积极 jījí 형 적극적이다 ★
态度 tàidu 명 태도 ★
解决 jiějué 동 해결하다
办法 bànfǎ 명 방법

36

问: "世上无难事,只怕有心人" 这句话,指的是什么?

A 要早做准备
B 害怕困难
C 困难能被解决
D 害怕迷路

질문: '세상에 어려운 일은 없는데, 다만 뜻을 가진 사람만은 이 두려울 뿐이다'라는 말은 무엇을 의미하는가?

A 일찍 준비해야 한다
B 어려움을 두려워하다
C 어려움은 해결될 수 있다
D 길을 잃을까 두렵다

보기 어휘

害怕 hàipà 동 두려워하다, 무서워하다
迷路 mí lù 동 길을 잃다 ★

정답 C

해설 따옴표 안의 문장이 뜻하는 바를 묻고 있다. 해당 문장의 속뜻은 이 세상에 마음만 먹으면 해내지 못 할 일이 없다는 것이므로 정답은 C이다.

37

问: 遇到困难时,我们应该怎么做?

A 积极一点儿
B 降低要求
C 学会接受
D 多跟朋友商量

질문: 어려움에 부딪쳤을 때 우리는 어찌해야 하는가?

A 적극적이어야 한다
B 기대치를 낮추어야 한다
C 받아들임을 배워야 한다
D 친구와 많이 상의한다

보기 어휘

降低 jiàngdī 동 낮추다, 내리다 ★
接受 jiēshòu 동 받아들이다 ★
商量 shāngliang 동 상의하다, 의논하다 ★

정답 A

해설 어려움에 부딪쳤을 때 어떻게 해야 하는지 묻고 있다. 단문 마지막에서 어려움에 부딪쳤다 하더라도 적극적인 태도를 지닌다면 해결 방법을 찾을 수 있다고 언급했으므로 정답은 A이다.

第38到39题是根据下面一段话:

38-39번 문제는 다음 내용에 근거한다:

³⁸ 一位先生到公司楼下抽烟,正好一位同事也在楼下,于是他便问道:"请问,我在这儿抽烟会不会打扰到你?"同事笑着回答:"没问题,你可以像在你家里一样。"这位先生一听这句话, ³⁹ 就马上收起了烟,并说道:"我明白了,那就是不能抽。"

³⁸ 한 남자가 담배를 피려고 회사 건물 아래로 갔는데, 마침 동료 한 명도 건물 아래층에 있었다. 그래서 그는 "제가 여기에서 담배를 피우는 것이 당신에게 폐가 될까요?"라고 물었다. 그러자 동료가 웃으면서 "문제없습니다. 집에 있는 것처럼 똑같이 하세요"라고 말했다. 이 남자는 이 말을 듣자마자, ³⁹ 곧바로 담배를 끄며 "알겠습니다, 그럼 못 피우겠네요."라고 말했다.

지문 어휘

楼下 lóuxià 명 건물 아래, 아래층
抽烟 chōu yān 동 담배를 피우다 ★
同事 tóngshì 명 직장 동료
打扰 dǎrǎo 동 방해하다, 지장을 주다 ★
笑 xiào 동 웃다, 웃음을 짓다
回答 huídá 동 대답하다, 회답하다

38

问: 他们在哪儿?

A 公司楼下
B 办公室
C 洗手间
D 加油站

질문: 그들은 어디에 있는가?

A 회사 아래층
B 사무실
C 화장실
D 주유소

보기 어휘

洗手间 xǐshǒujiān 몡 화장실
加油站 jiāyóuzhàn
몡 주유소 ★

정답 A

해설 그들이 어디에 있는지 묻고 있다. 단문 첫 부분에 한 남자가 담배를 피우려고 회사 건물 아래층으로 갔는데, 동료 한 명도 마침 그곳에 있었다고 했으므로 그들이 있는 장소는 회사 아래층임을 알 수 있다.

39

问: 听了同事的回答后, 那位先生是怎么做的?

A 把烟收了起来
B 原谅了同事
C 继续上班
D 正在讨论

질문: 동료의 대답을 들은 후, 그 남자는 어떻게 하였는가?

A 담배를 껐다
B 동료 사원을 이해했다
C 계속 출근했다
D 토론 중이다

보기 어휘

原谅 yuánliàng 동 양해하다, 이해하다 ★
继续 jìxù 동 계속하다, 끊임없이 하다 ★
讨论 tǎolùn 동 토론하다 ★

정답 A

해설 동료의 대답을 들은 후, 그 남자가 한 행동을 묻고 있다. 집에 있는 것처럼 하라는 동료의 말에 그는 곧바로 담배를 껐다고 했으므로 정답은 A이다.

第40到41题是根据下面一段话:

地球上百分之七十的地方都是海洋, 它 ⁴⁰ 像森林一样能降低污染, 给人们提供最佳的生活环境, 同时它也是我们旅游的好地方。但现在海洋污染逐渐严重, 所以 ⁴¹ 我们得及时找到解决污染问题的好办法来保护它。

40-41번 문제는 다음 내용에 근거한다:

지구에서 70%는 모두 해양이다. ⁴⁰ 해양은 삼림과 같이 오염을 감소시킬 수 있으며, 사람에게 아름다운 생활 환경을 제공하고, 동시에 우리가 여행하기에 좋은 장소가 되어 주기도 한다. 그러나 현재 해양 오염이 점점 심해지고 있기 때문에, ⁴¹ 우리는 즉시 오염 문제를 해결할 수 있는 좋은 방법을 찾아 해양을 보호해야 한다.

지문 어휘

地球 dìqiú 몡 지구 ★
海洋 hǎiyáng 몡 해양, 바다 ★
像~一样 xiàng~yíyàng
~과 같이
森林 sēnlín 몡 삼림, 숲 ★
降低 jiàngdī 동 내리다, 낮추다 ★
污染 wūrǎn 몡 오염 ★
同时 tóngshí 부 동시에 ★
逐渐 zhújiàn 부 점점, 점차
严重 yánzhòng 형 심각하다 ★
及时 jíshí 부 즉시, 곧바로 ★
保护 bǎohù 동 보호하다 ★

40

问: 关于海洋下列哪个正确?
A 水温下降了
B 水量变少了
C 能降低污染
D 比森林大10倍

질문: 해양에 관하여 다음 중 옳은 것은?
A 수온이 내려갔다
B 물의 양이 줄었다
C 오염을 줄일 수 있다
D 삼림에 비해 10배 크다

보기 어휘
水温 shuǐwēn 명 수온

정답 C

해설 해양에 관해서 올바른 내용을 고르는 문제이다. 단문 첫 부분에 해양은 삼림과 같이 오염을 감소시킬 수 있다고 했으므로 정답은 C이다.

41

问: 这段话主要想告诉我们什么?
A 帮助小动物
B 要减少出行
C 少用塑料袋
D 要保护海洋

질문: 이 글이 주로 우리에게 말하고자 하는 것은?
A 작은 동물들을 돕다
B 외출을 줄여야 한다
C 비닐봉지를 적게 사용한다
D 해양을 보호해야 한다

보기 어휘
出行 chūxíng 통 외출하다
塑料袋 sùliàodài 명 비닐봉지 ★

정답 D

해설 이 글의 주제를 묻고 있다. 단문 마지막에 우리는 서둘러 오염 문제를 해결할 수 있는 좋은 방법을 찾아서 해양을 보호해야 한다고 했으므로 정답은 D이다.

第42到43题是根据下面一段话:

42-43번 문제는 다음 내용에 근거한다:

如果你走进一家理发店, 服务员会很热情地走过来向你打招呼, ⁴² 给你推荐理发师的同时提供免费饮料。并不会给客人介绍店里的产品。⁴³ 这样的服务会让人感到舒服、没有压力, 不会觉得被打扰。

만약 당신이 미용실에 들어온다면, 종업원은 반갑게 걸어와서 당신에게 인사를 하고, ⁴² 헤어 디자이너를 추천함과 동시에 무료 음료를 제공할 것이다. 결코 손님에게 매장의 제품을 소개하지는 않을 것이다. ⁴³ 이러한 서비스는 사람들에게 편안함을 느낄 수 있게 하고, 스트레스를 받지 않게 할 것이며 방해 받는다고 생각하지 않게 할 것이다.

지문 어휘
理发店 lǐfàdiàn 명 이발소, 미용실
服务员 fúwùyuán 명 종업원
热情 rèqíng 형 친절하다, 다정하다
打招呼 dǎ zhāohu 통 인사하다
推荐 tuījiàn 통 추천하다
理发师 lǐfàshī 명 이발사, 헤어 디자이너
同时 tóngshí 부 동시에 ★

提供 tígōng 동 제공하다 ★
免费 miǎn fèi 동 무료이다, 공짜이다 ★
饮料 yǐnliào 명 음료수
产品 chǎnpǐn 명 제품
感到 gǎndào 동 느끼다, 여기다
舒服 shūfu 형 편안하다
压力 yālì 명 스트레스 ★
打扰 dǎrǎo 동 방해하다, 지장을 주다 ★

42

问: 当顾客进店时，服务员一般会怎么做?

A 给顾客洗头
B 请顾客喝饮料
C 推荐店内的东西
D 要求办卡

질문: 고객이 가게에 들어섰을 때, 종업원은 보통 어떻게 하는가?

A 고객의 머리를 감겨 준다
B 고객에게 음료를 대접한다
C 미용실 내 물건을 추천한다
D 카드 만들 것을 요구한다

보기 어휘

顾客 gùkè 명 고객, 손님 ★
洗头 xǐ tóu 동 머리를 감다
推荐 tuījiàn 동 추천하다
要求 yāoqiú 명 요구 동 요구하다
办卡 bàn kǎ 동 카드를 신청하다, 카드를 만들다
耐心 nàixīn 형 인내심이 있다 ★

정답 B

해설 고객이 가게로 들어올 때 종업원은 어떻게 하는지 묻고 있다. 종업원은 헤어 디자이너를 추천하는 동시에 음료를 무료로 제공한다고 했으므로 정답은 B이다.

43

问: 这样的服务应该是什么样的?

A 免费的
B 耐心的
C 有效的
D 觉得舒服的

질문: 이러한 서비스는 마땅히 어떠해야 하는가?

A 무료여야 한다
B 인내심을 가져야 한다
C 효과가 있어야 한다
D 편안함을 느껴야 한다

보기 어휘

有效 yǒuxiào 동 효과가 있다, 유효하다

정답 D

해설 이러한 서비스는 어떻게 해야 하는지 묻고 있다. 단문 마지막에 이런 서비스는 사람들에게 편안함을 느끼게 하고, 스트레스가 없으며, 방해 받는다고 느끼지도 않을 것이다 라고 했으므로 정답은 D이다.

선생님 강추!

第44到45题是根据下面一段话： 44-45번 문제는 다음 내용에 근거한다:

父母在教育孩子时，知道怎么鼓励子女，但经常缺少适当的批评。⁴⁴ 父母的鼓励会让孩子重新自信起来，⁴⁵ 但批评也是教育的一种，很多父母都不懂得合适的批评方法。批评孩子时，父母不应打骂孩子。正确地指出孩子的错误，并让孩子反省自己的错误，这是父母需要做的。

부모들이 자녀를 교육하는 데 있어, 어떻게 자녀를 격려해야 하는지 잘 알면서도, 적절한 꾸지람은 늘 부족하다. ⁴⁴ 부모의 격려는 아이들이 다시 자신감을 갖도록 하지만, ⁴⁵ 꾸지람 또한 교육의 일종임에도 불구하고, 많은 부모들은 적절하게 꾸짖는 방법을 모른다. 자녀를 꾸짖을 때 부모들은 아이를 때리거나 욕해선 안 된다. 아이의 잘못을 정확하게 지적하고, 또한 아이들이 스스로 잘못을 반성하도록 하는 것이 부모들이 해야 할 일이다.

지문 어휘

教育 jiàoyù 명 교육 동 교육하다 ★
鼓励 gǔlì 동 격려하다, 용기를 북돋우다 ★
子女 zǐnǚ 명 자녀
缺少 quēshǎo 동 부족하다, 모자라다 ★
适当 shìdàng 형 적절하다, 적합하다
重新 chóngxīn 부 다시, 재차 ★
自信 zìxìn 형 자신감 있다 ★
懂得 dǒngde 동 (뜻, 방법 등을) 알다, 이해하다
合适 héshì 형 적당하다, 알맞다 ★
批评 pīpíng 동 꾸짖다, 나무라다 ★
打骂 dǎmà 동 때리고 욕하다
正确 zhèngquè 형 정확하다 ★
指出 zhǐchū 동 밝히다, 지적하다
错误 cuòwù 명 잘못 ★
反省 fǎnxǐng 동 반성하다

44

问: 父母的鼓励会使孩子怎么样?
A 更活泼
B 更自信
C 更有礼貌
D 养成好习惯

질문: 부모의 격려는 아이들을 어떻게 만드는가?
A 더욱 활발하게
B 더욱 자신 있게
C 더욱 예의 바르게
D 좋은 습관을 기르게

보기 어휘

活泼 huópo 형 활발하다, 활달하다 ★
礼貌 lǐmào 명 예의, 예의범절 ★
养成 yǎngchéng 동 양성하다, 기르다 ★
习惯 xíguàn 명 습관, 버릇

정답 B

해설 부모의 격려가 아이들을 어떻게 만드는지 묻고 있다. 단문 앞부분에서 부모들의 격려가 아이들에게 자신감을 키워준다고 했으므로 정답은 B이다.

问: 这段话主要谈的是什么?

A 成功
B 批评的方法
C 友谊
D 孩子的缺点

질문: 이 글이 주로 이야기하는 바는?

A 성공
B 꾸지람의 방법
C 우정
D 아이의 단점

보기 어휘

成功 chénggōng 동 성공하다, 이루다 ⭐

友谊 yǒuyì 명 우의, 우정 ⭐

缺点 quēdiǎn 명 결점, 단점 ⭐

정답 **B**

해설 이 글의 주제를 묻고 있다. 아이들을 격려하는 만큼 중요한 것이 꾸지람인데, 부모들은 적절한 꾸지람의 방법에 대해 잘 알지 못한다고 했으므로 이 글은 꾸지람의 방법에 관한 이야기임을 알 수 있다.

HSK 4급 4회 독해

제1부분 46~55번 문제는 문장 또는 대화 속 빈칸에 알맞은 단어를 고르는 문제입니다.

보기

A 戴	A dài 동 쓰다	
B 成为	B chéngwéi 동 ~이 되다	
C 危险	C wēixiǎn 형 위험하다	
D 坚持	D jiānchí 동 꾸준히 하다	
E 意见	E yìjiàn 명 의견, 이의, 불만	
F 过程	F guòchéng 명 과정	

46 선생님 강추!

坐车时，把胳膊放到车窗外十分（ C 危险 ）。

차를 탈 때, 팔을 차 창문 밖으로 내놓는 것은 매우 (C 위험하다).

지문 어휘
胳膊 gēbo 명 팔 ★
窗 chuāng 명 창, 창문
十分 shífēn 부 매우, 대단히 ★

정답 C

해설 형용사 어휘 채우기 문제

빈칸 앞에는 정도부사 十分이 위치해 있고, 빈칸 뒤에는 목적어가 없으므로 술어로 사용 가능한 어휘를 찾는다. → '팔을 차 창문 밖으로 내놓는 것은 ~하다'라는 문장이 성립한다. → 문맥상 어울리는 어휘는 C 危险 (위험하다)이다.

47

有相同爱好的人应该有更多的共同语言，因此更容易（ B 成为 ）朋友。

같은 취미를 가진 사람은 더 많은 공감대를 형성하고 있어서 훨씬 쉽게 친구가 (B 된다).

지문 어휘
相同 xiāngtóng 형 서로 같다, 똑같다 ★
共同 gòngtóng 형 공동의, 공통의 ★
语言 yǔyán 명 언어 ★
因此 yīncǐ 접 이로 인하여, 그래서 ★

정답 B

해설 동사 어휘 채우기 문제

빈칸 뒤에 목적어 朋友가 있는 것으로 보아 동사 술어가 필요하다. → 문맥상 어울리는 어휘는 成为(~이 되다)로 '친구가 되다'로 해석할 수 있다.

48

你这么做我没有任何(E 意见)，但你至少应该提前告诉我一声。

네가 이렇게 하는 것에 어떠한 (E 불만)도 없어. 그런데 최소한 나에게 미리 말을 해 줘야만 해.

지문 어휘

任何 rènhé 때 어떠한, 무슨 ⭐
至少 zhìshǎo 튄 적어도, 최소한 ⭐

정답 E

해설 명사 어휘 채우기 문제

| 빈칸 앞에는 대명사 任何 (어떠한, 무슨)가 있으므로 任何 뒤에는 수식하는 대상이 꼭 필요하다. | ➡ | 또한, 빈칸 앞에 没有가 있으므로 빈칸에는 목적어 성분인 명사 어휘가 필요하다. '어떠한 ~이 없다'라는 문장이 성립한다. | ➡ | 문맥상 어울리는 어휘는 E 意见 (불만)이다. |

49

外面刮大风，你(A 戴)帽子吧，千万别感冒了。

밖에 바람이 많이 부니, 모자를 (A 쓰렴), 절대 감기에 걸리지 않도록.

지문 어휘

刮风 guā fēng 통 바람이 불다
帽子 màozi 명 모자
千万 qiānwàn 튄 부디, 제발, 아무쪼록 ⭐
感冒 gǎnmào 명 감기 통 감기에 걸리다

정답 A

해설 동사 어휘 채우기 문제

| 주어와 목적어 사이에 빈칸이 있으므로 동사 술어를 찾는다. | ➡ | 목적어 帽子(모자)와 어울리는 짝꿍 동사가 필요하다. | ➡ | 문맥상 어울리는 어휘는 A 戴(쓰다)이다. |

▶ 戴는 '착용하다, 쓰다' 등의 뜻으로 머리, 얼굴, 팔, 손 등에 착용할 수 있는 사물과 함께 쓰인다.

50

生老病死是每个人都必须经历的(F 过程)。

생로병사는 모든 사람이 반드시 겪는 (F 과정)이다.

지문 어휘

生老病死 shēnglǎobìngsǐ 성 생로병사
必须 bìxū 튄 반드시, 기필코
经历 jīnglì 통 몸소 겪다, 체험하다 ⭐

정답 F

해설 명사 어휘 채우기 문제

| 빈칸 앞에 구조조사 的가 있으므로 빈칸이 명사임을 알 수 있다. | ➡ | '모든 사람이 반드시 겪는 ~이다'라는 문장이 성립하고 '겪다'의 의미인 经历와 호응할 수 있는 명사 어휘를 찾는다. | ➡ | 문맥상 어울리는 어휘는 F 过程 (과정)이다. |

> **보기**
>
> | | | | |
> |---|---|---|---|
> | A 直接 | B 误会 | A zhíjiē 분 직접적으로, 바로 | B wùhuì 동 오해하다 |
> | C 温度 | D 商量 | C wēndù 명 온도 | D shāngliang 동 상의하다, 논의하다 |
> | E 提前 | F 棵 | E tíqián 동 앞당기다 | F kē 양 그루, 포기 |

51

A: 经理临时要去美国出差，会议要（ E 提前 ）进行，你去通知一下大家。
B: 知道了，我马上就去告诉大家。

A: 사장님께서 잠시 미국에 출장을 가야 해서 회의를 (E 앞당겨서) 진행해야 합니다, 모두에게 전달하세요.
B: 알겠습니다. 제가 바로 모두에게 알리겠습니다.

정답 E

해설 동사 어휘 채우기 문제

빈칸 앞에 조동사가 있으므로 빈칸은 동사 술어이다. → 빈칸 뒤 进行(진행하다)도 동사지만, 빈칸 앞에 조동사가 있는 것으로 보아 빈칸은 부사처럼 쓰일 수 있는 동사일 가능성이 높다. '사장님이 출장을 가야 해서 회의를 (어떻게) 진행한다'는 의미로 해석 가능하다. → 문맥상 어울리는 어휘는 E 提前 (앞당기다)이다.

▶ 会议提前进行(회의를 앞당겨 진행하다)을 고정표현으로 익혀두자!

지문 어휘

临时 línshí 형 잠시의, 일시적인
出差 chū chāi 동 출장 가다 ★
会议 huìyì 명 회의
进行 jìnxíng 동 진행하다 ★
通知 tōngzhī 명 통지 동 알리다, 통지하다 ★

52

A: 你面试得怎么样了？
B: 我还是觉得不太理想，得和父亲再（ D 商量 ）一下。

A: 너 면접 어땠어?
B: 여전히 만족스럽지 못한 것 같아. 아버지와 다시 (D 상의를 해) 봐야겠어.

정답 D

해설 동사 어휘 채우기 문제

빈칸 뒤에는 동량사 一下가 있으므로 빈칸은 동사이다. → 빈칸 앞 再 역시 동사 술어 앞에 놓이는 부사로 '아버지와 다시 한번 ~해야 한다'는 문장이 성립한다. → 문맥상 어울리는 어휘는 D 商量 (상의하다)이다.

지문 어휘

面试 miànshì 동 면접을 보다
还是 háishi 분 여전히, 역시
觉得 juéde 동 ~라고 여기다, 생각하다
理想 lǐxiǎng 형 이상적이다, 만족스럽다 ★
父亲 fùqīn 명 아버지, 부친 ★

53

A: 爷爷家门前那一(F 棵)树是什么树啊?
B: 苹果树。八九月份的时候树上就会挂满红红的苹果。

A: 할아버지 집 문 앞에 그 나무 한 (F 그루)는 무슨 나무야?
B: 사과나무야. 8, 9월이 되면 나무에 빨간 사과가 가득 달려.

지문 어휘

苹果树 píngguǒ shù 명 사과나무
挂 guà 동 걸다 ★

정답 F

해설 양사 어휘 채우기 문제

빈칸 앞에는 수사 一가 있고, 빈칸 뒤에는 명사 树(나무)가 있다. ➡ '수사 + 양사 + 명사'의 형태로 빈칸에는 양사 어휘가 와야 한다. 나무를 세는 양사는 棵(그루)이다. ➡ 문맥상 어울리는 어휘는 F 棵(그루, 포기)이다.

54

A: 时间来不及了，你先把行李箱给我，快取登机牌吧。
B: 好的，那你(A 直接)在安检那儿等我。

A: 시간이 부족할 거 같아. 일단 여행 가방을 내게 주고, 얼른 탑승권을 가져오도록 해.
B: 알겠어. 그럼 너는 (A 바로) 검색대로 가서 나를 기다려.

지문 어휘

来不及 láibují 동 시간에 댈 수 없다, 늦다 ★
行李箱 xínglǐxiāng 명 트렁크, 화물칸, 여행용 가방
登机牌 dēngjīpái 명 탑승권 ★
安检 ānjiǎn 동 (보안, 안전을 위해) 검사하다 명 검색대

정답 A

해설 부사 어휘 채우기 문제

빈칸 앞에는 주어 你가 있고, 빈칸 뒤에는 전치사 在가 있다. ➡ 전치사 在 앞에 올 수 있는 성분은 부사나 조동사가 유력하다. ➡ 문맥상 어울리는 어휘는 A 直接(직접적으로, 바로)이다.

55

A: 小姐，真抱歉，这里禁止游客参观。
B: 您(B 误会)了，我们不是游客，是调查员。

A: 아가씨, 정말 죄송합니다. 여기는 관광객 견학이 금지되어 있습니다.
B: (B 오해하셨군요), 우리는 관광객이 아니라, 조사원입니다.

지문 어휘

抱歉 bàoqiàn 동 미안해하다 ★
禁止 jìnzhǐ 동 금지하다 ★
游客 yóukè 명 여행객, 관광객
参观 cānguān 동 견학하다, 참관하다 ★

정답 **B**

해설 **동사 어휘 채우기 문제**

빈칸 앞에는 주어 您이 있고, 빈칸 뒤에는 어기조사 了가 있다. ➡ 빈칸에는 了 앞에 놓이는 동사 술어가 위치한다. ➡ 문맥상 어울리는 어휘는 B 误会(오해하다)이다.

调查员 diàocháyuán 명 조사원, 조사관

제2부분

56~65번 문제는 제시된 문장을 알맞게 배열하는 문제입니다.

56

A 否则他可能受不了
B 你得偶尔让他放松一下
C 哥，你平时对孩子太严格了

A 그렇지 않으면 그는 아마 견딜 수 없을 거야
B 오빠(형)가 그를 가끔 편안하게 해줘야지
C 오빠(형), 평소에 아이에게 너무 엄격해

지문 어휘

否则 fǒuzé 접 만약 그렇지 않으면 ★
受不了 shòubuliǎo 통 견딜 수 없다, 참을 수 없다 ★
偶尔 ǒu'ěr 부 때때로, 간혹, 이따금 ★
放松 fàngsōng 통 편안하게 하다, 긴장을 풀다 ★
严格 yángé 형 엄격하다, 엄하다 ★

정답 **CBA**

해설 **접속사 파악 문제(A否则B)**

'오빠(형)~'라고 대상을 부르면서 이야기가 시작되므로 C를 첫번째 위치에 배열한다. ➡ A否则B (A해야지 그렇지 않으면 B하다)의 표현으로 문맥상 A에 해당하는 문장은 B이므로 B를 A 앞에 배열한다.

C 哥，你平时对孩子太严格了，(오빠(형), 평소에 아이에게 너무 엄격해,)
B 你得偶尔让他放松一下，(오빠(형)가 그를 가끔 편안하게 해 줘야지,)
A 否则他可能受不了。(그렇지 않으면 그는 아마 견딜 수 없을 거야.)

57

A 然而却忘了关空调
B 出门前，我先整理好了行李箱，然后又检查了房间
C 几乎所有的地方我都检查过了

A 그러나 오히려 에어컨 끄는 것을 잊어버렸다
B 집을 나서기 전에 나는 우선 트렁크를 정리하고, 그런 다음에 방을 점검했다
C 거의 모든 곳을 내가 다 점검했다

지문 어휘

然而 rán'ér 접 그러나, 하지만 ★
关 guān 통 끄다, 닫다
空调 kōngtiáo 명 에어컨
出门 chū mén 통 집을 나서다, 외출하다

> **정답** BCA

> **해설** 의미 파악 문제

| 出门前(집을 나서기 전에) 방을 점검하는 순서를 차례로 나열한다. | ➡ | 트렁크 정리(整理行李箱), 방 점검(检查房间) ↓ 모든 곳을 점검했다 (所有的地方都检查过) | ➡ | 그러나 마지막으로 에어컨 끄는 것(关空调)을 잊어버렸다는 말로 마무리한다. |

B 出门前，我先整理好了行李箱，然后又检查了房间。(집을 나서기 전에 나는 우선 트렁크를 정리하고, 그런 다음에 방을 점검했고.)
C 几乎所有的地方我都检查过了。(거의 모든 곳을 내가 다 점검했다.)
A 然而却忘记了关空调。(그러나 오히려 에어컨 끄는 것을 잊어버렸다.)

先A, 然后B xiān A, ránhòu B 접 먼저 A하고, 그 다음에 B하다
整理 zhěnglǐ 동 정리하다 ★
行李箱 xínglǐxiāng 명 여행용 가방, 트렁크
检查 jiǎnchá 동 검사하다, 점검하다
房间 fángjiān 명 방
几乎 jīhū 부 거의
所有 suǒyǒu 명 모든, 전부
地方 dìfang 명 곳, 부분

58

A 这个论文我已经想了一个月了
B 我要不要换个题目？
C 还是没有想出怎么写

A 이 논문을 저는 이미 한 달이나 생각했는데
B 제가 제목을 바꿔야 할까요?
C 여전히 어떻게 써야 할지 모르겠어요

지문 어휘
论文 lùnwén 명 논문
换 huàn 동 바꾸다, 교환하다
题目 tímù 명 제목
还是 háishi 부 여전히, 아직도

> **정답** ACB

> **해설** 의미 파악 문제

| 사건 발생 순서에 따라, '논문을 이미 한 달이나 생각했다'라고 설명한다. | ➡ | 여전히 어떻게 써야 할지 모르겠다고 현재 상황을 언급하고 | ➡ | 결과적으로 제목을 바꿔야 할지 고민하는 말로 마무리한다. |

A 这个论文我已经想了一个月了，(이 논문을 저는 이미 한 달이나 생각했는데,)
C 还是没有想出怎么写，(여전히 어떻게 써야 할지 모르겠어요,)
B 我要不要换个题目？(제가 제목을 바꿔야 할까요?)

59

A 要想减肥成功
B 这样才能得到满意的效果
C 坚持锻炼的同时，还要按时吃饭

A 다이어트에 성공하고 싶으면
B 이렇게 해야만 만족스러운 효과를 얻을 수 있다
C 꾸준히 운동하는 동시에, 제때에 식사를 해야 한다

지문 어휘
减肥 jiǎnféi 동 다이어트하다 ★
成功 chénggōng 동 성공하다, 이루다 ★
满意 mǎnyì 형 만족하다
效果 xiàoguǒ 명 효과 ★

정답 ACB

해설 의미 파악 문제 (주제 ⋯▶ 전제조건 ⋯▶ 결론)

'다이어트에 성공하려면'으로 주제를 제시한다. ▶ 꾸준히 운동하고 제때에 식사해야 하는 과정을 언급하고 ▶ 그렇게 해야만 효과를 거둘 수 있다는 결론으로 마무리한다. 이 때 这样才能(이렇게 해야만 비로소 ~할 수 있다)은 결론을 나타내는 문장 앞에 쓰여 앞서 나온 문장들이 결론을 얻기 위한 전제 조건임을 강조한다.

A 要想减肥成功, (다이어트에 성공하고 싶으면,)
C 坚持锻炼的同时, 还要按时吃饭, (꾸준히 운동하는 동시에, 제때에 식사를 해야 한다,)
B 这样才能取得满意的效果。(이렇게 해야만 만족스러운 효과를 얻을 수 있다.)

锻炼 duànliàn 동 단련하다
同时 tóngshí 부 동시에 ★
按时 ànshí 부 제때에, 시간에 맞춰 ★
吃饭 chī fàn 동 밥을 먹다, 식사하다

60

A 就必须在接下来的时间里多花功夫
B 这样不管结果怎么样, 你都不会后悔
C 你既然想赢得这场比赛

A 반드시 남은 시간 동안 많은 공을 들여야 한다
B 이렇게 하면 결과가 어떻든 간에, 후회하지 않을 것이다
C 당신이 기왕 이번 시합에서 이기고 싶다면

지문 어휘

接下来 jiē xiàlai 다음으로, 이어서
功夫 gōngfu 명 재주, 솜씨, 시간 ★
后悔 hòuhuǐ 동 후회하다, 뉘우치다 ★
既然 jìrán 접 기왕 ~된 바에야, ~한(인) 이상 ★
赢得 yíngdé 동 얻다, 획득하다
比赛 bǐsài 명 경기, 시합

정답 CAB

해설 접속사 파악 문제 (既然~, 就~)

접속사 既然~, 就~ (기왕 ~한 이상, ~하다)의 구조로 순서를 배열해야 하므로 C를 A 앞으로 배열한다. ▶ B의 문두에 '이렇게 하면'이라는 这样이 있는 것으로 보아 C, A가 B라는 결론을 얻기 위한 전제조건임을 알 수 있다.

C 你既然想赢得这场比赛, (당신이 기왕 이번 시합에서 이기고 싶다면,)
A 就必须在接下来的时间里多花功夫, (반드시 남은 시간 동안 많은 공을 들여야 한다,)
B 这样不管结果怎么样, 你都不会后悔。(이렇게 하면 결과가 어떻든 간에, 후회하지 않을 것이다.)

61

A 公司决定会议暂时推迟进行
B 真对不起, 会议负责人还在路上
C 希望大家能理解一下

A 회사에선 회의를 잠시 연기하여 진행하기로 결정하였으니
B 정말 죄송합니다. 회의 책임자가 지금 오는 중입니다
C 여러분의 양해 부탁드립니다

지문 어휘

暂时 zànshí 명 잠시, 잠깐 ★
决定 juédìng 동 결정하다
会议 huìyì 명 회의
推迟 tuīchí 동 뒤로 미루다, 연기하다 ★

정답 BAC

해설 의미 파악 문제(사건의 원인 ⋯ 결과)

| 회의 책임자가 오는 중이라며 원인을 언급한다. | ➡ | 회의가 연기되었다고 결과를 알리고 | ➡ | 양해를 구하는 것으로 마무리한다. |

B 真对不起，会议负责人还在路上。(정말 죄송합니다. 회의 책임자가 지금 오는 중입니다.)
A 公司暂时决定会议推迟进行。(회사에선 회의를 잠시 연기하여 진행하기로 결정하였으니.)
C 希望大家能理解一下。(여러분의 양해 부탁드립니다.)

进行 jìnxíng 동 진행하다 ★
负责人 fùzérén 명 책임자
希望 xīwàng 동 바라다, 희망하다
理解 lǐjiě 동 이해하다, 알다 ★

62

A 妹妹，我想和你商量一件事情
B 这样就不会给妈妈添麻烦了
C 以后你要学会自己打扫你的房间

A 동생아, 너랑 상의하고 싶은 일이 있어
B 이렇게 해야지 엄마가 번거롭지 않으실 거야.
C 이후에 너는 스스로 방 청소하는 것을 배워야 해

지문 어휘

商量 shāngliang 동 상의하다, 의논하다 ★
添麻烦 tiān máfan 폐를 끼치다, 번거롭게 하다
打扫 dǎsǎo 동 청소하다

정답 ACB

해설 의미 파악 문제

| '동생아'라고 대상을 부르면서 이야기가 시작되므로 해당 문장을 첫 번째에 배열한다. | ➡ | 스스로 방 청소하는 것을 배우라고 한 후, 这样이 있는 문장으로 바로 앞 문장을 받으며 마무리 한다. |

A 妹妹，我想和你商量一件事情。(동생아, 너랑 상의하고 싶은 일이 있어.)
C 以后你要学会自己打扫你的房间。(이후에 너는 스스로 방 청소하는 것을 배워야 해.)
B 这样就不会给妈妈添麻烦了。(이렇게 해야지 엄마가 번거롭지 않으실 거야.)

63

A 大家别一下课就马上离开
B 最好能坐在教室复习刚讲完的重点内容
C 以加深印象

A 여러분 수업이 끝나자마자 바로 나가지 마세요
B 교실에 앉아서 방금 수업한 핵심 내용을 복습하는 게 가장 좋습니다
C 기억에 오래 남기기 위해서예요

지문 어휘

复习 fùxí 동 복습하다
重点 zhòngdiǎn 명 중점, 핵심 ★
以 yǐ 접 ~하여, ~함으로써, ~하기 위하여 ★

정답 ABC

해설 의미 파악 문제(결론 제시 ⋯ 구체적인 목적과 이유를 설명)

| 大家(여러분)라는 구체적인 대상 언급 및 이야기의 핵심인 결론을 제시한다. | ➡ | 구체적인 설명으로 교실에 앉아서 방금 배운 내용을 복습하라고 언급한다. | ➡ | 접속사 以(~하여, 하기 위하여)는 以가 이끄는 문장이 앞문장의 목적이 되는 역할을 하는 접속사이다. B처럼 하는 목적, 즉 바로 복습을 할 때 더 깊은 인상을 남길 수 있게 하기 위한 목적으로, 以가 이끄는 C는 B 뒤에 놓인다. |

▶ A, 以B 는 'B하도록, A하다'의 의미를 나타낸다.

A 大家别一下课就马上离开。(여러분 수업이 끝나자마자 바로 나가지 마세요.)
B 最好能坐在教室复习刚讲完的重点内容。(교실에 앉아서 방금 수업한 핵심 내용을 복습하는 게 가장 좋습니다.)
C 以加深印象。(기억에 오래 남기기 위해서예요.)

加深 jiāshēn 통 깊어지다, 심화하다
印象 yìnxiàng 명 인상, 기억 ★

64

A 我忘拿钥匙了，请大家在这儿等一下
B 一会儿就回来，这里有咖啡大家随便喝
C 我下楼去取钥匙

A 제가 열쇠 챙기는 것을 잊었네요. 여러분 여기서 기다려 주세요
B 바로 돌아오겠습니다, 여기 커피가 있으니 여러분 편하게 드세요
C 제가 내려가서 열쇠를 가져오겠습니다

지문 어휘

忘 wàng 통 잊어버리다, 잊다
钥匙 yàoshi 명 열쇠, 키 ★
等 děng 통 기다리다
一会儿 yíhuìr 명 잠깐 동안, 잠시
随便 suíbiàn 부 마음대로, 좋을 대로, 편한 대로 ★
取 qǔ 통 찾다, 가지다 ★

정답 ACB

해설 의미 파악 문제

| 열쇠 챙기는 것을 잊었으니, 여기서 기다리고 있으라는 사건과 사실을 우선 언급한다. | ➡ | 내려가서 열쇠를 가지고 돌아온다는 동작의 발생 순서대로 문장을 나열하며 마무리한다. |

A 我忘拿钥匙了，请大家在这儿等一下。(제가 열쇠 챙기는 것을 잊었네요. 여러분 여기서 기다려 주세요.)
C 我下楼去取钥匙。(제가 내려가서 열쇠를 가져오겠습니다.)
B 一会儿就回来，这里有咖啡大家随便喝。(바로 돌아오겠습니다, 여기 커피가 있으니 여러분 편하게 드세요.)

65

A 就不会受到批评
B 大家也不会误会你
C 要是你提前解释一下的话

A 비난받지 않을 것이고
B 사람들도 너를 오해하지 않을 거야
C 만약 네가 미리 해명한다면

정답 CAB

해설 要是~, 就~ 접속사 파악 문제

要是~, 就~ (만약 ~한다면, ~하다)의 구문을 이해하면 순서를 파악하기 쉽다. C를 A 앞으로 배열한다.

B의 위치는 '也不会(또한 ~일 리 없다)'가 A의 '不会(~일 리 없고)' 뒤에 놓여야 하므로 맨 마지막에 배열한다.

▶ 만약 ~한다면(要是~的话), … ~일 리 없고(就不会) … 모두 역시 ~일 리 없다(大家也不会~)의 순서에 유념하자!

C 要是你提前解释一下的话, (만약 네가 미리 해명한다면,)
A 就不会受到批评, (비난받지 않을 것이고,)
B 大家也不会误会你。(사람들도 너를 오해하지 않을 거야.)

지문 어휘

不会 búhuì 조동 ~일 리 없다, ~하지 않을 것이다
批评 pīpíng 동 비난하다, 꾸짖다 ★
误会 wùhuì 명 오해 동 오해하다 ★
要是(~的话)A, 就B yàoshi (~ de huà) A, jiù B 접 만약 A한다면, 곧 B하다
提前 tíqián 동 앞당기다 ★
解释 jiěshì 동 해명하다, 밝히다, 해석하다 ★

제3부분

66~85번 문제는 단문을 읽고 질문에 알맞은 답을 고르는 문제입니다.

66

我们刚才复习了这节课学过的课文内容,现在请大家把上次的作业给我,作业交上来以后,请同学们做一下今天的作业。

우리 좀 전에 이번 시간에 배웠던 본문 내용을 복습했으니, 여러분은 지금 지난번 숙제를 제출하세요. 숙제 제출한 후에 여러분은 오늘의 숙제를 하세요.

★ 说话人:
A 在和人商量
B 是老师
C 在发广告
D 在交作业

★ 화자는:
A 어떤 사람과 상의 중이다
B 선생님이다
C 광고 중이다
D 숙제를 제출 중이다

지문 어휘

复习 fùxí 동 복습하다
课文 kèwén 명 본문
内容 nèiróng 명 내용 ★
上次 shàngcì 명 지난번, 저번
作业 zuòyè 명 숙제, 과제
交 jiāo 동 제출하다, 내다 ★
以后 yǐhòu 명 이후
作业 zuòyè 명 숙제

정답 B

해설 화자에 대해 묻고 있다. 숙제를 제출하고 학생들에게 숙제를 하도록 시키는 사람은 선생님일 가능성이 높으므로 정답은 B이다.

67

她演的每部电影都非常精彩，虽然现在她已经老了，不再演电影了，但观众们都没有忘记她，她就是著名的女演员刘晓庆。

그녀가 연기한 모든 영화는 매우 재미있다. 비록 지금은 그녀가 이미 나이가 들어서, 더 이상 영화를 찍지는 않지만, 관객들은 그녀를 잊지 않고 있는데, 그녀가 바로 유명한 여배우인 리우샤오칭이다.

★ 那位女演员:

A 演技不好
B 很年轻
C 当过老师
D 很受欢迎

★ 그 여배우는:

A 연기를 못한다
B 젊다
C 선생님을 한 적 있다
D 인기가 많다

지문 어휘

精彩 jīngcǎi 형 훌륭하다, 재미있다 ★
老 lǎo 형 늙다
不再 búzài 동 다시는 ~하지 않다
演 yǎn 동 연기하다
观众 guānzhòng 명 관중, 관객 ★
忘记 wàng jì 동 잊어버리다, 잊다
著名 zhùmíng 형 유명하다 ★

보기 어휘

演技 yǎnjì 명 연기
年轻 niánqīng 형 젊다

정답 D

해설 그 여배우는 어떠한지 묻고 있다. 그 여배우는 비록 나이가 들어서 연기를 하지는 않지만 관중들은 여전히 그녀를 기억하고 있다고 했으므로 여전히 인기가 많음을 알 수 있다.

68

我的电脑里存了许多照片，大多数都是以前和朋友一起出去旅行时照的。我偶尔会把它们拿出来看看，对我来说每一张照片都是美好的回忆。

내 컴퓨터에는 많은 사진이 저장되어 있는데, 대다수가 예전에 친구와 함께 여행 가서 찍은 사진들이다. 나는 이따금 그것들을 꺼내어 보곤 하는데, 내게 있어 사진 한 장 한 장이 모두 아름다운 추억들이다.

★ 这些照片:

A 变黄了
B 在箱子里
C 数量太少
D 多是旅行时照的

★ 이 사진들은:

A 누렇게 변했다
B 상자 안에 있다
C 수량이 너무 적다
D 대부분 여행 가서 찍은 것이다

지문 어휘

存 cún 동 저장하다
照片 zhàopiàn 명 사진
旅行 lǚxíng 동 여행하다 ★
拍照 pāi zhào 동 사진을 찍다
照 zhào 동 찍다
偶尔 ǒu'ěr 부 때때로, 간혹, 이따금 ★
回忆 huíyì 명 회상, 추억 ★ 동 회상하다, 추억하다

보기 어휘

变黄 biàn huáng 노랗게 되다
箱子 xiāngzi 명 상자
数量 shùliàng 명 수량, 양 ★

정답 D

해설 사진에 관해 묻고 있다. 단문 첫 부분에 대다수가 예전에 친구와 함께 여행 가서 찍은 사진들이라고 했으므로 정답은 D이다.

69

青岛啤酒节从1991年开始一直举办到现在，已经有20多年的历史了。每年的啤酒节都会吸引各国的啤酒爱好者来青岛旅游。那个时候会举行很多活动，比如喝啤酒比赛，各国文化表演等等，非常热闹。

칭다오 맥주 축제는 1991년 시작하여 지금까지 20여 년의 역사를 가지고 있다. 매년 축제 때마다 각국의 맥주 애호가들을 칭다오로 여행 오도록 하고 있다. 그때가 되면, 많은 행사가 열리는데, 예를 들어 '맥주 마시기 대회', '각국의 문화 공연'등으로 매우 시끌벅적하다.

★ 根据这段话，可以知道青岛啤酒节：
  A 活动很少
  B 热闹极了
  C 在春天举行
  D 竞争很大

★ 이 글에 근거하여, 칭다오 맥주 축제는:
  A 이벤트가 적다
  B 매우 시끌벅적하다
  C 봄에 개최된다
  D 경쟁이 심하다

지문 어휘
青岛 Qīngdǎo 지명 칭다오
啤酒节 píjiǔjié 명 맥주 축제
举办 jǔbàn 동 거행하다, 개최하다 ★
吸引 xīyǐn 동 끌어당기다 ★
爱好者 àihàozhě 명 애호가
旅游 lǚyóu 동 여행하다
活动 huódòng 명 행사, 활동 ★
比如 bǐrú 접 예를 들면 ★
比赛 bǐsài 명 경기, 시합
表演 biǎoyǎn 명 공연 동 공연하다, 연기하다 ★
热闹 rènao 형 시끌벅적하다 ★

보기 어휘
举行 jǔxíng 명 거행하다 ★
竞争 jìngzhēng 명 경쟁 동 경쟁하다 ★

정답 B

해설 칭다오 맥주 축제에 관해서 묻고 있다. 단문 후반부에 많은 행사가 있어 시끌벅적하다라고 언급하였으므로 정답은 B이다.

70

放寒假之后，很多的孩子都积极参加各种各样的兴趣班，比如篮球班、钢琴班、游泳班等等，这不仅仅让他们的寒假生活变丰富了，还能提高他们对学习的兴趣，最关键的是让他们学会了怎样在"玩儿"中学习。

겨울방학 후에 많은 아이들은 다양한 취미활동반에 적극 참가하는데, 예를 들면 농구반, 피아노반, 수영반 등이 있다. 이러한 활동은 방학을 더욱 알차게 보낼 수 있게 할 뿐만 아니라, 학습에 대한 흥미 또한 끌어올릴 수 있는데, 가장 중요한 점은 아이들이 어떻게 '놀면서' 공부할 수 있는지 배우도록 하는 것이다.

★ 参加兴趣班能使孩子们：
  A 看到缺陷
  B 学会交流方法
  C 提高学习兴趣
  D 更有礼貌

★ 취미활동반 참가는 아이들로 하여금:
  A 부족한 점을 발견할 수 있도록 한다
  B 교류 방법을 배울 수 있도록 한다
  C 학습에 대한 흥미를 끌어올리도록 한다
  D 더욱 예의가 있도록 한다

지문 어휘
寒假 hánjià 명 겨울방학 ★
各种各样 gèzhǒnggèyàng 성 여러 종류, 각종, 각양각색
篮球 lánqiú 명 농구
钢琴 gāngqín 명 피아노
不仅仅 bùjǐnjǐn 부 ~에 그치지 않다 접 ~뿐만 아니라
丰富 fēngfù 형 풍부하다, 풍족하다 ★
提高 tígāo 동 향상시키다, 끌어올리다
关键 guānjiàn 명 관건, 키포인트 ★

보기 어휘
缺陷 quēxiàn 명 결함, 부족한 점
学会 xuéhuì 동 습득하다, 배워서 알다
礼貌 lǐmào 명 예의, 예의범절 형 예의가 바르다 ★

정답 C

해설 취미활동반에 참가하면 아이들에게 어떤 변화를 주는지 묻고 있다. 단문 후반부에 이런 활동은 방학을 더욱 알차게 보내도록 할 뿐만 아니라, 학습에 대한 흥미 또한 끌어올릴 수 있다고 언급했으므로 정답은 C이다.

71 선생님 강추!

读书不仅可以增长知识, 还能让一个人变得更加开心。读书是一种很好的生活习惯, 你在书里读到的每一句话, 都有可能对你将来的生活有很大的帮助。

독서는 지식을 향상시킬 수 있을 뿐 아니라, 한 사람을 더욱 즐겁게 해 줄 수 있다. 독서는 일종의 좋은 생활 습관으로, 당신이 책에서 읽는 매 구절은 당신의 미래 생활에 매우 큰 도움을 가져다 줄 것이다.

★ 这段话主要谈的是:
A 读书的好处
B 写日记的好处
C 总结的方法
D 阅读方法

★ 이 글이 주로 이야기하는 바는:
A 독서의 장점
B 일기 쓰기의 장점
C 결론을 짓는 방법
D 읽기 방법

지문 어휘

读书 dú shū 동 책을 읽다
不仅 bùjǐn 접 ~뿐만 아니라 ★
增长 zēngjiā 동 증가하다, 늘어나다
知识 zhīshi 명 지식 ★
变得 biànde 동 ~로 되다
更加 gèngjiā 부 더욱, 훨씬
开心 kāixīn 형 즐겁다, 기쁘다 ★
习惯 xíguàn 명 습관, 버릇
可能 kěnéng 부 아마도 ~일 것이다
将来 jiānglái 명 장래, 미래 ★
帮助 bāngzhù 동 돕다

보기 어휘

日记 rìjì 명 일기 ★
方法 fāngfǎ 명 방법 ★

정답 A

해설 글의 주제를 묻는 문제는 첫 문장과 마지막 문장에서 정답의 실마리를 찾는 경우가 많다. 단문의 첫머리에서 독서는 지식을 향상시키고 사람을 즐겁게 만든다고 했으므로 독서의 장점에 관한 이야기임을 알 수 있다.

72

中国人喝茶的历史很长, 可是喝下午茶的习惯其实是从国外来的。上班族在下午有空的时候, 喝杯茶、吃点儿蛋糕或者曲奇, 就不会感到太累。而且根据最近的研究, 常喝下午茶的人不容易胖。

중국인이 차를 마시는 역사는 오래되었다. 그러나 오후에 차를 마시는 습관은 사실 외국에서 비롯된 것이다. 직장인이 오후에 시간이 있을 때, 차를 마시고, 케이크나 쿠키를 먹으면, 피곤함을 크게 느끼지 않을 수 있다. 게다가 최근 연구에 따르면, 오후에 자주 차를 마시는 사람은 쉽게 뚱뚱해지지 않는다고 한다.

지문 어휘

历史 lìshǐ 명 역사
习惯 xíguàn 명 버릇, 습관
其实 qíshí 접 사실은
上班族 shàngbānzú 명 샐러리맨, 직장인
蛋糕 dàngāo 명 케이크
曲奇 qūqí 명 쿠키
研究 yánjiū 동 연구하다 ★
胖 pàng 형 뚱뚱하다

★ 常喝下午茶:
A 对胃肠好
B 更容易睡觉
C 不易发胖
D 会引起打哈欠

★ 오후에 자주 차를 마시면:
A 위장에 좋다
B 잠이 더 잘 온다
C 쉽게 살이 찌지 않는다
D 하품이 날 것이다

보기 어휘

胃肠 wèicháng 명 위장
发胖 fā pàng 동 살찌다, 뚱뚱해지다
打哈欠 dǎ hāqian 동 하품을 하다

정답 C

해설 오후에 자주 차를 마시면 어떻게 되는지 묻고 있다. 단문 제일 마지막에 오후에 자주 차를 마시면 쉽게 살이 찌지 않는다고 했으므로 정답은 C이다.

73

为了以后找到一份工资高的工作，有些人选择读硕士，但是实际上工资的高低是由能力来决定的。所以是否需要读硕士，还是应该考虑自己的理想和条件。

나중에 임금이 높은 직장을 구하기 위해 어떤 사람들은 석사 과정을 밟는 것을 선택하지만, 실제로 임금의 높고 낮음은 능력에 따라 결정된다. 따라서 석사 과정이 필요한지에 대한 여부는, 반드시 자신의 이상과 조건을 고려해야 한다.

★ 工资高低是由什么决定的?
A 公司规定
B 外语水平
C 能力
D 知识

★ 임금이 높고 낮음은 무엇에 따라 결정이 되는가?
A 회사 규정
B 어학 실력
C 능력
D 지식

지문 어휘

工资 gōngzī 명 월급, 임금 ★
读 dú 동 공부하다, 학교를 다니다, 소리 내어 읽다
硕士 shuòshì 명 석사 ★
实际 shíjì 형 실제적이다, 현실적이다 ★
能力 nénglì 명 능력 ★
是否 shìfǒu 부 ~인지 아닌지 ★
考虑 kǎolǜ 동 고려하다, 생각하다 ★
理想 lǐxiǎng 명 이상, 형 이상적이다 ★
条件 tiáojiàn 명 조건 ★

보기 어휘

规定 guīdìng 명 규정, 규칙
外语 wàiyǔ 명 외국어
水平 shuǐpíng 명 수준, 실력

정답 C

해설 임금이 높고 낮음은 무엇에 따라 결정이 되는지 묻고 있다. 단문 중간 부분에 임금의 높고 낮음은 능력에 따라 결정된다고 했으므로 정답은 C이다.

74

每个学生的水平都不同，全部在一个班里上课应该效果不太好。所以我认为需要按照他们汉语水平排名，分成三个班。

학생들마다 수준이 달라서, 전부 한 반에서 수업을 하면 분명 효과가 그리 좋지 않을 거예요. 그래서 저는 그들의 중국어 수준에 따라 순위를 매겨서, 세 개 반으로 나눠야 한다고 생각해요.

지문 어휘

效果 xiàoguǒ 명 효과 ★
按照 ànzhào 전 ~에 의해, ~에 따라 ★
认为 rènwéi 동 여기다, 생각하다
汉语 Hànyǔ 명 중국어

★ 说话人建议根据什么来分班?
A 兴趣
B 中文水平
C 国籍
D 科学成绩

★ 화자는 어떠한 기준에 따라 반을 나누자고 하는가?
A 흥미
B 중국어 수준
C 국적
D 과학 성적

排名 pái míng 통 순위를 매기다, 석차를 내다.

보기 어휘

兴趣 xìngqù 명 흥미, 흥취, 취미
国籍 guójí 명 국적
科学 kēxué 명 과학
형 과학적이다
成绩 chéngjì 명 성적, 성과

정답 B

해설 화자는 어떠한 기준에 따라 반을 나누자고 했는지 묻고 있다. 단문 마지막 부분에 그들의 중국어 수준에 따라 순위를 매긴다고 했으므로 정답은 B이다.

75

中国人常说"不经冬凉，怎知春暖"，这句话的意思是不经历冬天，就不会知道春天有多么暖和。生活也是一样。要是不经历一些失败，就不会明白什么才是真正的幸福。

중국 사람들은 종종 '불경동량, 즘지춘난'이라고 말한다. 이 말의 의미는 겨울을 겪지 않고서는, 봄이 얼마나 따뜻한지를 알 수 없다는 것이다. 생활도 마찬가지이다. 만약 실패를 겪지 않는다면 무엇이 진정한 행복인지 알 수 없을 것이다.

★ 经历失败会让我们:
A 更加自信
B 更加勇敢
C 懂得什么是幸福
D 性格变好

★ 실패를 경험하는 것은 우리를 어떻게 만드는가:
A 더욱 자신감을 갖게 한다
B 더욱 용감해지게 한다
C 무엇이 행복인지 알게 해준다
D 성격을 좋게 변화시킨다

지문 어휘

不经冬凉，怎知春暖
bù jīng dōng liáng, zěn zhī chūn nuǎn
성 겨울의 차가움을 거치지 않고서는 봄의 따뜻함을 알지 못한다
经历 jīnglì 통 겪다, 체험하다 ★
冬天 dōngtiān 명 겨울
春天 chūntiān 명 여름
暖和 nuǎnhuo 형 따뜻하다 ★
生活 shēnghuó 명 생활
통 생활하다 ★
一样 yíyàng 형 같다, 동일하다
要是A, 就B yàoshi A, jiù B
접 만약 A한다면, B하다
失败 shībài 통 실패하다 ★
明白 míngbai 통 알다, 이해하다
真正 zhēnzhèng 형 진정한, 참된 ★
幸福 xìngfú 명 행복
형 행복하다 ★

정답 C

해설 실패를 경험하는 것은 우리를 어떻게 만드는지 묻고 있다. 단문 제일 마지막에서 질문에 대한 키워드를 그대로 언급하고 있다. 실패를 경험하면 진정한 행복이 무엇인지 이해하게 된다고 했으므로 정답은 C이다.

보기 어휘

自信 zìxìn 명 자신감 ★
勇敢 yǒnggǎn 형 용감하다 ★
性格 xìnggé 명 성격 ★

76

我习惯了一边跑步一边听音乐，这样做不但能让跑步变得不再无聊，还可以减轻压力，然后再一边慢走一边听轻音乐，以放松紧张的身体，以获得更好的运动效果。

나는 달리기하면서 음악을 듣는 것에 습관이 되어 있다. 이렇게 하면 달리기가 더 이상 지루하지 않고, 또한 스트레스도 줄일 수 있다. 그런 후에 다시 천천히 걸으면서 가볍게 음악을 들으면, 긴장된 몸도 풀리고, 더 좋은 운동 효과를 얻을 수 있다.

★ 他跑步听音乐，是为了：
A 运动效果更好
B 跑步太累了
C 音乐好听
D 提高跑步速度

★ 그가 달리기하면서 음악을 듣는 것은, 무엇을 위해서인가?
A 운동 효과가 더욱 좋으므로
B 달리기는 너무 피곤해서
C 음악이 듣기 좋아서
D 달리기 속도를 향상시키려고

지문 어휘
习惯 xíguàn 명 습관, 동 습관이 되다
跑步 pǎo bù 동 달리다
听音乐 tīng yīnyuè 동 음악을 듣다
无聊 wúliáo 형 무료하다, 지루하다
减轻 jiǎnqīng 동 줄다, 감소하다
压力 yālì 명 스트레스
放松 fàngsōng 형 가뿐하다, 느슨하다, 긴장을 풀다
身体 shēntǐ 명 몸, 건강, 신체
效果 xiàoguǒ 명 효과

보기 어휘
速度 sùdù 명 속도

정답 A

해설 그가 달리기하면서 음악을 듣는 이유를 묻고 있다. 단문 마지막에 긴장된 몸도 풀리고, 더 좋은 운동 효과를 얻을 수 있다고 했으므로 정답은 A이다.

77 선생님 강추!

他们两个人来自不同的国家，由于有共同的爱好和理想而走到一起，文化上的不同并没有太大的影响，这也说明只要两人之间有爱情，国籍就不是问题。

그들 두 사람은 다른 나라에서 왔다. 같은 취미와 꿈을 가지고 함께하였기에, (그들에게) 문화의 차이는 결코 큰 영향을 주지 않았다. 이것은 두 사람 사이에 사랑만 있다면, 국적은 문제가 안 된다라는 것을 설명해 준다.

★ 根据这段话可以知道，他们俩：
A 国籍不同
B 都是美国人
C 脾气不太好
D 理想不同

★ 이 글에 근거하여 알 수 있는 것은, 그들은:
A 국적이 다르다
B 모두 미국인이다
C 성격이 별로 좋지 않다
D 이상이 다르다

지문 어휘
来自 láizì 동 ~에서 오다 ★
不同 bùtóng 형 같지 않다, 다르다
国家 guójiā 명 국가, 나라
由于 yóuyú 접 ~로 인하여, ~때문에 ★
共同 gòngtóng 형 공통적이다
爱好 àihào 명 취미
理想 lǐxiǎng 명 이상, 형 이상적이다 ★
文化 wénhuà 명 문화
影响 yǐngxiǎng 명 영향, 동 영향을 주다
说明 shuōmíng 동 설명하다 ★
只要A, 就B zhǐyào A, jiù B 접 A하기만 하면, B하다
爱情 àiqíng 명 사랑, 애정 ★
国籍 guójí 명 국적 ★

보기 어휘
脾气 píqi 명 성격, 성질 ★

정답 A

해설 그들에 대해서 알 수 있는 것은 무엇인지 묻고 있다. 단문 첫머리에서 그들 두 사람은 다른 나라에서 왔다고 했고 마지막 부분에서도 국적이 문제되지 않는다고 했으므로 그들은 국적이 다름을 알 수 있다.

78

大使馆离我们公司太远了,我刚才上网查了一下,要是坐公共汽车的话,大概要坐一个小时。大使馆下午五点关门,肯定来不及,我们还是打车去吧。

★ 说话人建议:

A 坐公共汽车
B 坐地铁
C 坐出租车
D 开车去

대사관은 우리 회사에서 매우 멀어. 내가 좀 전에 인터넷으로 검색해 보니까, 버스로 가면 약 1시간이 걸린대. 대사관은 오후 5시에 문을 닫으니, 분명히 시간 안에 가지 못할 거야. 우리 택시 타고 가는 편이 더 좋겠어.

★ 화자는 제안한다:

A 버스를 타자고
B 지하철을 타자고
C 택시를 타자고
D 운전해서 가자고

정답 C

해설 화자가 제안한 것이 무엇인지를 묻고 있다. 단문 마지막에 택시를 타고 가자고 했으므로 정답은 C이다.

지문 어휘

大使馆 dàshǐguǎn 명 대사관 ★
刚才 gāngcái 부 이제 막, 방금
上网 shàng wǎng 동 인터넷을 하다
查 chá 동 조사하다, 찾아보다
公共汽车 gōnggòng qìchē 명 버스
大概 dàgài 부 대략, 대개 ★
关门 guān mén 동 문을 닫다
肯定 kěndìng 부 확실히, 틀림없이 ★
来不及 láibují 동 시간에 댈 수 없다, 늦다 ★
还是 háishi 부 ~하는 편이 더 좋다
打车 dǎ chē 동 택시를 타다

보기 어휘

出租车 chūzūchē 명 택시

79

运动与学习有哪些共同之处呢?它们都是有竞争才会取得成功的。竞争不仅能提高自己的水平,还能推动个人的发展。运动和学习都是通过竞争才被发现和肯定的。因此,我们要学会在竞争中赢得发展。

★ 这段话主要想告诉我们:

A 要学会学习
B 要敢于怀疑
C 运动很重要
D 要适应竞争

운동과 공부는 어떤 공통점이 있을까? 그것은 모두 경쟁이 있어야 비로소 성공을 얻을 수 있다. 경쟁은 자신의 실력을 향상시킬 수 있을 뿐만 아니라, 개인의 발전을 도모할 수 있다. 운동과 공부 모두 경쟁을 통해서 발견되고, 분명해지기 때문에 우리는 경쟁 속에서 성장을 이뤄야 한다.

★ 이 글이 우리에게 이야기하는 바는:

A 공부하는 법을 배워야 한다
B 과감히 의심해야 한다
C 운동은 중요하다
D 경쟁에 적응해야 한다

지문 어휘

共同 gòngtóng 형 공통적이다 ★
竞争 jìngzhēng 동 경쟁하다 ★
取得 qǔdé 동 얻다, 획득하다
提高 tígāo 동 향상시키다, 제고하다
水平 shuǐpíng 명 수준, 실력
推动 tuīdòng 동 추진하다, 도모하다 ★
个人 gèrén 명 개인
发展 fāzhǎn 동 발전하다, 성장하다 ★
通过 tōngguò 동 통과하다 전 ~을 통해서 ★
发现 fāxiàn 동 발견하다
肯定 kěndìng 부 확실히 형 확실하다, 분명하다 ★

정답 D

해설 글의 주제를 묻는 문제는 첫 문장과 마지막 문장에서 정답의 실마리를 찾기 쉽다! 후반부에 경쟁 속에서 성장해야 한다고 했으므로 경쟁을 자연스럽게 받아들이고 적응해 나가야 한다는 의미의 D가 정답이다.

因此 yīncǐ 젭 이로 인하여, 그래서 ★

赢得 yíngdé 동 얻다, 획득하다

보기 어휘

敢于 gǎnyú 동 과감하게 (대담하게) ~을 하다

怀疑 huáiyí 동 의심하다 ★

适应 shìyìng 동 적응하다 ★

第80到81题是根据下面一段话：

80-81번 문제는 다음 내용에 근거한다:

一个学生走进教室，⁸⁰坐下以后就低下头开始看书。15分钟后，他抬头看了看老师，又看了看旁边的同学，什么也没说，然后又继续看书。老师见学生一句话也不说，就开口问他："什么内容这么吸引你啊？"老师一边问，一边走过去看学生的书，⁸¹结果发现学生的书里还有一个手机，老师拿来一看，手机上的内容是—"世界杯足球赛"。

한 학생이 교실로 들어 와서 ⁸⁰ 앉은 후에 고개를 숙이고 책을 보기 시작했다. 15분 후 그는 고개를 들고 선생님을 한번 쳐다보고, 또 옆 자리의 친구를 한번 쳐다보고는 아무 말도 하지 않고, 또 계속 책을 읽었다. 학생이 한 마디도 하지 않는 걸 본 선생님은 입을 열며 그에게 물었다: "어떤 내용이 너를 이렇게 매료시켰니?"선생님은 질문하면서 걸어가 학생이 보고 있는 책을 살펴봤다. ⁸¹ 결국 학생 책 속에 휴대폰이 있는 것을 발견했고, 선생님이 휴대폰을 들고 살펴보니, 휴대폰 속의 내용은 – '월드컵 축구 경기'였다.

지문 어휘

教室 jiàoshì 명 교실

低头 dī tóu 동 머리를 숙이다

抬头 tái tóu 동 머리를 들다

继续 jìxù 동 계속하다, 끊임없이 하다 ★

开口 kāi kǒu 동 입을 열다, 말을 하다

内容 nèiróng 명 내용 ★

吸引 xīyǐn 동 끌어당기다, 매료시키다 ★

一边A，一边B yìbiān A, yìbiān B 접 A하면서 B하다

结果 jiéguǒ 명 결과 ★

世界杯足球赛 shìjiè bēi zúqiú sài 월드컵 축구 경기

80

★ 老师以为学生在做什么？

A 打游戏
B 看书
C 发短信
D 睡觉

★ 선생님은 학생이 무엇을 하고 있다고 생각했는가?

A 게임을 하고 있다고
B 책을 읽고 있다고
C 문자를 보내고 있다고
D 잠자고 있다고

보기 어휘

打游戏 dǎ yóuxì 게임을 하다

发短信 fā duǎnxìn 문자 메시지를 보내다

정답 B

해설 학생이 교실에 들어오자마자 고개를 숙이고 몰두해서 책을 보고 있다고 했고, 선생님이 학생에게 어떤 내용이 너를 그렇게 매료시켰는지를 물어본 것으로 볼 때 선생님은 학생이 책을 읽고 있다고 생각했음을 알 수 있다.

81

★ 那个学生在做什么?

A 买衬衫
B 看手机
C 学习
D 拍照片

★ 그 학생은 무엇을 하고 있었는가?

A 셔츠를 사고 있었다
B 휴대폰을 보고 있었다
C 공부를 하고 있었다
D 사진을 찍고 있었다

보기 어휘

衬衫 chènshān 명 셔츠
拍照片 pāi zhàopiàn 사진을 찍다

정답 B

해설 단문 마지막에 선생님은 학생 책 속에 휴대폰이 있는 것을 발견했고, 학생이 책 속 휴대폰으로 월드컵 경기를 보고 있었으므로 정답은 B이다.

第82到83题是根据下面一段话:

"光棍节"是每年的11月11日。它本来是单身男女的节日,但 82 许多商场都会在这一天举办促销活动,比如,像"买一送一,折扣多多"这样的活动。举办这些活动的目的是让顾客花钱,增加商场的收入,这让越来越多的商场加入其中。现在光棍节变成了购物节。

82-83번 문제는 다음 내용에 근거한다:

'솔로 데이'는 매년 11월 11일이다. 원래는 싱글 남녀의 날이었으나, 82 많은 쇼핑센터에서는 이 날에 판촉 행사를 한다. 예를 들면, '1+1, 대박 할인' 등과 같은 행사들이다. 이러한 행사를 여는 목적은 고객들이 돈을 쓰도록 하여 쇼핑센터의 수입을 늘리기 위해서이고, 점점 더 많은 쇼핑센터들이 참여하고 있다. 현재 솔로 데이는 쇼핑 데이가 되었다.

지문 어휘

光棍节 guānggùnjié 명 솔로 데이
本来 běnlái 부 본래, 원래
单身 dānshēn 명 독신, 솔로
节日 jiérì 명 기념일, 공휴일
许多 xǔduō 형 매우 많다, 허다하다 ★
商场 shāngchǎng 명 백화점, 쇼핑센터
举办 jǔbàn 동 열다, 개최하다 ★
促销 cùxiāo 동 판촉하다
活动 huódòng 명 활동, 행사 ★
比如 bǐrú 접 예를 들어, 예를 들면 ★
折扣 zhékòu 명 할인
顾客 gùkè 명 고객, 손님 ★
花钱 huā qián 동 돈을 쓰다, 소비하다
增加 zēngjiā 동 증가하다, 늘리다 ★
收入 shōurù 명 이익, 소득, 수입 ★
加入 jiārù 동 가입하다, 참가하다
购物节 gòuwùjié 명 쇼핑의 날, 쇼핑 데이

82

★ "光棍节"那天，商场会：

A 举办相亲活动
B 不卖烟
C 放假一天
D 举办促销活动

★ '솔로 데이' 이 날, 쇼핑센터는:

A 선보기 활동을 개최한다
B 담배를 팔지 않는다
C 하루 쉰다
D 판촉 행사를 벌인다

보기 어휘

相亲 xiāngqīn 동 맞선을 보다
放假 fàng jià 동 쉬다, 방학하다

정답 D

해설 솔로 데이에 쇼핑센터에서 무엇을 하는지 묻고 있다. 단문 앞부분에서 이날에 판촉 행사를 벌인다라고 했으므로 정답은 D이다.

83

★ 根据这段话，促销活动会：

A 增加收入
B 减少单身男女
C 给单身男女提供免费购物的机会
D 免费送单身礼物

★ 이 글에 근거하여, 판촉 행사는:

A 수입을 증가시킨다
B 싱글 남녀를 감소시킨다
C 싱글 남녀에게 무료 쇼핑의 기회를 제공한다
D 무료로 싱글에게 선물을 준다

보기 어휘

减少 jiǎnshǎo 동 감소하다, 줄이다 ★
免费 miǎn fèi 동 공짜이다, 무료이다
机会 jīhuì 명 기회, 찬스

정답 A

해설 판촉 행사에 관해서 묻고 있다. 마지막에 판촉 행사를 하는 이유는 고객들이 돈을 쓰도록 하여 쇼핑센터의 수입을 늘리기 위해서라고 했으므로 정답은 A이다.

第84到85题是根据下面一段话：

⁸⁴ 有些人习惯按照自己安排的计划去旅行，他们甚至每天专门留出半个小时来整理计划。实际上，旅游的时候不一定要按照先后顺序游玩。根据天气的变化，游客的多少，我们是可以改变计划的。这些计划并没有那么理想，而且，那些被安排好的事情，往往也会因为各种原因发生变化。因此，⁸⁵ 人们常说"计划不如变化快"。

84-85번 문제는 다음 내용에 근거한다:

⁸⁴ 스스로 세운 계획에 따라 여행하는 데 익숙한 사람들이 있다. 심지어 그들은 매일 30분씩 시간을 내어 일부러 계획을 정리하기도 한다. 실제로, 여행할 때 꼭 선후 순서에 따라 움직여야만 하는 것은 아니다. 날씨의 변화, 여행객 수에 따라 우리는 계획을 바꾸기도 한다. 이러한 계획들이 결코 이상적이지 않을 때도 있고, 게다가 잘 계획했던 일들도 종종 다양한 이유로 변화가 생긴다.

지문 어휘

习惯 xíguàn 명 습관, 버릇
按照 ànzhào 전 ~에 따라서, ~에 의거하여 ★
安排 ānpái 동 일정을 잡다, 일정을 짜다 ★
计划 jìhuà 명 계획 ★
甚至 shènzhì 부 심지어 ~까지도, ~조차도 ★
专门 zhuānmén 부 특별히, 일부러, 오로지 ★
整理 zhěnglǐ 동 정리하다 ★

그래서 ⁸⁵ 사람들은 늘 '계획은 변화만큼 빠르지 않다'라고 말한다.

实际上 shíjìshang 㥯 실제로, 사실상 ★
先后 xiānhòu 명 앞과 뒤, 전과 후
顺序 shùnxù 명 순서, 차례 ★
根据 gēnjù 전 ~에 따라
游客 yóukè 명 여행객, 관광객
改变 gǎibiàn 동 바꾸다, 변화하다
往往 wǎngwǎng 부 자주, 늘 ★
原因 yuányīn 명 원인, 이유 ★
发生 fāshēng 동 발생하다, 일어나다 ★
变化 biànhuà 명 변화 동 변화하다
不如 bùrú 동 ~만 못하다

84

★ 根据这段话，那些人有什么特点？
A 做事很认真
B 做事没有计划
C 喜欢旅游
D 习惯按计划做事

★ 이 글에 근거하여, 그 사람들은 어떤 특징을 갖는가?
A 착실하게 일한다
B 계획 없이 일한다
C 여행을 좋아한다
D 계획대로 일하는 것에 익숙하다

보기 어휘
认真 rènzhēn 형 진지하다, 착실하다

정답 D

해설 그러한 사람들은 어떤 특징을 가지고 있는지 묻고 있다. 문제에서 말하는 '그러한 사람들'이란 자기 스스로 세운 계획에 따라 여행하는 데 익숙한 사람들을 말하므로 정답은 D이다.

85

★ 根据这段话，我们可以知道：
A 做事要按计划
B 有些事情很危险
C 有些事情很无聊
D 要考虑到计划中的变化

★ 이 글에 근거하여, 우리가 알 수 있는 것은:
A 계획에 따라 일해야 한다
B 어떤 일들은 위험하다
C 어떤 일들은 지루하다
D 계획 속의 변화를 생각해야 한다

보기 어휘
危险 wēixiǎn 형 위험하다 ★
无聊 wúliáo 형 심심하다, 지루하다 ★

정답 D

해설 이 글의 주제를 묻는 문제로 첫 문장과 마지막 문장에 주목하자! 단문의 마지막에서 사람들은 항상 계획은 변화만큼 빠르지 않다고 했으므로 계획도 중요하지만 의외의 변화에 맞춰 빠르게 계획을 조정하는 것도 중요하다는 것이 이 글의 핵심 주제이다. 따라서 정답은 D이다.

HSK 4급 4회 쓰기

제1부분 86~95번 문제는 제시된 어휘를 어순에 맞게 배열하여 문장을 완성하는 문제입니다.

86

观众 / 感动 / 都被 / 了 / 那部电影
관중 / 감동하다 / 모두 ~에 의해 ~을 당하다 / 했다 / 그 영화

[정답] 观众都被那部电影感动了。
관중들은 그 영화에 매우 감동받았다.

[해설] 被자문 위치 이해

| 술어 자리는 感动(감동하다)이다 | → | 보기에 被가 있으므로 被자 구문 '주어 + 被 + 행위의 주체(목적어) + 술어 + 기타성분'으로 배열한다. 여기서는 那部电影(그 영화)이 행위의 주체자인 목적어에 해당되므로 被 뒤에 배치한다. | → | 남은 어휘인 观众(관중)은 주어 자리에 배치하고, 了는 기타성분으로 문장 제일 마지막에 배치한다. |

보기 어휘
观众 guānzhòng 명 관중, 시청자 ★
感动 gǎndòng 동 감동하다 ★

87

特别 / 帽子 / 你戴这个 / 漂亮
유독 / 모자 / 이것을 쓰다 / 예쁘다

[정답] 你戴这个帽子特别漂亮。
너 이 모자 쓰니까 유독 예쁘다.

[해설] 술목구의 주어 위치 이해

| 술어 자리는 漂亮(예쁘다)이다. | → | 주어 자리는 你이고, 这个 뒤에는 명사가 필요하다. 戴(쓰다)와 호응할 수 있는 목적어는 帽子이므로, 你戴这个帽子로 배치할 수 있다. | → | 特别(특히)는 부사이므로 술어 漂亮 앞에 놓는다. |

보기 어휘
特别 tèbié 부 특히, 더욱이, 유독
帽子 màozi 명 모자
戴 dài 동 착용하다, 쓰다 ★
漂亮 piàoliang 형 예쁘다

88

对我们的	您	感谢	支持与鼓励
우리의 ~에 대한	당신	감사하다	지지와 격려

[정답] 感谢您对我们的支持与鼓励。
우리에 대한 지지와 격려에 매우 감사합니다.

[해설] 주술목 위치 이해

술어 자리는 感谢이다. 感谢는 '~에게 (~을) 감사하다'라는 의미로, 뒤에 이중 목적어를 취할 수 있다.	您은 感谢의 첫 번째 목적어에 속하므로 感谢 뒤에 배치한다.	의미상 对我们的가 支持与鼓励를 수식하고 있으므로 관형어 형태로 두 번째 목적어 자리에 배치한다.

보기 어휘

感谢 gǎnxiè 동 고맙다, 감사하다 ★
支持 zhīchí 동 지지하다 ★
鼓励 gǔlì 동 격려하다 ★

89 선생님 강추!

都	网上买的东西	质量不一定	是好的
모두	인터넷에서 산 물건	품질이 반드시 ~은 아니다	좋은 것이다

[정답] 网上买的东西质量不一定都是好的。
인터넷에서 산 물건의 품질이 반드시 모두 좋은 것은 아니다.

[해설] 是자문의 위치 이해

술어 자리는 是(이다)이고, 是 뒤에 好的는 목적어이다.	'A是B' 형태로 배열한다. 주어 자리는 网上买的东西 (인터넷에서 산 물건)인데, 뒤에 质量이 있으므로 网上买的东西质量이 주어가 된다. 不一定은 부사어로 술어 앞에 놓인다.	都(모두) 역시 부사어로 不一定都~는 '반드시 다 ~인 것은 아니다'라는 부분부정을 나타내는 고정격식 표현이다. 不一定都 (반드시 다 ~인 것은 아니다)가 자연스럽다.

보기 어휘

网上 wǎngshàn 명 인터넷
东西 dōngxi 명 물건
质量 zhìliàng 명 품질, 질 ★
不一定 bù yídìng 부 반드시 ~한 것은 아니다

90

起来	妈妈	把银行卡	都收了
방향보어	엄마	은행카드를	모두 회수했다

[정답] 妈妈把银行卡都收了起来。
엄마는 은행 카드를 모두 회수했다.

보기 어휘

把 bǎ 전 ~을/를(목적어를 앞으로 도치시킴)
银行卡 yínhángkǎ 명 은행 카드
收 shōu 동 받다, 회수하다, 거두어들이다 ★

| 해설 | **把자문의 위치 이해** |

| 술어 자리는 都收了(모두 회수하다)이다. | ▶ | 把자문 어순에 맞춰 '주어 + 把银行卡 + 술어 + 기타성분'으로 배열한다. 은행 카드를 회수하는 주체는 妈妈이므로 주어 자리에 배치한다. | ▶ | 술어 뒤에는 반드시 보어 등의 기타성분이 수반되므로 起来는 술어 收了 뒤에 배치한다. |

91

逐年	数量	白虎的	减少
해가 갈수록	수	백호의	적다

보기 어휘

逐年 zhúnián 부 해마다, 해가 갈수록 ★
数量 shùliàng 명 수량, 양 ★
白虎 báihǔ 명 백호
减少 jiǎnshǎo 동 감소하다, 줄다 ★

| 정답 | 白虎的数量逐年减少。
백호의 수가 해가 갈수록 줄고 있다.

| 해설 | **관형어 的 위치 이해** |

| 술어 자리는 减少(줄다)를 배치한다. | ▶ | 白虎 뒤에 的가 있으므로 관형어 형태로 뒤에 수식할 대상이 와야 한다. 의미상 白虎的가 수식하는 명사는 数量이므로 白虎的数量을 주어 자리에 배치한다. | ▶ | 남은 어휘 逐年은 부사어이므로 술어 앞에 배치한다. |

92

一个	他来自	的	热闹	旅游城市
하나	그는 ~에서 왔다	~한	번화하다	관광도시

보기 어휘

来自 láizì 동 ~로 부터 오다 ★
热闹 rènao 형 번화하다, 시끌벅적하다 ★
旅游 lǚyóu 명 여행 동 여행하다
城市 chéngshì 명 도시

| 정답 | 他来自一个热闹的旅游城市。
그는 번화한 관광도시에서 왔다.

| 해설 | **전치사구 위치 이해** |

| 술어 자리는 来(오다)이다. | ▶ | 여기서는 自의 의미를 파악하는 것이 중요하다. 自는 '~로부터, ~에서'라는 의미의 전치사로 그 뒤에 장소명사 旅游城市(관광도시)를 배치한다. | ▶ | 나머지 어휘는 모두 관광도시를 수식하는 관형어로, 여러 개의 관형어는 '수사 + 양사 + 형용사 + 的~' 순으로 나열한다. 따라서 一个热闹的旅游城市로 배치한다. |

93

接受了我们	的	建议	那位教授
우리를 받아들였다	~의	제안	그 교수님

정답 那位教授接受了我们的建议。
그 교수님은 우리의 제안을 받아들였다.

해설 관형어 的 위치 이해

| 술어 자리는 接受了 (받아들였다)이다. | ➡ | 여기서는 관형어 的 위치 파악이 중요하다. 동사 接受와 의미상 어울리는 어휘는 建议(제안)이고, 的가 있으므로 我们的建议를 관형어 형태의 목적어로 배치한다. | ➡ | 주어 자리는 那位教授 (그 교수님) 가 된다. |

보기 어휘

接受 jiēshòu 동 받아들이다
建议 jiànyì 명 제안 동 제안하다
位 wèi 양 명, 분
教授 jiàoshòu 명 교수

94

查一下这次	内容	会议的	我帮你
이번 ~을 조사해 보다	내용	회의의	내가 당신을 도와

정답 我帮你查一下这次会议的内容。
제가 당신을 도와 이번 회의의 내용을 조사해 볼게요.

해설 관형어 的 위치 이해

| 술어 자리는 查一下(조사해 보다)이다. | ➡ | 여기서는 관형어 的 위치 파악이 중요하다. 동사 查와 의미상 어울리는 어휘는 内容(내용)이지만, 会议 뒤에 的가 있으므로 의미상 会议的内容이 목적어가 된다. | ➡ | 주어 자리는 我帮你이고, 술어 뒤에 놓인 这次가 수식하는 명사는 会议이므로, 这次会议的内容으로 배치한다. |

보기 어휘

查 chá 동 조사하다, 검사하다
内容 nèiróng 명 내용 ★
会议 huìyì 명 회의
帮 bāng 동 돕다

95

我们	百分之九十	计划的	已经完成了
우리	90%	계획의	이미 완성했다

정답 我们已经完成了计划的百分之九十。
우리는 계획의 90%를 이미 완성했다.

보기 어휘

百分之 bǎifēnzhī %(퍼센트) ★
计划 jìhuà 명 계획 ★
已经 yǐjing 부 이미, 벌써
完成 wánchéng 동 완성하다

| 해설 | 관형어 的 위치 이해 |

| 술어 자리는 完成了(완성했다)이다. | ▶ | 여기서는 관형어 的 뒤에 어순 배치가 중요하다. 관형어 计划的가 수식하는 명사는 百十分之九十(90%)이다. | ▶ | 주어 자리는 我们이고, 已经은 부사어로 술어 앞에 위치한다. |

제2부분 96~100번 문제는 제시된 사진과 어휘를 활용하여 작문을 하는 문제입니다.

96

工资

| 지문 어휘 |

工资 gōngzī 명 월급, 임금 ★
收 shōu 동 받다 ★
发工资 fā gōngzī
월급을 지급하다
开心 kāixīn 형 기쁘다, 즐겁다

| 모범답안 |

1. 这是我这个月收到的工资。
   이것은 이번 달 받은 월급이다.

2. 今天发工资了，我特别开心。
   오늘 월급을 받아서 너무 기쁘다.

| 해설 | 명사 어휘로 문장 만들기

Step 1 : 품사를 이해하고, 관련 어휘 떠올리기

| 제시 어휘 | 工资 명 월급, 임금
| 관련 어휘 | 동사 ⋯ 받다 (收), 发工资(월급을 지급하다)
　　　　　　형용사 ⋯ 기쁘다(开心)

Tip 是자문을 활용해 작문해도 좋다.

Step 2 : 사진 관찰하며 문장을 생각하기

| 사진 관찰 | 돈을 받고 기뻐하는 모습
| 연상 문장 | 오늘은 월급을 받는 날이다
　　　　　　그녀는 월급을 받고 기뻐했다

97

盐

모범답안

1. 这个太淡了，再放点儿盐。
   이거 너무 싱거워요. 소금을 좀 더 넣어요.
2. 做菜的时候，别放太多盐。
   요리를 할 때 소금을 너무 많이 넣지 마세요.

해설 명사 어휘로 문장 만들기

Step 1 : 품사를 이해하고, 관련 어휘 떠올리기
| 제시 어휘 | 盐 명 소금
| 관련 어휘 | 동사 … 넣다(放), 요리하다(做菜)
　　　　　　형용사 … 싱겁다(淡), 짜다(咸)

Step 2 : 사진 관찰하며 문장을 생각하기
| 사진 관찰 | 소금을 뿌리는 그림
| 연상 문장 | 너무 싱겁다, 소금 좀 넣어라
　　　　　　음식에 소금 너무 많이 넣지 마라

98

详细

모범답안

1. 这篇文章写得很详细。
   이 글은 매우 자세하게 썼다.
2. 这篇文章还不够详细。
   이 글은 아직 충분히 자세하지 못하다.

지문 어휘

盐 yán 명 소금 ★
淡 dàn 형 싱겁다
放 fàng 동 넣다
做菜 zuò cài 동 요리를 하다

지문 어휘

详细 xiángxì 형 자세하다, 상세하다 ★
文章 wénzhāng 명 글, 문장
不够 búgòu 동 충분히 ~하지 못하다

해설 형용사 어휘로 문장 만들기

Step 1 : 품사를 이해하고, 관련 어휘 떠올리기
| 제시 어휘 | 详细 형 자세하다, 상세하다
| 관련 어휘 | 명사 ⋯▶ 글(文章), 자료(材料)
　　　　　　동사 ⋯▶ 설명하다(说明), 연구하다(研究)
　Tip　정도 보어 형태로 작문해도 좋다.

Step 2 : 사진 관찰하며 문장을 생각하기
| 사진 관찰 | 세 사람이 뭔가를 보고 있는 그림
| 연상 문장 | 이 글은 매우 자세하게 썼다
　　　　　　이 글은 아직 충분히 자세하지 못하다

99

收拾

지문 어휘

收拾 shōushi 동 정리하다, 치우다 ★
桌子 zhuōzi 명 책상, 테이블
太~了 tài~le 부 너무 ~하다
乱 luàn 형 어지럽다, 지저분하다 ★

모범답안

1. 他在收拾桌子。
   그는 테이블을 치우고 있다.

2. 桌子太乱了, 你快收拾一下。
   테이블이 지저분하니 빨리 좀 치워라.

해설 동사 어휘로 문장 만들기

Step 1 : 품사를 이해하고, 관련 어휘 떠올리기
| 제시 어휘 | 收拾 동 치우다, 정리하다
| 관련 어휘 | 명사 ⋯▶ 테이블(桌子)
　　　　　　형용사 ⋯▶ 어지럽다(乱)
　Tip　동사 중첩 收拾收拾를 활용해서 작문해도 좋다.

Step 2 : 사진 관찰하며 문장을 생각하기
| 사진 관찰 | 테이블 위에 음식을 치우는 모습
| 연상 문장 | 밥 다 먹은 후에 좀 치워라
　　　　　　테이블 위가 지저분하니 좀 치워라

100

躺

지문 어휘

躺 tǎng 동 눕다 ★
看书 kàn shū 동 책을 보다
沙发 shāfā 명 소파 ★

모범답안

1. 他躺着看书。
   그는 누워서 책을 보고 있다.

2. 他躺在沙发上看书。
   그는 소파에 누워서 책을 본다.

해설 동사 어휘로 문장 만들기

Step 1 : 품사를 이해하고, 관련 어휘 떠올리기

| 제시 어휘 | 躺 동 눕다
| 관련 어휘 | 명사 ⋯▸ 소파(沙发)
             동사 ⋯▸ 책을 보다(看书)

Tip 동작의 지속을 나타내는 着와 躺을 같이 활용해서 작문해도 좋다.

Step 2 : 사진 관찰하며 문장을 생각하기

| 사진 관찰 | 소파에 누워 책을 보고 있는 모습
| 연상 문장 | 그는 누워서 책을 보고 있다
             그는 소파에 누워서 책을 본다

HSK 4급 5회 모의고사 듣기 스크립트

HSK(四级)模拟试题第五套

大家好！欢迎参加HSK(四级)考试。

HSK(四级)听力考试分三部分，共45题。

请大家注意，听力考试现在开始。

第一部分

一共10个题，每题听一次。

例如：

我想去办个信用卡，今天下午你有时间吗？陪我去一趟银行？

★ 他打算下午去银行。

现在我很少看电视，其中一个原因是，广告太多了，不管什么时间，也不管什么节目，只要你打开电视，总能看到那么多的广告，浪费我的时间。

★ 他喜欢看电视广告。

现在开始第一题：

1

妹妹，你想要结婚我不反对，但结婚是人一生中最重要的事情，你不要随便做决定，一定要想明白了。

★ 妹妹暂时不想结婚。

2

今年雪下得真早，还没到11月，就下大雪，温度也突然下降到零下几度，人们都已经穿上了厚厚的冬天衣服。

★ 现在天气特别暖和。

3

感谢各位家长积极参加星期日在学校举行的亲子运动会。通过与孩子一起做运动、玩儿游戏等活动，能增加与他们的感情交流。

★ 家长拒绝参加活动。

4

爸妈很节约用钱，家里的电视至少用了9年了，一直没买新的。我计划下个星期发工资就给他们买台新的。

★ 他打算为父母买台新电视。

5

在困难前不要着急，应该要有耐心，不应该怀疑自己，要有信心。要想解决问题，必须改变态度，勇敢向前。

★ 遇到困难要有耐心。

6

周五晚上看电影的人一定很多，咱们最好在网上提前选好座位，买好票吧，那样就不用浪费时间排队买票啦。

★ 他建议上网买票。

7

据统计，地球上至少有两万六千多种鱼已被

发现，其中，生活在海洋中的鱼约有三分之二。

★ 生活在黄河中的鱼最多。

8

爸爸最爱看京剧，今年他的生日，我们跟他一起去看了场京剧表演，他开心极了。

★ 爸爸有些伤心。

9

要是去中国朋友家里吃饭，一定不要用筷子敲碗，那样做非常不好，会让人感觉不礼貌。

★ 用筷子敲碗不礼貌。

10

以前叔叔下班回家就在床上看电视，还喜欢抽烟、喝酒，所以经常生病。现在他改掉了那些坏习惯，还经常去打篮球、跑步，身体越来越健康了。

★ 叔叔的身体比以前健康。

第二部分

一共15个题，每题听一次。

例如：

女：该加油了，去机场的路上有加油站吗？

男：有，你放心吧。

女：男的主要是什么意思？

现在开始第11题：

11

男：你家整理得很干净。

女：我两天前刚换了沙发，顺便把房间都整理了一下。

问：女的新换了什么？

12

女：楼上住的王奶奶的孙子从国外回来了。

男：知道，我昨天正好看到他了。他很热情，还帮助我搬东西了呢。

问：男的觉得王奶奶的孙子怎么样？

13

男：请问一下护士小姐，白医生在吗？

女：他去出差了，这个月底才能回来。

问：男的要找谁？

14

女：以前你说要找个地方卖手机，找到了吗？

男：早就找到了，生意还行。你有时间，去我店里坐坐。

问：男的在做什么生意？

15

男：这不是昨天早上才买的花吗？叶子怎么变成这样了？

女：快放到窗户那儿，让它见见阳光吧。

问：女的建议把花儿放哪儿？

16

女：你读完了那本关于民族文化研究的书了吗？能不能借给我看看？

男：没有问题，读完我们一起讨论讨论。

问：那本书是关于哪方面的？

17

男：虽然你不是故意的，但这件事确实是你做得不对。

女：知道了，我现在去给哥哥道歉。

问：女的接下来会怎么做？

18

女：下次一定要使用双面复印，不然太浪费纸了。

男：好的，我下次一定注意。

问：女的为什么让男的那么做？

19

男：你感觉学汉语哪些是最难的？

女：是语法。因为我常弄错有些词的顺序。

问：他们在谈什么？

20

女：你好像很不舒服的样子。哪里难受吗？

男：好像发烧了，全身都没有力气。

问：男的怎么了？

21

男：下午李教授的讲话非常精彩。

女：太可惜了，我因为有事没去。

问：男的觉得李教授的讲话怎么样？

22

女：什么时候可以取照片？

男：大概需要三天，到时我会告诉您的。

问：照片多少天能取？

23

男：你好，这些表格我都填完了。

女：您的家庭住址是北京市东城区的哪条街道？麻烦您写详细一些。

问：女的让男的怎么做？

24

女：师傅，请问一下，植物园怎么走？

男：非常抱歉，这里我也是第一次来。不太了解。

问：女的要去哪儿？

25

男：您这是准备给谁买钢琴？价格方面有什么要求？

女：为我女儿买的，价格希望不要超过两万元。

问：女的在做什么？

第三部分

一共20个题，每题听一次。

例如：

男：把这个文件复印五份，一会儿拿到会议室发给大家。

女：好的，会议是下午3点吗?

男：改了。3点半，推迟了半个小时。

女：好，602会议室没变吧。

男：对，没变。

问：会议几点开始?

现在开始第26题:

26

女：周末你干什么了?

男：我跟妻子一起去爬长城了，我们爬得很开心。

女：你不是夏天刚爬过吗? 怎么又去了呢?

男：风景不一样呀，秋天的长城附近全是红叶，好看极了。

问：男的周末干什么了?

27

男：听说上个周末你去应聘翻译了?

女：是啊，笔试很顺利，我考了第一。

男：那应该没问题了，祝贺你。

女：不一定，之后的面试也非常重要，我还需要好好儿准备准备。

问：女的是什么意思?

28

女：你的脚出什么问题了?

男：之前打球时不小心弄破了。

女：我带你去医院检查一下吧。

男：不用了姐，没有什么大问题。

问：男的怎么了?

29

男：这是菜单，你来点吧。

女：今天是冬至，这天我们北方人都会吃饺子。

男：我们来得正好，这家的羊肉饺子非常好吃。我们来一盘尝尝?

女：好啊。

问：他们最可能在哪儿?

30

女：我还以为那个演员会真功夫呢，没想到那都是电脑做出来的。

男：这一点都不奇怪，有些动作太危险，或者无人能做时，就会使用电脑。

女：但是我感觉这是在骗观众。

男：不是的，效果做得好，观众也会喜欢看的。

问：关于那个演员，下列哪个正确?

31
男：法律方面的问题还是问孙律师吧，我也不明白。
女：是啊，但现在不是上班时间，应该下班了吧。
男：没事，他几乎天天都加班。
女：那你往他的办公室打个电话试试吧。
问：他们想问哪方面的问题？

32
女：奇怪，我把眼镜放哪儿了？
男：是不是刚才你洗澡时，放卫生间了？
女：有可能，我去找找。
男：以后不要乱丢东西了。
问：女的在找什么？

33
男：你知道中午我在商店看见谁了吗？
女：谁啊？你朋友？
男：是咱们读研究生时的同学张扬，他毕业后去北京读博士了，几天前刚回来。
女：我们好像有五六年没见了。改天一定得聚聚。
问：男的遇见谁了？

34
女：再看一遍你的行李箱，检查一下有没有忘带东西。
男：没有，我都准备好了。
女：护照呢？
男：哎呀，我竟然把那个给忘了。
问：女的让男的怎么做？

35
男：听说小李生孩子了？
女：对啊，我前几天去过他家。还抱过他儿子呢。
男：男孩儿吗？
女：是啊，胖胖的，非常可爱。
问：他们在说谁？

第36到37题是根据下面一段话：

有一次朋友邀请我参加一个晚会，但那天下午需要去见一位重要的客人，结束后已经很晚了。因此，我没换衣服就去参加了。当我到时，晚会已经开始了。那时，大家玩儿得很兴奋，见到我穿得那么正式，都跟我开玩笑说："你是来加班的吗？"

36 说话人那天下午去干什么了？

37 大家为什么和说话人开玩笑？

第38到39题是根据下面一段话：

很小的时候我就喜欢看书，但对书的要求并没什么标准。有时是因为内容吸引我，有时仅仅因为里面的画儿吸引我。我认为看一本自己喜欢的书，是一件让人非常幸福的事。既然幸福这么简单，为什么不永远继续下去呢？

38 关于说话人，可以知道什么？

39 读到一本好书，会让说话人感觉怎么样？

第40到41题是根据下面一段话：

小王学会开车没多久，开车时经常紧张。有一天，他打开车门，发现车座上有400块钱，还有写着加油的小纸条，小王一看字就知道是父亲写的，他十分感动，带着父亲的鼓励出门了，但是没开多久，车就没油了。原来是让他给车加油啊。

40 看到车座上的东西后，小王感到怎么样？

41 根据这段话，可以知道什么？

第42到43题是根据下面一段话：

老师教育学生时，要小心说话的方式，注意不能太直接。比如，当学生完成作业有点粗心时，老师应该讲："你做得很好，就是有点粗心，要是能改掉这个缺点，你的成绩会更好。"

42 举学生做作业的例子，是为了说明什么？

43 这段话主要谈的是什么？

第44到45题是根据下面一段话：

当家里遇到困难时，我们第一个想到的是亲戚。但是因为亲戚一般离得较远，如果碰到非常着急的事情时，他们有可能无法及时来到我们身边。而这时能帮助我们的就是邻居，因此，我们必须重视与邻居之间的关系。

44 遇到困难时，人们一般会先想到谁？

45 根据这段话，我们应该怎么做？

 # 모의고사 정답

一、听力

第一部分

1. × 2. × 3. × 4. ✓ 5. ✓ 6. ✓ 7. × 8. × 9. ✓ 10. ✓

第二部分

11. A 12. A 13. D 14. A 15. D 16. B 17. C 18. C 19. C 20. B
21. D 22. A 23. B 24. A 25. B

第三部分

26. A 27. B 28. C 29. B 30. C 31. B 32. B 33. C 34. A 35. A
36. A 37. B 38. C 39. B 40. C 41. D 42. C 43. B 44. A 45. A

二、阅读

第一部分

46. E 47. F 48. C 49. A 50. B 51. E 52. B 53. F 54. A 55. D

第二部分

56. CBA 57. CBA 58. ACB 59. CBA 60. BCA
61. BAC 62. ACB 63. CAB 64. ACB 65. BAC

第三部分

66. C 67. C 68. D 69. D 70. B 71. B 72. B 73. A 74. D 75. B
76. C 77. C 78. A 79. B 80. B 81. D 82. C 83. A 84. B 85. B

三、书写

第一部分

86. 这本小说肯定翻译错了。
87. 他从来没有这么开心过。
88. 她把公司老板送到了餐厅。
89. 她来自南方的一座城市。
90. 这篇文章吸引了读者的注意。
91. 他公司的规定比去年更加严格。
92. 他爷爷是当地的一名教授。
93. 王老师的签证办得很顺利。
94. 今天可以免费看演出。
95. 那位数学家出生于18世纪。

第二部分

96. 1. 他把瓶子扔进垃圾桶里了。
    2. 我们应该把垃圾扔到垃圾桶里。

97. 1. 他说这本书值得看。
    2. 他喜欢读书,觉得每本书都值得看。

98. 1. 今天的电视节目非常精彩。
    2. 朋友们在一起看精彩的足球比赛。

99. 1. 女的看了衣服的价格后,觉得非常满意。
    2. 因为这件衣服的价格很便宜,所以她很想买。

100. 1. 他每天加班。
     2. 他最近特别忙,所以得加班。

HSK 4급 5회 듣기

제1부분 1~10번 문제는 들리는 내용이 시험지에 제시된 문장과 일치하는지 판단하는 문제입니다.

🎧 01_5

1

★ 妹妹暂时不想结婚。(✗)

妹妹，你想要结婚我不反对，但结婚是人一生中最重要的事情，你不要随便做决定，一定要想明白了。

★ 여동생은 당분간 결혼하고 싶지 않다.

동생아. 네가 결혼하고 싶다면 나는 반대하지 않겠어. 하지만 결혼은 일생에서 가장 중요한 일이니 마음대로 결정하지 말고 반드시 잘 생각해야 해.

지문 어휘

暂时 zànshí 명 잠깐, 잠시 ⭐
结婚 jié hūn 동 결혼하다
反对 fǎnduì 동 반대하다 ⭐
重要 zhòngyào 형 중요하다
随便 suíbiàn 부 마음대로, 제멋대로 ⭐
明白 míngbai 형 명백하다, 뚜렷하다

정답 ✗

해설 화자가 여동생에게 결혼하고 싶다면 반대하진 않겠다고 했으므로 여동생은 결혼하고 싶어 함을 알 수 있다. 그러므로 일치하지 않는다.

2

★ 现在天气特别暖和。(✗)

今年雪下得真早，还没到11月，就下大雪，温度也突然下降到零下几度，人们都已经穿上了厚厚的冬天衣服。

★ 지금 날씨는 아주 따뜻하다.

올해는 눈이 아주 일찍 내려서, 아직 11월이 안 됐는데 눈이 많이 내리고 온도도 갑자기 영하 몇 도까지 내려갔다. 사람들 모두 이미 꽤 두꺼운 겨울옷을 입었다.

지문 어휘

暖和 nuǎnhuo 형 따뜻하다 ⭐
温度 wēndù 명 온도 ⭐
突然 tūrán 부 갑자기
下降 xiàjiàng 동 떨어지다, 낮아지다
零下 língxià 명 영하
厚 hòu 형 두껍다, 두텁다 ⭐
冬天 dōngtiān 명 겨울, 겨울철
衣服 yīfu 명 옷, 의복

정답 ✗

해설 녹음 내용에서는 사람들이 꽤 두꺼운 겨울옷을 입었다고 했으므로 제시된 문장의 따뜻한 날씨와는 일치하지 않는다.

3

★ 家长拒绝参加活动。(✗)

★ 학부모들이 활동에 참가하는 것을 거절한다.

지문 어휘

拒绝 jùjué 동 거절하다, 거부하다 ⭐

感谢各位家长积极参加星期日在学校举行的亲子运动会。通过与孩子一起做运动、玩儿游戏等活动，能增加与他们的感情交流。

모든 학부모님께서는 일요일에 학교에서 거행하는 가족 운동회에 적극 참여하시길 부탁드립니다. 아이들과 함께 운동을 하고, 게임을 하는 등의 활동을 통해 아이들과의 감정적인 소통을 늘릴 수 있습니다.

参加 cānjiā 동 참가하다
活动 huódòng 명 행사, 활동 동 활동하다 ★
积极 jījí 형 적극적이다 ★
举行 jǔxíng 동 거행하다 ★
运动会 yùndònghuì 명 운동회, 체육 대회
游戏 yóuxì 명 게임
增加 zēngjiā 동 증가하다, 더하다 ★
感情 gǎnqíng 명 감정 ★
交流 jiāoliú 명 교류 동 서로 소통하다 ★

[정답] ×

[해설] 학부모들의 참가를 독려하는 글이지, 학부모들이 참가를 거절했다는 얘기는 없으므로 일치하지 않는다.

4

★ 他打算为父母买台新电视。(✓)

爸妈很节约用钱，家里的电视至少用了9年了，一直没买新的。我计划下个星期发工资就给他们买台新的。

★ 그는 부모님을 위해 새 TV를 살 계획이다.

부모님은 돈 쓰는 걸 매우 아끼셔서 집에 있는 TV도 최소 9년 동안 사용했지만 여태 새로 사지 않으셨다. 나는 다음 주에 월급이 나오면 부모님께 새 TV를 사드릴 계획이다.

[지문 어휘]

打算 dǎsuan 동 ~할 생각이다, 계획하다
节约 jiéyuē 동 절약하다, 아끼다 ★
至少 zhìshǎo 부 적어도, 최소한 ★
计划 jìhuà 동 계획하다, 기획하다 ★
发工资 fā gōngzī 월급을 지급하다

[정답] ✓

[해설] 녹음 내용에서 다음 주에 월급이 나오면 부모님께 TV를 사드릴 계획이라고 했으므로 제시된 문장과 일치한다.

5

★ 遇到困难要有耐心。(✓)

在困难前不要着急，应该要有耐心，不应该怀疑自己，要有信心。要想解决问题，必须改变态度，勇敢向前。

★ 어려움에 맞닥뜨리면 인내심을 가져야 한다.

어려움 앞에 조급해할 필요 없다. 반드시 인내심을 가지고 자신을 의심하지 말고 확신을 가져야 한다. 문제를 해결하려면 반드시 태도를 바꾸고 용감하게 앞으로 나아가야 한다.

[지문 어휘]

遇到 yùdào 동 만나다, 마주치다
困难 kùnnan 명 어려움 ★
耐心 nàixīn 명 인내심 ★
着急 zháojí 동 조급해하다
怀疑 huáiyí 동 의심하다 ★
信心 xìnxīn 명 자신(감), 확신 ★
勇敢 yǒnggǎn 형 용감하다 ★
向前 xiàngqián 동 앞으로 나아가다

[정답] ✓

[해설] 어려움 앞에서는 조급해하지 말고 인내심을 가져야 한다고 했으므로 제시된 문장과 일치한다.

6

★ 他建议上网买票。(✓)

周五晚上看电影的人一定很多，咱们最好在网上提前选好座位，买好票吧，那样就不用浪费时间排队买票啦。

★ 그는 인터넷으로 표를 사는 것을 제안했다.

금요일 저녁에 영화를 보는 사람들이 분명 많을 테니, 우리 인터넷에서 미리 좌석을 골라 표를 사자. 그럼 줄 서서 표를 사는 시간을 낭비할 필요도 없을 거야.

지문 어휘

建议 jiànyì 동 제안하다 ★
上网 shàng wǎng 동 인터넷을 하다
浪费 làngfèi 동 낭비하다 ★
排队 pái duì 동 줄을 서다 ★

정답 ✓

해설 녹음 내용에서 그가 인터넷에서 표를 사는 것이 좋겠다고 제안했음을 알 수 있으므로 제시 문장과 일치한다.

7

★ 生活在黄河中的鱼最多。(✗)

据统计，地球上至少有两万六千多种鱼已被发现，其中，生活在海洋中的鱼约有三分之二。

★ 황하에 사는 물고기가 가장 많다.

통계에 따르면, 지구상 이미 최소한 2만 6천여 종의 물고기가 발견되었고, 그 중 바다에 사는 물고기가 약 3분의 2이다.

지문 어휘

黄河 Huánghé 명 황하, 황허
据 jù 전 ~에 따르면
统计 tǒngjì 명 통계
地球 dìqiú 명 지구 ★
至少 zhìshǎo 부 적어도, 최소한 ★
发现 fāxiàn 동 발견하다
其中 qízhōng 대 그 중에 ★
海洋 hǎiyáng 명 해양, 바다 ★

정답 ✗

해설 녹음 내용에서는 바다에 사는 어류가 전체 어류의 3분의 2라고 했지만, 제시된 문장은 황하에 사는 물고기가 가장 많다고 했으므로 일치하지 않는다.

8

★ 爸爸有些伤心。(✗)

爸爸最爱看京剧，今年他的生日，我们跟他一起去看了场京剧表演，他开心极了。

★ 아빠는 좀 슬퍼한다.

아빠는 경극을 보는 것을 제일 좋아한다. 올해 아빠 생신에 우리는 아빠와 함께 경극 공연을 보러 갔는데 아빠가 무척 즐거워하셨다.

지문 어휘

有些 yǒuxiē 부 좀, 조금
伤心 shāng xīn 동 상심하다, 슬퍼하다 ★
京剧 jīngjù 명 경극 ★
表演 biǎoyǎn 명 공연 동 공연하다
开心 kāixīn 형 기쁘다, 즐겁다 ★

정답 ✗

해설 녹음 내용에서 아빠는 무척 즐거워하셨다고 했으므로 제시된 문장과 일치하지 않는다.

9

★ 用筷子敲碗不礼貌。(✓)

★ 젓가락으로 그릇을 두드리는 것은 예의에 어긋난다.

지문 어휘

筷子 kuàizi 명 젓가락
敲 qiāo 동 치다, 두드리다 ★

要是去中国朋友家里吃饭，一定不要用筷子敲碗，那样做非常不好，会让人感觉不礼貌。

만약 중국 친구 집에 가서 밥을 먹는다면 젓가락으로 그릇을 두드리면 안 된다. 그렇게 하는 것은 매우 잘못된 것이어서 다른 사람들이 예의 없다고 생각할 것이다.

지문 어휘

碗 wǎn 명 그릇, 공기
礼貌 lǐmào 형 예의 바르다 ★
要是 yàoshi 접 만약 ~라면 ★
感觉 gǎnjué 동 여기다, 생각하다

정답 ✓

해설 녹음 내용에서 젓가락으로 그릇을 두드리면 안 된다고 했으므로 해당 행동이 예의에 어긋난 것임을 알 수 있다.

10

★ 叔叔的身体比以前健康。(✓)

以前叔叔下班回家就在床上看电视，还喜欢抽烟、喝酒，所以经常生病。现在他改掉了那些坏习惯，还经常去打篮球、跑步，身体越来越健康了。

★ 삼촌은 예전보다 건강하다.

예전에 삼촌은 퇴근해서 집에 오면 바로 침대 위에서 TV를 봤다. 담배를 피우고 술을 마시는 것도 좋아해서 자주 아팠다. 지금은 그런 나쁜 습관들을 고치고 자주 농구나 달리기를 하러 가면서 건강이 점점 건강해졌다.

지문 어휘

叔叔 shūshu 명 삼촌, 아저씨
身体 shēntǐ 명 몸, 건강
以前 yǐqián 명 이전, 예전
健康 jiànkāng 형 건강하다
下班 xià bān 동 퇴근하다
抽烟 chōu yān 동 담배(를) 피우다 ★
改掉 gǎi diào 동 고쳐 버리다
坏习惯 huài xíguàn 명 나쁜 습관
打篮球 dǎ lánqiú 농구를 하다
跑步 pǎo bù 동 달리다

정답 ✓

해설 삼촌이 점점 건강해졌다고 했으므로 삼촌은 예전보다 건강하다는 제시 문장과 일치한다.

제2부분

11~25번 문제는 남녀간의 대화를 듣고 질문에 알맞은 답을 고르는 문제입니다.

11

男: 你家整理得很干净。
女: 我两天前刚换了沙发，顺便把房间都整理了一下。
问: 女的新换了什么?
  A 沙发　　B 房子
  C 学校　　D 汽车

남: 너희 집 정말 깨끗하게 정리했네.
여: 내가 이틀 전에 소파를 바꿨는데, 바꾸는 김에 방도 같이 정리했어.
질문: 여자가 새로 바꾼 것은 무엇인가?
A 소파　　B 방
C 학교　　D 차

지문 어휘

整理 zhěnglǐ 동 정리하다 ★
干净 gānjìng 형 깨끗하다
换 huàn 동 바꾸다
沙发 shāfā 명 소파 ★
顺便 shùnbiàn 부 ~하는 김에 ★

정답 A

해설 여자가 새로 바꾼 것은 무엇인지 묻고 있다. 여자가 이틀 전에 소파를 바꿨다고 했으므로 정답은 A이다.

12

女: 楼上住的王奶奶的孙子从国外回来了。
男: 知道，我昨天正好看到他了。他很热情，还帮助我搬东西了呢。

问: 男的觉得王奶奶的孙子怎么样?
A 很热情
B 有礼貌
C 很年轻
D 有点儿粗心

여: 윗집에 사는 왕 할머니 손자가 외국에서 돌아왔어.
남: 알아, 나 어제 마침 그 사람 봤어. 그 사람 아주 친절해. 내가 짐 옮기는 것도 도와줬어.

질문: 남자가 생각하기에 왕 할머니의 손자는 어떠한가?
A 아주 친절하다
B 예의가 바르다
C 젊다
D 다소 세심하지 못하다

지문 어휘
楼上 lóushàng 명 위층
孙子 sūnzi 명 손자 ★
国外 guówài 명 국외, 외국
正好 zhènghǎo 부 마침 ★
热情 rèqíng 형 열정적이다, 친절하다
帮助 bāngzhù 동 돕다
搬 bān 동 옮기다

보기 어휘
礼貌 lǐmào 형 예의 바르다 ★
年轻 niánqīng 형 젊다, 어리다
粗心 cūxīn 형 세심하지 못하다

정답 A

해설 남자는 왕 할머니의 손자를 어떻게 생각하는지 묻고 있다. 왕 할머니의 손자가 친절하다고 했으므로 해당 내용을 보기에서 찾으면 된다.

13

男: 请问一下护士小姐，白医生在吗?
女: 他去出差了，这个月底才能回来。

问: 男的要找谁?
A 白老师   B 司机
C 护士   D 白大夫

남: 간호사님, 뭐 하나만 물어볼게요. 닥터 백 계세요?
여: 지금 출장 가셨어요. 이번 달 말에나 돌아오실 거예요.

질문: 남자는 누구를 찾는가?
A 백 선생님   B 운전기사
C 간호사   D 닥터 백

지문 어휘
护士 hùshi 명 간호사 ★
出差 chū chāi 동 출장 가다 ★
月底 yuèdǐ 명 월말

보기 어휘
司机 sījī 명 운전사, 기사
大夫 dàifu 명 의사 ★

정답 D

해설 남자가 찾는 사람이 누구인지 묻고 있다. 남자의 첫 문장에서 닥터 백이 있는지 물어보고 있으므로 남자가 찾는 사람은 닥터 백임을 알 수 있다.

14

女: 以前你说要找个地方卖手机，找到了吗?
男: 早就找到了，生意还行。你有时间，去我店里坐坐。

여: 예전에 너 휴대폰 장사할 곳을 찾는다고 했지. 찾았어?
남: 진작에 찾았지. 장사가 그런대로 괜찮아. 시간 있으면 우리 가게에 한번 들러.

지문 어휘
早就 zǎojiù 부 벌써, 오래 전에
生意 shēngyi 명 장사 ★

问: 男的在做什么生意?
A 卖手机
B 卖汽车
C 开饭店
D 开车

질문: 남자는 어떤 장사를 하고 있는가?
A 휴대폰을 판매한다
B 차를 판매한다
C 음식점을 한다
D 운전을 한다

보기 어휘

开 kāi 동 열다
饭店 fàndiàn 명 식당, 호텔

정답 A

해설 남자가 어떤 장사를 하는지 묻고 있다. 여자가 남자에게 휴대폰 팔 곳을 찾았는지 물어봤으므로 남자는 현재 휴대폰을 판매하고 있음을 알 수 있다.

15

男: 这不是昨天早上才买的花吗? 叶子怎么变成这样了?
女: 快放到窗户那儿, 让它见见阳光吧。

问: 女的建议把花儿放哪儿?
A 剧场   B 图书馆
C 洗手间   D 窗边

남: 이거 어제 아침에 산 꽃 아니야? 잎이 왜 이렇게 변했어?
여: 빨리 창가 쪽에 놔 둬, 햇빛을 좀 쬘 수 있게.

질문: 여자는 꽃을 어디에 두자고 제안했는가?
A 극장   B 도서관
C 화장실   D 창가

지문 어휘

叶子 yèzi 명 잎 ★
变成 biàn chéng 동 ~로 변하다
窗户 chuānghu 명 창문, 창 ★
阳光 yángguāng 명 햇빛 ★
建议 jiànyì 동 제안하다 ★

보기 어휘

剧场 jùchǎng 명 극장
图书馆 túshūguǎn 명 도서관
洗手间 xǐshǒujiān 명 화장실
窗边 chuāngbiān 명 창가

정답 D

해설 여자가 꽃을 두자고 제안한 장소가 어디인지 묻고 있다. 여자는 남자에게 빨리 창가에 놓아 두라고 했으므로 정답은 D이다.

16

女: 你读完了那本关于民族文化研究的书了吗? 能不能借给我看看?
男: 没有问题, 读完我们一起讨论讨论。

问: 那本书是关于哪方面的?
A 新闻
B 民族文化
C 笑话
D 旅游

여: 너 그 민족문화 연구에 관한 책 다 읽었어? 나한테 좀 빌려줄 수 있니?
남: 문제없지, 다 읽고 우리 같이 토론해 보자.

질문: 그 책은 어느 분야에 관한 책인가?
A 뉴스
B 민족문화
C 우스운 이야기
D 여행

지문 어휘

民族 mínzú 명 민족 ★
文化 wénhuà 명 문화
研究 yánjiū 동 연구하다 ★
讨论 tǎolùn 동 토론하다 ★

보기 어휘

方面 fāngmiàn 명 방면, 분야 ★
新闻 xīnwén 명 뉴스
笑话 xiàohua 명 우스운 이야기 ★
旅游 lǚyóu 동 여행하다

정답 B

해설 그 책은 어느 분야에 관한 책인지 묻고 있다. 여자가 남자에게 민족문화 연구에 관한 책을 다 읽었는지 물어보며 빌려달라고 했으므로 정답은 B이다.

17

男: 虽然你不是故意的，但这件事确实是你做得不对。
女: 知道了，我现在去给哥哥道歉。
问: 女的接下来会怎么做？
A 吃饭
B 上学校
C 向哥哥道歉
D 爬山

남: 비록 고의가 아니더라도, 이 일은 확실히 네가 잘못한 거야.
여: 알았어, 지금 오빠에게 가서 사과할게.
질문: 여자는 이어서 어떻게 할 것인가?
A 밥을 먹는다
B 학교에 간다
C 오빠에게 사과한다
D 산에 오른다

지문 어휘

虽然 suīrán 접 비록 ~하지만
故意 gùyì 부 고의로, 일부러 ★
确实 quèshí 부 확실히, 틀림없이 ★
道歉 dào qiàn 동 사과하다 ★

보기 어휘

接下来 jiē xiàlai 다음으로, 이어서
爬山 pá shān 동 산을 오르다

정답 **C**

해설 여자가 이어서 할 행동에 관해 묻고 있다. 여자는 오빠에게 가서 사과한다고 말했으므로 정답은 C이다.

18

女: 下次一定要使用双面复印，不然太浪费纸了。
男: 好的，我下次一定注意。
问: 女的为什么让男的那么做？
A 因为有趣
B 样子不好看
C 节约用纸
D 容易复印

여: 다음에는 반드시 양면 인쇄 하세요. 그렇지 않으면 종이가 너무 낭비돼요.
남: 네, 다음번에는 꼭 주의할게요.
질문: 여자는 남자에게 왜 그렇게 하라고 했는가?
A 재미있어서
B 보기에 안 좋아서
C 종이를 절약하려고
D 복사하기 쉬워서

지문 어휘

使用 shǐyòng 동 사용하다, 쓰다 ★
双面 shuāngmiàn 명 형 양면(의)
复印 fùyìn 동 복사하다 ★
不然 bùrán 접 그렇지 않으면
浪费 làngfèi 동 낭비하다 ★

보기 어휘

有趣 yǒuqù 형 재미있다, 흥미가 있다 ★
节约 jiéyuē 동 절약하다 ★
容易 róngyì 형 ~하기 쉽다

정답 **C**

해설 여자가 남자에게 그렇게 하라고 시킨 이유를 묻고 있다. 종이를 낭비하지 않도록 양면 인쇄를 하라고 한 것으로 보아 결과적으로 종이를 절약하라는 의미임을 알 수 있다.

19

男: 你感觉学汉语哪些是最难的？
女: 是语法。因为我常弄错有些词的顺序。

남: 넌 중국어 배울 때 어떤 부분이 가장 어렵다고 생각해?
여: 어법이지, 왜냐하면 난 자주 낱말들의 순서를 틀리거든.

지문 어휘

感觉 gǎnjué 동 여기다, 생각하다 ★
汉语 Hànyǔ 명 중국어

问: 他们在谈什么?
A 晚上吃什么
B 考试时间
C 汉语学习
D 跑步

질문: 그들은 무엇에 관해 이야기를 하고 있는가?
A 저녁에 무엇을 먹을지
B 시험 시간
C 중국어 공부
D 달리기

语法 yǔfǎ 명 어법 ★
弄错 nòng cuò 동 잘못하다, 실수하다
顺序 shùnxù 명 순서 ★

보기 어휘

谈 tán 동 말하다, 이야기하다 ★
跑步 pǎo bù 동 달리다

정답 C

해설 그들의 대화 주제를 묻고 있다. 중국어 배울 때 어떤 부분이 어려운지 여자에게 물어보는 것으로 보아, 그들은 중국어 공부에 대해 이야기를 나누고 있음을 알 수 있다.

20

女: 你好像很不舒服的样子。哪里难受吗?
男: 好像发烧了, 全身都没有力气。

问: 男的怎么了?
A 心情愉快
B 发烧了
C 身体健康
D 睡觉了

여: 너 많이 안 좋아 보이네, 어디 아프니?
남: 열나는 것 같아, 온몸에 힘이 없어.

질문: 남자는 어떠한가?
A 기분이 산뜻하다
B 열이 난다
C 몸이 건강하다
D 잔다

지문 어휘

好像 hǎoxiàng 부 마치 ~인 것 같다 ★
不舒服 bùshūfu 형 (몸이) 아프다, 불편하다
难受 nánshòu 형 (몸이) 불편하다, 괴롭다
发烧 fā shāo 동 열이 나다
力气 lìqi 명 힘, 역량 ★

보기 어휘

心情愉快 xīnqíng yúkuài 기분이 산뜻하다
健康 jiànkāng 형 건강하다
睡觉 shuì jiào 동 자다

정답 B

해설 남자의 상태를 묻고 있다. 남자가 열이 나고 온몸에 힘이 없다고 했으므로 정답은 B이다.

21

男: 下午李教授的讲话非常精彩。
女: 太可惜了, 我因为有事没去。

问: 男的觉得李教授的讲话怎么样?
A 没意思
B 很有趣
C 非常无聊
D 十分精彩

남: 오후에 이 교수님 연설 정말 멋졌어.
여: 정말 아쉽다, 난 일이 있어서 못 갔거든.

질문: 남자는 이 교수님의 연설이 어떻다고 했는가?
A 재미없다고
B 재미있다고
C 매우 지루하다고
D 아주 훌륭하다고

지문 어휘

教授 jiàoshòu 명 교수 ★
讲话 jiǎnghuà 명 담화, 연설
精彩 jīngcǎi 형 뛰어나다, 훌륭하다 ★
可惜 kěxī 형 섭섭하다, 아쉽다 ★

보기 어휘

没意思 méi yìsi 재미없다
有趣 yǒuqù 형 재미있다, 흥미가 있다 ★
无聊 wúliáo 형 지루하다 ★
十分 shífēn 부 매우, 아주 ★

정답 D

해설 이 교수의 연설에 대한 남자의 생각을 묻고 있다. 오후에 있었던 이 교수님 연설이 멋졌다고 했으므로 정답은 D이다.

▶ 非常과 十分은 둘 다 '매우, 아주'라는 뜻을 지닌다.

22

女: 什么时候可以取照片?
男: 大概需要三天, 到时我会告诉您的。

问: 照片多少天能取?
  A 三天左右
  B 三个月
  C 两天
  D 一个星期

여: 사진은 언제 찾을 수 있나요?
남: 3일 정도 걸립니다. 다 되면 알려드리겠습니다.

질문: 사진은 언제쯤 찾을 수 있는가?
  A 3일 정도
  B 3개월
  C 2일
  D 일주일

지문 어휘
取 qǔ 동 찾다 ★
照片 zhàopiàn 명 사진
大概 dàgài 부 아마(도), 대개 ★

보기 어휘
左右 zuǒyòu 명 정도 ★

정답 A

해설 사진은 언제쯤 찾을 수 있는지 묻고 있다. 남자가 3일 정도 걸린다고 여자에게 말한 것으로 보아 사진은 약 3일 후에 찾을 수 있음을 알 수 있다.

23

男: 你好, 这些表格我都填完了。
女: 您的家庭住址是北京市东城区的哪条街道? 麻烦您写详细一些。

问: 女的让男的怎么做?
  A 填上名字
  B 写详细地址
  C 马上报名
  D 交钱

남: 안녕하세요, 이 표 다 작성했습니다.
여: 당신의 집 주소가 베이징시 동청구의 어떤 거리죠? 죄송하지만 자세히 좀 적어주세요.

질문: 여자는 남자에게 무엇을 하도록 시켰는가?
  A 이름을 적으라고
  B 상세 주소를 적으라고
  C 바로 등록하라고
  D 돈을 내라고

지문 어휘
表格 biǎogé 명 표 ★
填 tián 동 기입하다, 작성하다
家庭 jiātíng 명 가정, 집
住址 zhùzhǐ 명 주소
街道 jiēdào 명 거리, 대로
麻烦 máfan 형 귀찮다, 성가시다 ★
详细 xiángxì 형 상세하다, 자세하다 ★

보기 어휘
名字 míngzi 명 이름
地址 dìzhǐ 명 소재지, 주소 ★
报名 bàomíng 동 신청하다, 등록하다 ★
交钱 jiāoqián 동 돈을 내다

정답 B

해설 여자는 남자에게 무엇을 하도록 했는지 묻고 있다. 여자는 남자의 주소를 확인하면서 자세하게 써 달라고 요청했으므로 정답은 B이다.

24

女: 师傅, 请问一下, 植物园怎么走?
男: 非常抱歉, 这里我也是第一次来。不太了解。

여: 선생님, 좀 여쭤볼게요. 식물원은 어떻게 가나요?
남: 미안합니다. 여기는 저도 처음이라 잘 몰라요.

지문 어휘
师傅 shīfu 명 기사님, 선생님 ★
植物园 zhíwùyuán 명 식물원

问：女的要去哪儿?
A 植物园
B 剧院
C 饭店
D 学校

질문: 여자는 어디에 가려고 하는가?
A 식물원
B 극장
C 음식점
D 학교

抱歉 bàoqiàn 동 미안해하다, 미안하게 생각하다 ★
了解 liǎojiě 동 자세하게 알다, 이해하다

보기 어휘

剧院 jùyuàn 명 극장

정답 A

해설 여자의 행선지를 묻고 있다. 여자가 식물원에 어떻게 가는지 물었으므로 가려고 하는 장소는 식물원임을 알 수 있다.

25

男：您这是准备给谁买钢琴? 价格方面有什么要求?

女：为我女儿买的, 价格希望不要超过两万元。

问：女的在做什么?
A 买书
B 买钢琴
C 找女儿
D 做饭

남: 당신은 누구에게 피아노를 사 주려고 하는 건가요? 가격은 어느 정도 생각하고 계신가요?

여: 제 딸한테 사 줄 거예요. 가격은 2만 위안을 넘지 않았으면 좋겠어요.

질문: 여자는 무엇을 하고 있는가?
A 책을 산다
B 피아노를 산다
C 딸을 찾는다
D 밥을 한다

지문 어휘

准备 zhǔnbèi 동 ~하려고 하다
钢琴 gāngqín 명 피아노
价格 jiàgé 명 가격, 값 ★
希望 xīwàng 동 희망하다, 바라다
超过 chāoguò 동 초과하다, 넘다 ★

정답 B

해설 여자의 행동에 관해 묻고 있다. 남자가 여자에게 피아노를 사 주려는 대상을 물었으므로 여자는 지금 피아노를 사는 중임을 알 수 있다. 정답은 B이다.

제3부분   26~45번 문제는 남녀간의 대화 또는 단문을 듣고 질문에 알맞은 답을 고르는 문제입니다.

26

女: 周末你干什么了?
男: 我跟妻子一起去爬长城了，我们爬得很开心。
女: 你不是夏天刚爬过吗? 怎么又去了呢?
男: 风景不一样呀，秋天的长城附近全是红叶，好看极了。

问: 男的周末干什么了?
 A 爬长城
 B 在家陪妻子
 C 去植物园
 D 看电视

여: 주말에 뭐 했어?
남: 아내랑 같이 만리장성에 올라갔어. 아주 신나게 올랐지.
여: 너 여름에 가지 않았어? 왜 또 갔어?
남: 경치가 다르잖아. 가을의 만리장성 부근은 전부 단풍으로 물들어서 아주 예쁘거든.

질문: 남자는 주말에 무엇을 했는가?
 A 만리장성에 올라갔다
 B 집에서 아내를 도와줬다
 C 식물원에 갔다
 D TV를 봤다

지문 어휘

周末 zhōumò 명 주말
干 gàn 동 하다
妻子 qīzi 명 아내
爬 pá 동 오르다
长城 Chángchéng 명 만리장성
开心 kāixīn 형 기쁘다, 즐겁다 ★
风景 fēngjǐng 명 풍경, 경치
红叶 hóngyè 명 단풍(잎)

보기 어휘

陪 péi 동 곁에서 도와주다, 모시다 ★
植物园 zhíwùyuán 명 식물원

정답 A

해설 남자가 주말에 한 일을 묻고 있다. 남자는 아내와 함께 만리장성에 갔다고 했으므로 정답은 A이다.

27

男: 听说上个周末你去应聘翻译了?
女: 是啊，笔试很顺利，我考了第一。
男: 那应该没问题了，祝贺你。
女: 不一定，之后的面试也非常重要，我还需要好好儿准备准备。

问: 女的是什么意思?
 A 想要上学
 B 得准备面试
 C 周末去旅游
 D 准备去购物

남: 듣자 하니 너 저번주에 통역에 지원했다면서?
여: 응, 필기시험이 순조로워서. 내가 일등 했어.
남: 그럼 당연히 문제없겠네. 축하해.
여: 꼭 그렇진 않아. 다음 면접시험도 아주 중요해. 잘 준비해야 해.

질문: 여자의 말은 무슨 의미인가?
 A 학교에 다니고 싶다
 B 면접시험을 준비해야 한다
 C 주말에 여행을 간다
 D 물건을 사러 가려고 한다

지문 어휘

听说 tīngshuō 동 듣자 하니
周末 zhōumò 명 주말
应聘 yìngpìn 동 지원하다 ★
翻译 fānyì 동 번역하다, 통역하다 ★
笔试 bǐshì 명 필기시험
顺利 shùnlì 형 순조롭다 ★
祝贺 zhùhè 동 축하하다 ★
面试 miànshì 명 면접시험

보기 어휘

旅游 lǚyóu 동 여행하다
购物 gòu wù 동 물품을 구입하다, 물건을 사다 ★

정답 B

해설 여자가 한 말의 의미를 묻고 있다. 여자는 다음에 있을 면접시험도 중요하다고 했으므로 면접시험을 준비해야 함을 알 수 있다.

28

女: 你的脚出什么问题了?
男: 之前打球时不小心弄破了。
女: 我带你去医院检查一下吧。
男: 不用了姐，没有什么大问题。

问: 男的怎么了?
A 肚子饿
B 去医院了
C 脚破了
D 手破了

여: 네 발 무슨 문제 생겼니?
남: 전에 공놀이할 때 실수로 다쳤어.
여: 나랑 병원에 가서 검사 받자.
남: 그럴 필요 없어 누나, 별 문제 아니야.

질문: 남자는 어떠한가?
A 배가 고프다
B 병원에 갔다
C 발을 다쳤다
D 손을 다쳤다

지문 어휘

脚 jiǎo 명 발
打球 dǎ qiú 동 구기 운동을 하다, 공놀이하다
弄破 nòng pò 다치다
检查 jiǎnchá 동 검사하다
肚子 dùzi 명 배 ★
饿 è 형 배고프다

정답 C

해설 남자의 상태를 묻고 있다. 여자가 남자에게 발에 무슨 문제가 있냐고 물어본 것으로 보아 남자는 발을 다쳤음을 알 수 있다.

29

男: 这是菜单，你来点吧。
女: 今天是冬至，这天我们北方人都会吃饺子。
男: 我们来得正好，这家的羊肉饺子非常好吃。我们来一盘尝尝?
女: 好啊。

问: 他们最可能在哪儿?
A 学校
B 饭店
C 剧院
D 超市

남: 메뉴판이야, 네가 주문해.
여: 오늘은 동지인데, 이날 우리 북방 사람들은 모두 만두를 먹지.
남: 때마침 잘 왔네. 이 집의 양고기 만두 정말 맛있어. 우리 한 접시 먹어 볼까?
여: 좋아.

질문: 그들은 어디에 있을 가능성이 가장 큰가?
A 학교
B 음식점
C 극장
D 슈퍼마켓

지문 어휘

菜单 càidān 명 메뉴판
点 diǎn 동 주문하다
冬至 dōngzhì 명 동지
北方人 běifāngrén 명 북방 사람
饺子 jiǎozi 명 만두, 교자 ★
正好 zhènghǎo 부 마침 ★
羊肉 yángròu 명 양고기
盘 pán 양 판, 그릇
尝 cháng 동 맛보다

보기 어휘

剧院 jùyuàn 명 극장
超市 chāoshì 명 슈퍼마켓

정답 B

해설 그들이 있는 장소를 묻고 있다. 菜单(메뉴판), 点(주문하다), 尝(맛보다)이라는 어휘들이 언급된 것으로 보아 그들은 음식점에 있음을 짐작할 수 있다.

30

女：我还以为那个演员会真功夫呢，没想到那都是电脑做出来的。

男：这一点都不奇怪，有些动作太危险，或者无人能做时，就会使用电脑。

女：但是我感觉这是在骗观众。

男：不是的，效果做得好，观众也会喜欢看的。

问：关于那个演员，下列哪个正确？
A 脾气很差
B 经验丰富
C 不会功夫
D 观众不喜欢

여: 나는 그 연기자가 진짜로 무술을 하는 줄 알았어. 뜻밖에도 그거 전부 다 컴퓨터로 만든 거였어.

남: 이건 조금도 이상하지 않아, 매우 위험하거나 사람이 할 수 없는 동작들은 컴퓨터를 사용할 수 있지.

여: 하지만 이건 시청자를 속이는 거라고 생각해.

남: 아니야, (그래픽) 효과가 좋아서 시청자들도 좋아할 거야.

질문: 그 연기자에 관하여, 다음 중 옳은 것은?
A 성격이 나쁘다
B 경험이 풍부하다
C 무술을 하지 못한다
D 시청자들이 좋아하지 않는다

지문 어휘
以为 yǐwéi 동 여기다, 생각하다 ★
演员 yǎnyuán 명 배우, 연기자 ★
功夫 gōngfu 명 쿵후, 무술 ★
没想到 méi xiǎngdào 생각지 못하다, 뜻밖에도
奇怪 qíguài 형 기이하다, 이상하다
危险 wēixiǎn 형 위험하다 ★
使用 shǐyòng 동 사용하다, 쓰다 ★
骗 piàn 동 속이다, 기만하다 ★
观众 guānzhòng 명 관중, 시청자 ★
效果 xiàoguǒ 명 효과 ★

보기 어휘
脾气 píqi 명 성격, 성질 ★
经验 jīngyàn 명 경험 ★

정답 C

해설 여자가 그 연기자는 진짜로 무술을 하는 줄 알았지만, 뜻밖에도 전부 다 컴퓨터로 만든 거였다고 했으므로 연기자는 실제로 무술을 하지 못한다는 것을 알 수 있다.

31

男：法律方面的问题还是问孙律师吧，我也不明白。

女：是啊，但现在不是上班时间，应该下班了吧。

男：没事，他几乎天天都加班。

女：那你往他的办公室打个电话试试吧。

问：他们想问哪方面的问题？
A 学习　　B 法律
C 信用卡　D 运动

남: 법률 분야 문제는 아무래도 손 변호사에게 물어보는 게 낫겠어요. 저도 잘 몰라요.

여: 네. 하지만 지금 근무시간이 아니라서 퇴근하셨을 거예요.

남: 아니에요. 그는 거의 매일 야근해요.

여: 그럼 당신이 그의 사무실에 전화 좀 해 봐요.

질문: 그들은 어떤 분야의 문제에 대해 묻고 싶은가?
A 학습　　B 법률
C 신용카드　D 운동

지문 어휘
法律 fǎlǜ 명 법률
方面 fāngmiàn 명 방면, 분야 ★
几乎 jīhū 부 거의
加班 jiā bān 동 초과 근무를 하다, 야근하다 ★

보기 어휘
信用卡 xìnyòngkǎ 명 신용카드

정답 B

해설 그들이 질문하고자 하는 분야가 무엇인지 묻고 있다. 남자가 여자에게 법률 분야 문제는 손 변호사에게 물어보라고 말한 것으로 보아 정답은 B이다.

32

女: 奇怪, 我把眼镜放哪儿了?
男: 是不是刚才你洗澡时, 放卫生间了?
女: 有可能, 我去找找。
男: 以后不要乱丢东西了。

问: 女的在找什么?
A 签证   B 眼镜
C 书   D 卫生间

여: 이상하다. 내가 안경 어디다 뒀지?
남: 너 방금 샤워할 때 화장실에다 둔 거 아니야?
여: 그럴 수도 있겠네. 가서 찾아봐야겠다.
남: 다음부터 물건을 함부로 두지 마.

질문: 여자는 무엇을 찾고 있는가?
A 비자   B 안경
C 책   D 화장실

지문 어휘
奇怪 qíguài 형 기이하다, 이상하다
眼镜 yǎnjìng 명 안경 ★
刚才 gāngcái 명 지금 막, 방금
洗澡 xǐ zǎo 동 목욕하다
卫生间 wèishēngjiān 명 화장실 ★
乱丢 luàn diū 함부로 두다, 함부로 버리다

보기 어휘
签证 qiānzhèng 명 비자 ★

정답 B

해설 여자가 찾는 물건이 무엇인지 묻고 있다. 여자가 남자에게 안경을 어디다 뒀는지 물어보는 것으로 보아 여자는 안경을 찾고 있음을 알 수 있다.

33

男: 你知道中午我在商店看见谁了吗?
女: 谁啊? 你朋友?
男: 是咱们读研究生时的同学张扬, 他毕业后去北京读博士了, 几天前刚回来。
女: 我们好像有五六年没见了。改天一定得聚聚。

问: 男的遇见谁了?
A 父亲   B 老师
C 研究生同学 D 女朋友

남: 너 내가 점심 때 상점에서 누구를 봤는지 알아?
여: 누구? 친구?
남: 우리 대학원 때 같이 공부했던 장양이야. 졸업하고 박사 과정 공부하러 베이징에 갔다가 며칠 전에 돌아왔대.
여: 우리 아마 5~6년 동안 못 만난 것 같아. 다음에 꼭 만나자.

질문: 남자는 누구를 우연히 만났는가?
A 아버지   B 선생님
C 대학원 동창 D 여자 친구

지문 어휘
看见 kàn jiàn 동 보다, 보이다
咱们 zánmen 대 우리(들) ★
研究生 yánjiūshēng 명 대학원생, 연구생
毕业 bì yè 명 졸업 동 졸업하다 ★
博士 bóshì 명 박사
好像 hǎoxiàng 부 마치 ~인 것 같다
改天 gǎitiān 명 후일, 다른 날
聚 jù 동 모이다

보기 어휘
遇见 yù jiàn 동 우연히 만나다

정답 C

해설 남자가 만난 사람이 누구인지 묻고 있다. 남자가 대학원 시절때 함께 공부한 장양을 보았다고 했으므로 정답은 C이다.

34

女：再看一遍你的行李箱，检查一下有没有忘带东西。
男：没有，我都准备好了。
女：护照呢？
男：哎呀，我竟然把那个给忘了。

问：女的让男的怎么做？
　A 检查行李
　B 做饭
　C 上学校
　D 早点出发

여: 너 트렁크 다시 한번 살펴 봐. 놓고 가는 물건은 없는지 점검해 보고.
남: 없어, 다 준비됐어.
여: 여권은?
남: 아이고, 내가 그거 챙기는 걸 깜빡했네.

질문: 여자는 남자에 무엇을 하도록 했는가?
　A 짐을 점검하라고
　B 밥을 하라고
　C 학교에 가라고
　D 일찍 출발하라고

지문 어휘

遍 biàn 양 번, 차례, 회 ★
行李箱 xínglǐxiāng 명 트렁크, 여행용 가방
检查 jiǎnchá 동 검사하다, 점검하다
护照 hùzhào 명 여권
哎呀 āiyā 감 아이고, 저런
竟然 jìngrán 부 뜻밖에도, 의외로

보기 어휘

出发 chūfā 동 출발하다, 떠나다 ★

정답 A

해설 여자가 남자에게 무엇을 하도록 했는지 묻고 있다. 여자는 놓고 가는 물건이 없는지 점검해 보라고 했으므로 정답은 A이다.

35

男：听说小李生孩子了？
女：对啊，我前几天去过他家。还抱过他儿子呢。
男：男孩儿吗？
女：是啊，胖胖的，非常可爱。

问：他们在说谁？
　A 小李的孩子
　B 小李的父亲
　C 小李的母亲
　D 小李的妹妹

남: 듣자 하니 샤오리가 아기 낳았다며?
여: 맞아, 내가 며칠 전에 그의 집에 갔을 때, 그의 아들을 안아 봤어.
남: 남자아이야?
여: 응, 포동포동해, 아주 귀여워.

질문: 그들은 누구를 이야기하고 있는가?
　A 샤오리의 아기
　B 샤오리의 아버지
　C 샤오리의 어머니
　D 샤오리의 여동생

지문 어휘

听说 tīngshuō 동 듣자 하니
生孩子 shēng háizi 아이를 낳다
抱 bào 동 안다, 껴안다 ★
男孩儿 nánháir 명 사내아이, 아들
胖胖 pàngpàng 형 포동포동하다, 통통하다
可爱 kě'ài 형 사랑스럽다, 귀엽다

정답 A

해설 그들은 누구에 관해 이야기를 하고 있는지 묻고 있다. 남자는 샤오리가 아이를 낳았는지 여자에게 확인하고 있으므로 그들은 샤오리의 아기에 관해 이야기하고 있음을 알 수 있다.

第36到37题是根据下面一段话： 36-37번 문제는 다음 내용에 근거한다:

有一次朋友邀请我参加一个晚会，但 ³⁶ 那天下午需要去见一位重要的客人，结束后已经很晚了。因此，我没换衣服就去参加了。当我到时，晚会已经开始了。那时，大家玩儿得很兴奋，³⁷ 见到我穿得那么正式，都跟我开玩笑说："你是来加班的吗？"

한번은 친구가 나를 저녁 파티에 초대했다. 그런데 그날 ³⁶ 오후에 중요한 고객 한 분을 만나러 가야 했고, 끝나고 나니 이미 시간이 너무 늦어 버렸다. 그래서 나는 옷을 갈아입지 않고 바로 갔다. 내가 도착했을 때 파티는 이미 시작했고, 그때, 모두 신나게 놀고 있었는데 ³⁷ 옷을 갖춰 입은 나를 보자 모두 나에게 농담으로 "너 야근하러 왔니?"라고 말했다.

지문 어휘
邀请 yāoqǐng 통 초청하다, 초대하다 ★
参加 cānjiā 통 참가하다, 참여하다
晚会 wǎnhuì 명 이브닝 파티
需要 xūyào 통 필요하다, 요구되다
客人 kèrén 명 고객
结束 jiéshù 통 끝나다, 마치다
因此 yīncǐ 접 이로 인하여, 그래서 ★
兴奋 xīngfèn 형 흥분하다 ★
正式 zhèngshì 형 정식의, 공식의 ★
开玩笑 kāi wánxiào 통 농담하다, 놀리다 ★
加班 jiā bān 통 초과 근무를 하다, 야근하다 ★

보기 어휘
顾客 gùkè 명 고객, 손님 ★
演出 yǎnchū 명 공연 ★

36

问: 说话人那天下午去干什么了？
A 见顾客
B 见父母
C 参加演出
D 运动

질문: 화자는 그날 오후에 무엇을 했는가？
A 고객을 만났다
B 부모님을 만났다
C 공연에 참가했다
D 운동했다

정답 A

해설 화자가 그날 오후에 무엇을 했는지 묻고 있다. 단문 첫 부분에 그날 오후에 중요한 고객을 만나러 가야 했다고 했으므로 정답은 A이다.

37

问: 大家为什么和说话人开玩笑？
A 因为很兴奋
B 穿得太正式
C 来晚了
D 因为见顾客了

질문: 다른 사람들은 왜 화자를 보고 농담을 했는가？
A 너무 신나서
B 너무 옷을 갖춰입어서
C 늦게 와서
D 고객을 만나서

정답 B

해설 사람들이 화자를 보고 농담을 한 이유를 묻고 있다. 단문 후반부에 옷을 갖춰입은 나를 보자 농담을 했다고 했으므로 정답은 B이다.

第38到39题是根据下面一段话：

很小的时候我就喜欢看书，但 ³⁸对书的要求并没什么标准。有时是因为内容吸引我，有时仅仅因为里面的画儿吸引我。我认为看一本自己喜欢的书，³⁹是一件让人非常幸福的事。既然幸福这么简单，为什么不永远继续下去呢？

38-39번 문제는 다음 내용에 근거한다:

어릴 때 나는 책 읽는 것을 좋아했다. 하지만 ³⁸ 책에 대해서 특별한 기준은 없었다. 어떤 때는 내용이 나를 매료시켰고, 또 어떤 때는 그저 책 속의 그림이 나를 매료시켰다. 나는 내가 좋아하는 책을 읽는 것은 ³⁹ 나를 매우 행복하게 하는 일이라고 생각한다. 행복은 이렇게 단순한데 왜 영원히 지속되지 않는 걸까?

지문 어휘

要求 yāoqiú 명 요구, 요망
并 bìng 부 결코, 전혀, 조금도
标准 biāozhǔn 명 표준, 기준 ★
吸引 xīyǐn 동 끌어당기다, 매료시키다 ★
仅仅 jǐnjǐn 부 단지, 다만
画儿 huàr 명 그림
认为 rènwéi 동 여기다, 생각하다
幸福 xìngfú 형 행복하다 ★
既然 jìrán 접 기왕 ~된 바에야, ~한(인) 이상
简单 jiǎndān 형 간단하다, 단순하다
永远 yǒngyuǎn 부 영원히
继续 jìxù 동 계속하다 ★

38

问: 关于说话人，可以知道什么？
A 对钱感兴趣
B 喜欢画画儿
C 无选书标准
D 不喜欢看书

질문: 화자에 관하여, 알 수 있는 것은 무엇인가？
A 돈에 관심이 있다
B 그림 그리는 것을 좋아한다
C 책을 고르는 기준이 없다
D 책 보는 것을 좋아하지 않는다

보기 어휘

感兴趣 gǎn xìngqù 관심이 있다, 흥미가 있다

정답 C

해설 화자에 관해 묻고 있다. 단문 첫 부분에 책에 대한 어떠한 기준이 없다고 했으므로 정답은 C이다.

39

问: 读到一本好书，会让说话人感觉怎么样？
A 难过 B 幸福
C 愉快 D 讨厌

질문: 좋은 책 한 권을 읽는 것은 화자에게 어떤 감정을 느끼게 하는가？
A 괴롭다   B 행복하다
C 즐겁다   D 귀찮다

보기 어휘

难过 nánguò 형 고통스럽다, 괴롭다
愉快 yúkuài 형 기쁘다, 유쾌하다 ★
讨厌 tǎoyàn 형 귀찮다, 성가시다 ★

정답 B

해설 좋은 책 한 권을 읽는 것은 화자에게 어떤 감정을 느끼게 하는지 묻고 있다. 단문 후반부에 좋아하는 책을 보는 것은 나를 행복하게 하는 일이라고 언급했으므로 정답은 B이다.

第40到41题是根据下面一段话： | 40–41번 문제는 다음 내용에 근거한다:

小王学会开车没多久，开车时经常紧张。有一天，他打开车门，发现车座上有400块钱，还有写着加油的小纸条，小王一看字就知道是父亲写的，⁴⁰他十分感动，带着父亲的鼓励出门了，但是没开多久，车就没油了。⁴¹原来是让他给车加油啊。

샤오왕은 운전을 시작한 지 얼마 되지 않아서 운전할 때는 늘 긴장을 한다. 하루는 그가 차 문을 열 때, 좌석 위에 400위안과 함께 화이팅이라고 적힌 쪽지를 발견했다. 샤오왕은 보자마자 아버지가 쓰신 것임을 알고 ⁴⁰ 매우 감동하였고, 아버지의 격려와 함께 길을 나섰다. 하지만 얼마 가지 않아 차에 기름이 다 떨어졌다. ⁴¹ 알고 보니 그에게 차에 기름을 넣으라고 한 것이었다.

지문 어휘

学会 xuéhuì 동 배워서 알다
开车 kāi chē 동 차를 운전하다
经常 jīngcháng 부 언제나, 늘
紧张 jǐnzhāng 형 긴장하다 ★
发现 fāxiàn 동 발견하다
加油 jiā yóu 동 힘을 내다, 기름을 넣다
纸条 zhǐtiáo 명 쪽지
十分 shífēn 부 매우, 아주 ★
感动 gǎndòng 동 감동하다 ★
鼓励 gǔlì 동 격려하다 ★
原来 yuánlái 부 알고 보니

40

问: 看到车座上的东西后，小王感到怎么样?
A 非常难过
B 很开心
C 很感动
D 很紧张

질문: 차 좌석의 물건을 보고 샤오왕은 어떻게 느꼈는가?
A 매우 괴로웠다
B 매우 즐거웠다
C 매우 감동했다
D 매우 긴장했다

보기 어휘

难过 nánguò 형 고통스럽다, 괴롭다
开心 kāixīn 형 기쁘다, 즐겁다 ★

정답 C

해설 차 안의 물건을 보고 샤오왕이 느낀 감정에 대해 묻고 있다. 단문 중간 부분에 그는 매우 감동했다고 했으므로 정답은 C이다.

41

问: 根据这段话，可以知道什么?
A 父亲很有钱
B 父亲鼓励小王
C 小王没有钱
D 车没油了

질문: 이 글에 근거하여 알 수 있는 것은 무엇인가?
A 아버지는 돈이 많다
B 아버지는 샤오왕을 격려한다
C 샤오왕은 돈이 없다
D 차에 기름이 떨어졌다

정답 D

해설 이 글에 근거하여 알 수 있는 것은 무엇인지 묻고 있다. 加油라는 쪽지를 보고 '파이팅'으로 이해한 아들이 감동했으나, 알고 보니 아버지의 쪽지는 加油의 또다른 의미인 '기름을 넣다'라는 뜻이었음을 뒤늦게 알아차린 내용이므로 정답은 D이다.

第42到43题是根据下面一段话： 42-43번 문제는 다음 내용에 근거한다:

⁴³老师教育学生时，要小心说话的方式，⁴²注意不能太直接。比如，当学生完成作业有点粗心时，老师应该讲："你做得很好，就是有点粗心，要是能改掉这个缺点，你的成绩会更好。"

⁴³ 선생님이 학생을 가르칠 때 말하는 방식을 조심해야 한다. ⁴² 너무 직설적으로 말해서는 안 된다. 예를 들어 학생이 숙제를 건성으로 했다면 선생님은 "숙제 잘했다. 그런데 조금 꼼꼼하지 못했구나. 만약 이 단점을 고칠 수 있다면 네 성적은 훨씬 좋아질거야"라고 말해야 한다.

지문 어휘

教育 jiàoyù 통 교육하다 ★
方式 fāngshì 명 방식, 방법
注意 zhùyì 통 주의하다
直接 zhíjiē 형 직접적인 ★
比如 bǐrú 접 예를 들어, 예를 들면 ★
粗心 cūxīn 형 세심하지 못하다, 데면데면하다 ★
应该 yīnggāi 조동 ~해야 한다
改掉 gǎi diào 통 고쳐 버리다
缺点 quēdiǎn 명 단점, 부족한 점
成绩 chéngjì 명 성적

42

问：举学生做作业的例子，是为了说明什么？
A 老师很粗心
B 学生很自信
C 批评别太直接
D 学生不努力学习

질문: 학생이 숙제 한 것을 예를 들어 말한 것은 무엇을 설명하기 위해서인가?
A 선생님이 세심하지 못하다
B 학생이 자신감이 있다
C 너무 직설적으로 지적하지 마라
D 학생들이 열심히 공부하지 않는다

보기 어휘

举 jǔ 통 들다 ★
例子 lìzi 명 예, 보기
自信 zìxìn 형 자신만만하다, 자신감 있다 ★
批评 pīpíng 통 비판하다, 지적하다 ★
努力 nǔlì 통 노력하다, 힘쓰다

정답 C

해설 단문 첫 부분에 학생이 숙제 한 것을 예로 들면서 너무 직설적으로 말하지 않도록 주의해야 한다고 했으므로 정답은 C이다.

43

问：这段话主要谈的是什么？
A 学习时间
B 教育方式
C 学生缺点
D 如何完成作业

질문: 이 글이 주로 이야기하고 있는 것은 무엇인가?
A 학습 시간
B 교육 방식
C 학생의 단점
D 어떻게 숙제를 완성하는가

보기 어휘

如何 rúhé 대 어떻게, 어째서
完成 wánchéng 통 완성하다, 끝내다

정답 B

해설 이 글의 주제를 묻고 있다. 단문 도입 부분에 선생님이 학생을 가르칠 때 말하는 방식을 조심해야 한다고 했으므로 이 글의 주제는 학생을 가르치는 교육 방식에 관한 것임을 알 수 있다.

第44到45题是根据下面一段话: 44-45번 문제는 다음 내용에 근거한다:

⁴⁴当家里遇到困难时，我们第一个想到的是亲戚。但是因为亲戚一般离得较远，如果碰到非常着急的事情时，他们有可能无法及时来到我们身边。而这时能帮助我们的就是邻居，因此，⁴⁵我们必须重视与邻居之间的关系。

⁴⁴ 집이 어려움에 처했을 때 우리가 가장 먼저 떠올리는 것은 친척이다. 하지만 친척들은 일반적으로 멀리 산다. 만약 아주 급한 일에 맞닥뜨렸을 때 그들은 아마도 제시간에 우리 곁에 올 수 없을 것이다. 반면 이때 우리를 도와줄 수 있는 것은 바로 이웃이다. 그래서, ⁴⁵우리는 반드시 이웃과의 관계를 중요시해야 한다.

지문 어휘

遇到 yùdào 동 만나다, 마주치다
困难 kùnnan 명 어려움 ★
亲戚 qīnqi 명 친척 ★
一般 yìbān 형 보통이다, 일반적이다
如果 rúguǒ 접 만약, 만일
碰 pèng 동 부딪치다, 마주치다
着急 zháojí 동 조급해하다
及时 jíshí 부 즉시, 곧바로 ★
邻居 línjū 명 이웃집
因此 yīncǐ 접 이로 인하여, 그래서 ★
必须 bìxū 부 반드시 ~해야 한다
重视 zhòngshì 동 중시하다, 중요시하다 ★
关系 guānxi 명 관계
教师 jiàoshī 명 교사 ★

44

问: 遇到困难时，人们一般会先想到谁?
A 亲戚 B 教师
C 邻居 D 医生

질문: 어려움에 처했을 때 사람들은 일반적으로 누구를 먼저 생각하는가?
A 친척 B 교사
C 이웃 D 의사

정답 A

해설 어려움에 처했을 때 사람들은 일반적으로 누구를 생각하는지 묻고 있다. 단문 도입 부분에 집이 어려움에 처했을 때 우리가 가장 먼저 떠올리는 것은 친척이라고 했으므로 정답은 A이다.

45

问: 根据这段话，我们应该怎么做?
A 重视邻居关系
B 住在亲戚家附近
C 不要遇到困难
D 尊重老师

질문: 이 글에 근거하여 우리는 마땅히 무엇을 해야 하는가?
A 이웃 관계를 중요시해야 한다
B 친척 집과 가까운 곳에 살아야 한다
C 어려움을 만나지 말아야 한다
D 선생님을 존중해야 한다

보기 어휘

尊重 zūnzhòng 동 존중하다 ★

정답 A

해설 이 글에 근거하여 우리는 어떻게 해야 하는지 묻고 있다. 단문 마지막 부분에 우리는 반드시 이웃과의 관계를 중시해야 한다고 했으므로 정답은 A이다.

HSK 4급 5회 독해

제1부분 46~55번 문제는 문장 또는 대화 속 빈칸에 알맞은 단어를 고르는 문제입니다.

보기

A 规定　　B 最好
C 来不及　D 坚持
E 严格　　F 提

A guīdìng 명 규정, 규칙
C láibují 동 (시간이 부족하여) 돌볼 틈이 없다, 늦다
E yángé 형 엄격하다, 엄하다

B zuìhǎo 부 ~하는 것이 가장 좋다
D jiānchí 동 꾸준히 하다
F tí 동 제기하다

46

姐, 你平时对孩子太（ E 严格 ）了, 你偶尔让他放松一下。

누나, 평소 아이에게 너무 (E 엄해), 가끔은 그를 좀 풀어 줘.

지문 어휘

平时 píngshí 명 평소, 평상시 ★
偶尔 ǒu'ěr 부 간혹, 이따금, 가끔 ★
放松 fàngsōng 동 긴장감을 풀다, 느슨하게 하다 ★

정답 E

해설 형용사 어휘 채우기 문제

빈칸 앞 뒤에 부사 太 ~了가 있다. → 빈칸 뒤에는 목적어가 없으므로 형용사 어휘 배치를 생각한다. '평소 아이에게 너무 ~하다'라는 문장이 성립된다. → 문맥상 어울리는 어휘는 E 严格(엄하다)이다.

47

有什么问题您尽管（ F 提 ）出来, 我们一定做到让您满意。

무슨 문제가 있으면 얼마든지 (F 얘기하세요), 우리가 반드시 당신을 만족시켜 드리겠습니다.

지문 어휘

尽管 jǐnguǎn 부 얼마든지, 마음대로 ★
满意 mǎnyì 형 만족하다, 만족스럽다

정답 F

해설 동사 어휘 채우기 문제

빈칸 앞에는 접속사 尽管이 있고, 빈칸 뒤에는 방향보어 出来가 있다. → 빈칸에는 동사 성분의 어휘가 위치해야 한다. → 문맥상 방향보어 出来와 어울리는 어휘는 F 提(제기하다)이다.

▶ 提出来(이야기를 꺼내다, 제기하다)를 고정표현으로 익혀두자!

48

我因为有重要的事情，（ C 来不及 ）和客人说一声就走了。

내가 중요한 일이 있어서 손님과 한마디 (C 말할 틈도 없이) 바로 가 버렸어.

지문 어휘

客人 kèrén 명 손님, 고객

정답 C

해설 동사 어휘 채우기 문제

| 뒷절 시작 빈칸 어휘는 뒷 문장 전체의 의미를 포괄하는 역할을 한다. | ➡ | 전치사구 '和客人' 앞에 놓일 수 있는 품사는 명사이다. 하지만 보기 중 적당한 명사가 없으므로 뒷 문장 전체의 의미를 포괄할 수 있는 동사 어휘를 찾도록 한다. | ➡ | 문맥상 어울리는 어휘는 C 来不及((시간이 부족하여) 돌볼 틈이 없다, 늦다)이다. 고객들과 얘기 한마디 나눌 틈도 없이 나가야 했다로 해석할 수 있다. |

▶ 来不及는 시간이 부족하여 ~할 틈이 없다는 뜻임을 기억해 두자!

49

根据（ A 规定 ），要想获得奖学金，只有在考试中进入前5名才有机会。

(A 규정)에 따르면, 장학금을 받고 싶으면 시험에서 5등 안에 들어야만 기회가 있다고 한다.

지문 어휘

根据 gēnjù 전 ~에 의거하여, ~에 따라
获得 huòdé 동 얻다, 취득하다 ☆
奖学金 jiǎngxuéjīn 명 장학금
进入 jìnrù 동 들다, 진입하다

정답 A

해설 짝꿍 어휘 채우기 문제

| 빈칸 앞에는 전치사 根据(~에 따라)가 있다. | ➡ | 빈칸 앞에 전치사 根据가 있으므로 빈칸에는 명사가 위치해야 한다. 전치사 根据(~에 따라)와 잘 어울리는 짝꿍 어휘를 연상하면 된다. | ➡ | 문맥상 어울리는 어휘는 A 规定(규정)이다. |

▶ 根据规定(규정에 따라)라는 표현을 익혀두자!

50

乘坐电梯时，上高层的人（ B 最好 ）往里站，让上低层的人容易进出。

엘리베이터를 탈 때 높은 층에 가는 사람은 낮은 층에 가는 사람이 쉽게 드나들 수 있도록 안쪽으로 들어가 서는 게 (B 가장) 좋다.

지문 어휘

乘坐 chéngzuò 동 타다 ☆
电梯 diàntī 명 엘리베이터
高层 gāocéng 명 높은 층, 고층
低层 dīcéng 명 낮은 층, 저층

정답 B

해설 부사 어휘 채우기 문제

빈칸 앞에는 관형어 형태의 上高层的人이 있고, 빈칸 뒤에는 전치사구 형태인 往里가 있다. → 주어와 전치사구 사이에 올 수 있는 품사를 연상하면 된다. '높은 층에 가는 사람은 안쪽으로 서는 게 ~하다'라는 문장이 성립되어야 하므로 부사 어휘가 오는 것이 적당하다. → 문맥상 어울리는 어휘는 B 最好(~하는 것이 가장 좋다)이다.

容易 róngyì 형 ~하기 쉽다
进出 jìnchū 동 출입하다, 드나들다

보기

A 稍微　　B 值得
C 温度　　D 聚会
E 计划　　F 咳嗽

A shāowēi 부 조금, 약간
C wēndù 명 온도
E jìhuà 명 계획 동 계획하다

B zhíde 동 ~할 만한 가치가 있다
D jùhuì 명 모임
F késou 동 기침하다

51

A: 日子过得好快，马上就要到寒假了。
B: 对啊，你寒假有什么（ E 计划 ）？

A: 시간이 정말 빨리 지나가네. 곧 있으면 겨울방학이야.
B: 그래. 너 겨울방학 때 무슨 (E 계획)이 있니?

지문 어휘

日子 rìzi 명 날, 시간
寒假 hánjià 명 겨울방학 ★

정답 E

해설 명사 어휘 채우기 문제

빈칸 앞에 대명사 什么가 있고, 동사 有가 있다. → 什么는 '어떤, 무슨'이라는 의미이므로 빈칸에는 명사 성분이 위치해야 한다. '겨울방학 때 무슨 ~이 있니'라는 문장이 성립되어야 한다. → 문맥상 어울리는 어휘는 E 计划(계획)이다.

52

A: 这么累的演出，真的（ B 值得 ）你继续坚持下去吗？
B: 这不但是我的职业，而且还是我的爱好，无论如何，我都不会放弃。

A: 이렇게 힘든 공연을, 정말 네가 계속할 (B 가치가 있니)?
B: 이건 내 직업일 뿐만 아니라 나의 취미이기도 해. 어쨌든 나는 모두 포기하지 않을 거야.

지문 어휘

累 lèi 형 지치다, 피곤하다
演出 yǎnchū 명 공연
继续 jìxù 명 계속 동 계속하다 ★
坚持 jiānchí 동 유지하다, 계속하다 ★
职业 zhíyè 명 직업 ★

| 정답 | B |

해설 동사 어휘 채우기 문제

빈칸 앞에는 부사 真的가 있다. → 뒤에 목적어를 수식할 수 있는 동사 성분이 위치해야 한다. '이렇게 힘든 공연을 꾸준히 계속해 나갈 ~이 있니'라는 문장이 성립되어야 한다. → 문맥상 가장 어울리는 어휘는 B 值得(~할 만한 가치가 있다)이다.

爱好 àihào 명 취미, 애호
无论如何 wúlùnrúhé 어찌 되었든 간에, 어쨌든
放弃 fàngqì 동 버리다, 포기하다 ★

53

A: 孩子一直在（ F 咳嗽 ），吃药一点效果都没有。
B: 不要担心，明天我带他去医院重新检查一遍。

A: 아이가 계속 (F 기침을 하는데) 약을 먹어도 효과가 하나도 없어.
B: 걱정하지 마, 내일 내가 병원에 데려가서 다시 검사한번 받아볼게.

지문 어휘

效果 xiàoguǒ 명 효과 ★
担心 dān xīn 동 염려하다, 걱정하다
重新 chóngxīn 부 다시, 재차 ★
检查 jiǎnchá 동 검사하다, 점검하다

| 정답 | F |

해설 동사 어휘 채우기 문제

빈칸 앞에는 부사어 一直在가 있다. → 빈칸 앞에 부사어가 있으므로 빈칸에는 동사 어휘가 위치해야 한다. '아이가 계속 ~하고 있다'라는 문장이 성립되어야 한다. → 문맥상 가장 어울리는 어휘는 F 咳嗽(기침하다)이다.

54

A: 服务员，这个巧克力的盒子破了。
B: 非常抱歉，您（ A 稍微 ）等会儿，我马上给您换新的。

A: 종업원, 이 초콜릿 상자가 망가졌어요.
B: 정말 죄송합니다. (A 조금만) 기다려주시면 금방 새 것으로 바꿔 드릴게요.

지문 어휘

服务员 fúwùyuán 명 종업원
巧克力 qiǎokèlì 명 초콜릿 ★
盒子 hézi 명 작은 상자 ★
破 pò 동 파손되다, 망가지다, 부서지다
抱歉 bàoqiàn 동 미안해하다, 미안하게 생각하다 ★

| 정답 | A |

해설 부사 어휘 채우기 문제

빈칸 앞에는 주어 您이 있고, 빈칸 뒤에는 동사 等이 있다. → 빈칸 뒤에 동사가 있으므로 빈칸에는 부사 어휘가 위치해야 한다. '~기다려 주시면'이라는 문장이 성립되어야 한다. → 문맥상 어울리는 어휘는 A 稍微(조금)이다.

▶ 稍微 + 동사 + 一会儿 / 一点儿은 '조금(잠깐) ~하다'의 의미라는 것을 꼭 기억하자.

55

A: 外面出太阳了，咱们出去走一走吧。
B: 昨天(D 聚会)结束得很晚，现在还很困，想再躺一会儿。

A: 밖에 해가 떴어, 우리 나가서 좀 걷자.
B: 어제 (D 모임)이 늦게 끝나서 아직 졸려, 좀 더 누워 있고 싶어.

지문 어휘
太阳 tàiyáng 명 해, 태양
结束 jiéshù 동 마치다, 끝나다
困 kùn 형 졸리다 ★
躺 tǎng 동 눕다

정답 D

해설 명사 어휘 채우기 문제

| 빈칸 앞에는 명사 昨天이 있고, 빈칸 뒤에는 술어 结束가 있다. | → | 빈칸에는 명사 어휘가 위치해야 한다. '어제 ~이 늦게 끝났다'라는 문장이 성립되어야 한다. | → | 문맥상 어울리는 어휘는 D 聚会(모임)이다. |

제2부분 56~65번 문제는 제시된 문장을 알맞게 배열하는 문제입니다.

56

A 以早日适应工作
B 主要是为了让他多锻炼一下
C 这次的工作由小李负责

A 빠른 시간 내에 일에 적응할 수 있도록 하려고요
B 주된 이유는 그를 많이 단련시키기 위해서입니다
C 이번 일은 샤오리가 담당합니다

지문 어휘
以 yǐ 접 ~하여, ~하기 위하여 ★
早日 zǎorì 부 일찍이, 신속하게
适应 shìyìng 동 적응하다 ★
主要 zhǔyào 형 주요한, 주된
锻炼 duànliàn 동 단련하다
负责 fùzé 동 책임지다 ★

정답 CBA

해설 큰 개념 ··→ 작은 개념 파악 문제

큰 개념		작은 개념
이번 일은 샤오리가 담당한다는 큰 개념을 먼저 제시한다.	→ 주된 이유는 그를 많이 단련시키기 위함이고, →	이는 '그가 빨리 적응할 수 있도록 하기 위해서이다'라고 부연 설명으로 마무리한다.

▶ 접속사 '以'는 '~함으로써, 하기 위하여'라는 의미로 'A, 以B'(B하도록 A하다)의 형식으로 쓰여 以가 이끄는 문장이 앞 문장의 목적임을 강조한다.

C 这次的工作由小李负责, (이번 일은 샤오리가 담당합니다,)
B 主要是为了让他多锻炼一下, (주된 이유는 그를 많이 단련시키기 위해서입니다,)
A 以早日适应工作。(빠른 시간 내에 일에 적응할 수 있도록 하려고요.)

57

A 因为它们一个在深海中，一个在天上
B 说世界上最远的是鱼与飞鸟的距离
C 我最近在一本书里面看到了很有趣的话

A 왜냐하면 그들은 하나는 깊은 물 속에, 하나는 하늘에 있기 때문이다
B 말하기를 세상에서 가장 멀리 떨어진 것은 물고기와 새의 거리라고 한다
C 나는 최근에 한 권의 책에서 정말 재미있는 이야기를 봤다

> **지문 어휘**
>
> 深海 shēnhǎi 명 심해, 깊은 바다
> 天上 tiānshàng 명 하늘, 천상
> 世界 shìjiè 명 세상
> 飞鸟 fēiniǎo 명 새
> 距离 jùlí 명 거리, 간격 ★
> 最近 zuìjìn 명 최근, 요즘
> 有趣 yǒuqù 형 재미있다, 흥미가 있다 ★

정답 CBA

해설 의미 파악 문제(결론 … 부연 설명)

| 결론부터 제시(최근에 한 권의 책을 봤다)하고, | ➡ | '말하기를 ~라고 한다'고 책 속의 구체적인 내용을 부연 설명한다. | ➡ | '왜냐하면 ~이기 때문이다' 순으로 결론을 지으면 된다. |

▶ 我最近~看到了~(나는 최근에 ~보았다) … 说~(말하기를~) … 因为~(왜냐하면~) 순으로 배열하자.

C 我最近在一本书里面看到了很有趣的话。(나는 최근에 한 권의 책에서 정말 재미있는 이야기를 봤다.)
B 说世界上最远的是鱼与飞鸟的距离。(말하기를 세상에서 가장 멀리 떨어진 것은 물고기와 새의 거리라고 한다.)
A 因为它们一个在深海中，一个在天上。(왜냐하면 그들은 하나는 깊은 물 속에, 하나는 하늘에 있기 때문이다.)

58

A 事情过去快十五天了
B 这让大家感到十分失望
C 还是没有一点消息

A 사건이 발생한 지 벌써 15일이나 지났는데
B 이는 모두를 매우 실망하게 했다
C 아직도 아무 소식이 없다

> **지문 어휘**
>
> 事情 shìqing 명 사고, 일
> 过去 guòqù 동 지나가다
> 快 ~了 kuài ~le 곧 ~하다
> 十分 shífēn 부 매우, 아주 ★
> 失望 shīwàng 동 실망하다 ★
> 消息 xiāoxi 명 소식 ★

정답 ACB

해설 발생 시점 배열 문제(과거 … 현재)

| '벌써 15일 지났다'라고 사건 발생 시점을 제시한다. | ➡ | 현재까지 '아무 소식이 없다'라고 언급한다. | ➡ | '이것(아무 소식이 없는 것)은 모두를 실망하게 했다'고 결론지으며 마무리한다. |

▶ 过去快~天了~(벌써 ~가 지났다) … 还是没有~(여전히 ~없다) … 这让大家~(이것은 모두에게 ~했다)의 순서를 기억하자!

A 事情过去快十五天了。(사건이 발생한 지 벌써 15일이나 지났는데,)
C 还是没有一点消息。(아직도 아무 소식이 없다.)
B 这让大家感到十分失望。(이는 모두를 매우 실망하게 했다.)

59

A 他根本没时间准备
B 只是这件事情突然发生了
C 我认为张明不是没能力

A 그는 준비할 시간이 전혀 없었어
B 다만 이 일은 너무 갑자기 발생해서
C 나는 장밍이 능력이 없다고 생각하지 않아

지문 어휘

根本 gēnběn 囝 전혀, 도무지
突然 tūrán 囝 갑자기, 문득
发生 fāshēng 통 일어나다, 발생하다 ★
认为 rènwéi 통 여기다, 생각하다
能力 nénglì 명 능력, 역량 ★

정답 CBA

해설 의미 파악 문제

| 내 생각에는 ~하지 않는다(결론 제시) | → | 그저 일이 갑자기 발생해서(구체적인 설명) | → | 준비할 시간이 없었다로 원인을 제시하며 마무리한다. |

▶ 我认为~(~라고 생각한다) ⋯ 只是 (그저 ~했다) ⋯ 他根本没~ (그는 전혀 ~없었다)로 순서를 기억하자!

C 我认为张明不是没能力, (나는 장밍이 능력이 없다고 생각하지 않아,)
B 只是这件事情突然发生了, (다만 이 일은 너무 갑자기 발생해서,)
A 他根本没时间准备。(그는 준비할 시간이 전혀 없었어.)

60

A 而且，还会给人美感
B 其实，广告也是一种艺术
C 如果做得好，不但不会让人感觉不舒服

A 게다가, 사람들에게 미감도 줄 수 있다
B 사실 광고도 하나의 예술이다
C 잘 만든다면, 사람들이 불편하게 느끼지 않을 뿐만 아니라

지문 어휘

不但A, 而且B
búdàn A, érqiě B
A뿐만 아니라, 또한(게다가) B하다
美感 měigǎn 명 미감, 미적 감각
其实 qíshí 囝 기실, 사실
广告 guǎnggào 명 광고, 선전 ★
艺术 yìshù 명 예술 ★
如果 rúguǒ 접 만약, 만일
感觉 gǎnjué 통 여기다, 생각하다 ★

정답 BCA

해설 不但~, 而且~ 접속사 문제

| 사실은 ~이라는 말로 주제어를 제시한다. | → | 접속사 不但~, 而且~(~뿐만 아니라, 게다가 ~하다)의 구조 순으로 배열하면 된다. | → | C를 A 앞으로 배치한다. |

▶ 其实~(사실은 ~) ⋯ 不但~(~일 뿐 아니라) ⋯ 而且~(게다가 ~하다)

B 其实，广告也是一种艺术, (사실 광고도 하나의 예술이다,)
C 如果做得好，不但不会让人感觉不舒服, (잘 만든다면 사람들이 불편하게 느끼지 않을 뿐만 아니라,)
A 而且，还会给人美感。(게다가, 사람들에게 미감도 줄 수 있다.)

61

A 而是我中文讲得不太好
B 非常抱歉，并不是我不想给你当翻译
C 我给你安排一位专业的怎么样?

A 제가 중국어를 잘 못해서 그래요
B 정말 미안해요, 제가 번역을 해 드리고 싶지 않은 게 아니라
C 제가 전문가 한 분 배정해 드리는 건 어떨까요?

지문 어휘

中文 Zhōngwén 명 중국어
抱歉 bàoqiàn 동 미안해하다, 미안하게 생각하다 ★
并不 bìng bù 결코 ~지 않다
翻译 fānyì 동 번역하다, 통역하다 ★
安排 ānpái 동 안배하다 ★
专业 zhuānyè 형 전문적이다 ★

정답 BAC

해설 不是 ~ 而是 ~ 접속사 파악 문제

순서를 가늠할 수 있는 어휘부터 체크한다.	不是~, 而是~ '~가 아니라, 바로 ~다' 구문을 근거로 B → A 순서로 배열한다.	남은 C 문장은 해결책에 해당하는 내용이므로 맨 마지막에 배치하며 마무리한다.

▶ 非常抱歉, 不是~(미안해요, ~가 아니라) → 而是~(~이다) → 我给你安排(당신께 배정해 드리겠다)의 순서를 기억하자!

B 非常抱歉，并不是我不想给你当翻译，(정말 미안해요, 제가 번역을 해 드리고 싶지 않은 게 아니라,)
A 而是我中文讲得不太好，(제가 중국어를 잘 못해서 그래요,)
C 我给你安排一位专业的怎么样？(제가 전문가 한 분 배정해 드리는 건 어떨까요?)

62

A 他和她第一次见面时
B 都觉得真正的爱情是不分年龄和国籍的
C 就谈了关于爱情的看法

A 그와 그녀가 처음 만났을 때
B 모두 진정한 사랑은 나이와 국경을 구분하지 않는 것이라고 생각했다
C 바로 사랑에 대해 의견을 나누었는데

지문 어휘

见面 jiàn miàn 동 만나다
真正 zhēnzhèng 형 진정한, 참된 ★
爱情 àiqíng 명 남녀 간의 사랑, 애정 ★
年龄 niánlíng 명 나이 ★
国籍 guójí 명 국적 ★
谈 tán 동 말하다, 이야기하다 ★
看法 kànfǎ 명 견해 ★

정답 ACB

해설 이야기의 흐름 파악 문제

큰 개념	작은 개념	
그와 그녀가 처음 만났을 때	사랑에 대해 의견을 나누고	진정한 사랑은 나이와 국경을 구분하지 않는 것이라 생각한다는 순으로 마무리한다.

▶ 第一次见面时~(처음 만났을 때~) → 就谈了(바로 ~이야기를 나누었다) → 都觉得~(모두 ~라고 생각한다)의 순서를 기억하자!

A 他和她第一次见面时，(그와 그녀가 처음 만났을 때,)
C 就谈了关于爱情的看法，(바로 사랑에 대해 의견을 나누었는데,)
B 都觉得真正的爱情是不分年龄和国籍的。(모두 진정한 사랑은 나이와 국경을 구분하지 않는 것이라고 생각했다.)

63

A 每位同学都积极总结一下这学期的学习情况
B 并讲讲下学期的学习计划吧
C 同学们，这是放假前的最后一次班会

정답 CAB

해설 의미 파악 문제(결론 제시 … 구체적인 설명)

| 이야기의 서두를 여는 문장(여러분, 마지막 학급 회의예요)부터 배열한다. | → | 구체적인 설명을 언급한다(이번 학기 학습 상황에 대한 이야기). | → | 부연설명을 이끄는 并(동시에)이 쓰여 '다음 학기 계획에 대해서도 이야기하자'는 제안으로 마무리한다. |

▶ 同学们~(여러분~) … 总结一下(정리해 봅시다) … 并讲讲(동시에 또 이야기해 봅시다)의 순서임을 기억하자!

C 同学们，这是放假前的最后一次班会。(여러분, 이건 방학 전 마지막 학급 회의예요.)
A 每位同学都积极总结一下这学期的学习情况。(학생분들 모두 적극적으로 이번 학기 학습 상황에 대해 정리해 보고,)
B 并讲讲下学期的学习计划吧。(동시에 다음 학기 계획에 대해서도 이야기해 봅시다.)

지문 어휘

积极 jījí 형 적극적이다 ★
总结 zǒngjié 동 총결산하다, 총정리하다
学期 xuéqī 명 학기 ★
情况 qíngkuàng 명 상황 ★
计划 jìhuà 명 계획 ★
放假 fàngjià 동 방학하다
班会 bānhuì 명 반 회의, 학급 회의

64

A 这是一本教人们怎样穿衣打扮的杂志
B 因此，受很多年轻女性的喜爱
C 并且还告诉人们一些减肥方法

정답 ACB

해설 구체적인 사물 … 并且~因此 결론 문제

| 지시대명사 这를 이용해 '이것은~'이라고 사물을 소개하고 있으므로 제일 먼저 배열한다. | → | 게다가 다이어트 방법도 알려준다 | → | 앞서 제시한 이유들 때문에 '그래서 젊은 여성들에게 인기가 많다'라고 결론을 짓는다. |

▶ 这是一本(이것은 한 권의 ~) … 并且~ (게다가 ~) … 因此~ (그래서~)

A 这是一本教人们怎样穿衣打扮的杂志。(이건 사람들이 어떻게 옷을 입고 화장을 하는지 가르쳐 주는 잡지다,)
C 并且还告诉人们一些减肥方法。(게다가 다이어트하는 방법도 알려준다.)
B 因此，受很多年轻女性的喜爱。(그래서 젊은 여성들에게 인기가 많다.)

지문 어휘

打扮 dǎban 동 화장하다 ★
杂志 zázhì 명 잡지 ★
因此 yīncǐ 접 이로 인하여, 그래서 ★
受 shòu 동 받다
年轻 niánqīng 형 젊다, 어리다
喜爱 xǐ'ài 동 좋아하다, 애호하다
减肥 jiǎnféi 동 살을 빼다, 다이어트하다

65

A 以后出门时，一定准备一个塑料袋
B 儿子，你要养成不乱扔垃圾的好习惯
C 用来放垃圾

A 이후 밖에 나갈 때는 반드시 비닐봉지 하나를 준비해서
B 아들아, 너는 함부로 쓰레기를 버리지 않는 바른 습관을 길러야 해
C 쓰레기 넣는 걸로 사용하렴

지문 어휘

塑料袋 sùliàodài 명 비닐봉지 ★
养成 yǎngchéng 동 양성하다, 기르다 ★
乱扔 luàn rēng 함부로 버리다
垃圾 lājī 명 쓰레기
习惯 xíguàn 명 버릇, 습관

정답 BAC

해설 큰 개념 ⋯→ 작은 개념 파악 문제

큰 개념	작은 개념	
바른 습관을 길러야 한다는 말로 시작한다.	외출 할 때 비닐봉지 준비해서	쓰레기 넣는 걸로 사용하라는 부연설명으로 마무리한다.

▶ 儿子, 你要~(아들아, ~해야 한다) ⋯→ 以后出门时~(이후 외출 할 때~) ⋯→ 用来~(~으로 쓰도록)의 순서를 기억하자!

B 儿子，你要养成不乱扔垃圾的好习惯。(아들아, 너는 아무데나 쓰레기를 버리지 않는 바른 습관을 길러야 해.)
A 以后出门时，一定准备一个塑料袋。(이후 밖에 나갈 때는 반드시 비닐봉지 하나를 준비해서,)
C 用来放垃圾。(쓰레기 넣는 걸로 사용하렴.)

제3부분 66~85번 문제는 단문을 읽고 질문에 알맞은 답을 고르는 문제입니다.

66

网上申请信用卡非常方便，你只需按照要求填写信息，然后提交就可以了。如果申请成功，大约10个工作日后，银行将会把申请成功的信用卡送到你手里。

인터넷으로 신용카드를 신청하는 것은 매우 편리합니다. 당신은 그저 요구에 따라 당신의 정보를 입력한 다음 제출하기만 하면 돼요. 만약 신청이 성공적으로 이뤄지면 대략 10일의 작업일 후에 은행에서 당신이 신청한 신용카드를 보내 줄 것입니다.

★ 网上申请信用卡：
  A 速度非常快
  B 非常安全
  C 很方便
  D 不要求填写信息

★ 인터넷으로 신용카드를 신청하는 것은:
  A 속도가 매우 빠르다
  B 매우 안전하다
  C 아주 편리하다
  D 정보를 적지 않아도 된다

지문 어휘

申请 shēnqǐng 동 신청하다 ★
信用卡 xìnyòngkǎ 명 신용카드
方便 fāngbiàn 형 편리하다
按照 ànzhào 전 ~에 따르다 ★
要求 yāoqiú 명 요구 동 요구하다
填写 tiánxiě 동 써 넣다, 기입하다
信息 xìnxī 명 정보 ★
然后 ránhòu 접 그런 후에
大约 dàyuē 부 대략 ★
银行 yínháng 명 은행
将 jiāng 부 ~하게 될 것이다
送 sòng 동 보내다

정답 C

해설 인터넷으로 신용카드를 신청하는 것에 관해 묻고 있다. 단문 첫머리에 인터넷으로 신용카드를 신청하는 것은 매우 편리하다고 했으므로 정답은 C이다.

보기 어휘

速度 sùdù 명 속도 ★
安全 ānquán 형 안전하다 ★

67

南京是有两千多年历史的城市，有很多可以旅游的地方。你有时间过来参观吧，我给你当一次免费导游。

난징은 2천여 년의 역사를 가진 도시로 여행할 만한 곳이 아주 많아. 시간이 있으면 한번 와서 구경해 봐, 내가 공짜로 가이드 한번 해 줄게.

★ 根据这段话，南京：
A 小吃多
B 不适合旅游
C 历史长
D 有长城

★ 이 글에 근거하여, 난징은:
A 먹거리가 많다
B 여행하기에 좋지 않다
C 역사가 길다
D 만리장성이 있다

지문 어휘

南京 Nánjīng 지명 난징, 남경
历史 lìshǐ 명 역사
城市 chéngshì 명 도시
旅游 lǚyóu 동 여행하다, 관광하다
地方 dìfang 명 장소, 곳
参观 cānguān 동 구경하다, 참관하다
当 dāng 동 담당하다, 맡다
免费 miǎn fèi 동 돈을 받지 않다, 무료로 하다 ★
导游 dǎoyóu 명 관광 안내원, 가이드 ★

정답 C

해설 난징에 관해 묻고 있다. 단문 첫머리에 난징은 2천 여 년의 역사를 지닌 도시라고 했으므로 역사가 긴 도시임을 알 수 있다.

보기 어휘

小吃 xiǎochī 명 먹거리 ★
适合 shìhé 동 적합하다, 부합하다 ★
长城 Chángchéng 명 만리장성

68

一些人上班或约会时经常迟到，而且总喜欢向别人解释，例如路上堵车了、昨晚没睡好等，想以此得到原谅。虽然解释是必须有的，但更重要的是改变，这样才能真正得到别人的原谅。

어떤 사람들은 출근 혹은 약속에 자주 늦고, 게다가 늘 다른 사람들에게 변명길 좋아한다. 예를 들어 길이 막혔다, 어제 잠을 잘 못 잤다 등의 이유를 들어 양해를 얻길 원한다. 비록 변명은 반드시 해야 하지만, 더욱 중요한 것은 변화하는 것이다. 그래야만 진정으로 다른 사람들의 용서를 받을 수 있다.

★ 根据这段话，可以知道：
A 迟到很正常
B 别说请假
C 解释最重要
D 要改掉坏习惯

★ 이 글에 근거하여, 알 수 있는 것은:
A 지각은 정상적인 것이다
B 휴가를 내지 마라
C 변명이 가장 중요하다
D 나쁜 습관을 고쳐야 한다

지문 어휘

上班 shàng bān 동 출근하다
约会 yuēhuì 명 약속
迟到 chídào 동 지각하다
解释 jiěshì 동 해명하다 ★
堵车 dǔ chē 동 교통이 꽉 막히다 ★
睡 shuì 동 (잠을) 자다
原谅 yuánliàng 동 이해하다, 용서하다 ★
虽然 suīrán 접 비록 ~하지만
必须 bìxū 부 반드시 ~해야 한다
改变 gǎibiàn 동 고치다, 바꾸다 ★
真正 zhēnzhèng 부 정말로, 진짜로 ★

정답 D

해설 이 글을 통해 알 수 있는 것을 묻고 있다. 단문 후반부에 변명보다 더욱 중요한 것은 변화라고 했으므로 결국 지각하는 나쁜 습관을 고쳐야 한다는 것을 알 수 있다.

보기 어휘

正常 zhèngcháng 형 정상적인 ★
请假 qǐng jià 동 휴가를 내다, 휴가를 신청하다

69

我们小区对面有一家新开的儿童游泳馆，我上周刚带儿子去过，那儿的水非常干净。现在申请会员卡的话能打7折，我想给儿子申请一张。

우리 아파트 단지 맞은편에 어린이 수영장이 새로 개장하였다. 나는 지난주에 아들을 데리고 갔었는데 그곳의 물은 정말 깨끗했다. 지금 회원 카드를 신청하면 30% 할인해 준다고 하여 아들에게 한 장 신청해 주려고 한다.

★ 那家游泳馆:
A 专门为女性服务
B 在学校
C 计划明年开
D 水很干净

★ 그 수영장은:
A 여성 전용 서비스를 한다
B 학교에 있다
C 내년에 오픈할 계획이다
D 물이 깨끗하다

지문 어휘

小区 xiǎoqū 명 주택 단지
对面 duìmiàn 명 맞은편 ★
儿童 értóng 명 아동, 어린이 ★
游泳馆 yóuyǒngguǎn 명 수영장
干净 gānjìng 형 깨끗하다
申请 shēnqǐng 동 신청하다 ★
会员卡 huìyuánkǎ 명 회원 카드, 멤버십 카드
打折 dǎ zhé 동 가격을 깎다, 할인하다 ★

보기 어휘

专门 zhuānmén 부 전문적으로, 오로지 ★
服务 fúwù 동 서비스하다

| 정답 | D |

| 해설 | 그 수영장에 관해 묻고 있다. 단문 중간 부분에 그곳의 물은 깨끗하다고 했으므로 정답은 D이다.

70

很多人都认为这个世界上有另一个自己，过着他想过的日子，在做着他不敢做的事情。我想告诉他们，勇敢去过自己想要的生活吧，别让理想只出现在梦中。

많은 사람들은 이 세상에 또 다른 자신이 있다고 생각해서 그가 보내고 싶은 날들을 보내고, 그가 하지 못하는 일들을 하고 있다고 생각한다. 나는 그들에게 알려주고 싶다. 용감하게 자신이 보내고 싶은 날들을 보내라고, 꿈 속에서만 이상을 만들어 내지 말라고 말이다.

★ 说话人希望大家:
A 接受现实
B 勇敢生活
C 经常做梦
D 好好工作

★ 화자는 모두에게 바란다:
A 현실을 받아들이라고
B 용감하게 생활하라고
C 자주 꿈을 꾸라고
D 일을 열심히 하라고

지문 어휘

世界 shìjiè 명 세상
另 lìng 대 다른, 그 밖의
自己 zìjǐ 대 자기, 자신
生活 shēnghuó 명 생활
不敢 bùgǎn 동 감히 ~하지 못하다
告诉 gàosu 동 말하다, 알리다
理想 lǐxiǎng 명 이상 ★
梦 mèng 명 꿈, 환상

보기 어휘

接受 jiēshòu 동 받아들이다, 받다 ★
现实 xiànshí 명 현실
做梦 zuò mèng 동 꿈을 꾸다

| 정답 | B |

| 해설 | 화자가 모두에게 바라는 것은 무엇인지 묻고 있다. 단문 후반부에 용감하게 자신이 보내고 싶은 날들을 보내라고 했으므로 자신이 바라는 삶을 용기 있게 살라는 의미와 일맥상통한다. 따라서 정답은 B이다.

71

我不习惯在家听广播,但开车时常听交通广播,因为这能及时知道道路情况,减少道路堵车。

나는 집에서는 방송을 듣는 게 습관이 되지는 않았지만, 운전할 땐 항상 교통방송을 듣는다. 왜냐하면 제때에 도로 상황을 알 수 있어 차가 막히는 길을 피할 수 있기 때문이다.

★ 这段话中的 "习惯" 指的是:
A 呆在家
B 听广播
C 堵车
D 听音乐

★ 이 글 가운데 '습관'이 가리키는 것은:
A 집에 머무르는 것
B 방송을 듣는 것
C 차가 막히는 것
D 음악을 듣는 것

지문 어휘

习惯 xíguàn 명 버릇, 습관 동 습관이 되다, 익숙해지다
广播 guǎngbō 명 방송 ★
交通 jiāotōng 명 교통 ★
及时 jíshí 부 즉시, 곧바로 형 때가 맞다 ★
道路 dàolù 명 도로
情况 qíngkuàng 명 상황, 정황 ★
减少 jiǎnshǎo 동 줄이다, 감소하다 ★
堵车 dǔ chē 동 교통이 꽉 막히다

보기 어휘

呆 dāi 동 머무르다

정답 B

해설 '습관'이 가리키는 것은 무엇인지 묻고 있다. 단문 첫머리에 나는 집에서는 방송을 듣는 게 습관이 되지는 않았지만 운전할 때는 방송을 듣는다고 언급했으므로 결국 그의 습관은 방송을 듣는 것임을 알 수 있다.

72

两个人交朋友最关键的是要有共同语言。这不但是两个人顺利交流的基础,也是两个人友谊一直发展的重要条件。

두 사람이 친구를 사귀는 데 키 포인트는 공감대가 있어야 한다는 것이다. 이것은 두 사람이 순조롭게 교류할 수 있는 토대가 될 뿐만 아니라 또한 두 사람의 우정이 계속 발전할 수 있는 중요한 조건이 된다.

★ 朋友间的关系想要长久, 应该:
A 一起吃饭
B 有共同语言
C 一起旅游
D 互相尊重

★ 친구 관계를 오래 지속하려면:
A 같이 밥을 먹어야 한다
B 공감대가 있어야 한다
C 같이 여행을 가야 한다
D 서로 존중해야 한다

지문 어휘

关键 guānjiàn 명 관건, 키포인트
共同语言 gòngtóng yǔyán 명 공통어, 공통 언어
顺利 shùnlì 형 순조롭다 ★
交流 jiāoliú 동 서로 소통하다, 교류하다 ★
基础 jīchǔ 명 기초, 바탕 ★
友谊 yǒuyì 명 우의, 우정 ★

보기 어휘

尊重 zūnzhòng 동 존중하다 ★
条件 tiáojiàn 명 조건, 기준 ★

정답 B

해설 친구 관계를 오래 지속하려면 어떻게 해야 하는지 묻고 있다. 단문 첫머리에 두 사람이 친구를 사귀는 데 키포인트는 공감대가 있어야 한다고 했으므로 정답은 B이다.

73

买东西不但要看价格，而且还要看其质量。东西再便宜，只要质量不好，那就是"花钱买烦恼"。

★ 说话人认为买东西时，关键应看其：
A 质量
B 样子
C 是否流行
D 主要作用

물건을 살 때는 가격도 봐야 할 뿐만 아니라, 그 품질도 살펴봐야 한다. 물건이 아무리 싸다 하더라도, 물건의 품질이 좋지 않으면 그건 바로 '돈을 들여 걱정을 산 것'과 마찬가지가 된다.

★ 화자는 물건을 살 때 그것의 무엇을 키포인트로 봐야 한다고 했는가:
A 품질
B 모양
C 유행하는지 여부
D 주요 기능

지문 어휘
价格 jiàgé 명 가격, 값 ★
其 qí 대 그, 그것
质量 zhìliàng 명 질, 품질 ★
便宜 piányi 형 (값이) 싸다
花钱 huā qián (돈을) 쓰다
烦恼 fánnǎo 형 번뇌하다, 걱정하다

보기 어휘
样子 yàngzi 명 모양 ★
是否 shìfǒu 부 ~인지 아닌지 ★
作用 zuòyòng 명 작용, 역할 ★

정답 A

해설 물건을 살 때 키포인트로 봐야 하는 것이 무엇인지 묻고 있다. 단문 첫부분에 가격뿐만 아니라 품질을 살펴봐야 한다고 했으므로 정답은 A이다.

74

我们经常讲"怕什么来什么"，有时候我们越害怕一件事，这件事就越有可能发生在我们身边。但是，如果我们不怎么想它、害怕它，它就有可能不会发生了。

★ 根据这段话，我们应该：
A 尊重别人
B 好好学习
C 多些担心
D 少些担心

우리는 종종 '무언가를 두려워하면 그 무엇이 온다'라고 한다. 때때로 우리가 어떤 일을 무서워할수록 이 일은 점점 우리 주변에서 발생할 가능성이 높아진다. 하지만 만약 그 일을 대수롭게 생각하지 않고, 두려워하지 않는다면 그 일은 발생하지 않을 것이다.

★ 이 글에 근거하여 우리는 반드시:
A 다른 사람을 존중해야 한다
B 열심히 공부해야 한다
C 걱정을 많이 해야 한다
D 걱정을 줄여야 한다

지문 어휘
经常 jīngcháng 부 자주, 종종
怕 pà 동 무서워하다, 두려워하다
越~越~ yuè~yuè~ 부 ~할수록 ~하다
害怕 hàipà 동 겁내다, 두려워하다
不怎么 bùzěnme 부 그다지, 별로
发生 fāshēng 동 일어나다, 발생하다 ★

보기 어휘
尊重 zūnzhòng 동 존중하다 ★
担心 dān xīn 동 염려하다, 걱정하다

정답 D

해설 이 글에 근거하여 우리는 어떻게 해야 하는지 묻고 있다. 단문 마지막에 우리가 덜 생각하고 덜 무서워하면 걱정하는 일은 일어나지 않는다고 했으므로 걱정을 줄이라는 D가 정답이다.

75

赚钱是现在很多年轻人的目的，他们差不多把全部时间都用在了工作上，对父母的关心很少。而对于父母来讲，他们很难跟孩子一起吃个饭，聊聊天儿。我想告诉你们，当父母还健康的时候，要多多陪他们，多多关心他们。

돈을 버는 것이 많은 젊은이들의 목표라서, 그들은 거의 대부분의 시간을 일하는 데 쓰고, 부모님에 대해선 관심이 매우 적다. 그래서 부모들은 자녀들과 함께 밥을 먹거나 이야기를 나누는 것이 매우 힘들다. 내가 당신들에게 당부하고 싶은 것은, 부모님들이 아직 건강할 때 그들과 많은 시간을 보내고, 그들에게 관심을 많이 가져야 한다는 것이다.

★ 这段话主要想告诉年轻人：
 A 好好工作
 B 要多陪父母
 C 老年人不工作
 D 父母不关心孩子

★ 이 글이 젊은이들에게 알려 주고자 하는 것은:
 A 열심히 일해야 한다
 B 부모님과 더 많은 시간을 보내야 한다
 C 노인들은 일을 하지 않는다
 D 부모는 자녀에게 관심이 없다

지문 어휘

赚钱 zhuàn qián 돈을 벌다
年轻人 niánqīngrén 몡 젊은 사람, 젊은이
目的 mùdì 몡 목적 ★
全部 quánbù 몡 전부, 전체
关心 guānxīn 동 관심을 갖다
聊天儿 liáotiānr 동 한담하다, 잡담하다, 이야기를 나누다

보기 어휘

陪 péi 동 모시다, 동반하다
老年人 lǎoniánrén 몡 노인

정답 B

해설 이 글의 주제를 묻고 있다. 단문 마지막 부분에 화자가 젊은이들에게 부모님이 건강할 때 그들과 많은 시간을 보내고, 그들에게 관심을 많이 가져야 한다고 알려주고 있으므로 정답은 B이다.

76

这是我小学同桌送给我的笔记本，我一直留到现在。每次看到它，我都会回忆起那个跟我一起学习、说笑的同学，想起儿时那段快乐的日子。多想能回到那时候！

이것은 초등학교 짝꿍이 준 노트인데, 나는 지금까지 보관하고 있었다. 이걸 볼 때마다 나와 함께 공부하고 담소를 나눴던 친구들을 떠올릴 수 있고, 어렸을 때의 즐거웠던 날들이 생각난다. 그때로 돌아갈 수 있을까 얼마나 생각한다고!

★ 那个笔记本：
 A 很贵
 B 很普通
 C 是别人送的
 D 是同事送的

★ 그 노트는:
 A 비싸다
 B 평범하다
 C 다른 사람이 준 것이다
 D 직장동료가 준 것이다

지문 어휘

小学 xiǎoxué 몡 초등학교
同桌 tóngzhuō 몡 짝, 짝꿍
笔记本 bǐjìběn 몡 노트
留 liú 동 보관하다 ★
回忆 huíyì 동 회상하다, 추억하다 ★
说笑 shuōxiào 동 담소하다, 이야기로 웃음꽃을 피우다
想起 xiǎngqǐ 동 그리워하다, 생각하다
儿时 érshí 몡 어렸을 때
快乐 kuàilè 형 즐겁다
日子 rìzi 몡 날, 생활

보기 어휘

普通 pǔtōng 형 평범하다, 보통이다

정답 C

해설 노트에 관해 묻고 있다. 단문 첫머리에 초등학교 시절 짝꿍이 준 노트라고 했으므로 정답은 C이다.

77

现在，手机付款十分方便，但是也有人认为这很不安全，更喜欢使用现金。特别是一些岁数比较大的人，往往更不愿意接受这种新方式。

★ 根据这段话，有些年龄大的人很难接受什么？
A 看新闻
B 使用手机
C 手机付款
D 使用电脑

현재 휴대폰 결제는 아주 편리하지만 어떤 사람들은 안전하지 않다고 생각해서 현금 사용하는 것을 더 선호한다. 특히 나이가 좀 든 사람들은 더욱이 이런 새로운 방식을 달가워하지 않는다.

★ 이 글에 근거하여 나이가 든 사람들이 받아들이기 힘든 것은 무엇인가?
A 뉴스를 보는 것
B 휴대폰을 사용하는 것
C 휴대폰으로 결제하는 것
D 컴퓨터를 사용하는 것

지문 어휘
手机 shǒujī 명 휴대폰
付款 fù kuǎn 돈을 지불하다
方便 fāngbiàn 형 편리하다
使用 shǐyòng 동 사용하다 ★
现金 xiànjīn 명 현금 ★
特别 tèbié 부 특히, 더욱
愿意 yuànyì 동 바라다, 달가워하다
接受 jiēshòu 동 받아들이다, 받다 ★
方式 fāngshì 명 방식, 방법

보기 어휘
新闻 xīnwén 명 뉴스
电脑 diànnǎo 명 컴퓨터

정답 C

해설 나이가 든 사람들이 받아들이기 힘든 것은 무엇인지 묻고 있다. 단문의 주제는 휴대폰 결제에 관한 것이고, 후반부에 나이가 든 사람들은 더욱이 이런 새로운 방식을 달가워하지 않는다고 했으므로 정답은 C이다.

78

先生，我们会按时把花儿送到您提供的地址，不用担心。而且，买花儿还会送贺卡，您可以把您要说的话写在上面。

★ 说话人最可能在哪儿工作？
A 花店
B 超市
C 剧场
D 医院

선생님, 우리가 시간에 맞춰 당신이 제공한 주소로 꽃을 보내 드릴 겁니다. 걱정 마세요. 그리고 꽃을 사면 축하 카드도 보내드리니, 하고 싶은 말씀 있으시면 위에 적으시면 됩니다.

★ 화자는 어디에서 일할 가능성이 높은가?
A 꽃 가게
B 슈퍼마켓
C 극장
D 병원

지문 어휘
按时 ànshí 부 제때에, 시간에 맞추어 ★
花儿 huār 명 꽃
告诉 gàosu 동 말하다, 알려주다
地址 dìzhǐ 명 소재지, 주소 ★
担心 dān xīn 동 염려하다, 걱정하다
贺卡 hèkǎ 명 축하 카드

보기 어휘
花店 huādiàn 명 화방, 꽃 가게
超市 chāoshì 명 슈퍼마켓
剧场 jùchǎng 명 극장

정답 A

해설 화자가 일하는 장소를 묻고 있다. 단문 첫 부분에 알려준 주소로 꽃을 보내드린다고 했으므로 화자는 꽃 가게에서 일하고 있음을 알 수 있다.

79

乘坐CA1242次航班的乘客请注意，我们非常抱歉地通知您，因为受天气影响，本次航班起飞时间将推迟50分钟。为此，我们将为您准备一份午餐。多谢您的理解与支持。

CA1242 항공편에 탑승하시는 승객 여러분들은 주목해 주십시오. 죄송하게 생각하며 알려 드립니다. 날씨의 영향으로 본 항공기의 이륙 시간이 50분 지연됩니다. 이 때문에 저희가 점심을 제공해 드릴 예정입니다. 양해와 지지에 감사드립니다.

★ 根据这段话，可以知道：
A 火车推迟了
B 航班推迟了
C 提供早饭
D 飞机降落了

★ 이 글에 근거하여, 알 수 있는 것은:
A 기차가 지연됐다
B 항공기가 지연됐다
C 아침을 제공한다
D 비행기가 착륙했다

지문 어휘

乘坐 chéngzuò 동 타다 ★
航班 hángbān 명 운항편, 항공편 ★
乘客 chéngkè 명 승객
注意 zhùyì 동 주의하다
抱歉 bàoqiàn 동 미안하다, 미안하게 생각하다 ★
通知 tōngzhī 동 통지하다, 알리다 ★
起飞时间 qǐfēi shíjiān 명 이륙 시간
将 jiāng 부 ~하게 될 것이다
推迟 tuīchí 동 연기하다, 지연시키다 ★
午餐 wǔcān 명 점심(밥)
理解 lǐjiě 동 알다, 이해하다 ★
支持 zhīchí 동 지지하다 ★

보기 어휘

提供 tígōng 동 제공하다 ★
早饭 zǎofàn 명 아침밥
香蕉 xiāngjiāo 명 바나나
降落 jiàngluò 동 착륙하다 ★

정답 B

해설 이 글에 근거하여 알 수 있는 것은 무엇인지 묻고 있다. 단문 중간 부분에 본 항공기의 이륙 시간이 50분 지연된다고 했으므로 정답은 B이다.

第80到81题是根据下面一段话：

80-81번 문제는 다음 내용에 근거한다:

有一本以日记方式写成的小说叫《爱的教育》。它说的是一位四年级小学生的学习生活，里面有很多感人的内容。⁸⁰全篇小说的重点是爱，从老师之爱到父母之爱，每个爱都十分简单，但⁸¹非常感人。

일기 형식으로 쓰여진 〈사랑의 교육〉이란 책이 있다. 그 책에서는 4학년 초등학생의 학습 생활에 대한 이야기로, 많은 사람들을 감동시키는 내용이 담겨있다. ⁸⁰전체적으로 소설의 핵심은 사랑이며, 선생님의 사랑에서 부모님의 사랑까지, 매 사랑마다 모두 아주 간단하지만 ⁸¹사람들을 감동시킨다.

지문 어휘

日记 rìjì 명 일기
小说 xiǎoshuō 명 소설 ★
教育 jiàoyù 명 교육 ★
小学 xiǎoxué 명 초등학교
生活 shēnghuó 명 생활, 동 생활하다 ★
感人 gǎnrén 동 감동시키다
内容 nèiróng 명 내용 ★
全篇 quánpiān 명 전편, 한 편 전체
重点 zhòngdiǎn 명 중점, 중심, 핵심
简单 jiǎndān 형 간단하다 ★

80

★ 那本小说的重点是:
A 父母　　B 爱
C 老师　　D 学习

★ 그 소설의 핵심은:
A 부모　　B 사랑
C 선생님　D 공부

정답 B

해설 그 소설의 핵심에 관해 묻고 있다. 단문 중간 부분에 전체적인 소설의 핵심은 사랑이라고 했으므로 정답은 B이다.

81

★ 关于那本小说, 下列哪个正确?
A 作者不出名
B 写于19世纪
C 内容很长
D 很感人

★ 그 소설에 관하여, 다음 중 옳은 것은?
A 작가가 유명하지 않다
B 19세기에 쓰여졌다
C 내용이 길다
D 사람을 감동시킨다

보기 어휘

出名 chū míng 형 유명하다
世纪 shìjì 명 세기 ★

정답 D

해설 이 글에 관해 옳은 내용을 고르는 문제이다. 단문 마지막 부분에 사람들을 감동시킨다고 했으므로 정답은 D이다.

第82到83题是根据下面一段话:

矿泉水是一种非常普通的饮料, 但是走进超市, 你会看见有很多种矿泉水。记者调查发现, ⁸² 很多人并不了解这些矿泉水之间有什么不同, 有些人这样说: "在我看来, 全部矿泉水都是相同的。" 但实际上, 不一样的矿泉水作用都不相同, 我们买之前还是要看仔细了, ⁸³ 选择适合自己的。

82-83번 문제는 다음 내용에 근거한다:

광천수는 아주 일반적인 음료이지만, 슈퍼마켓에 들어가면 당신은 아주 많은 종류의 광천수를 볼 수 있을 것이다. 기자의 조사에 따르면, ⁸² 많은 사람들이 이 많은 광천수들이 어떤 차이가 있는지 모른다고 한다. 어떤 사람들은 "내가 봤을 때 모든 광천수는 다 똑같다"고 말한다. 하지만 사실, 서로 다른 광천수들은 효능 또한 모두 다르다. 우리는 구매하기 전에 자세히 보고 ⁸³ 자신에게 맞는 것을 선택해야 한다.

지문 어휘

矿泉水 kuàngquánshuǐ 명 광천수 ★
普通 pǔtōng 형 보통이다, 일반적이다
饮料 yǐnliào 명 음료
超市 chāoshì 명 슈퍼마켓
记者 jìzhě 명 기자 ★
调查 diàochá 동 조사하다 ★
发现 fāxiàn 동 발견하다
了解 liǎojiě 동 자세하게 알다, 이해하다
实际上 shíjìshang 부 사실상, 실제로
作用 zuòyòng 명 작용, 영향, 효능 ★
仔细 zǐxì 형 세심하다, 꼼꼼하다 ★

82

★ 在大多数人看来，矿泉水：
A 非常贵
B 比啤酒便宜
C 是一样的
D 应该提高价格

★ 많은 사람들이 보기에 광천수는:
A 비싸다
B 맥주보다 싸다
C 똑같다
D 가격을 올려야 한다

选择 xuǎnzé 동 고르다, 선택하다
适合 shìhé 동 적합하다, 부합하다 ★

보기 어휘

啤酒 píjiǔ 명 맥주
便宜 piányi 형 (값이) 싸다
提高 tígāo 동 제고하다, 높이다
价格 jiàgé 명 가격 ★

정답 **C**

해설 많은 사람들이 보기에 광천수는 어떤지 묻고 있다. 단문 중간 부분에 많은 사람들이 광천수 사이에 무슨 차이가 있는지 모른다고 했으므로 결국 똑같다는 의미의 C가 정답이다.

83

★ 根据这段话，买矿泉水时应该：
A 选适合自己的
B 要凉的
C 要好看的
D 选便宜的

★ 이 글에 근거하여, 광천수를 살 때 반드시:
A 자기한테 맞는 것을 선택해야 한다
B 차가운 것을 택해야 한다
C 보기 좋은 것을 택해야 한다
D 싼 것을 골라야 한다

보기 어휘

凉 liáng 형 차갑다, 서늘하다

정답 **A**

해설 이 글에 근거하여 광천수를 살 때는 어떻게 해야 하는지 묻고 있다. 단문 마지막 부분에 자신에게 맞는 것을 선택하라고 했으므로 정답은 A이다.

第84到85题是根据下面一段话： 　　84-85번 문제는 다음 내용에 근거한다:

随着社会的发展，人们更加注意环境污染问题，水、空气等污染早已引起人们的注意。但是，⁸⁵人们却不怎么重视光污染，对它的认识也很少。最新调查结果表明，全世界约有70%的人生活在光污染中。⁸⁴光污染影响着我们的眼睛，并让人感到头疼、压力增加等。

사회가 발전함에 따라, 사람들은 환경오염 문제에 더 신경을 쓴다. 물, 공기 등 오염은 일찍부터 사람들의 주의를 끌었다. 하지만 ⁸⁵사람들은 빛 공해를 그렇게 중시하지 않을 뿐더러, 그에 대한 인식도 부족하다. 최근 조사 결과에서 밝힌 바에 따르면, 전세계 약 70%의 사람이 빛 공해 속에서 생활하고 있다고 한다. ⁸⁴빛 공해는 우리의 눈에 영향을 줄 뿐만 아니라 사람들로 하여금 두통을 느끼게 하고, 스트레스를 증가시킨다.

지문 어휘

随着 suízhe 전 ~에 따라 ★
社会 shèhuì 명 사회 ★
发展 fāzhǎn 동 발전하다 ★
注意 zhùyì 동 주의하다
环境 huánjìng 명 환경
污染 wūrǎn 명 오염 동 오염시키다 ★
空气 kōngqì 명 공기
引起 yǐnqǐ 동 끌다, 야기하다 ★
却 què 부 도리어, 오히려
重视 zhòngshì 동 중시하다, 중요시하다 ★

	调查 diàochá 동 조사하다 ★ 结果 jiéguǒ 명 결과 ★ 表明 biǎomíng 동 분명하게 밝 히다, 표명하다 影响 yǐngxiǎng 동 영향을 주다 眼睛 yǎnjing 명 눈 头疼 tóuténg 명 두통 压力 yālì 명 스트레스 ★ 增加 zēngjiā 동 증가하다, 더하다 ★

84

★ 光污染:
  A 不影响健康
  B 会引起头疼
  C 仅影响一部分人
  D 对孩子好

★ 빛 공해는:
  A 건강에 영향을 주지 않는다
  B 두통을 일으킨다
  C 일부분의 사람들에게만 영향을 준다
  D 아이들에게 좋다

보기 어휘

仅 jǐn 부 다만, 단지
一部分 yíbùfen 명 일부분

정답) B

해설) 빛 공해에 관해 묻고 있다. 단문 마지막 부분에 빛 공해는 눈에 영향을 줄 뿐 아니라 두통을 일으키고, 스트레스 증가를 가져온다고 했으므로 정답은 B이다.

85

★ 根据这段话, 下列哪个正确?
  A 人变多了
  B 光污染不被重视
  C 天气变冷了
  D 30%的人生活在光污染中

★ 이 글에 근거하여, 다음 중 옳은 것은?
  A 사람이 많이 변했다
  B 빛 공해는 중요하게 생각되지 않는다
  C 날씨가 추워졌다
  D 30%의 사람들이 빛 공해 속에서 생활한다

보기 어휘

天气 tiānqì 명 날씨

정답) B

해설) 이 글에 근거하여 옳은 내용을 고르는 문제이다. 단문 중간 부분에 사람들은 빛 공해를 중시하지 않는다고 했으므로 정답은 B이다.

HSK 4급 5회 쓰기

제1부분 86~95번 문제는 제시된 어휘를 어순에 맞게 배열하여 문장을 완성하는 문제입니다.

86

这本小说	翻译	肯定	了	错
이 소설	번역하다	확실히	~했다	틀리다

정답 这本小说肯定翻译错了.
이 소설은 확실히 틀리게 번역되었다.

해설 결과보어 위치 이해

술어 자리는 翻译(번역하다)와 错(틀리다)이지만, 错는 翻译 뒤에서 결과보어가 된다.	➡	술어 翻译와 의미상 어울리는 这本小说(이 소설)를 주어 자리에 배치한다.	➡	남은 어휘인 肯定(확실히)는 부사어이므로 술어 앞에 배치하고, 어기조사 了는 문장 제일 마지막에 배치한다.

보기 어휘
小说 xiǎoshuō 명 소설 ★
翻译 fānyì 동 번역하다 ★
肯定 kěndìng 부 확실히, 틀림없이 ★

87

这么	开心过	没有	他从来
이렇게	기뻐한 적이	없다	그는 여태껏

정답 他从来没有这么开心过.
그는 여태껏 이렇게 기뻐한 적이 없었다.

해설 관용어구 从来没有 + 술어 过 구문 이해

술어 자리는 开心过(기뻐한 적이 있다)이다.	➡	주어는 他이고, 没有는 부정부사이므로 술어 앞에 위치한다.	➡	남은 어휘 这么는 '이렇게'라는 부사어이므로 술어 开心 앞에 위치한다.

보기 어휘
开心 kāixīn 형 기쁘다, 즐겁다 ★
从来 cónglái 부 지금까지, 여태껏

88

餐厅	把公司老板	她	送到了
식당	회사 사장님을	그녀	~에 보냈다

보기 어휘
餐厅 cāntīng 명 식당 ★
老板 lǎobǎn 명 사장
送 sòng 동 보내다, 배웅하다

| 정답 | 她把公司老板送到了餐厅。
그녀는 회사 사장님을 식당에 모셔다 드렸다.

해설 把자문 위치 이해

| 술어 자리는 送到了 (모셔다 드렸다)이다. | ➡ | 보기에 把가 있으므로 把자문 형태로 '주어 + 把 + 행위의 대상 + 술어'로 배치한다. | ➡ | 把 뒤에 公司老板이 있으므로 주어는 她이다. 送到了 뒤에는 목적어 성분인 장소명사가 와야 하므로 餐厅을 배치한다. |

▶ 주어(她)+ 把公司老板 + 술어(送到了餐厅) 순서를 기억하자!

89

来自	她	一座城市	南方的
～로부터 오다	그녀	한 도시	남방의

보기 어휘
来自 láizì ～로 부터 오다 ⭐
座 zuò 양 동, 채(부피가 크거나 고정된 물체를 세는 단위) ⭐
城市 chéngshì 명 도시
南方 nánfāng 명 남쪽 지역, 남방

| 정답 | 她来自南方的一座城市。
그녀는 남방의 한 도시에서 왔다.

해설 来自의 위치 이해

| 술어 자리는 来自 (～로부터 오다)이다. | ➡ | 南方的는 관형어 형태로 뒤에 목적어로 쓰인 一座城市와 결합한다. | ➡ | 주어는 자연스럽게 她로 배치한다. '～로부터'라는 의미의 自는 뒤에 장소를 수반하므로 来自南方的一座城市로 배치한다. |

90

吸引了	注意	读者的	这篇文章
끌어당겼다	주의	독자의	이 글

보기 어휘
吸引 xīyǐn 동 끌어당기다 ⭐
注意 zhùyì 명 주의 동 주의하다
读者 dúzhě 명 독자 ⭐
文章 wénzhāng 명 글, 문장 ⭐

| 정답 | 这篇文章吸引了读者的注意。
이 글은 독자의 주의를 끌었다.

해설 주술목 위치 이해

| 술어 자리는 吸引了(끌었다)이다. | ➡ | 술어 吸引了와 호응하는 목적어는 注意(주의)이므로 술어 뒤에 배치한다. | ➡ | 这篇文章은 문맥상 주어 자리에 배치하고, 读者的는 관형어이므로 목적어 注意 앞에 배치한다. |

91

他公司的	规定	严格	更加	比去年
그 사람 회사의	규정	엄격하다	더욱	작년보다

정답 他公司的规定比去年更加严格。
그 사람 회사의 규정은 작년보다 더욱 엄격하다.

보기 어휘
规定 guīdìng 명 규정 ★
严格 yángé 형 엄격하다, 엄하다 ★
更加 gèngjiā 부 더욱, 훨씬, 한층 더 ★

해설 比자 비교문 위치 이해

| 술어 자리는 형용사 严格(엄격하다)이다. | → | 보기에 比가 있으므로 比자문 구조로 배열하면 된다. 술어 严格와 의미상 어울리는 规定(규정)을 주어 자리에 배치하고, 比去年(작년보다)는 '比 + 비교 대상'의 형태이므로 规定 뒤에 배치한다. | → | 남은 어휘인 他公司的(그 사람 회사의)는 规定 앞에 관형어로 배치하고, 更加(더욱)는 부사어이므로 술어 严格 앞에 배치하면 된다. |

92

当地的	一名教授	是	他爷爷
현지의	(한 명의) 교수	~이다	그의 할아버지

정답 他爷爷是当地的一名教授。
그의 할아버지는 현지의 교수이다.

보기 어휘
当地 dāngdì 명 그 지방, 현지
教授 jiàoshòu 명 교수

해설 是자문 위치 이해

| 술어 자리는 是이므로, A是B의 是자문 형태로 배치한다. | → | 'A是B'의 구문에서 A는 구체적인 대상이 되므로 他爷爷를 주어로 배치한다. | → | 当地的는 관형어이므로 一名教授 앞에 배치한다. |

93

办得	王老师的	很顺利	签证
처리되는 정도가	왕 선생님의	순조롭다	비자

정답 王老师的签证办得很顺利。
왕 선생님의 비자는 순조롭게 처리되었다.

보기 어휘
办 bàn 명 처리하다 ★
顺利 shùnlì 형 순조롭다 ★
签证 qiānzhèng 명 비자 ★

해설 정도보어 위치 이해

| 술어 자리는 办(처리하다)이다. | → | 办 뒤에 구조조사 得가 있으므로 정도보어 형태로 배치한다. 很顺利는 정도보어가 되므로 办得 뒤에 위치한다. | → | 주어는 签证이고, 王老师的는 관형어이므로 주어 签证 앞에 배치한다. |

94

免费	今天	看	可以	演出
무료이다	오늘	보다	할 수 있다	공연

보기 어휘

免费 miǎn fèi 동 돈을 받지 않다, 무료로 하다 ★
演出 yǎnchū 명 공연

정답 今天可以免费看演出。
오늘은 무료로 공연을 볼 수 있다.

해설 조동사 위치 이해

| 술어 자리는 看(보다)이다. | ▶ | 여기서는 조동사의 위치 배열에 주목해야 한다. 可以(~할 수 있다)는 조동사이므로 술어 앞에 배치하고, 演出은 목적어에 해당되므로 술어 뒤에 배치한다. | ▶ | 남은 어휘 今天은 주어 자리에 배치하고, 免费는 부사어 역할로 술어 앞에 배치한다. |

95

出生于	那位	18世纪	数学家
~에 태어나다	그분	18세기	수학자

보기 어휘

出生于 chūshēngyú ~에 태어나다 ★
世纪 shìjì 명 세기 ★
数学家 shùxuéjiā 명 수학자

정답 那位数学家出生于18世纪。
그 수학자는 18세기에 태어났다.

해설 전치사 于의 위치 이해

| 술어 자리는 出生(태어나다)이다. | ▶ | 여기서는 전치사 于에 주목해야 한다. 전치사 于는 '~에'라는 의미의 결과보어로서 뒤에 주로 시간, 장소를 나타내는 목적어가 오므로 명사 18世纪를 于 뒤에 배치한다. | ▶ | 주어는 '지시대명사 + 양사 + 명사' 형태인 那位科学家로 주어 자리에 배치하면 된다. |

▶ 出生于~ (~에 태어나다)라는 표현을 익혀두자!

제2부분 96~100번 문제는 제시된 사진과 어휘를 활용하여 작문을 하는 문제입니다.

96

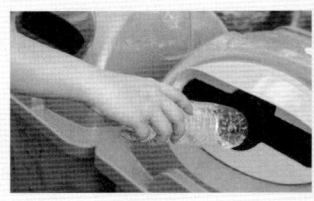

垃圾桶

지문 어휘

垃圾桶 lājītǒng 명 쓰레기통 ★
瓶子 píngzi 명 병
扔 rēng 동 버리다 ★
垃圾 lājī 명 쓰레기

모범답안

1. 他把瓶子扔进垃圾桶里了。
   그는 병을 쓰레기통에 버렸다.

2. 我们应该把垃圾扔到垃圾桶里。
   우리는 쓰레기를 쓰레기통에 버려야 한다.

해설 명사 어휘로 문장 만들기

Step 1 : 품사를 이해하고, 관련 어휘 떠올리기
| 제시 어휘 | 垃圾桶 명 쓰레기통
| 관련 어휘 | 동사 … 버리다(扔)
              명사 … 쓰레기(垃圾)

Tip 把자문을 활용해서 작문해도 좋다.

Step 2 : 사진 관찰하며 문장을 생각하기
| 사진 관찰 | 쓰레기통에 무엇을 버리는 모습
| 연상 문장 | 그는 병을 쓰레기통에 버린다
              우리는 쓰레기를 쓰레기통에 버려야 한다

97

值得

지문 어휘

值得 zhíde 동 ~할 만하다,
~할 만한 가치가 있다 ★
读书 dú shū 동 책을 읽다, 독서하다

모범답안

1. 他说这本书值得看。
   그는 이 책이 볼 만하다고 말한다.

2. 他喜欢读书，觉得每本书都值得看。
   그는 독서하는 것을 좋아해서, 모든 책이 볼 만한 가치가 있다고 느꼈다.

해설 동사 어휘로 문장 만들기
Step 1 : 품사를 이해하고, 관련 어휘 떠올리기
| 제시 어휘 | 值得 동 ~할 만하다, ~할 만한 가치가 있다
| 관련 어휘 | 동사 …▸ 보다(看)

Tip 值得는 '值得 + 동사'의 형태로 사용되므로 이를 활용해서 작문을 하는 것이 좋다.

Step 2 : 사진 관찰하며 문장을 생각하기
| 사진 관찰 | 남자가 책을 보고 있는 모습
| 연상 문장 | 그는 이 책이 볼 만하다고 말한다
　　　　　　　그는 독서하는 것을 좋아해서, 모든 책이 볼 만한 가치가 있다고 느꼈다

98

精彩

지문 어휘

精彩 jīngcǎi 형 뛰어나다, 훌륭하다, 멋지다 ★
节目 jiémù 명 프로그램
比赛 bǐsài 명 경기, 시합

모범답안
1. 今天的电视节目非常精彩。
   오늘 텔레비전 프로그램은 매우 훌륭하다.

2. 朋友们在一起看精彩的足球比赛。
   친구들이 함께 멋진 축구 경기를 보고 있다.

해설 형용사 어휘로 문장 만들기
Step 1 : 품사를 이해하고, 관련 어휘 떠올리기
| 제시 어휘 | 精彩 형 훌륭하다, 뛰어나다
| 관련 어휘 | 명사 …▸ 경기(比赛), 프로그램(节目)

Step 2 : 사진 관찰하며 문장을 생각하기
| 사진 관찰 | 축구 경기를 보고 있는 그림
| 연상 문장 | 텔레비전 프로그램은 매우 훌륭하다
　　　　　　　친구들이 함께 멋진 경기를 보고 있다

지문 어휘

价格 jiàgé 명 가격 ⭐
满意 mǎnyì 형 만족하다
便宜 piányi 형 싸다

모범답안

1. 女的看了衣服的价格后，觉得非常满意。
   여자는 옷의 가격을 본 후, 만족스러워하는 것 같다.

2. 因为这件衣服的价格很便宜，所以她很想买。
   이 옷의 가격이 싸서, 그녀는 사고 싶어 한다.

해설 명사 어휘로 문장 만들기

Step 1 : 품사를 이해하고, 관련 어휘 떠올리기

| 제시 어휘 | 价格 명 가격
| 관련 어휘 | 형용사 ⋯→ 싸다(便宜), 만족하다(满意)

  Tip   因为~, 所以~(~하기 때문에, ~하다)라는 접속사를 활용해서 작문해도 좋다.

Step 2 : 사진 관찰하며 문장을 생각하기

| 사진 관찰 | 옷의 가격을 보고 있는 한 여자
| 연상 문장 | 그녀는 옷의 가격을 보고 만족하고 있다
                이 옷의 가격은 싸서 그녀는 매우 사고 싶어 한다

지문 어휘

加班 jiā bān 동 야근하다
每天 měitiān 부 매일, 날마다
得 děi 동 ~해야 한다

모범답안

1. 他每天加班。
   그는 매일 야근을 한다.

2. 他最近特别忙，所以得加班。
   그는 요즘 너무 바빠서 야근을 해야 한다.

해설 동사 어휘로 문장 만들기

Step 1 : 품사를 이해하고, 관련 어휘 떠올리기

| 제시 어휘 | 加班 통 야근하다
| 관련 어휘 | 형용사 ⋯ 바쁘다 (忙)
              부사 ⋯ 매일(每天)

Step 2 : 사진 관찰하며 문장을 생각하기
| 사진 관찰 | 야근을 하고 있는 남자 모습
| 연상 문장 | 그는 매일 야근을 한다
              그는 요즘 일이 바빠서 야근을 해야 한다

파고다 HSK 문제집

4급 실전모의고사

PAGODA Books

파고다 HSK

문제집

4급
실전모의고사

PAGODA Books

목차 4급

모의고사

- 실전모의고사 ❶회 · 3
- 실전모의고사 ❷회 · 21
- 실전모의고사 ❸회 · 39
- 실전모의고사 ❹회 · 57
- 실전모의고사 ❺회 · 75

汉语水平考试
HSK（四级）模拟试题
第一套

注 意

一、 HSK（四级）分三部分：
　　1. 听力（45题，约30分钟）
　　2. 阅读（40题，40分钟）
　　3. 书写（15题，25分钟）
二、 答案先写在试卷上，最后10分钟再写在答题卡上。
三、 全部考试约105分钟（含考生填写个人信息时间5分钟）。

一、听 力

第一部分

第1-10题：判断对错。

例如: 我想去办个信用卡，今天下午你有时间吗? 陪我去一趟银行?

　　★ 他打算下午去银行。　　　　　　　　　　　　　　　　(✓)

　　　现在我很少看电视，其中一个原因是，广告太多了，不管什么时间，也不管什么节目，只要你打开电视，总能看到那么多的广告，浪费我的时间。

　　★ 他喜欢看电视广告。　　　　　　　　　　　　　　　　(✗)

1. 　★　他希望得到原谅。　　　　　　　　　　　　　　(　)
2. 　★　要对父母很有耐心。　　　　　　　　　　　　　(　)
3. 　★　作家会说很多种语言。　　　　　　　　　　　　(　)
4. 　★　朋友间应该互相帮助。　　　　　　　　　　　　(　)
5. 　★　她不想成为医生。　　　　　　　　　　　　　　(　)
6. 　★　他们在出租车上。　　　　　　　　　　　　　　(　)
7. 　★　说话人上周去美国开会了。　　　　　　　　　　(　)
8. 　★　这部小说中有作者自己的故事。　　　　　　　　(　)
9. 　★　他迷路了。　　　　　　　　　　　　　　　　　(　)
10. 　★　电脑出问题了。　　　　　　　　　　　　　　　(　)

第二部分

第11-25题：请选出正确答案。

例如： 女：该加油了，去机场的路上有加油站吗？
　　　男：有，你放心吧。
　　　问：男的主要是什么意思？
　　　A 去机场　　　B 快到了　　　C 油是满的　　　D 有加油站 ✓

11.　A 面包　　　B 包子　　　C 苹果汁　　　D 牛肉汤

12.　A 有急事儿　　　　　　　　B 认错人了
　　　C 会议推迟了　　　　　　　D 迟到了

13.　A 行李丢了　　　　　　　　B 没坐上飞机
　　　C 太困了　　　　　　　　　D 很难过

14.　A 没有力气　　　　　　　　B 买冰箱了
　　　C 爬楼梯上来的　　　　　　D 坐电梯上来的

15.　A 张师傅　　　B 孙子　　　C 李博士　　　D 大学同学

16.　A 要办护照　　　　　　　　B 在大使馆工作
　　　C 准备留学　　　　　　　　D 要去招聘会

17. A 离公司远　　　　　　　　B 厨房小
    C 不满意　　　　　　　　　D 没有家具

18. A 售票处　　　　　　　　　B 长江大桥上
    C 机场　　　　　　　　　　D 公共汽车站

19. A 少抽烟　　　　　　　　　B 多游泳
    C 多喝水　　　　　　　　　D 少玩儿手机

20. A 环境好　　　　　　　　　B 价格便宜
    C 菜很好吃　　　　　　　　D 客人不多

21. A 经常运动　　　　　　　　B 正在减肥
    C 没晒黑　　　　　　　　　D 喜欢暑假

22. A 房东　　　B 男的　　　C 女的　　　D 张经理

23. A 味道　　　B 做法　　　C 菜的材料　　D 做菜技术

24. A 提前预习　　　　　　　　B 总结经验
    C 加倍努力　　　　　　　　D 变得自信

25. A 让人兴奋　　　　　　　　B 男演员不好
    C 很受欢迎　　　　　　　　D 故事不精彩

第三部分

第26-45题：请选出正确答案。

例如：男：把这个文件复印五份，一会儿拿到会议室发给大家。
　　　女：好的。会议是下午3点吗？
　　　男：改了。3点半，推迟了半个小时。
　　　女：好，602会议室没变吧？
　　　男：对，没变。
　　　问：会议几点开始？
　　　　A 两点　　　　B 3点　　　　C 15:30 ✓　　　D 18:00

26. A 蛋糕好吃　　B 菜单漂亮　　C 果汁好喝　　D 提供葡萄酒

27. A 学校　　　　B 大使馆　　　C 母亲　　　　D 租车公司

28. A 咖啡　　　　B 桌子　　　　C 车钥匙　　　D 塑料袋

29. A 加班名单　　B 寒假安排　　C 选课内容　　D 会议名单

30. A 在等顾客　　　　　　　　　B 去找经理
　　C 要写完工作总结　　　　　　D 有新任务

31. A 500米　　　B 一公里　　　C 一千米　　　D 5公里

32. A 没去爬山　　　　　　　　　B 没带照相机
　　C 没穿厚衣服　　　　　　　　D 没去日本旅游

33. A 很优秀　　　B 不够认真　　C 非常冷静　　D 很小心

34. A 发工资了　　　　　　　　　　B 女的想换沙发
    C 手表丢了　　　　　　　　　　D 男的不想买

35. A 多睡点儿　B 按时吃药　C 睡前喝牛奶　D 多做运动

36. A 味道不好　B 价格高　C 质量差　D 新鲜

37. A 方便　B 干净　C 附近没有超市　D 质量有保证

38. A 能保护环境　　　　　　　　　B 让人更紧张
    C 很凉快　　　　　　　　　　　D 能呼吸到新鲜的空气

39. A 室内运动更好　　　　　　　　B 室外运动更好
    C 一样好　　　　　　　　　　　D 都不好

40. A 民族间的交流　　　　　　　　B 环境保护
    C 经济　　　　　　　　　　　　D 汽车数量

41. A 9万　B 12万　C 17万　D 19万

42. A 半年　B 两年　C 一年　D 一年半

43. A 在中国第一次举办　　　　　　B 增加文化交流
    C 很受演员重视　　　　　　　　D 提高人气

44. A 讲笑话　B 踢足球　C 打篮球　D 上网

45. A 对人不热情　　　　　　　　　B 变懒
    C 学习受到影响　　　　　　　　D 被骗

二、阅 读

第一部分

第46-50题：选词填空。

A 重点   B 基础   C 千万   D 坚持   E 光   F 毕业

例如：她每天（ D ）走路上下班，所以身体一直很不错。

46. 他的英语（   ）很好，因为他小时候一直在美国生活。

47. 他运动之后感觉很饿，（   ）米饭就吃了两碗。

48. 她的父母都是老师，她（   ）以后也成为了一名老师。

49. 出发前再检查一下行李，（   ）别忘了这些东西。

50. 她一直认为，旅行的（   ）是积累知识和经验。

第51－55题：选词填空。

A 尝　　B 也许　　C 温度　　D 打扮　　E 速度　　F 免费

例如：　A：今天真冷啊，好像白天最高（ C ）才2℃。
　　　　B：刚才电视里说明天更冷。

51.　A：星期六动物园举办的活动，大人和小孩儿都收费吗？
　　　B：只有年龄在12岁以下的儿童才（　　），其他都收费。

52.　A：能再开快点儿吗？今天的会议我们一定要按时参加。
　　　B：按照正常（　　）开，我们是不会迟到的，就怕堵车。

53.　A：今天的菜怎么做得这么咸啊？
　　　B：让我（　　）一下，还好啊，一点儿都不咸啊。

54.　A：你今天面试的时候，应该（　　）得正式点儿。
　　　B：放心吧，我早就准备好了，我最担心的是面试官问我一些不好回答的问题。

55.　A：小王怎么回事？这几天身体一直都不舒服。
　　　B：（　　）是经理给他的压力太大了吧，最近他总是说头疼。

第二部分

第56-65题：排列顺序。

例如： A 可是今天起晚了
　　　 B 平时我骑自行车上下班
　　　 C 所以就打车来公司了　　　　　　　　　　B　A　C

56. A 也不能吃太凉的，记得多喝水
　　 B 你感冒刚好一些，要注意休息
　　 C 不能开夜车，要按时吃药　　　　　　　　 _____

57. A 虽然苹果手机的价格很贵
　　 B 但是质量和外观都很不错
　　 C 所以很多人都愿意买　　　　　　　　　　 _____

58. A 所以在很多人面前说话，从来不害羞
　　 B 他这个人
　　 C 因为性格比较活泼，人也非常积极　　　　 _____

59. A 申请留学的材料都准备得差不多了
　　 B 就差找教授签字了，顺利的话
　　 C 大概这个月底就能收到入学通知书了　　　 _____

60. A 把以下这些文件
　　 B 请根据会议的规定
　　 C 按照日期的先后顺序整理一下　　　　　　 _____

61. A 气温也会下降
    B 近日，受冷空气影响
    C 中部多个省将出现雨雪天气

62. A 真是一部值得和孩子一起看的好电影
    B 还介绍了交通安全知识
    C 这部电影里有很多关于儿童教育方面的内容

63. A 更不要看别人的答案，应该做到诚实
    B 考试时我们要认真答题，即使遇到不会的问题
    C 也不要紧张

64. A 这个商场的东西很便宜，但却有假货
    B 所以在决定购买之前
    C 一定要仔细判断东西的真假

65. A 而是选择了继续回大学读研究生
    B 虽然他最后通过了面试
    C 但是他却放弃了去这家公司上班

第三部分

第66-85题：请选出正确答案。

例如： 她很活泼，说话很有趣，总给我们带来欢乐，我们都很喜欢和她在一起。

　　★ 她是个什么样的人？
　　　A 幽默 ✓　　　B 马虎　　　C 骄傲　　　D 害羞

66. 这份计划书我已经整理完了，但是我还没把它翻译成英文，翻译完后马上给你送过去。

　　★ 那份计划书：
　　　A 没翻译完　　　　　　B 不符合要求
　　　C 没整理完　　　　　　D 字数太多

67. 运动有很多种方法。比如有人喜欢跑步，有人喜欢游泳。每种运动都有各自特别的好处，关键看你自己喜欢什么。只要是你自己喜欢，坚持下去就好了。

　　★ 选择运动的关键是：
　　　A 简单的　　　　　　　B 自己感兴趣
　　　C 家人支持　　　　　　D 流行的

68. 国庆节就要到了，放假一周。我打算带儿子出去旅游，但是我担心旅游回来后，会影响他参加考试。儿子知道后，竟然向我保证这次考试一定考好，否则再也不去旅游。

　　★ 关于儿子，可以知道：
　　　A 不想参加考试　　　　B 对考试有信心
　　　C 不喜欢旅游　　　　　D 考试会紧张

69. 现在网上购物越来越受到人们的喜爱，在网上不但可以买到自己喜爱的东西，还能经常遇到打折活动。在付款时，也不需要排队，直接就能付款，既方便又省时间，所以越来越多的人开始网上购物了。

　　★ 网上购物的优点是：

　　　A 无需密码　　　　　　　B 商品太贵
　　　C 可以聊天　　　　　　　D 不用排队

70. 这次的英语考试确实太难了，语法和单词都是我平时没见过的。如果英语水平不高的话，肯定不能通过。我觉得这次考试更适合英语专业的人来考。

　　★ 这次考试怎么样？

　　　A 很简单　　　　　　　　B 语法容易
　　　C 考试内容很难　　　　　D 特别复杂

71. 我出生在一个小城市，那里山多，自然风景很美，一年四季都很暖和，适合人们生活。高考以后，我离开了那个小城市，开始了大城市的生活，但我总是想回老家生活。

　　★ 说话人觉得那个小城市：

　　　A 热闹极了　　　　　　　B 交通方便
　　　C 四季暖和　　　　　　　D 工作机会多

72. 我明天去北京出差，后天晚上就回来，回来的时候，我顺便买两只北京烤鸭带回来。你还有什么想要的，在我出发前告诉我。

　　★ 说话人去北京做什么？

　　　A 吃饭　　　　　　　　　B 买烤鸭
　　　C 旅游　　　　　　　　　D 出差

73. 这座山后面种着许多苹果树，每年秋天，树上都会长满红红的苹果。由于这里常年少雨，所以这里的苹果特别甜，即使这里的苹果卖得比其他的苹果贵，也常常被顾客买光。

    ★ 这座山的苹果：

    A 香味很特别　　　　　　　B 受顾客欢迎
    C 价格便宜　　　　　　　　D 数量很少

74. "有始有终"这句话的意思是说，做一件事情，开始之后就要一直坚持做下去。如果你在遇到困难时，马上就放弃的话，你是永远都不会成功的。

    ★ 根据这段话，做一件事必须：

    A 按照计划　　　　　　　　B 坚持下去
    C 懂得放弃　　　　　　　　D 找好方向

75. 尽管他在中国生活已经超过十年了，但是他平时很少和中国人来往，所以现在他还不能自由地跟中国人交流。

    ★ 根据这段话，可以知道他：

    A 汉语不太好　　　　　　　B 心情复杂
    C 不喜欢汉语　　　　　　　D 不够幽默

76. 汉语里有句话叫"人无完人"，意思是世界上没有完美的人，我们不能要求一个人一点儿缺点都没有。例如你在公司里不小心做错了一件事情，这时，你的上司可能会批评你，你就可以用这句话安慰自己。

    ★ "人无完人"的意思是：

    A 每个人都有缺点　　　　　B 完全没有缺点的人
    C 缺点很多的人　　　　　　D 没有人能完成

77. 面试的时候，你千万不要紧张，回答问题的时候要先冷静地想一下，然后清楚地把自己的想法表达出来。这样才会给面试的人留下很深的印象。

    ★ 说话人让他面试时应该：

    A 说话时激动　　　　　　　B 批评别人
    C 冷静地想问题　　　　　　D 总结经验

78. 新闻里提醒喜欢运动的人说，夏天做完运动以后，不能马上洗澡。这是因为运动出了很多汗，体内缺水，如果这时洗澡，会让体内更加缺水。

★ 为什么运动后不能马上洗澡？
  A 身上有汗味儿　　　　　　B 已经没力气了
  C 气温太高　　　　　　　　D 体内缺水

79. 任何人都不知道未来会发生什么，因此我们要幸福地过好现在的每一天，让自己的每一分钟都快快乐乐的。这样将来你才不会后悔。

★ 根据这段话，我们应该：
  A 不要放弃　　　　　　　　B 珍惜现在的每一天
  C 不要浪费钱　　　　　　　D 后悔

80-81

现在社会发展得很快，但在教育问题上，我们好像看不到有什么变化。大部分家长还是特别重视孩子的学习成绩。比如，父母在每个学期开始前，都会为孩子安排好学习计划，即使孩子放学后，也要去参加各种课外学习班。孩子的成绩虽然重要，但是一个美好的童年回忆对孩子来说却是一生中最好的礼物。

★ 根据这段话，大部分家长认为：
  A 孩子的成绩最重要　　　　B 孩子的习惯很重要
  C 要让孩子习惯社会竞争　　D 要给孩子留下美好回忆

★ 根据这段话，家长应该让孩子：
  A 学会感谢父母　　　　　　B 重视学习成绩
  C 养成好习惯　　　　　　　D 在童年留下美好的回忆

82-83

　　研究发现，刚找到工作的大学生在一年之内换工作有以下几个原因：一是对这个工作不感兴趣，二是工作后发现工作内容和自己想的不一样，三是有更好的公司向他们发出了邀请，为了去更好的公司，不得不离开现在的工作。所以，当我们选择工作时，一定要考虑好，再做决定。

　　★ 这段话介绍了刚找到工作的大学生换工作的：
　　　A 原因　　　　B 结果　　　C 方法　　　　D 条件

　　★ 根据这段话，下列哪个正确？
　　　A 研究生更有发展　　　　B 重视工作内容
　　　C 换工作的人数下降　　　D 选择工作时要考虑好

84-85

　　"世界那么大，我想去看看"最近这句话，在网上十分流行。一位来自中国的年轻教师，她觉得自己的工作压力太大，所以就写下了这十个字，然后放弃了自己的工作，开始了一场"说走就走的旅行"。她的这一做法在网上引起了一场讨论，有人羡慕她，表示支持她，而有人却觉得她应该好好考虑一下，重新做决定。

　　★ 这位教师为什么放弃工作？
　　　A 压力太大　　　　　　　B 积累经验
　　　C 没有发展　　　　　　　D 工资太少

　　★ 根据这段话，下列哪个正确？
　　　A 很多人学习女教师　　　B 我们要做喜欢的事情
　　　C 女教师的做法引起了讨论　D 我们要努力工作

三、书 写

第一部分

第86-95题：完成句子。

例如：那座桥　　800年的　　历史　　有　　了

那座桥有800年的历史了。

86. 只有　　两名　　教室里　　留学生

87. 老师以为　　写作业　　呢　　我

88. 报告　　所有的　　都　　好了　　准备

89. 有意思　　弟弟的那本书　　我的　　比

90. 自己的手机号码　　妹妹竟然　　把　　给写错了

91. 经理　　解决　　帮我　　可以　　问题

92. 客厅里　　很　　适合挂在　　这张照片

93. 很失望　　他仍然对　　考试成绩　　感到

94. 被　　新买的手机　　妹妹　　弄坏了

95. 没有　　这么贵的　　她从来　　用过　　化妆品

第二部分

第96-100题：看图，用词造句。

例如： 乒乓球　　他很喜欢打乒乓球。

96.　　沙发

97.　　凉快

98.　　密码

99.　　烤鸭

100.　　信心

汉语水平考试
HSK（四级）模拟试题
第二套

注　意

一、HSK（四级）分三部分：
　　1. 听力（45题，约30分钟）
　　2. 阅读（40题，40分钟）
　　3. 书写（15题，25分钟）
二、答案先写在试卷上，最后10分钟再写在答题卡上。
三、全部考试约105分钟（含考生填写个人信息时间5分钟）。

一、听 力

第一部分

第1-10题：判断对错。

例如：我想去办个信用卡，今天下午你有时间吗？陪我去一趟银行？

　　★ 他打算下午去银行。　　　　　　　　　　　　　　　　（ ✓ ）

　　现在我很少看电视，其中一个原因是，广告太多了，不管什么时间，也不管什么节目，只要你打开电视，总能看到那么多的广告，浪费我的时间。

　　★ 他喜欢看电视广告。　　　　　　　　　　　　　　　　（ ✗ ）

1.　★ 火车早就开走了。　　　　　　　　　　　　　　　　（ 　 ）

2.　★ 平时他孙女非常爱聊天儿。　　　　　　　　　　　　（ 　 ）

3.　★ 小伙子没记住信用卡密码。　　　　　　　　　　　　（ 　 ）

4.　★ 张亮跟女朋友在一起。　　　　　　　　　　　　　　（ 　 ）

5.　★ 儿子不喜欢刷牙。　　　　　　　　　　　　　　　　（ 　 ）

6.　★ 他孙子从小就爱学习。　　　　　　　　　　　　　　（ 　 ）

7.　★ 要对自己有信心。　　　　　　　　　　　　　　　　（ 　 ）

8.　★ 他哥哥经常去国外出差。　　　　　　　　　　　　　（ 　 ）

9.　★ 他的歌不太流行。　　　　　　　　　　　　　　　　（ 　 ）

10.　★ 他通过了研究生考试。　　　　　　　　　　　　　　（ 　 ）

第二部分

第11-25题：请选出正确答案。

例如： 女：该加油了，去机场的路上有加油站吗？
男：有，你放心吧。
问：男的主要是什么意思？
A 去机场　　B 快到了　　C 油是满的　　D 有加油站 ✓

11. A 飞机上　　B 酒店　　C 动物园　　D 运动场

12. A 钥匙　　B 盒饭　　C 机票　　D 火车票

13. A 胃疼　　　　　　　　B 公司有急事
　　C 没按时出发　　　　　D 约见女朋友

14. A 餐厅　　B 超市　　C 宿舍　　D 邮政局

15. A 一起聚过餐　　　　　B 他们是亲戚
　　C 在招聘会上　　　　　D 朋友介绍

16. A 搬家了　　　　　　　B 手破了
　　C 裤子脏了　　　　　　D 遇到了困难

17. A 爬楼梯　　　　　　　　　　B 走错路了
    C 楼很矮　　　　　　　　　　D 电梯坏了

18. A 矿泉水　　B 葡萄　　C 雪碧　　D 饼干

19. A 骑自行车　　　　　　　　　B 坐出租车
    C 步行　　　　　　　　　　　D 坐地铁

20. A 打太极拳　　　　　　　　　B 唱歌
    C 读书　　　　　　　　　　　D 跳舞

21. A 发传真　　　　　　　　　　B 发电子邮件
    C 填表格　　　　　　　　　　D 复印材料

22. A 比较笨　　　　　　　　　　B 性格很好
    C 缺少经验　　　　　　　　　D 不适合参加比赛

23. A 女的突然紧张　　　　　　　B 没有座位了
    C 火车推迟了　　　　　　　　D 堵车很厉害

24. A 饺子　　　　　　　　　　　B 麻婆豆腐
    C 烤鸭　　　　　　　　　　　D 酸汤鱼

25. A 大声说笑　　　　　　　　　B 乱扔垃圾
    C 喝啤酒　　　　　　　　　　D 照相

第三部分

第26-45题：请选出正确答案。

例如： 男：把这个文件复印五份，一会儿拿到会议室发给大家。
　　　 女：好的。会议是下午3点吗？
　　　 男：改了。3点半，推迟了半个小时。
　　　 女：好，602会议室没变吧？
　　　 男：对，没变。
　　　 问：会议几点开始？
　　　 A 两点　　　 B 3点　　　 C 15:30 ✓　　　 D 18:00

26. A 爬长城　　　 B 参观故宫　　　 C 去香山　　　 D 逛王府井

27. A 受奶奶影响　　　　　　　　 B 专业是音乐
　　 C 能学到知识　　　　　　　　 D 保护民族文化

28. A 质量不合格　　　　　　　　 B 送货速度快
　　 C 能得到小礼物　　　　　　　 D 比逛街贵

29. A 去附近逛街　　　　　　　　 B 继续排队
　　 C 去王府井　　　　　　　　　 D 爬长城

30. A 笔记本电脑　　　　　　　　 B 打印机
　　 C 手机　　　　　　　　　　　 D 复印机

31. A 洗连衣裙　　 B 戴帽子　　　 C 擦窗户　　　 D 倒垃圾

32. A 护照丢了　　　　　　　　　 B 签证没办好
　　 C 想法改变了　　　　　　　　 D 休学了

33. A 4500元　　B 3500元　　C 4000元　　D 5000元

34. A 内容太容易　　　　B 考试成绩不理想
    C 没准备好　　　　　D 没通过考试

35. A 找到工作了　B 参加面试了　C 结婚了　D 谈恋爱了

36. A 比较懒　　B 考虑太多　　C 没有耐心　　D 不适应竞争

37. A 做事积极　B 敢于做决定　C 热情　　D 严格要求自己

38. A 交通方便　　　　　B 离海洋较远
    C 经济比较差　　　　D 人口少

39. A 中国人口特点　　　B 经济发展特点
    C 交通　　　　　　　D 海洋环境

40. A 在家休息　B 看电影　　C 去旅游　　D 送苹果

41. A 祝爱情到永远　　　B 能多交朋友
    C 能多吃苹果　　　　D 有童心

42. A 互相理解　B 要提前准备　C 面试的重要性　D 迟到的坏处

43. A 要学会细心　　　　B 迟到并不重要
    C 推迟计划　　　　　D 要准时

44. A 参观人数多　　　　B 安全检查严格
    C 司机开得快　　　　D 天气原因

45. A 多乘坐地铁　B 安排好时间　C 注意安全　D 排队买票

二、阅 读

第一部分

第46-50题：选词填空。

　　　　A 仔细　　　B 不管　　　C 敢　　　D 坚持　　　E 标准　　　F 复杂

例如：她每天（ D ）走路上下班，所以身体一直很不错。

46. （　　）汉语多难，我都会坚持学习汉语的。

47. 现在你的汉语说得很（　　），如果你再努力一点儿的话，你会说得更像中国人。

48. 事情越（　　），你越不能着急，要耐心去解决问题。

49. 尽管她平时工作很粗心，但是在重要的事情上她特别（　　）。

50. 她这次考试得了第一名，我真的不（　　）相信自己的眼睛。

第51－55题：选词填空。

A 苦　　B 放松　　C 温度　　D 不过　　E 印象　　F 破

例如：A: 今天真冷啊，好像白天最高（ C ）才2℃。
　　　B: 刚才电视里说明天更冷。

51. A: 商场周围有没有停车场？
　　 B: 有，（　　）是收费停车场，每小时10元。

52. A: 真没想到刚买的皮鞋没穿就（　　）了。
　　 B: 没关系，你可以拿购物小票去商店免费换一双。

53. A: 你小时候可害羞了，连见到你的奶奶都会脸红。
　　 B: 真的吗？我怎么一点儿（　　）都没有。

54. A: 这个感冒药太（　　）了。
　　 B: 你不要只想着药味，味道苦有效果。

55. A: 终于做完了经理给我的任务，我要去外面（　　）一下。
　　 B: 好，我们一起去喝一杯吧！

第二部分

第56-65题：排列顺序。

例如： A 可是今天起晚了
　　　 B 平时我骑自行车上下班
　　　 C 所以就打车来公司了　　　　　　　　　B　A　C

56. A 虽然冬天时会因为阳光而变得很暖和
　　 B 我房间的窗户是向南的
　　 C 但是夏天的时候就热得非常厉害　　　　_____

57. A 地铁站就在百货商店的附近
　　 B 喂，你找到地铁站了吗？
　　 C 旁边是儿童乐园　　　　　　　　　　　　_____

58. A 可是没有什么大的效果
　　 B 您可不可以给我换别的药啊？
　　 C 医生，这个药我已经吃了一个星期了　　_____

59. A 高铁动车的线路越来越多，变化真是太大了
　　 B 可是真的没想到，才短短五六年的时间
　　 C 我记得原来中国的交通特别不方便　　　_____

60. A 结果就在离火车站还剩两公里的时候
　　 B 我的车突然坏了
　　 C 老同学让我帮忙去接一位客人　　　　　_____

61. A 女儿，我真的没有骗你
    B 我就给你买最新的平板电脑
    C 如果你这次考试考得好的话

62. A 在做重要决定之前
    B 必须仔细考虑
    C 千万别在决定之后，觉得自己的选择错了

63. A 一定要记得选择自己感兴趣的
    B 在选择工作时
    C 否则将来后悔就来不及了

64. A 那么你永远不能获得真正的经验和成功
    B 要是工作中只看结果
    C 而不重视过程

65. A 下个月九号才是
    B 所以还有很多时间来给他准备生日礼物
    C 你弄错了吧，今天不是爸爸的生日

第三部分

第66-85题：请选出正确答案。

例如： 她很活泼，说话很有趣，总给我们带来欢乐，我们都很喜欢和她在一起。

★ 她是个什么样的人？
A 幽默 ✓   B 马虎   C 骄傲   D 害羞

66. 因为大韩的父母在上海做生意，所以他常常在假期的时候来上海玩儿。就这样，他不知不觉地学了点儿汉语。因此，他现在已经可以用一些简单的生活用语和中国人交流了。

    ★ 大韩：
    A 会点儿中文   B 汉语说得很流利
    C 在中国做生意   D 很了解中国文化

67. 假期无聊时，我常常选择在家听听音乐、读读书什么的，累了就躺在床上睡觉。这样的话，心情会很放松，假期结束后，身体也会很舒服。

    ★ 假期无聊时，他一般会：
    A 锻炼身体   B 打扫卫生
    C 在家休息   D 约朋友见面

68. 在选择爱人时，男人考虑的重点都不一样。有的人把漂亮看得很重要，有的人觉得身高很重要，但是有的人觉得这两个都不是最重要的，他们认为最好的爱人应该是自己非常喜欢，而且有共同兴趣爱好的人。

    ★ 这段话主要谈的是：
    A 漂亮非常重要   B 理想的职业
    C 选择爱人的重点   D 共同的兴趣爱好

69. 在我们生活中保护环境是很重要的事情。为了让更多的人重视环境保护，每年的6月5日被定为"世界环境日"。每年的这个时候，世界各国都会举办各种保护环境的活动，引起人们对环境的重视。

    ★ 世界环境日当天为什么举办各种活动？

    A 鼓励人们保护环境　　　　B 环境保护的方法
    C 有意思　　　　　　　　　D 拉近各国人的距离

70. 因为我和妹妹长得几乎一样，而且平时我们两个人非常喜欢穿同样的衣服，所以第一次见到我们的人，经常会叫错我们的名字。但是我们的爸妈一下子就能判断出来。

    ★ 说话人和妹妹：

    A 感情非常深　　　　　　　B 身高差不多
    C 兴趣一样　　　　　　　　D 长得像

71. 很多人认为咳嗽就是生病了，但其实并不一定表示生病。比如在聊天时，有的人会因听到一些不舒服的话而咳嗽。目的是想用咳嗽声引起说话人的注意，提醒他不要讲下去。

    ★ 在聊天时，咳嗽有什么作用？

    A 表示感冒　　　　　　　　B 引起他人注意
    C 尊重别人　　　　　　　　D 身体很健康

72. 李丽，有件事想让你帮忙。今天王明因为突然身体不舒服去医院了，所以你来负责安排下午的会议。如果有什么困难，你就可以问我。

    ★ 说话人让李丽：

    A 整理材料　　　　　　　　B 负责安排下午的会议
    C 带他去医院　　　　　　　D 提醒王明

73. 有句话叫"挣钱有道",它所表达的意思是要有挣钱的好方法。这句话中的"道"指的是"正确的方法",并不是简单地解释为"方法"。那种利用骗人来赚钱的方法,就不能说是"挣钱有道"。

    ★ 根据这段话,挣钱应该:

    A 积累经验　　　　　　B 用正确的方法
    C 保证节省　　　　　　D 努力工作

74. 这本书我都读了好几遍了,但是还不清楚它讲的到底是什么意思。是不是因为我能力有限?也许我应该去找老师问问。

    ★ 说话人要:

    A 接着读　　　　　　　B 去问老师
    C 上网查一查　　　　　D 跟同学讨论

75. "山外有山,人外有人"的意思是说,世界上比你更厉害的人有很多。它告诉我们做任何事情都不要骄傲。为了使自己变得更强,我们不应该放弃任何提高自己能力的机会,要坚持学习。

    ★ "山外有山,人外有人"告诉我们什么?

    A 要诚实　　　　　　　B 要有勇气
    C 不要骄傲　　　　　　D 别跟别人学习

76. 按照现在的比赛情况来看,我们班的班长王夏冬暂时排名第一。真没想到,王班长不仅学习成绩好,连乒乓球也打得那么棒。

    ★ 王班长:

    A 钢琴弹得好　　　　　B 专业是数学
    C 学习成绩不太好　　　D 乒乓球打得好

77. 光看地图完全不知道这儿有这么大,出口就有八九个。你先去那边看看有没有什么喝的,我停完车就过去找你。

    ★ 说话人要去做什么?

    A 找人　　　　　　　　B 去停车
    C 去洗手间　　　　　　D 买饮料

78. 家长们一定要重视孩子的安全教育。提醒他们，无论在哪儿，都不要随便跟陌生人一起走。如果他们离开父母迷路时，一定要站在原地等待，马上想办法和父母联系，或者向附近的警察求助。

★ 孩子迷路时，应该：
A 查看路线　　　　　　B 马上联系父母
C 和陌生人一起走　　　D 回忆去过的地方

79. 每个人在生活中都可能会得到别人的表扬。有的人会因为得到表扬变得更加优秀，更加热情地去做事；但是，有的人在得到表扬之后会变得非常骄傲，做事也没有以前那么积极，最后成为一个失败的人。

★ 这段话主要告诉我们：
A 表扬的影响　　　　　B 对人要热情
C 要接受批评　　　　　D 感谢别人

80－81

圣诞节的时候，许多商场都会举行打折活动，有些东西的价格甚至打五折以上。所以圣诞节变成了购物节。对于这种打折活动，我们一定要保持冷静，因为可能你买的东西并没有你想的那么便宜，而且聪明的卖家常常会通过加价后打折的方法吸引顾客。

★ 为什么说"圣诞节常常变成了购物节"？
A 商场开门早　　　　　B 购物买一送一
C 商场打折多　　　　　D 顾客可抽奖

★ 对于这种打折活动，我们应该：
A 通知家人　　　　　　B 让售货员推荐
C 冷静　　　　　　　　D 关心

82-83

在汉语中，数字"201314"与"爱你一生一世"的读音差不多，所以很多恋人在发短信聊天儿的时候，为了方便会用"201314"来表示"爱你一生一世"。在很短的时间里，这组数字在日常生活中流行了起来。所以在2013年1月4日的时候，很多男人选择在那一天向女朋友求婚。

★ "201314"最先从哪儿流行起来的?
　A 短信　　　　　　　　B 报纸
　C 电视　　　　　　　　D 杂志

★ 很多男人在2013年1月4日那天：
　A 找到女朋友　　　　　B 求婚
　C 送玫瑰花　　　　　　D 浪漫约会

84-85

成功不是让周围的人都表扬你、羡慕你，而是让他们都觉得需要你、离不开你。但很多人都不明白这一点。他们努力向别人证明自己多么有钱，过得多么幸福，以使别人羡慕自己。其实，这样做不仅不能赢得别人的尊重，相反还可能会让人觉得讨厌。

★ 成功是让别人：
　A 不拒绝自己　　　　　B 对自己满意
　C 需要自己　　　　　　D 记住自己

★ 什么样的做法可能会让人讨厌?
　A 打扰别人　　　　　　B 总发脾气
　C 让别人羡慕自己　　　D 同情别人

三、书写

第一部分

第86-95题：完成句子。

例如： 那座桥　　800年的　　历史　　有　　了

那座桥有800年的历史了。

86. 哪个　　国家的　　那个是　　语言

87. 妈妈　　同意爸爸的　　意见　　完全

88. 上千人报名　　了　　这次考试　　吸引

89. 精彩　　不怎么　　这次比赛　　进行得

90. 对面　　大使馆　　在　　就

91. 顾客　　非常　　李经理对　　热情

92. 什么　　他做的工作和　　没　　大学专业　　关系

93. 拒绝　　她申请的　　被　　美国签证　　了

94. 郊区的　　比市内　　漂亮得多　　自然环境

95. 后天晚上9点　　正式表演　　结束　　将在

第二部分

第96-100题：看图，用词造句。

例如：   乒乓球   他很喜欢打乒乓球。

96.   满

97.   鼓励

98.   律师

99.   允许

100.   现金

汉语水平考试
HSK（四级）模拟试题
第三套

注 意

一、HSK（四级）分三部分：
　　1. 听力（45题，约30分钟）
　　2. 阅读（40题，40分钟）
　　3. 书写（15题，25分钟）
二、答案先写在试卷上，最后10分钟再写在答题卡上。
三、全部考试约105分钟（含考生填写个人信息时间5分钟）。

一、听 力

第一部分

第1-10题：判断对错。

例如: 我想去办个信用卡，今天下午你有时间吗? 陪我去一趟银行?
　　★ 他打算下午去银行。　　　　　　　　　　　　　　　(✓)

　　现在我很少看电视，其中一个原因是，广告太多了，不管什么时间，也不管什么节目，只要你打开电视，总能看到那么多的广告，浪费我的时间。
　　★ 他喜欢看电视广告。　　　　　　　　　　　　　　　(×)

1. ★ 风衣是在网上买的。　　　　　　　　　　　　　　　(　)
2. ★ 我儿子经常在家运动。　　　　　　　　　　　　　　(　)
3. ★ 小张平时都很准时的。　　　　　　　　　　　　　　(　)
4. ★ 金教授建议他参加比赛。　　　　　　　　　　　　　(　)
5. ★ 衣服还没洗完。　　　　　　　　　　　　　　　　　(　)
6. ★ 在孩子面前不应该喝酒。　　　　　　　　　　　　　(　)
7. ★ 他们去体育场看了比赛。　　　　　　　　　　　　　(　)
8. ★ 成为正式球员的条件很简单。　　　　　　　　　　　(　)
9. ★ 我现在很活泼。　　　　　　　　　　　　　　　　　(　)
10. ★ 他们准备申请夏季奥运会。　　　　　　　　　　　　(　)

第二部分

第11-25题：请选出正确答案。

例如： 女：该加油了，去机场的路上有加油站吗?
男：有，你放心吧。
问：男的主要是什么意思?
A 去机场　　B 快到了　　C 油是满的　　D 有加油站 ✓

11. A 在开车　　　　　　　B 昨天没睡觉
　　C 还没搬家　　　　　　D 不会开车

12. A 火车上　　　　　　　B 汽车上
　　C 图书馆里　　　　　　D 办公室里

13. A 西装　　B 裙子　　C 运动服　　D 休闲装

14. A 坏了　　B 扔了　　C 丢了　　D 招待朋友了

15. A 换衣服　　　　　　　B 用牙膏洗
　　C 用水洗　　　　　　　D 喝咖啡

16. A 孙教授　　　　　　　B 金校长
　　C 王先生　　　　　　　D 李先生

17. A 有别的安排　　　　　　　　B 忘记了
    C 担心他生气　　　　　　　　D 她当时在国外

18. A 注意礼貌　　　　　　　　　B 按时参加会议
    C 别忘记交作业　　　　　　　D 早点儿起床

19. A 男的很累　　　　　　　　　B 女的没复习
    C 男的很紧张　　　　　　　　D 女的快要考试了

20. A 复习材料　　　　　　　　　B 作业要求
    C 填报名表　　　　　　　　　D 会议内容

21. A 不想联系他　　　　　　　　B 没有邮件地址
    C 想要公司地址　　　　　　　D 想要传真号码

22. A 银行　　　　B 厕所　　　　C 车里　　　　D 医院

23. A 准备行李　　　　　　　　　B 准备结婚
    C 申请留学　　　　　　　　　D 坚持锻炼身体

24. A 体育新闻　　　　　　　　　B 足球比赛
    C 招聘结果　　　　　　　　　D 考试成绩

25. A 咖啡厅　　　　　　　　　　B 电影院
    C 图书馆　　　　　　　　　　D 照相馆

第三部分

第26-45题：请选出正确答案。

例如： 男：把这个文件复印五份，一会儿拿到会议室发给大家。
女：好的。会议是下午3点吗？
男：改了。3点半，推迟了半个小时。
女：好，602会议室没变吧？
男：对，没变。
问：会议几点开始？
A 两点　　　B 3点　　　C 15:30 ✓　　　D 18:00

26. A 自然景色　　B 天气　　C 皮肤颜色　　D 照片

27. A 自信一点儿　　　　B 放弃考试
    C 穿正装　　　　　　D 再考一次

28. A 学习计划　　B 旅游计划　　C 工作计划　　D 会议笔记

29. A 车坏了　　B 修路了　　C 开会了　　D 迷路了

30. A 不去美国了　　B 太累了　　C 出差了　　D 忘带护照了

31. A 学汉语　　B 教画画儿　　C 找工作　　D 减肥

32. A 要去医院　　B 要赶飞机　　C 要去聚会　　D 要取签证

33. A 有耐心　　B 很诚实　　C 积累经验　　D 爱好多

34. A 花瓶　　B 家具　　C 蛋糕　　D 水果

35. A 早点睡觉　　　B 出去散步　　　C 别听音乐　　　D 和他聊天

36. A 很安静　　　　　　　　　B 以历史书为主
    C 价格便宜　　　　　　　　D 全天开门

37. A 非常热闹　　　　　　　　B 白天人多
    C 晚上人少　　　　　　　　D 可以吃饭

38. A 找人商量　　　B 总结经验　　　C 增加压力　　　D 选择放弃

39. A 要学会放弃　　　　　　　B 遇事要冷静
    C 我们应该失败　　　　　　D 失败是成功之母

40. A 抽烟的人多　　　　　　　B 不受天气影响
    C 可以吃东西　　　　　　　D 票价更便宜

41. A 票价低　　　B 乘客少　　　C 环境好　　　D 不堵车

42. A 更热爱生活　　　　　　　B 活泼
    C 有工作热情　　　　　　　D 态度好

43. A 爱问问题　　　　　　　　B 不会考虑问题
    C 态度有问题　　　　　　　D 喜欢学习

44. A 很吃惊　　　　　　　　　B 很无聊
    C 和京剧差不多　　　　　　D 表演很奇怪

45. A 很受欢迎　　　　　　　　B 变脸速度慢
    C 现在没有了　　　　　　　D 流行于北京

二、阅 读

第一部分

第46-50题：选词填空。

A 熟悉   B 降落   C 无   D 坚持   E 既然   F 提醒

例如： 她每天（ D ）走路上下班，所以身体一直很不错。

46. （　　）你们都不知道，那我就不告诉你们了。

47. 李医生的航班还有两个半小时才会（　　）。

48. 大雪天给人们的出行带来了麻烦，在这里（　　）大家注意安全。

49. 我们不仅是同事，从小学到大学还一直是同学，互相都很（　　）。

50. 我们（　　）法帮助你适应这里的环境，只有你自己能帮得了你。

第51－55题：选词填空。

A 毕业   B 麻烦   C 温度   D 笑话   E 成功   F 推

例如：A：今天真冷啊，好像白天最高（ C ）才2℃。
　　　B：刚才电视里说明天更冷。

51. A：李明的胳膊怎么了？
　　 B：别提了，上午踢球的时候不小心被人（　　）了一下。

52. A：几年不见，你都这么高了，你今年多大了？
　　 B：22岁了，我今年刚大学（　　），准备找工作呢。

53. A：那件事儿有些（　　），你自己能解决吗？
　　 B：不好说，但我会尽最大的努力完成这项任务。

54. A：你看起来心情不好，我给你讲个（　　）吧。
　　 B：谢谢你，我真的没事儿。

55. A：我终于通过了面试，明天就能去公司上班了。
　　 B：祝贺你找到工作了，我相信你以后一定会（　　）的。

第二部分

第56-65题：排列顺序。

例如： A 可是今天起晚了
　　　 B 平时我骑自行车上下班
　　　 C 所以就打车来公司了　　　　　　　　　　　B　A　C

56. A 先认真考虑一下你是否喜欢这个专业
　　 B 再决定选择什么专业也来得及
　　 C 然后你跟父母商量一下　　　　　　　　　　　_____

57. A 这块手表不但样子好看
　　 B 因此我这次出差顺便给我爸爸买了一块
　　 C 而且价格也特别便宜　　　　　　　　　　　　_____

58. A 关键还得安排正确的学习计划
　　 B 如果想提高学习效果，光努力学习是远远不够的
　　 C 然后按照计划去做才有效果　　　　　　　　　_____

59. A 即使你再着急也不要去打扰他
　　 B 等过一段时间他不忙了，你再去找他
　　 C 王律师最近非常忙　　　　　　　　　　　　　_____

60. A 地球上的环境污染越来越严重
　　 B 但仍有很多人不重视环保问题
　　 C 人们开始认识到要保护环境　　　　　　　　　_____

61. A 也应该安静地听他把话讲完
    B 这是对他人应有的尊重
    C 即使你反对院长的任务安排   _____

62. A 总之在别人眼里，他永远都有做不完的工作
    B 每天都会提前两个小时到学校
    C 陈老师对工作很有热情   _____

63. A 不只是因为电影幽默有趣
    B 这个电影之所以这么受欢迎
    C 更重要的是男主角长得很英俊   _____

64. A 一想到能跟他们一起演出
    B 这次音乐会有很多著名的音乐家参加
    C 我就十分激动   _____

65. A 还得修理一段时间，暂时无法使用
    B 李师傅正在修理电梯
    C 请先走楼梯吧   _____

第三部分

第66-85题：请选出正确答案。

例如： 她很活泼，说话很有趣，总给我们带来欢乐，我们都很喜欢和她在一起。

★ 她是个什么样的人？
A 幽默 ✓　　B 马虎　　C 骄傲　　D 害羞

66. 大家开完会以后，把会议内容整理一下，还有今天打扫会议室的阿姨生病了，一会儿走的时候顺便把桌子上的咖啡和点心也一起收拾一下，别忘了。

★ 说话人让大家做什么？
A 整理垃圾　　　　　　B 去看同事
C 注意身体　　　　　　D 别迟到

67. 去火车站的时候，我以为我坐的是2号线，没想到其实坐了1号线。当我发现坐错地铁时，已经来不及了，于是我只好改坐下一趟火车。

★ 关于说话人，可以知道：
A 错过了飞机　　　　　B 迷路了
C 坐错地铁了　　　　　D 没听清广播

68. 这是我们公司新出的产品，新产品不但在样子上看起来很流行，而且选用了质量最好的材料，但有一个缺点就是价格稍微有点儿贵，不是所有人都能接受的。

★ 那种新产品：
A 质量不好　　　　　　B 没使用新材料
C 价格不便宜　　　　　D 样子不够流行

69. "知足常乐"这个词语的意思是说,知道满足,就能常常感到快乐幸福。现在很多人其实已经很成功了,但是他们不知道满足,所以常常感到不快乐。

　　★ 很多成功的人为什么常常不快乐?

　　　A 压力太大　　　　　　B 不知道满足
　　　C 工作太忙　　　　　　D 太重视成功

70. 本来打算十月份去中国旅游的,但是听说中国现在是国庆节,路上车多人多,去哪儿玩儿都不方便。特别是中国有名的景点,现在有的地方连门票都卖完了。总之,十月是无法去中国旅游了。

　　★ 说话人为什么十月不去中国旅游?

　　　A 门票太贵　　　　　　B 景点不好玩儿
　　　C 国庆节人多　　　　　D 空气不好

71. 即使生活得很困难很辛苦,也要相信未来的生活是美好的。不用羡慕别人,每个人都有自己的选择,选择以后就不要后悔,后悔也不会改变什么,所以大家都积极地面对生活吧。

　　★ 这段话告诉我们要:

　　　A 生活辛苦　　　　　　B 相信别人
　　　C 积极面对生活　　　　D 正确选择生活方式

72. 上次我跟你提过的公司未来发展计划,你考虑得怎么样了?现在有很多公司已经开始联系我了,他们都对这个计划很感兴趣,你快点儿决定吧,再晚点我就不等你了。

　　★ 公司未来发展计划:

　　　A 有很多问题　　　　　B 没有人支持
　　　C 已经取消了　　　　　D 很受欢迎

73. 你还记得小马吗？他去美国发展了，在美国一家有名的医院工作，他不但能用英语跟同事开玩笑，而且还交了一个美国的女朋友，听说快要结婚了。

    ★ 小马：

    A 性格不好　　　　　　　B 不爱开玩笑
    C 有女朋友了　　　　　　D 喜欢说闲话

74. 当别人在会议上讲话时，我们应该仔细听，安静地坐在椅子上，不玩手机，双眼看着讲话者。当有不同意见时，先举手，然后再提出问题，这是对讲话者的尊重。

    ★ 这段话主要谈的是什么？

    A 会议的座位顺序　　　　B 讲话动作
    C 会议中的礼貌　　　　　D 讲话方式

75. 我在中国生活过四五年，一直以为自己汉语说得不错。可今天帮朋友翻译时，我竟然完全听不懂对方在说什么，甚至感觉他说的不是汉语。后来知道他是广东人，我才松了一口气。

    ★ 关于说话人，可以知道：

    A 没去过中国　　　　　　B 翻译时很紧张
    C 听不懂汉语　　　　　　D 会说汉语

76. 手机号码都是随随便便选的，它的最后一位数字怎么可能和人的性格有关系呢？其实那都是假的，你怎么连这种事情都相信？

    ★ 说话人认为那件事：

    A 让人吃惊　　　　　　　B 发生得很突然
    C 是假的　　　　　　　　D 很奇怪

77. 今天参加表演的这些年轻歌手虽然长得都很漂亮，但唱歌唱得实在是难听。看来他们之所以能成为歌手，是因为长得好。

   ★ 那些歌手：
   A 很会表演　　　　　　　　B 唱歌很好
   C 非常有能力　　　　　　　D 长得漂亮

78. 我对这家公司的管理方式非常失望，经理每天迟到，没有人批评他，而我只迟到了一次，就被批评了，真后悔来这家公司工作。

   ★ 关于说话人，可以知道：
   A 后悔当经理　　　　　　　B 经常迟到
   C 对公司失望　　　　　　　D 没被批评

79. 随着科学技术的发展，越来越多的年轻人开始选择网上购物。这不仅仅是因为便宜，更吸引他们的是网上提供的赠品。

   ★ 关于网上购物，可以知道：
   A 价格便宜　　　　　　　　B 不方便
   C 没有赠品　　　　　　　　D 产品不多

80-81

我和父亲的感情非常特别。爸爸是一位医生，工作很忙，小的时候很少有时间照顾我，关心我。每次看见父亲都是深夜睡觉前，那时他只会鼓励我一两句。父亲的生活只有工作，他把时间都留给了病人。虽然缺少交流，但是我仍然能感受到父亲对工作的热情，现在我也成了一名医生。

   ★ 关于父亲，可以知道：
   A 常常照顾我　　　　　　　B 喜欢赚钱
   C 工作认真　　　　　　　　D 缺少责任

   ★ 根据这段话，可以知道：
   A 父亲不是好医生　　　　　B 父亲每天很早回家
   C 我讨厌父亲　　　　　　　D 我也成了医生

82-83

　　婚姻介绍中心是一家为未婚男女以结婚为目的而提供交友服务的公司。报名可以通过打电话和上网进行，报名时提供的个人信息必须是真的。公司会根据您的要求，为您安排最理想的约会。安排约会后，男女两人都会收到短信，短信上会有约会的时间和地点。他们只要按照短信上的内容去做就可以，约会结束后，男女如果都很满意的话，公司还会安排下一次约会。

　　★ 婚姻介绍中心是什么公司？
　　　A 婚庆公司　　　　　　B 提供交友服务的公司
　　　C 上网约会的公司　　　D 解决困难的公司

　　★ 收到短信后要怎么做？
　　　A 提供信息　　　　　　B 上网报名
　　　C 按照信息内容去约会　D 去公司交钱

84-85

　　有时，我们会有这种感觉：第一次去一个地方，同样的距离，去的时候所花的时间却比回来的长。这原因到底是什么呢？一方面是人们第一次去，对路不太熟悉走得比较慢，但是回来时有了印象，走起路来就快一些；另一方面，人们去的时候总是想快点儿到目的地，实际上花的时间会比希望的要长，相反，回来时心情比较放松，所以感觉时间过得较快。

　　★ 回来时，人们：
　　　A 容易找到目的地　　　B 不愿散步
　　　C 不能顺便逛街　　　　D 感觉轻松

　　★ 根据这段话，可以知道：
　　　A 走路是能减肥的好办法　B 交通方便
　　　C 去时不熟悉路　　　　　D 健康是第一

三、书写

第一部分

第86-95题：完成句子。

例如：那座桥　　800年的　　历史　　有　　了

那座桥有800年的历史了。

86. 大家　　祝　　考试　　顺利

87. 这次的　　负责　　招聘会由　　小李

88. 禁止吸烟　　共同的　　是全社会　　责任

89. 解释了一下　　他　　把这种情况　　简单地

90. 一只　　猫　　沙发上　　有

91. 我们的　　输给　　他是故意　　吗

92. 经理对　　计划　　我的　　感兴趣　　很

93. 我去　　回来　　取点儿　　银行　　钱

94. 发到　　申请表　　请你　　将我们的　　电子邮件

95. 我　　不　　喝酒　　以后再也　　了

第二部分

第96-100题：看图,用词造句。

例如：  乒乓球　　他很喜欢打乒乓球。

96. 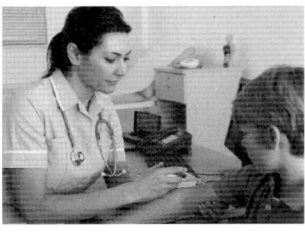 护士

97.  打扮

98.  汤

99.  咳嗽

100.  毕业

汉语水平考试
HSK（四级）模拟试题
第四套

注　意

一、 HSK（四级）分三部分：
　　　1. 听力（45题，约30分钟）
　　　2. 阅读（40题，40分钟）
　　　3. 书写（15题，25分钟）
二、 答案先写在试卷上，最后10分钟再写在答题卡上。
三、 全部考试约105分钟（含考生填写个人信息时间5分钟）。

一、听 力

第一部分

第1-10题：判断对错。

例如：我想去办个信用卡，今天下午你有时间吗？陪我去一趟银行？

★ 他打算下午去银行。　　　　　　　　　　　　　　　　（ ✓ ）

现在我很少看电视，其中一个原因是，广告太多了，不管什么时间，也不管什么节目，只要你打开电视，总能看到那么多的广告，浪费我的时间。

★ 他喜欢看电视广告。　　　　　　　　　　　　　　　　（ × ）

1. ★ 公司门口有卖果汁的。　　　　　　　　　　　　（　）
2. ★ 张明的条件在所有应聘者中最优秀。　　　　　　（　）
3. ★ 小雪兴奋得不得了。　　　　　　　　　　　　　（　）
4. ★ 她妹妹觉得工资比较低。　　　　　　　　　　　（　）
5. ★ 成功的管理者要做好所有的事情。　　　　　　　（　）
6. ★ 互相帮助才能共同前进。　　　　　　　　　　　（　）
7. ★ 早上下大雪了。　　　　　　　　　　　　　　　（　）
8. ★ 他很熟悉周围环境。　　　　　　　　　　　　　（　）
9. ★ 公司附近新开了一家手表店。　　　　　　　　　（　）
10. ★ 质量和价格都很重要。　　　　　　　　　　　　（　）

第二部分

第11-25题：请选出正确答案。

例如： 女：该加油了，去机场的路上有加油站吗?
　　　男：有，你放心吧。
　　　问：男的主要是什么意思?
　　　　A 去机场　　B 快到了　　C 油是满的　　D 有加油站 ✓

11. A 报纸　　　　B 伞　　　　　C 电话　　　　D 电影票

12. A 要开证明　　　　　　　　　B 参加活动
　　C 任务没完成　　　　　　　　D 要备课

13. A 饭馆　　　　B 海洋馆　　　C 图书馆　　　D 植物园

14. A 菜不好吃　　　　　　　　　B 把菜带走
　　C 担心浪费　　　　　　　　　D 菜太咸了

15. A 很复杂　　　B 不够详细　　C 不适合　　　D 太难

16. A 爱到处照相　　　　　　　　B 要买家具
　　C 刚到公司　　　　　　　　　D 准备搬家

17. A 李经理 B 李护士
    C 王律师 D 李教授

18. A 换个新的 B 找人修理
    C 把冰箱搬走 D 送给邻居

19. A 想睡觉 B 有考试
    C 要去办签证 D 参加生日聚会

20. A 扔掉坏的菜 B 整理房间
    C 擦桌子 D 扔垃圾

21. A 邻居 B 工作关系 C 同学 D 男女朋友

22. A 非常着急 B 打印机坏了
    C 没有邮箱 D 邮箱有问题

23. A 铅笔 B 笔记本 C 杂志 D 橡皮

24. A 书店 B 医院 C 咖啡厅 D 邮局

25. A 喜欢打网球 B 跑得快
    C 打乒乓球很厉害 D 喜欢打羽毛球

第三部分

第26-45题：请选出正确答案。

例如： 男：把这个文件复印五份，一会儿拿到会议室发给大家。
女：好的。会议是下午3点吗？
男：改了。3点半，推迟了半个小时。
女：好，602会议室没变吧？
男：对，没变。
问：会议几点开始？
A 两点　　　　B 3点　　　　C 15:30 ✓　　　　D 18:00

26. A 律师　　　　B 老师　　　　C 护士　　　　D 服务员

27. A 没时间吃饭　　　　　　　B 懒得做饭
    C 想减肥　　　　　　　　　D 中午吃多了

28. A 可以分期付款　B 不用排队　C 送货上门　D 打折

29. A 厕所　　　　B 火车上　　　　C 河边　　　　D 加油站

30. A 少吃西瓜　　B 不要乱扔　　C 少买些　　D 多洗几遍

31. A 生意谈成了　　　　　　　B 男的很失望
    C 女的有信心　　　　　　　D 文章获奖了

32. A 让女的尝尝　　　　　　　B 饺子淡了
    C 拿个勺子　　　　　　　　D 帮忙包饺子

33. A 作业　　　　B 笔记本电脑　　　　C 小说　　　　D 汽车

34. A 脚　　　　　B 鼻子　　　　C 腿　　　　　D 胳膊

35. A 表演精彩　　B 孩子很多　　C 离家近　　　D 空气好

36. A 要早做准备　　　　　　　B 害怕困难
    C 困难能被解决　　　　　　D 害怕迷路

37. A 积极一点儿　　　　　　　B 降低要求
    C 学会接受　　　　　　　　D 多跟朋友商量

38. A 公司楼下　　B 办公室　　　C 洗手间　　　D 加油站

39. A 把烟收了起来　　　　　　B 原谅了同事
    C 继续上班　　　　　　　　D 正在讨论

40. A 水温下降了　　　　　　　B 水量变少了
    C 能降低污染　　　　　　　D 比森林大10倍

41. A 帮助小动物　　　　　　　B 要减少出行
    C 少用塑料袋　　　　　　　D 要保护海洋

42. A 给顾客洗头　　　　　　　B 请顾客喝饮料
    C 推荐店内的东西　　　　　D 要求办卡

43. A 免费的　　　B 耐心的　　　C 有效的　　　D 觉得舒服的

44. A 更活泼　　　B 更自信　　　C 更有礼貌　　D 养成好习惯

45. A 成功　　　　B 批评的方法　C 友谊　　　　D 孩子的缺点

二、阅 读

第一部分

第46-50题：选词填空。

A 戴　　B 成为　　C 危险　　D 坚持　　E 意见　　F 过程

例如：她每天（ D ）走路上下班，所以身体一直很不错。

46. 坐车时，把胳膊放到车窗外十分（　　）。

47. 有相同爱好的人应该有更多的共同语言，因此更容易（　　）朋友。

48. 你这么做我没有任何（　　），但你至少应该提前告诉我一声。

49. 外面刮大风，你（　　）帽子吧，千万别感冒了。

50. 生老病死是每个人都必须经历的（　　）。

第51－55题：选词填空。

　　　A 直接　　B 误会　　C 温度　　D 商量　　E 提前　　F 棵

例如： A: 今天真冷啊，好像白天最高（ C ）才2℃。
　　　 B: 刚才电视里说明天更冷。

51. A: 经理临时要去美国出差，会议要（　　）进行，你去通知一下大家。
　　 B: 知道了，我马上就去告诉大家。

52. A: 你面试得怎么样了？
　　 B: 我还是觉得不太理想，得和父亲再（　　）一下。

53. A: 爷爷家门前那一（　　）树是什么树啊？
　　 B: 苹果树。八九月份的时候树上就会挂满红红的苹果。

54. A: 时间来不及了，你先把行李箱给我，快取登机牌吧。
　　 B: 好的，那你（　　）在安检那儿等我。

55. A: 小姐，真抱歉，这里禁止游客参观。
　　 B: 您（　　）了，我们不是游客，是调查员。

第二部分

第56-65题：排列顺序。

例如： A 可是今天起晚了
　　　 B 平时我骑自行车上下班
　　　 C 所以就打车来公司了　　　　　　　　　　B　A　C

56. A 否则他可能受不了
    B 你得偶尔让他放松一下
    C 哥，你平时对孩子太严格了　　　　　　　_____

57. A 然而却忘了关空调
    B 出门前，我先整理好了行李箱，然后又检查了房间
    C 几乎所有的地方我都检查过了　　　　　　_____

58. A 这个论文我已经想了一个月了
    B 我要不要换个题目
    C 还是没有想出怎么写　　　　　　　　　　_____

59. A 要想减肥成功
    B 这样才能得到满意的效果
    C 坚持锻炼的同时，还要按时吃饭　　　　　_____

60. A 就必须在接下来的时间里多花功夫
    B 这样不管结果怎么样，你都不会后悔
    C 你既然想赢得这场比赛　　　　　　　　　_____

61. A 公司决定会议暂时推迟进行
    B 真对不起，会议负责人还在路上
    C 希望大家能理解一下

62. A 妹妹，我想和你商量一件事情
    B 这样就不会给妈妈添麻烦了
    C 以后你要学会自己打扫你的房间

63. A 大家别一下课就马上离开
    B 最好能坐在教室复习刚讲完的重点内容
    C 以加深印象

64. A 我忘拿钥匙了，请大家在这儿等一下
    B 一会儿就回来，这里有咖啡大家随便喝
    C 我下楼去取钥匙

65. A 就不会受到批评
    B 大家也不会误会你
    C 要是你提前解释一下的话

第三部分

第66-85题：请选出正确答案。

例如： 她很活泼，说话很有趣，总给我们带来欢乐，我们都很喜欢和她在一起。

★ 她是个什么样的人？
A 幽默 ✓ B 马虎 C 骄傲 D 害羞

66. 我们刚才复习了这节课学过的课文内容，现在请大家把上次的作业给我，作业交上来以后，请同学们做一下今天的作业。

★ 说话人：
A 在和人商量 B 是老师
C 在发广告   D 在交作业

67. 她演的每部电影都非常精彩，虽然现在她已经老了，不再演电影了，但观众们都没有忘记她，她就是著名的女演员刘晓庆。

★ 那位女演员：
A 演技不好 B 很年轻
C 当过老师 D 很受欢迎

68. 我的电脑里存了许多照片，大多数都是以前和朋友一起出去旅行时照的。我偶尔会把它们拿出来看看，对我来说每一张照片都是美好的回忆。

★ 这些照片：
A 变黄了   B 在箱子里
C 数量太少   D 多是旅行时照的

69. 青岛啤酒节从1991年开始一直举办到现在，已经有20多年的历史了。每年的啤酒节都会吸引各国的啤酒爱好者来青岛旅游。那个时候会举行很多活动，比如喝啤酒比赛，各国文化表演等等，非常热闹。

★ 根据这段话，可以知道青岛啤酒节：

A 活动很少   B 热闹极了
C 在春天举行   D 竞争很大

70. 放寒假之后，很多的孩子都积极参加各种各样的兴趣班，比如篮球班、钢琴班、游泳班等等，这不仅仅让他们的寒假生活变丰富了，还能提高他们对学习的兴趣，最关键的是让他们学会了怎样在"玩儿"中学习。

★ 参加兴趣班能使孩子们：

A 看到缺陷   B 学会交流方法
C 提高学习兴趣   D 更有礼貌

71. 读书不仅可以增长知识，还能让一个人变得更加开心。读书是一种很好的生活习惯，你在书里读到的每一句话，都有可能对你将来的生活有很大的帮助。

★ 这段话主要谈的是：

A 读书的好处   B 写日记的好处
C 总结的方法   D 阅读方法

72. 中国人喝茶的历史已经很长，可是喝下午茶的习惯其实是从国外来的。上班族在下午有空的时候，喝杯茶、吃点儿蛋糕或者曲奇，就不会感到太累，而且根据最近的研究，常喝下午茶的人不容易胖。

★ 常喝下午茶：

A 对胃肠好   B 更容易睡觉
C 不易发胖   D 会引起打哈欠

73. 为了以后找到一份工资高的工作，有些人选择读硕士，但是实际上工资的高低是由能力来决定的。所以是否需要读硕士，还是应该考虑自己的理想和条件。

★ 工资高低是由什么决定的?

A 公司规定　　　　　　B 外语水平
C 能力　　　　　　　　D 知识

74. 每个学生的水平都不同，全部在一个班里上课应该效果不太好。所以我认为需要按照他们汉语水平排名，分成三个班。

★ 说话人建议根据什么来分班?

A 兴趣　　　　　　　　B 中文水平
C 国籍　　　　　　　　D 科学成绩

75. 中国人常说"不经冬凉，怎知春暖"，这句话的意思是不经历冬天，就不会知道春天有多么暖和。生活也是一样。要是不经历一些失败，就不会明白什么才是真正的幸福。

★ 经历失败会让我们：

A 更加自信　　　　　　B 更加勇敢
C 懂得什么是幸福　　　D 性格变好

76. 我习惯了一边跑步一边听音乐，这样做不但能让跑步变得不再无聊，还可以减轻压力，然后再一边慢走一边听轻音乐，以放松紧张的身体，以获得更好的运动效果。

★ 他跑步听音乐，是为了：

A 运动效果更好　　　　B 跑步太累了
C 音乐好听　　　　　　D 提高跑步速度

77. 他们两个人来自不同的国家，由于有共同的爱好和理想而走到一起，文化上的不同并没有太大的影响，这也说明只要两人之间有爱情，国籍不是问题。

★ 根据这段话可以知道，他们俩：

A 国籍不同　　　　　　B 都是美国人
C 脾气不太好　　　　　D 理想不同

78. 大使馆离我们公司太远了，我刚才上网查了一下，要是坐公共汽车的话，大概要坐一个小时。大使馆下午五点关门，肯定来不及，我们还是打车去吧。

★ 说话人建议：

A 坐公共汽车　　　　　B 坐地铁
C 坐出租车　　　　　　D 开车去

79. 运动与学习有哪些共同之处呢？它们都是有竞争才会取得成功的。竞争不仅能提高自己的水平，还能推动个人的发展。运动和学习都是通过竞争才被发现和肯定的。因此，我们要学会在竞争中赢得发展。

★ 这段话主要想告诉我们：

A 要学会学习　　　　　B 要敢于怀疑
C 运动很重要　　　　　D 要适应竞争

80-81

一个学生走进教室，坐下以后就低下头开始看书。15分钟后，他抬头看了看老师，又看了看旁边的同学，什么也没说，然后又继续看书。老师见学生一句话也不说，就开口问他："什么内容这么吸引你啊？"老师一边问，一边走过去看学生的书，结果发现学生的书里还有一个手机，老师拿来一看，手机上的内容是——"世界杯足球赛"。

★ 老师以为学生在做什么？

A 打游戏　　B 看书　　C 发短信　　D 睡觉

★ 那个学生在做什么？

A 买衬衫　　B 看手机　　C 学习　　D 拍照片

82-83

　　"光棍节"是每年的11月11日。它本来是单身男女的节日，但许多商场都会在这一天举办促销活动，比如，像"买一送一，折扣多多"这样的活动。举办这些活动的目的是让顾客花钱，增加商场的收入，这让越来越多的商场加入其中。现在光棍节变成了购物节。

★ "光棍节"那天，商场会：

　A 举办相亲活动　　　　　　B 不卖烟
　C 放假一天　　　　　　　　D 举办促销活动

★ 根据这段话，促销活动会：

　A 增加收入
　B 减少单身男女
　C 给单身男女提供免费购物的机会
　D 免费送单身礼物

84-85

　　有些人习惯按照自己安排的计划去旅行，他们甚至每天专门留出半个小时来整理计划。实际上，旅游的时候不一定要按照先后顺序游玩，根据天气的变化，游客的多少，我们是可以改变计划的。这些计划并没有那么理想，而且，那些被安排好的事情，往往也会因为各种原因发生变化。因此，人们常说"计划不如变化快"。

★ 根据这段话，那些人有什么特点？

　A 做事很认真　　　　　　　B 做事没有计划
　C 喜欢旅游　　　　　　　　D 习惯按计划做事

★ 根据这段话，我们可以知道：

　A 做事要按计划　　　　　　B 有些事情很危险
　C 有些事情很无聊　　　　　D 要考虑到计划中的变化

三、书 写

第一部分

第86-95题：完成句子。

例如：那座桥　　800年的　　历史　　有　　了

那座桥有800年的历史了。

86. 观众　　感动　　都被　　了　　那部电影

87. 特别　　帽子　　你戴这个　　漂亮

88. 对我们的　　您　　感谢　　支持与鼓励

89. 都　　网上买的东西　　质量不一定　　是好的

90. 起来　　妈妈　　把银行卡　　都收了

91. 逐年　　数量　　白虎的　　减少

92. 一个　　他来自　　的　　热闹　　旅游城市

93. 接受了我们　　的　　建议　　那位教授

94. 查一下这次　　内容　　会议的　　我帮你

95. 我们　　百分之九十　　计划的　　已经完成了

第二部分

第96-100题：看图，用词造句。

例如:  乒乓球　　他很喜欢打乒乓球。

96.  工资　　97.  盐

98.  详细　　99.  收拾

100.  躺

汉语水平考试
HSK（四级）模拟试题
第五套

注 意

一、HSK（四级）分三部分：
  1. 听力（45题，约30分钟）
  2. 阅读（40题，40分钟）
  3. 书写（15题，25分钟）

二、答案先写在试卷上，最后10分钟再写在答题卡上。

三、全部考试约105分钟（含考生填写个人信息时间5分钟）。

一、听 力

第一部分

第1-10题：判断对错。

例如：我想去办个信用卡，今天下午你有时间吗？陪我去一趟银行？

　　★ 他打算下午去银行。　　　　　　　　　　　　　　　　（ ✓ ）

　　现在我很少看电视，其中一个原因是，广告太多了，不管什么时间，也不管什么节目，只要你打开电视，总能看到那么多的广告，浪费我的时间。

　　★ 他喜欢看电视广告。　　　　　　　　　　　　　　　　（ × ）

1. ★ 妹妹暂时不想结婚。　　　　　　　　　　　　　　　（　）
2. ★ 现在天气特别暖和。　　　　　　　　　　　　　　　（　）
3. ★ 家长拒绝参加活动。　　　　　　　　　　　　　　　（　）
4. ★ 他打算为父母买台新电视。　　　　　　　　　　　　（　）
5. ★ 遇到困难要有耐心。　　　　　　　　　　　　　　　（　）
6. ★ 他建议上网买票。　　　　　　　　　　　　　　　　（　）
7. ★ 生活在黄河中的鱼最多。　　　　　　　　　　　　　（　）
8. ★ 爸爸有些伤心。　　　　　　　　　　　　　　　　　（　）
9. ★ 用筷子敲碗不礼貌。　　　　　　　　　　　　　　　（　）
10. ★ 叔叔的身体比以前健康。　　　　　　　　　　　　　（　）

第二部分

第11-25题：请选出正确答案。

例如： 女：该加油了，去机场的路上有加油站吗？
　　　男：有，你放心吧。
　　　问：男的主要是什么意思？
　　　　A 去机场　　B 快到了　　C 油是满的　　D 有加油站 ✓

11. A 沙发　　B 房子　　C 学校　　D 汽车

12. A 很热情　　　　　　B 有礼貌
　　C 很年轻　　　　　　D 有点儿粗心

13. A 白老师　　　　　　B 一名司机
　　C 一位护士　　　　　D 白大夫

14. A 卖手机　　B 卖汽车　　C 开饭店　　D 开车

15. A 剧场　　B 图书馆　　C 洗手间　　D 窗边

16. A 新闻　　B 民族文化　　C 笑话　　D 旅游

17. A 吃饭　　　　　B 上学校　　　　C 向哥哥道歉　　D 爬山

18. A 因为有趣　　　　　　　　B 样子不好看
    C 节约用纸　　　　　　　　D 容易复印

19. A 晚上吃什么　　　　　　　B 考试时间
    C 汉语学习　　　　　　　　D 跑步

20. A 心情愉快　　B 发烧了　　　C 身体健康　　　D 睡觉了

21. A 没意思　　　B 很有趣　　　C 非常无聊　　　D 十分精彩

22. A 三天左右　　B 三个月　　　C 两天　　　　　D 一个星期

23. A 填上名字　　　　　　　　B 写详细地址
    C 马上报名　　　　　　　　D 交钱

24. A 植物园　　　B 剧院　　　　C 饭店　　　　　D 学校

25. A 买书　　　　B 买钢琴　　　C 找女儿　　　　D 做饭

第三部分

第26-45题：请选出正确答案。

例如： 男：把这个文件复印五份，一会儿拿到会议室发给大家。
女：好的。会议是下午3点吗？
男：改了。3点半，推迟了半个小时。
女：好，602会议室没变吧？
男：对，没变。
问：会议几点开始？
A 两点　　　B 3点　　　C 15:30 ✓　　　D 18:00

26. A 爬长城　　B 在家陪妻子　　C 去植物园　　D 看电视

27. A 想要上学　　B 得准备面试　　C 周末去旅游　　D 准备去购物

28. A 肚子饿　　B 去医院了　　C 脚破了　　D 手破了

29. A 学校　　B 饭店　　C 剧院　　D 超市

30. A 脾气很差　　B 经验丰富　　C 不会功夫　　D 观众不喜欢

31. A 学习　　B 法律　　C 信用卡　　D 运动

32. A 签证　　B 眼镜　　C 书　　D 卫生间

33. A 父亲　　B 老师　　C 研究生同学　　D 女朋友

34. A 检查行李　　B 做饭　　　　C 上学校　　　　D 早点出发

35. A 小李的孩子　　　　　　B 小李的父亲
    C 小李的母亲　　　　　　D 小李的妹妹

36. A 见顾客　　B 见父母　　C 参加演出　　D 运动

37. A 因为很兴奋　　　　　　B 穿得太正式
    C 来晚了　　　　　　　　D 因为见顾客了

38. A 对钱感兴趣　　　　　　B 喜欢画画儿
    C 无选书标准　　　　　　D 不喜欢看书

39. A 难过　　B 幸福　　C 愉快　　D 讨厌

40. A 非常难过　　B 很开心　　C 很感动　　D 很紧张

41. A 父亲很有钱　　　　　　B 父亲鼓励小王
    C 小王没有钱　　　　　　D 车没油了

42. A 老师很粗心　　　　　　B 学生很自信
    C 批评别太直接　　　　　D 学生不努力学习

43. A 学习时间　　　　　　　B 教育方式
    C 学生缺点　　　　　　　D 如何完成作业

44. A 亲戚　　B 教师　　C 邻居　　D 医生

45. A 重视邻居关系　　　　　B 住在亲戚家附近
    C 不要遇到困难　　　　　D 尊重老师

二、阅 读

第一部分

第46-50题：选词填空。

A 规定　　B 最好　　C 来不及　　D 坚持　　E 严格　　F 提

例如：她每天（ D ）走路上下班，所以身体一直很不错。

46. 姐，你平时对孩子太（　　）了，你偶尔让他放松一下。

47. 有什么问题您尽管（　　）出来，我们一定做到让您满意。

48. 我因为有重要的事情，（　　）和客人说一声就走了。

49. 根据（　　），要想获得奖学金，只有在考试中进入前5名才有机会。

50. 乘坐电梯时，上高层的人（　　）往里站，让上低层的人容易进出。

第51－55题：选词填空。

A 稍微　　B 值得　　C 温度　　D 聚会　　E 计划　　F 咳嗽

例如：　A: 今天真冷啊，好像白天最高（ C ）才2℃。
　　　　B: 刚才电视里说明天更冷。

51.　A: 日子过得好快，马上就要到寒假了。
　　　B: 对啊，你寒假有什么（　　）？

52.　A: 这么累的演出，真的（　　）你继续坚持下去吗？
　　　B: 这不但是我的职业，而且还是我的爱好，无论如何，我都不会放弃。

53.　A: 孩子一直在（　　），吃药一点效果都没有。
　　　B: 不要担心，明天我带他去医院重新检查一遍。

54.　A: 服务员，这个巧克力的盒子破了。
　　　B: 非常抱歉，您（　　）等会儿，我马上给您换新的。

55.　A: 外面出太阳了，咱们出去走一走吧。
　　　B: 昨天（　　）结束得很晚，现在还很困，想再躺一会儿。

第二部分

第56-65题：排列顺序。

例如： A 可是今天起晚了
　　　 B 平时我骑自行车上下班
　　　 C 所以就打车来公司了　　　　　　　　　B　A　C

56. A 以早日适应工作
　　 B 主要是为了让他多锻炼一下
　　 C 这次的工作由小李负责　　　　　　　　　_____

57. A 因为它们一个在深海中，一个在天上
　　 B 说世界上最远的是鱼与飞鸟的距离
　　 C 我最近在一本书里面看到了很有趣的话　　_____

58. A 事情过去快十五天了
　　 B 这让大家感到十分失望
　　 C 还是没有一点消息　　　　　　　　　　　_____

59. A 他根本没时间准备
　　 B 只是这件事情突然发生了
　　 C 我认为张明不是没能力　　　　　　　　　_____

60. A 而且，还会给人美感
　　 B 其实，广告也是一种艺术
　　 C 如果做得好，不但不会让人感觉不舒服　　_____

61. A 而是我中文讲得不太好
    B 非常抱歉，并不是我不想给你当翻译
    C 我给你安排一位专业的怎么样

62. A 他和她第一次见面时
    B 都觉得真正的爱情是不分年龄和国籍的
    C 就谈了关于爱情的看法

63. A 每位同学都积极总结一下这学期的学习情况
    B 并讲讲下学期的学习计划吧
    C 同学们，这是放假前的最后一次班会

64. A 这是一本教人们怎样穿衣打扮的杂志
    B 因此，受很多年轻女性的喜爱
    C 并且还告诉人们一些减肥方法

65. A 以后出门时，一定准备一个塑料袋
    B 儿子，你要养成不乱扔垃圾的好习惯
    C 用来放垃圾

第三部分

第66-85题：请选出正确答案。

例如： 她很活泼，说话很有趣，总给我们带来欢乐，我们都很喜欢和她在一起。

★ 她是个什么样的人？
A 幽默 ✓　　　B 马虎　　　C 骄傲　　　D 害羞

66. 网上申请信用卡非常方便的，你只需按照要求填写信息，然后提交就可以了。如果申请成功，大约10个工作日后，银行将会把申请成功的信用卡送到你手里。

★ 网上申请信用卡：
A 速度非常快　　　　　B 非常安全
C 很方便　　　　　　　D 不要求填写信息

67. 南京是有两千多年历史的城市，有很多可以旅游的地方。你有时间过来参观吧，我给你当一次免费导游。

★ 根据这段话，南京：
A 小吃多　　　　　　　B 不适合旅游
C 历史长　　　　　　　D 有长城

68. 一些人上班或约会时经常迟到，而且总喜欢向别人解释，例如路上堵车了、昨晚没睡好等，想以此得到原谅。虽然解释是必须有的，但更重要的是改变，这样才能真正得到别人的原谅。

★ 根据这段话，可以知道：
A 迟到很正常　　　　　B 别说请假
C 解释最重要　　　　　D 要改掉坏习惯

69. 我们小区对面有一家新开的儿童游泳馆，我上周刚带儿子去过，那儿的水非常干净。现在申请会员卡的话能打7折，我想给儿子申请一张。

    ★ 那家游泳馆：

    A 专门为女性服务　　　B 在学校
    C 计划明年开　　　　　D 水很干净

70. 很多人都认为这个世界上有另一个自己，过着他想过的日子，在做着他不敢做的事情。我想告诉他们，勇敢去过自己想要的生活吧，别让理想只出现在梦中。

    ★ 说话人希望大家：

    A 接受现实　　　　　　B 勇敢生活
    C 经常做梦　　　　　　D 好好工作

71. 我不习惯在家听广播，但开车时常听交通广播，因为这能及时知道道路情况，减少道路堵车。

    ★ 这段话中的"习惯"指的是：

    A 呆在家　　　　　　　B 听广播
    C 堵车　　　　　　　　D 听音乐

72. 两个人交朋友最关键的是要有共同语言。这不但是两个人顺利交流的基础，也是两个人友谊一直发展的重要条件。

    ★ 朋友间的关系想要长久，应该：

    A 一起吃饭　　　　　　B 有共同语言
    C 一起旅游　　　　　　D 互相尊重

73. 买东西不但要看价格，而且还要看其质量。东西再便宜，只要质量不好，那就是"花钱买烦恼"。

    ★ 说话人认为买东西时，关键应看其：

    A 质量 B 样子
    C 是否流行 D 主要作用

74. 我们经常讲"怕什么来什么"，有时候我们越害怕一件事，这件事就越有可能发生在我们身边。但是，如果我们不怎么想它、害怕它，它就有可能不会发生了。

    ★ 根据这段话，我们应该：

    A 尊重别人 B 好好学习
    C 多些担心 D 少些担心

75. 赚钱是现在很多年轻人的目的，他们差不多把全部时间都用在了工作上，对父母的关心很少。而对于父母来讲，他们很难跟孩子一起吃个饭，聊聊天儿。我想告诉你们，当父母还健康的时候，要多多陪他们，多多关心他们。

    ★ 这段话主要想告诉我们：

    A 好好工作 B 要多陪父母
    C 老年人不工作 D 父母不关心孩子

76. 这是我小学同桌送给我的笔记本，我一直留到现在。每次看到它，我都会回忆起那个跟我一起学习、说笑的同学，想起儿时那段快乐的日子。多想能回到那时候！

    ★ 那个笔记本：

    A 很贵 B 很普通
    C 是别人送的 D 是同事送的

77. 现在，手机付款十分方便，但是也有人认为这很不安全，更喜欢使用现金。特别是一些岁数比较大的人，更不愿意接受这种新方式。

　　★ 根据这段话，有些年龄大的人很难接受什么？

　　A 看新闻　　　　　　　B 使用手机
　　C 手机付款　　　　　　D 使用电脑

78. 先生，我们会按时把花儿送到您提供的地址，不用担心。而且，买花儿还会送贺卡，您可以把您要说的话写在上面。

　　★ 说话人最可能在哪儿工作？

　　A 花店　　　　　　　　B 超市
　　C 剧场　　　　　　　　D 医院

79. 乘坐CA1242次航班的乘客请注意，我们非常抱歉地通知您，因为受天气影响，本次航班起飞时间将推迟50分钟。为此，我们将为您准备一份午餐。多谢您的理解与支持。

　　★ 根据这段话，可以知道：

　　A 火车推迟了　　　　　B 航班推迟了
　　C 提供早饭　　　　　　D 飞机降落了

80-81
　　有一本以日记方式写成的小说叫《爱的教育》。它说的是一位四年级小学生的学习生活，里面有很多感人的内容。全篇小说的重点是爱，从老师之爱到父母之爱，每个爱都十分简单，但非常感人。

　　★ 那本小说的重点是：

　　A 父母　　　B 爱　　　C 老师　　　D 学习

　　★ 关于那本小说，下列哪个正确？

　　A 作者不出名　　　　　B 写于19世纪
　　C 内容很长　　　　　　D 很感人

82－83

　　矿泉水是一种非常普通的饮料，但是走进超市，你会看见有很多种矿泉水。记者调查发现，很多人并不了解这些矿泉水之间有什么不同，有些人这样说："在我看来，全部矿泉水都是相同的。"但实际上，不一样的矿泉水作用都不相同，我们买之前还是要看仔细了，选择适合自己的。

★ 在大多数人看来，矿泉水：
　A 非常贵　　　　　　　　B 比啤酒便宜
　C 是一样的　　　　　　　D 应该提高价格

★ 根据这段话，买矿泉水时应该：
　A 选适合自己的　　　　　B 要凉的
　C 要好看的　　　　　　　D 选便宜的

84－85

　　随着社会的发展，人们更加注意环境污染问题，水、空气等污染早已引起人们的注意。但是，人们却不怎么重视光污染，对它的认识也很少。最新调查结果表明，全世界约有70%的人生活在光污染中。光污染影响着我们的眼睛，并让人感到头疼、压力增加等。

★ 光污染：
　A 不影响健康　　　　　　B 会引起头疼
　C 仅影响一部分人　　　　D 对孩子好

★ 根据这段话，下列哪个正确？
　A 人变多了　　　　　　　B 光污染不被重视
　C 天气变冷了　　　　　　D 30%的人生活在光污染中

三、书写

第一部分

第86-95题：完成句子。

例如：那座桥　　800年的　　历史　　有　　了

那座桥有800年的历史了。

86. 这本小说　　翻译　　肯定　　了　　错

87. 这么　　开心过　　没有　　他从来

88. 餐厅　　把公司老板　　她　　送到了

89. 来自　　她　　一座城市　　南方的

90. 吸引了　　注意　　读者的　　这篇文章

91. 他公司的　　规定　　严格　　更加　　比去年

92. 当地的　　一名教授　　是　　他爷爷

93. 办得　　王老师的　　很顺利　　签证

94. 免费　　今天　　看　　可以　　演出

95. 出生于　　那位　　18世纪　　数学家

第二部分

第96-100题：看图，用词造句。

例如:  乒乓球　　他很喜欢打乒乓球。

96.  垃圾桶　　97.  值得

98.  精彩　　99.  价格

100.  加班

汉 语 水 平 考 试
HSK（四级）答题卡

姓名		国籍	[0][1][2][3][4][5][6][7][8][9] [0][1][2][3][4][5][6][7][8][9] [0][1][2][3][4][5][6][7][8][9]
		性别	男 [1]　　　女 [2]
序号	[0][1][2][3][4][5][6][7][8][9] [0][1][2][3][4][5][6][7][8][9] [0][1][2][3][4][5][6][7][8][9] [0][1][2][3][4][5][6][7][8][9] [0][1][2][3][4][5][6][7][8][9]	考点	[0][1][2][3][4][5][6][7][8][9] [0][1][2][3][4][5][6][7][8][9] [0][1][2][3][4][5][6][7][8][9]
		你是华裔吗?	
年龄	[0][1][2][3][4][5][6][7][8][9] [0][1][2][3][4][5][6][7][8][9]	是 [1]　　　不是 [2]	

学习汉语的时间：
1年以下[1]　　　1年－2年[2]　　　2年－3年[3]　　　3年以上[4]

注意　　请用2B铅笔这样写：■

一、听力

1. [✓] [✕]　　6. [✓] [✕]　　11. [A][B][C][D]　　16. [A][B][C][D]　　21. [A][B][C][D]
2. [✓] [✕]　　7. [✓] [✕]　　12. [A][B][C][D]　　17. [A][B][C][D]　　22. [A][B][C][D]
3. [✓] [✕]　　8. [✓] [✕]　　13. [A][B][C][D]　　18. [A][B][C][D]　　23. [A][B][C][D]
4. [✓] [✕]　　9. [✓] [✕]　　14. [A][B][C][D]　　19. [A][B][C][D]　　24. [A][B][C][D]
5. [✓] [✕]　　10. [✓] [✕]　　15. [A][B][C][D]　　20. [A][B][C][D]　　25. [A][B][C][D]

26. [A][B][C][D]　　31. [A][B][C][D]　　36. [A][B][C][D]　　41. [A][B][C][D]
27. [A][B][C][D]　　32. [A][B][C][D]　　37. [A][B][C][D]　　42. [A][B][C][D]
28. [A][B][C][D]　　33. [A][B][C][D]　　38. [A][B][C][D]　　43. [A][B][C][D]
29. [A][B][C][D]　　34. [A][B][C][D]　　39. [A][B][C][D]　　44. [A][B][C][D]
30. [A][B][C][D]　　35. [A][B][C][D]　　40. [A][B][C][D]　　45. [A][B][C][D]

二、阅读

46. [A][B][C][D][E][F]　　51. [A][B][C][D][E][F]
47. [A][B][C][D][E][F]　　52. [A][B][C][D][E][F]
48. [A][B][C][D][E][F]　　53. [A][B][C][D][E][F]
49. [A][B][C][D][E][F]　　54. [A][B][C][D][E][F]
50. [A][B][C][D][E][F]　　55. [A][B][C][D][E][F]

56. _____　58. _____　60. _____　62. _____　64. _____

57. _____　59. _____　61. _____　63. _____　65. _____

66. [A][B][C][D]　　71. [A][B][C][D]　　76. [A][B][C][D]　　81. [A][B][C][D]
67. [A][B][C][D]　　72. [A][B][C][D]　　77. [A][B][C][D]　　82. [A][B][C][D]
68. [A][B][C][D]　　73. [A][B][C][D]　　78. [A][B][C][D]　　83. [A][B][C][D]
69. [A][B][C][D]　　74. [A][B][C][D]　　79. [A][B][C][D]　　84. [A][B][C][D]
70. [A][B][C][D]　　75. [A][B][C][D]　　80. [A][B][C][D]　　85. [A][B][C][D]

三、书写

86.
87.
88.
89.
90.
91.
92.
93.
94.
95.
96.
97.
98.
99.
100.

HSK（四级）答题卡

汉语水平考试
HSK（四级）答题卡

姓名		国籍	[0][1][2][3][4][5][6][7][8][9]
			[0][1][2][3][4][5][6][7][8][9]
			[0][1][2][3][4][5][6][7][8][9]
		性别	男 [1]　　　　女 [2]
序号	[0][1][2][3][4][5][6][7][8][9]	考点	[0][1][2][3][4][5][6][7][8][9]
	[0][1][2][3][4][5][6][7][8][9]		[0][1][2][3][4][5][6][7][8][9]
	[0][1][2][3][4][5][6][7][8][9]		[0][1][2][3][4][5][6][7][8][9]
	[0][1][2][3][4][5][6][7][8][9]		你是华裔吗？
	[0][1][2][3][4][5][6][7][8][9]		
年龄	[0][1][2][3][4][5][6][7][8][9]		是 [1]　　　　不是 [2]
	[0][1][2][3][4][5][6][7][8][9]		

学习汉语的时间：

1年以下[1]　　1年－2年[2]　　2年－3年[3]　　3年以上[4]

注意	请用2B铅笔这样写： ■

一、听力

1. [√] [×]　　6. [√] [×]　　11. [A][B][C][D]　　16. [A][B][C][D]　　21. [A][B][C][D]
2. [√] [×]　　7. [√] [×]　　12. [A][B][C][D]　　17. [A][B][C][D]　　22. [A][B][C][D]
3. [√] [×]　　8. [√] [×]　　13. [A][B][C][D]　　18. [A][B][C][D]　　23. [A][B][C][D]
4. [√] [×]　　9. [√] [×]　　14. [A][B][C][D]　　19. [A][B][C][D]　　24. [A][B][C][D]
5. [√] [×]　　10. [√] [×]　　15. [A][B][C][D]　　20. [A][B][C][D]　　25. [A][B][C][D]

26. [A][B][C][D]　　31. [A][B][C][D]　　36. [A][B][C][D]　　41. [A][B][C][D]
27. [A][B][C][D]　　32. [A][B][C][D]　　37. [A][B][C][D]　　42. [A][B][C][D]
28. [A][B][C][D]　　33. [A][B][C][D]　　38. [A][B][C][D]　　43. [A][B][C][D]
29. [A][B][C][D]　　34. [A][B][C][D]　　39. [A][B][C][D]　　44. [A][B][C][D]
30. [A][B][C][D]　　35. [A][B][C][D]　　40. [A][B][C][D]　　45. [A][B][C][D]

二、阅读

46. [A][B][C][D][E][F]　　51. [A][B][C][D][E][F]
47. [A][B][C][D][E][F]　　52. [A][B][C][D][E][F]
48. [A][B][C][D][E][F]　　53. [A][B][C][D][E][F]
49. [A][B][C][D][E][F]　　54. [A][B][C][D][E][F]
50. [A][B][C][D][E][F]　　55. [A][B][C][D][E][F]

56. _____　58. _____　60. _____　62. _____　64. _____

57. _____　59. _____　61. _____　63. _____　65. _____

66. [A][B][C][D]　　71. [A][B][C][D]　　76. [A][B][C][D]　　81. [A][B][C][D]
67. [A][B][C][D]　　72. [A][B][C][D]　　77. [A][B][C][D]　　82. [A][B][C][D]
68. [A][B][C][D]　　73. [A][B][C][D]　　78. [A][B][C][D]　　83. [A][B][C][D]
69. [A][B][C][D]　　74. [A][B][C][D]　　79. [A][B][C][D]　　84. [A][B][C][D]
70. [A][B][C][D]　　75. [A][B][C][D]　　80. [A][B][C][D]　　85. [A][B][C][D]

三、书写

86.
87.
88.
89.
90.
91.
92.
93.
94.
95.
96.
97.
98.
99.
100.

HSK（四级）答题卡

汉语水平考试
HSK（四级）答题卡

姓名		国籍	[0][1][2][3][4][5][6][7][8][9]
			[0][1][2][3][4][5][6][7][8][9]
			[0][1][2][3][4][5][6][7][8][9]
		性别	男 [1]　　　女 [2]
序号	[0][1][2][3][4][5][6][7][8][9]	考点	[0][1][2][3][4][5][6][7][8][9]
	[0][1][2][3][4][5][6][7][8][9]		[0][1][2][3][4][5][6][7][8][9]
	[0][1][2][3][4][5][6][7][8][9]		[0][1][2][3][4][5][6][7][8][9]
	[0][1][2][3][4][5][6][7][8][9]		你是华裔吗?
年龄	[0][1][2][3][4][5][6][7][8][9]		是 [1]　　　不是 [2]
	[0][1][2][3][4][5][6][7][8][9]		

学习汉语的时间：

1年以下[1]　　　1年－2年[2]　　　2年－3年[3]　　　3年以上[4]

注意　请用2B铅笔这样写：■

一、听力

1. [√][×]　　6. [√][×]　　11. [A][B][C][D]　　16. [A][B][C][D]　　21. [A][B][C][D]
2. [√][×]　　7. [√][×]　　12. [A][B][C][D]　　17. [A][B][C][D]　　22. [A][B][C][D]
3. [√][×]　　8. [√][×]　　13. [A][B][C][D]　　18. [A][B][C][D]　　23. [A][B][C][D]
4. [√][×]　　9. [√][×]　　14. [A][B][C][D]　　19. [A][B][C][D]　　24. [A][B][C][D]
5. [√][×]　　10. [√][×]　　15. [A][B][C][D]　　20. [A][B][C][D]　　25. [A][B][C][D]

26. [A][B][C][D]　　31. [A][B][C][D]　　36. [A][B][C][D]　　41. [A][B][C][D]
27. [A][B][C][D]　　32. [A][B][C][D]　　37. [A][B][C][D]　　42. [A][B][C][D]
28. [A][B][C][D]　　33. [A][B][C][D]　　38. [A][B][C][D]　　43. [A][B][C][D]
29. [A][B][C][D]　　34. [A][B][C][D]　　39. [A][B][C][D]　　44. [A][B][C][D]
30. [A][B][C][D]　　35. [A][B][C][D]　　40. [A][B][C][D]　　45. [A][B][C][D]

二、阅读

46. [A][B][C][D][E][F]　　51. [A][B][C][D][E][F]
47. [A][B][C][D][E][F]　　52. [A][B][C][D][E][F]
48. [A][B][C][D][E][F]　　53. [A][B][C][D][E][F]
49. [A][B][C][D][E][F]　　54. [A][B][C][D][E][F]
50. [A][B][C][D][E][F]　　55. [A][B][C][D][E][F]

56. _____　58. _____　60. _____　62. _____　64. _____

57. _____　59. _____　61. _____　63. _____　65. _____

66. [A][B][C][D]　　71. [A][B][C][D]　　76. [A][B][C][D]　　81. [A][B][C][D]
67. [A][B][C][D]　　72. [A][B][C][D]　　77. [A][B][C][D]　　82. [A][B][C][D]
68. [A][B][C][D]　　73. [A][B][C][D]　　78. [A][B][C][D]　　83. [A][B][C][D]
69. [A][B][C][D]　　74. [A][B][C][D]　　79. [A][B][C][D]　　84. [A][B][C][D]
70. [A][B][C][D]　　75. [A][B][C][D]　　80. [A][B][C][D]　　85. [A][B][C][D]

三、书写

86.
87.
88.
89.
90.
91.
92.
93.
94.
95.
96.
97.
98.
99.
100.

HSK（四级）答题卡

汉语水平考试
HSK（四级）答题卡

姓名	

序号	[0][1][2][3][4][5][6][7][8][9]
	[0][1][2][3][4][5][6][7][8][9]
	[0][1][2][3][4][5][6][7][8][9]
	[0][1][2][3][4][5][6][7][8][9]

| 年龄 | [0][1][2][3][4][5][6][7][8][9] |
| | [0][1][2][3][4][5][6][7][8][9] |

国籍	[0][1][2][3][4][5][6][7][8][9]
	[0][1][2][3][4][5][6][7][8][9]
	[0][1][2][3][4][5][6][7][8][9]

| 性别 | 男 [1]   女 [2] |

考点	[0][1][2][3][4][5][6][7][8][9]
	[0][1][2][3][4][5][6][7][8][9]
	[0][1][2][3][4][5][6][7][8][9]

你是华裔吗?
是 [1]   不是 [2]

学习汉语的时间：
1年以下[1]   1年－2年[2]   2年－3年[3]   3年以上[4]

注意   请用2B铅笔这样写：▬

一、听力

1. [✓][✗]   6. [✓][✗]   11.[A][B][C][D]   16.[A][B][C][D]   21.[A][B][C][D]
2. [✓][✗]   7. [✓][✗]   12.[A][B][C][D]   17.[A][B][C][D]   22.[A][B][C][D]
3. [✓][✗]   8. [✓][✗]   13.[A][B][C][D]   18.[A][B][C][D]   23.[A][B][C][D]
4. [✓][✗]   9. [✓][✗]   14.[A][B][C][D]   19.[A][B][C][D]   24.[A][B][C][D]
5. [✓][✗]   10.[✓][✗]   15.[A][B][C][D]   20.[A][B][C][D]   25.[A][B][C][D]

26.[A][B][C][D]   31.[A][B][C][D]   36.[A][B][C][D]   41.[A][B][C][D]
27.[A][B][C][D]   32.[A][B][C][D]   37.[A][B][C][D]   42.[A][B][C][D]
28.[A][B][C][D]   33.[A][B][C][D]   38.[A][B][C][D]   43.[A][B][C][D]
29.[A][B][C][D]   34.[A][B][C][D]   39.[A][B][C][D]   44.[A][B][C][D]
30.[A][B][C][D]   35.[A][B][C][D]   40.[A][B][C][D]   45.[A][B][C][D]

二、阅读

46.[A][B][C][D][E][F]   51.[A][B][C][D][E][F]
47.[A][B][C][D][E][F]   52.[A][B][C][D][E][F]
48.[A][B][C][D][E][F]   53.[A][B][C][D][E][F]
49.[A][B][C][D][E][F]   54.[A][B][C][D][E][F]
50.[A][B][C][D][E][F]   55.[A][B][C][D][E][F]

56._____   58._____   60._____   62._____   64._____

57._____   59._____   61._____   63._____   65._____

66.[A][B][C][D]   71.[A][B][C][D]   76.[A][B][C][D]   81.[A][B][C][D]
67.[A][B][C][D]   72.[A][B][C][D]   77.[A][B][C][D]   82.[A][B][C][D]
68.[A][B][C][D]   73.[A][B][C][D]   78.[A][B][C][D]   83.[A][B][C][D]
69.[A][B][C][D]   74.[A][B][C][D]   79.[A][B][C][D]   84.[A][B][C][D]
70.[A][B][C][D]   75.[A][B][C][D]   80.[A][B][C][D]   85.[A][B][C][D]

三、书写

86.
87.
88.
89.
90.
91.
92.
93.
94.
95.
96.
97.
98.
99.
100.

HSK（四级）答题卡

汉语水平考试
HSK（四级）答题卡

姓名	

国籍	[0] [1] [2] [3] [4] [5] [6] [7] [8] [9] [0] [1] [2] [3] [4] [5] [6] [7] [8] [9] [0] [1] [2] [3] [4] [5] [6] [7] [8] [9]

序号	[0] [1] [2] [3] [4] [5] [6] [7] [8] [9] [0] [1] [2] [3] [4] [5] [6] [7] [8] [9] [0] [1] [2] [3] [4] [5] [6] [7] [8] [9] [0] [1] [2] [3] [4] [5] [6] [7] [8] [9] [0] [1] [2] [3] [4] [5] [6] [7] [8] [9]

性别	男 [1]　　　女 [2]

考点	[0] [1] [2] [3] [4] [5] [6] [7] [8] [9] [0] [1] [2] [3] [4] [5] [6] [7] [8] [9] [0] [1] [2] [3] [4] [5] [6] [7] [8] [9]

年龄	[0] [1] [2] [3] [4] [5] [6] [7] [8] [9] [0] [1] [2] [3] [4] [5] [6] [7] [8] [9]

你是华裔吗?
是 [1]　　　不是 [2]

学习汉语的时间：
1年以下[1]　　1年－2年[2]　　2年－3年[3]　　3年以上[4]

注意	请用2B铅笔这样写：■

一、听力

1. [✓] [×]　　6. [✓] [×]　　11. [A][B][C][D]　16. [A][B][C][D]　21. [A][B][C][D]
2. [✓] [×]　　7. [✓] [×]　　12. [A][B][C][D]　17. [A][B][C][D]　22. [A][B][C][D]
3. [✓] [×]　　8. [✓] [×]　　13. [A][B][C][D]　18. [A][B][C][D]　23. [A][B][C][D]
4. [✓] [×]　　9. [✓] [×]　　14. [A][B][C][D]　19. [A][B][C][D]　24. [A][B][C][D]
5. [✓] [×]　　10. [✓] [×]　　15. [A][B][C][D]　20. [A][B][C][D]　25. [A][B][C][D]

26. [A][B][C][D]　31. [A][B][C][D]　36. [A][B][C][D]　41. [A][B][C][D]
27. [A][B][C][D]　32. [A][B][C][D]　37. [A][B][C][D]　42. [A][B][C][D]
28. [A][B][C][D]　33. [A][B][C][D]　38. [A][B][C][D]　43. [A][B][C][D]
29. [A][B][C][D]　34. [A][B][C][D]　39. [A][B][C][D]　44. [A][B][C][D]
30. [A][B][C][D]　35. [A][B][C][D]　40. [A][B][C][D]　45. [A][B][C][D]

二、阅读

46. [A][B][C][D][E][F]　　51. [A][B][C][D][E][F]
47. [A][B][C][D][E][F]　　52. [A][B][C][D][E][F]
48. [A][B][C][D][E][F]　　53. [A][B][C][D][E][F]
49. [A][B][C][D][E][F]　　54. [A][B][C][D][E][F]
50. [A][B][C][D][E][F]　　55. [A][B][C][D][E][F]

56. _____　58. _____　60. _____　62. _____　64. _____

57. _____　59. _____　61. _____　63. _____　65. _____

66. [A][B][C][D]　71. [A][B][C][D]　76. [A][B][C][D]　81. [A][B][C][D]
67. [A][B][C][D]　72. [A][B][C][D]　77. [A][B][C][D]　82. [A][B][C][D]
68. [A][B][C][D]　73. [A][B][C][D]　78. [A][B][C][D]　83. [A][B][C][D]
69. [A][B][C][D]　74. [A][B][C][D]　79. [A][B][C][D]　84. [A][B][C][D]
70. [A][B][C][D]　75. [A][B][C][D]　80. [A][B][C][D]	85. [A][B][C][D]

三、书写

86.

87.

88.

89.

90.

91.

92.

93.

94.

95.

96.

97.

98.

99.

100.

파고다
HSK 문제집

4급 실전모의고사